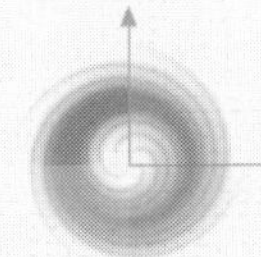

新坐标管理系列精品教材

Marketing

市场营销学

（应用型本科版）

吴健安　钟育赣　主　编
胡其辉　副主编

清华大学出版社
北　京

内容简介

本书是为适应培养、造就创新型、应用型人才的教学需要编写而成的。本书坚持理论与实际相结合、论证与个案相结合，全面介绍了市场营销的基本理论、策略和方法，具有一定的创新性、前瞻性和较强的实用性。全书共15章，包括绪论、市场与市场营销观念、市场竞争与市场营销组合、市场营销环境、战略导向的营销管理、购买者行为与分析等内容，涵盖了工商管理类专业学习本课程所应掌握的基本知识点、基础理论与基本技能。

本书适合经济管理各专业学生学习市场营销学课程使用，特别适合应用型本科类院校学生使用。

图书在版编目（CIP）数据

市场营销学：应用型本科版/吴健安，钟育赣主编.--北京：清华大学出版社，2015(2021.1重印)
（新坐标管理系列精品教材）
ISBN 978-7-302-40701-0

Ⅰ.①市… Ⅱ.①吴… ②钟… Ⅲ.①市场营销学－高等学校－教材 Ⅳ.①F713.50

中国版本图书馆CIP数据核字(2015)第161241号

责任编辑：刘志彬
封面设计：汉风唐韵
责任校对：王荣静
责任印制：吴佳雯

出版发行：清华大学出版社
网　　址：http://www.tup.com.cn，http://www.wqbook.com
地　　址：北京清华大学学研大厦A座　　**邮　　编**：100084
社 总 机：010-62770175　　**邮　　购**：010-62786544
投稿与读者服务：010-62776969，c-service@tup.tsinghua.edu.cn
质量反馈：010-62772015，zhiliang@tup.tsinghua.edu.cn
印 装 者：北京鑫海金澳胶印有限公司
经　　销：全国新华书店
开　　本：185mm×260mm　　**印　　张**：18.5　　**插　　页**：1　　**字　　数**：436千字
版　　次：2015年9月第1版　　**印　　次**：2021年1月第10次印刷
定　　价：46.00元

产品编号：062672-02

前　言

本书是在清华大学出版社《市场营销学》(第5版)的基础上,为适应培养、造就创新型、应用型人才的教学需要,由原编书组精选内容,增添栏目,改进形式,强调实践,认真编写完成。本书坚持理论与实际相结合,论证与个案相结合,全面介绍了市场营销的基本理论、策略和方法,具有一定的创新性、前瞻性和较强的实用性。全书共15章,包括绪论、市场与市场营销观念、市场竞争与市场营销组合、市场营销环境、战略导向的营销管理等内容,涵盖了工商管理类专业学习本课程所应掌握的基本知识点、基础理论与基本技能。各章均以案例为引导,导入重要知识点;知识结构图为读者展示了全章重要知识点之间的逻辑结构,把握全章要点;章后的案例分析和课后实践安排,具有很强的实践指导性。清华大学出版社《市场营销学》(第5版)的教学课件,内容比较全面,并且易于取舍修改,也可供采用本书作教材的教师使用。

本书由钟育赣教授提出了编写设计和样章,参编者都是从事市场营销学教学与研究工作30年以上的教授。具体分工是:第一、二、四章,云南财经大学吴健安;第五、六、八章,广东外语外贸大学钟育赣;第十一、十三章,云南大学胡其辉;第七、九章,中国人民大学郭国庆;第十章,中山大学南方学院卜妙金;第十二章,云南财经大学聂元昆;第三、十四章,昆明理工大学吴玲。主编、副主编和吴玲参加了总纂和定稿。云南财经大学市场营销专业的硕士研究生王斌、陈建飞、刘亚丹、杨萍、李志桢、张慧曾参与校阅和整理书稿,收集资料,做了很多工作,并对本书的修改提出了不少有益的建议。

本书的编写借鉴了国内外营销学者的最新研究成果,除注明出处的部分外,限于体例未能一一说明。在此,谨向市场营销学界的师友及作者致谢。

对本书存在的欠妥与不足之处,敬请广大读者批评指正。

吴健安

2015年4月12日于昆明

目 录

第一章　绪　　论

本章提要

本章通过对市场营销学的总体介绍，帮助读者了解市场营销学的学科性质、研究对象及其与相关学科的关系；通过对学科起源和发展的历史追溯，了解市场营销学在美国的产生与发展，以及在中国的传播与应用；并在掌握学科理论体系框架、了解研究市场营销学主要方法的基础上，为学习本课程奠定基础。

本章知识结构图

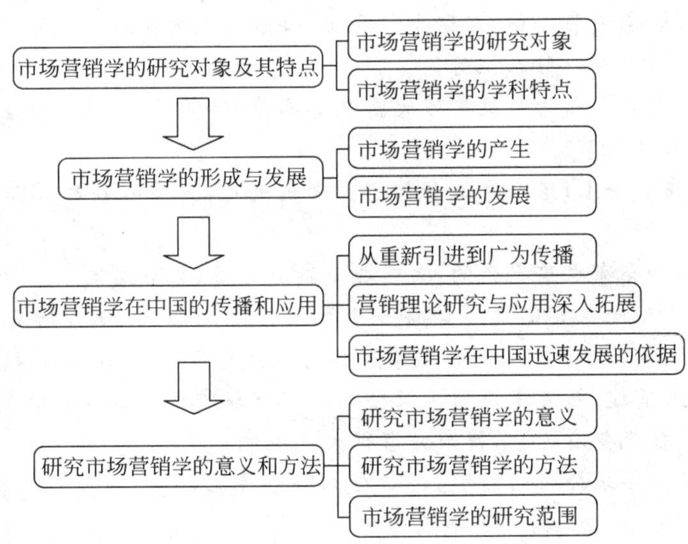

重要概念

市场营销学；宏观市场营销学；微观市场营销学；市场营销学的革命；产品研究法；组织研究法；功能研究法；管理研究法；系统研究法。

乔布斯与摆地摊老人的故事

在美国纽约西市大街一处跳蚤市场，有许多生活在社会底层摆地摊的人，他们专门出售一些物美价廉的小商品。

有一位年近古稀的老人，他每天在地摊上出售各种邮票、火花、烟标、钱币等。老人名叫罗纳德·威恩，他在这儿摆地摊已有许多年头了，许多人都认识这位慈祥、和蔼的老人，人们亲切称他为“威恩大叔”。

威恩大叔虽然只是一个摆地摊的，但是他十分重视自己的仪表。每天摆地摊时，他都要西装革履，还要戴上一顶棒球帽，给人一种洒脱、精明的样子。他在出售邮票、火花、钱币时，常常还会兴致勃勃地向顾客介绍有关国家的风土人情、地理地貌。他的这种营销方式，令人耳目一新。

苹果公司总裁乔布斯生前也是老人地摊前的一名老主顾。

得知乔布斯喜欢中国的邮票，老人就经常将自己收购来的中国邮票卖给乔布斯。日积月累，乔布斯收藏的中国邮票琳琅满目。乔布斯常对老人说："谢谢您！是您向我打开了一扇通往中国的窗口，我看到了苹果品牌进入中国市场的广阔前景。"

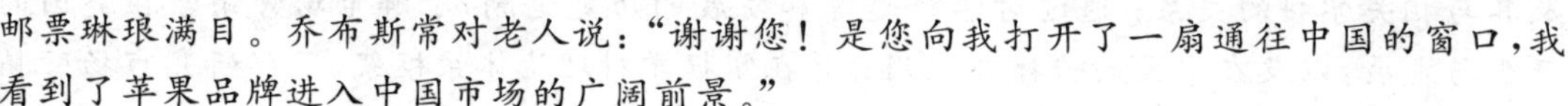

威恩老人说："您的目光总是那么敏锐，苹果公司能有今天的发展，与您敏锐的市场眼光是分不开的。而我的目光却是那么短浅，只看到眼前的那一点点利益。"

乔布斯劝慰道，您不要悲伤，在这个社会上，每一个人的生存方式不同，只要靠自己的勤奋和努力，摆地摊也是一种人生呀！

谁也不知道，大名鼎鼎的超级亿万大富豪乔布斯，和这个身份卑微摆地摊老人之间，还有一段鲜为人知的故事。

在乔布斯的追思会上，老人也来参加了。看到老人，许多人窃窃私语，他不是摆地摊的吗？他来干什么？

要知道，来参加乔布思追思会的，大多数是商界巨贾、社会名流。

老人面色凝重地向来宾们说了这样一个故事。他说，我和乔布斯有30多年的友情了。35年前，我与乔布斯等3人创办了苹果公司。公司运作后，遇到了很多困难，我一度看不到公司的发展前途，就要求退出苹果公司。乔布斯苦口婆心地劝说我不要退出，他说困难只是暂时的，眼光要看远点，将来会有很大发展的。

可是，面对当时苹果公司的困境，我心灰意冷。最后，我以800美元卖掉了我拥有的苹果公司10%的股权，彻底离开了苹果公司。

几十年来，我做过很多事，开过店，办过厂，还当过水手，可结果都一事无成，最后只得靠摆地摊维持着生计。如今，当年我那些以800美元卖掉的股份已价值350亿美元。

听了威恩老人的故事，各界人士不禁唏嘘不已。没想到，这个毫不起眼摆地摊的老人，竟是当年与乔布斯共同创业的人。如果他当初不是将那10%的股权卖掉，那么他现在可就是超级亿万大富豪了。

资料来源：腾讯微博，2013-10-24.

营销启示：

营销制胜，既要有能吸引顾客的策略和方法，更需要对市场透彻的分析和战略思维。

市场营销学是一门建立在经济科学、行为科学、现代管理理论基础之上的综合性的应用科学。20世纪初，市场营销学发源于美国，后传播到世界各地。100多年来，市场营销原理不仅广泛应用于企事业单位和行政机构，而且逐渐应用于微观、中观与宏观三个层次。在发达的资本主义国家，对市场营销学的学习、研究和应用，已经扩展到社会经济生活的各个方面。

第一节　市场营销学的研究对象及其特点

一、市场营销学的研究对象

市场营销学译自英语 Marketing 一词，有微观市场营销学和宏观市场营销学两个分支。一般说来，微观营销活动面向的是企业层面，而宏观营销活动面向的是社会层面。

宏观市场营销是一种社会经济活动过程，其目的在于通过某种社会市场营销系统，引导商品(包括货物和劳务)从生产者流向消费者和用户，满足社会需要，实现社会目标。宏观市场营销学主要研究营销系统的社会功能与效用，以整个社会经济为出发点，从道德与法律的角度上分析、把握市场营销活动以及社会(政府、消费者组织等)对市场营销过程的控制，中心内容是消费者利益和有助于国民经济持续、快速、健康发展的流通政策及行政手段。本书研究企业营销活动过程及其规律性，属于微观市场营销学。

作为一门应用科学，市场营销学的研究对象是以满足市场需求为中心的企业整体营销活动及其规律，即在特定的市场环境中，企业在市场营销研究的基础上，为满足消费者和用户现实和潜在的需要，所实施的以产品(product)、分销(place)、定价(price)、促销(promotion)为主要内容的营销活动过程及其客观规律。其基本任务和目的是为企业的市场营销工作提供基本的理论、思路和方法，提高企业适应市场需求及环境变化的能力，增强企业营销活动的有效性和竞争力，促进企业的发展，取得良好的综合社会经济效益。

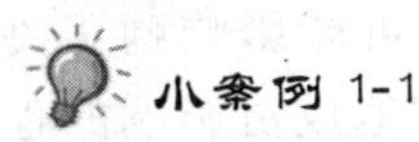

日本电视机打入中国市场

1979 年，我国放宽对家用电器的进口。当时，日本电视机厂商首先分析了中国市场需求特点，从市场营销视市场为由人口、购买力及购买动机构成的角度来看，中国人均收入虽较低，但总人口有 10 亿，而且有储蓄的习惯，已形成了一定的购买力，具有对电视机的消费需求。由此得出与欧美厂商忽视中国市场相反的结论，认为中国存在一个潜力很大的黑白电视机市场。日本电视机厂在分析中国电视机市场需求特点的基础上，制定了相应的市场营销策略以满足中国消费者的需求。

(1) 产品策略。中国电压系统与日本不同，必须将 110 伏改为 220 伏；中国电力不足，电压不稳定，需配置稳压器；中国住房面积偏小，应以 12～14 英寸电视机为主；要提供质量保证及修理服务。

(2) 分销策略。当时中国大陆国营企业尚未进口电视机，故经港澳国货公司和代理商推销；或通过港澳同胞和其他归国人员携带电视机进入内地。

(3) 促销策略。主要采用了广告策略，在中国香港《大公报》《文汇报》等报刊大量刊登广告；在香港电视台发动宣传攻势，介绍有关日本电视机的知识。

(4) 定价策略。考虑当时中国尚无外国电视机的竞争，因此，价格比中国同类电视机的要高。

日本电视机厂在有针对性地制定市场营销组合的基础上，将电视机源源不断地推向中国市场。

二、市场营销学的学科特点

依照上面对市场营销学研究对象的表述，可以看出其学科特点：

(一) 全程性

市场营销学的研究范围在实践中不断扩大，已突破了商品流通领域，上延到生产领域的产前活动，包括市场调研、产品设计等，下伸到消费领域的售后服务，包括产品的售后维修、咨询服务和消费者研究等；既要研究、加强内部营销管理，又要分析、适应外部市场环境。因此，研究领域已扩大到社会再生产的全过程。如把市场营销学的研究对象局限于流通领域，或是局限于广告、推销等方面，那就把市场营销学混同于商业经济学或推销学了。

(二) 综合性

市场营销学在发展中兼容并蓄，日益成为综合性的边缘学科。它以经济学为理论基础，吸收、借鉴了哲学、行为科学、社会学、政治学、心理学、计量经济学、信息学、数学等学科的理论和研究方法，自成一体。市场营销学事实上已构成管理学的重要内容，它要充分运用多种学科的研究成果，用来分析市场营销环境、消费者心理和消费者行为。例如，为了探讨消费者个人心理、倾向、冲动、愿望及需要等对购买行为的影响，市场营销学借重心理学的知识，诸如动机、认识、学习等理论，以便深入分析消费者行为；消费者在购买过程中可能受到社会环境的影响，于是参考群体、社会阶层、文化、家族等都可能影响购买决策，必须借助心理学、人类学等学科的理论，分析个人消费行为受群体其他成员影响的程度；市场营销学既要作定性分析，还要作定量分析，因此，统计学、会计学、运筹学、数学等都是不可缺少的工具。

(三) 实践性

同经济学、统计学、计量经济学及其他社会科学相比，市场营销学具有更强的社会实践性。一方面，市场营销的基本原理、方法与策略来源于广大企业营销实践经验的总结；另一方面，市场营销的基本原理、方法与策略对企业的营销活动具有指导意义和实用价值。市场营销学是有效指导企业适应情况多变的目标市场的实践指南，它着重研究买方市场条件下企业(卖主)的市场营销管理问题，即着重研究企业(卖主)在激烈竞争和不断变化的市场营销环境中，如何识别、分析、评价、选择和利用市场机会，如何满足其目标顾客的需要，提高企业经营效益，求得长期生存和发展。探索企业营销活动过程的规律性，正是为了指导企业营销实践，使企业满足消费需求，实现企业目标。市场营销理论也只有应用于实践，才能显示其强大的生命力。

第二节　市场营销学的形成与发展

一、市场营销学的产生

市场营销学于20世纪初创建于美国，在实践中不断完善和发展。它的形成阶段大约在1900年到1930年之间。

在资本主义向垄断阶段过渡时，伴随着资本主义商品经济的发展，资本主义基本矛盾日益尖锐化。自从英国在1825年爆发第一次经济危机后，资本主义国家每隔若干年就要爆发一次经济危机。在危机期间，商品销售困难，资本主义企业不得不日益关心产品的销路。如同"魔鬼"一般的市场，迫使人们千方百计地去应付竞争，也鞭策人们去探索营销活动的规律。19世纪末20世纪初，继英国产业革命以后，一些主要资本主义国家先后完成了产业革命。同时，由于生产和资本的高度集中以及庞大的垄断组织的建立，大企业要求对流通领域具有更大的影响，特别是近代科学技术诞生以来，相继发生了三次技术革命。科学技术的发展，使大企业内部变得更加有组织有计划，从而也有可能运用现代化的调查研究方法（包括信息系统）预测市场变动，制订有效的生产计划和销售计划，控制和调节市场销售量。在这种客观需要与可能条件下，市场营销学作为一门独立的经营管理学科诞生了。

早在19世纪，美国学者已经发表和出版了一些分别论述推销、广告、定价、产品设计、品牌、包装业务、实体分配等的论著。但是直到20世纪初，一些学者才把上述问题综合起来，建立一门市场营销学科。在美国市场营销学界，对市场营销理论作出贡献最早的爱德华·琼斯、西蒙·李特曼、乔治·M. 费斯克和詹姆斯·E. 海杰蒂，于1902—1905年间分别在密执安、加利福尼亚、伊利诺伊和俄亥俄州开设了市场营销课程。1910年，拉尔夫·S. 巴特勒在威斯康星大学任教，出版了《市场营销方法》一书，后更名为《市场营销》，首先在课文中使用Marketing一词。1918年，弗里德·E. 克拉克编写了《市场营销原理》讲义，1919年到西北大学任教，这份讲义也被密执安和明尼苏达大学用作教材，并于1922年出版。L. S. 邓肯于1920年出版了《市场营销问题与方法》。这时的市场营销学的内容，仍限于流通领域的广告推销，真正现代市场营销的原理和概念尚未形成，营销理论还不成熟。比如拉尔夫·S. 巴特勒认为"市场营销应该定义为生产的一个组成部分"，"市场营销开始于制造过程结束之时"。然而，把商业活动从生产活动中分离出来作专门的研究，这无疑是一个创举。

到了20世纪20年代，已有若干市场营销学教科书问世，初步建立了本学科的理论体系。由著名大学的教授编写的教科书，对市场营销学领域内的每一个专题都由学生进行调查，形成了许多新的市场营销原理。这时市场研究的发展，有一个重要特点是增加了有效的实际资料。这些资料经收集整理后，由美国商业部和农业部出版，因而能帮助商业人员及农民解决许多市场问题，并向学习市场营销学的学生有力地证明其研究的价值。此后美国户口调查局连续地、系统地进行商业调查及市场调查，使市场研究建立在大量调查的基础上，有充分的数据资料。自1930年使用新的统计工具后，在许多市场营销刊物上刊载了大量市场调查资料。1929—1933 年的经济大危机，震撼了整个资本主义世界。生产严重过剩，产品销售困难，已直接威胁到许多企业的生存。从 20 世纪 30 年代开始，主要西方国家市场明显呈现供过于求。这时，企业界广泛关心的首要问题已经不是扩大生产和降低成本，而是如何把产品销售出去。为了争夺市场，解决产品销售问题，企业家开始重视市场调查，提出了“创造需求”的口号，致力于扩大销路并在实践中积累了丰富的资料和经验。与此同时，市场营销学科研究大规模展开。一些著名大学的教授将市场营销研究拓展到众多领域，调查和运用大量实际资料，形成了许多新的原理。如弗莱德·克拉克和韦尔法在其 1932 年出版的《农产品市场营销》一书中，将农产品市场营销系统划分为集中(收购)、平衡(调节供求)和分散(化整为零销售)三个相互关联的过程，详细研究了营销者在其中执行的 7 种市场营销职能：集中、储存、融资、承担风险、标准化、销售和运输。拉尔夫·亚历山大(Ralph S. Alexander)等学者在 1940 年出版的《市场营销》一书中，强调市场营销的商品化职能包含适应顾客需要的过程，销售是“帮助或说服潜在顾客购买商品或服务的过程”。

作为市场营销学的发源地，美国在 1915 年正式成立全美广告协会(NATM)，1926 年改组为全美市场营销学和广告学教师协会，1931 年成立了专门讲授和研究市场营销学的美国市场营销学会(AMS)，1937 年前述两组织合并成立美国市场营销协会(AMA)，并在全国设立几十个分会。这些组织的成立使市场营销学从学校到企业，从课堂到社会，理论与实践相结合，营销原理用于指导实践，营销实践经验的总结又丰富了营销理论，既显示了市场营销学的实践性、应用性特点，又加速了市场营销学的发展。

二、市场营销学的发展

美国市场营销协会的成立，对市场营销学的发展起了重要作用。到第二次世界大战结束，市场营销学得到长足发展，并在企业经营实践中广泛应用。

早期的营销理论，在 20 世纪 30 年代以前，就已从美国传播到许多国家。美国市场营销协会不仅在国内设立分会，并在加拿大设有分会。第二次世界大战后，垄断资本的竞争和资本主义基本矛盾都进一步尖锐化了。某些资本主义国家的经济“起飞”，并不能使它们避免周期性经济危机的袭击。第一次世界大战前，经济危机平均每十年左右发生一次，在此情况下，旧的市场营销学中侧重于商品推销的销售观念，越来越不能适应新形势的要求。美国经济学家奥尔德逊(W. Alderson)和科克斯(R. Cox)曾批评说：“市场营销学著作向读者提供的只是很少的重要原则或原理……现有的理论不能满足研究者的需要。因为这些理论既未说明也未分析流通领域内的各种现象。”新的形势向市场营销学提出了新的课题，促使市场营销学发生了深刻的变革。现代企业必须善于分析判断消费者的需求和愿望，并据此提供适宜的产品和劳务，保证生产者与消费者之间“潜在的交换”得以顺利实现。否则，产品销售不出去，资金积压，投资没有收益，企业生产管理再好，产值增长再快，也是没有意义的。所谓潜在的交换，就是生产者的产品或劳务要符合潜在消费者的需求和欲望。即把过去对“市场是卖方与买方之间的产品或劳务的交换”的旧观念，发展成为“市场是卖方促使买方实现其现实的和潜在的需求的活动”。在市场营销学原理的新著作中，对市场赋予了一个新的概念，即市场是生产者与消费者进行潜在交换的场所，凡是为了保证实现这一潜在交换所进行的一切活动都属于营销活动，也都是市场营销学研究的对象。这一新原则日益为人们所接受，导致市场营销学基本指导思想的变化，并被公认是市场营销学中的一次"革命"。这一"革命"要求企业把市场在生产过程中的位置颠倒过来，过去市场是生产过程的终点，而现在市场应该成为生产过程的起点，必须充分重视消费对生产的影响，使消费者实际上参与生产、投资、研究等计划的制订。这种新的理论不仅导致了销售职能扩大和强化，而且促使企业的组织结构也出现了新的变化。因此，有人认为这是企业经营中的"哥白尼太阳中心说"。这时，市场营销学的任务是要为企业的全部活动提供指导思想。20 世纪 60 年代，一系列市场营销学著作都是作为解决企业的销售问题而进行筹谋划策的产物，如市场营销管理、销售计划、营销战略、营销决策等。

1967 年，美国菲利普·科特勒博士的《营销管理：分析、计划、执行和控制》一书，对营销原理作了精辟的阐述和发展。20 世纪 60 年代以来，《营销管理》被译成二十几种文字，多次再版，在欧美和日本的大学中，成为最普遍的教科书，并作为 MBA 教学用书，被誉为全球 50 本最佳商业书籍之一，被奉为营销学的圣经。菲利普·科特勒在 20 世纪 80 年代提出的"大市场营销"(mega marketing)观念，将营销组合由 4P's 扩展为 6P's、10P's、11P's，从战术营销转向战略营销，也被称为市场营销学的第二次革命。

20 世纪 80 年代兴起的比较管理学的研究表明，虽然世界各国因政治、经济、文化等因素的差异，管理风格和模式都有所不同，但真正掌握和运用市场营销学的基本观念和原则，是各国优秀企业成功的共同经验。西方资本主义国家有越来越多的非营利性组织，例如学校、博物馆、文艺团体、政府机构，甚至天主教会、征兵运动、警察机构等，都面临着客户态度急剧转变、财源逐渐萎缩的局面，因而日益重视营销原理的应用。对市场营销学的学习、研究和应用，已被推广到社会经济生活的各个方面。

营销理论的根本变化在于：传统的营销理论认为，营销的任务是刺激消费者对产品的需求，而且要影响需求的水平、时机和构成，营销管理实质即需求管理。营销活动既实施于流通领域，又不限于流通领域，真正的营销是以市场为起点，上延到生产领域，下伸到消费领域。营销原理不仅广泛应用于企事业单位和行政机构，而且逐渐应用于微观、中观与宏观三个层次。

回顾市场营销学产生和发展的历史，可以看出这是一个与市场问题日益尖锐化相伴随的过程。市场经济的发展，促进了特定的市场营销环境的形成，也促进了竞争性的市场经济体制趋向成熟，而这又为市场营销理论的研究和应用创造了条件。所以说，西方市场营销学正是在商品经济高度发展，市场迅速扩大，市场供求矛盾日益尖锐化的基础上，以及在竞争日益加剧的条件下产生和发展起来的。

人物介绍

菲利普·科特勒

菲利普·科特勒(Philip Kotler)是当代世界营销学权威之一，美国西北大学凯洛格管理研究生院庄臣公司资助杰出国际营销学教授。他曾获得芝加哥大学经济学硕士学位和麻省理工学院经济学博士学位，也曾在哈佛大学从事数学方面的博士后和在芝加哥大学从事行为科学方面的博士后工作。

科特勒博士见证了美国 50 年经济的起伏坎坷、衰落跌宕和繁荣兴旺的历史，从而成

就了完整的营销理论，培养了一代又一代美国大型公司的企业家。他多次获得美国国家级勋章和褒奖，包括“保尔·D. 康弗斯奖”、“斯图尔特·亨特森·布赖特奖”、“杰出的营销学教育工作者奖”、“营销卓越贡献奖”、“查尔斯·库利奇奖”。

科特勒博士出版了许多成功著作，主要有《营销学原理》、《营销学导论》、《营销管理》、《非营利机构营销学》、《新竞争》、《营销专业服务》、《医疗保健营销学》、《教育机构的战略营销》、《高视野》、《社会营销学》、《营销地点》、《营销集合》、《营销模型》、《国家营销》、《水平营销》等。此外，他还在一流刊物上发表了100多篇论文。作为营销领域的杰出领先者，他获得过许多重大奖项，并且是唯一一个得过三次“阿尔法·卡帕·普西奖”的学者，该奖是专门奖励发表在《营销学杂志》上最优秀年度论文作者的。

科特勒教授现任美国市场营销协会理事，并为多家美国或国外的著名公司做营销管理战略方面的顾问和咨询工作。

资料来源：根据百度百科相关资料整理改编，http://baike.baidu.com/view/175448.htm.

第三节　市场营销学在中国的传播和应用[①]

一、从重新引进到广为传播

（一）1979—1983年，市场营销学重新引进中国大陆的启蒙阶段

现有资料表明，中国最早的市场营销学教材，是丁馨伯先生1933年译编并由复旦大学出版的《市场学》。新中国成立前，在国外的中国留学生不少攻读过市场营销方面的课程，有的留美学者还参加了AMA的研讨活动。国内有些大学的工商管理学院，也开设了市场学课程。但是，在商品经济不发达的条件下，对市场营销学的研究和应用势必受到限制。新中国成立后，高校课程设置一度照搬苏联经验，在忽视流通与市场的经济思想影响下，经济管理类院、系都停开市场学。20世纪50年代后，在西方经历了“革命”的市场营销原理在我国未能及时传播。对我国古代与现代企业经营中很多有益的营销经验，也未能系统地进行总结和应用。

党的十一届三中全会后，经济学界努力为商品生产恢复名誉，通过对社会再生产理论的研讨，流通和市场问题的重要性日益为人们所重视。1979年和1980年，可以说是市场营销学重新引进中国的时期。从1979年起，少数大专院校及对外经济贸易部开始聘请外籍教师来华讲授市场营销学。在北京的部分教学、科研人员组成了市场学研究小组，组织了一些报告会。暨南大学率先开设了市场营销学课程。1980年上半年，美国政府与我国

① 吴健安. 中国高校市场学研究会30年的那些事[J]，北京：清华大学出版社，营销科学学报，2014年9月第10卷第3辑. 1-18. 市场营销. 2015(1).

国家经贸委合办的大连培训中心，将美国专家讲课内容译为中文，冠以《市场学》书名铅印作讲义。哈尔滨工业大学也在1980年开设了市场学课程并编写了《市场学》教材。经济体制改革的起步，使得某些历来依附于行政机关、靠统一分配组织经济活动的部门和企业碰到了困难，迫使它们重视研究营销理论。因部分产品取消统购包销而注目市场、动作较快的机械工业部，通过办培训班、翻印学习资料、组织编写市场学教材等，为市场营销学在中国的传播，作出了积极的贡献。

1981年暑假期间，中国人民银行所属陕西财经学院举办市场学师资班，聘请香港中文大学闽建蜀教授主持讲座，为综合大学和财经院校培训了第一批师资，从而为更多的院校开设市场营销学课程创造了重要的条件。

中国人民银行组织编写了《中国社会主义市场学》教材，推动了大专院校之间研讨市场营销理论的联系和协作，促进了市场学会组织的建立，加速了市场营销学的传播。1984年1月，在长沙召开了“全国高等财经院校、综合大学市场学教学研究会”成立大会。1987年学会改名为“中国高等院校市场学研究会”。

(二) 1984—1994年，市场营销在中国迅速传播时期

中国高等院校市场学研究会成立后，为推进市场营销学的普及与发展，团结全国众多高等学校的市场营销学者，加强学术交流和教学研究，每年定期交流研讨，公开出版论文集，对市场营销学的传播、深化和创新运用做出了积极贡献。此后几年，许多省、区(市)也逐步成立了市场营销学会，广泛吸纳学者和有影响的企业家参加研讨活动。各类学会举办多种形式的培训班，通过电视讲座和广播讲座，推广传播营销知识。广东营销学会还定期出版了《营销管理》会刊。

从1985年起，除1989年外，中国高等院校市场学研究会逐年召开年会，每年有50余所至100余所高等院校的代表与会，向大会提交的论文，每年均有70余篇以至百余篇，1995—1997年和2003年还公开出版了参会论文选集。

1991年3月，中国市场学会成立，密切了学术界和企业界的联系，促进了理论与实际的结合，同时，积极开展学术和咨询活动，建立对外交流渠道，培训市场营销人才，为我国研究和应用市场营销理论，提高企业营销素质，作了大量有益的工作。

二、营销理论研究与应用深入拓展

1995年以后，是市场营销理论研究与应用在中国深入拓展的时期。

邓小平南方谈话，奠定了建立社会主义市场经济体制的改革基调。此后十多年，改革全方位展开，广大国有企业加快改革步伐，民营企业茁壮成长，外资企业大举进入和角逐中国市场，使中国内地在迅速成为“世界工厂”的同时，买方市场特征逐步明显，市场竞争进一步加剧。在这种形势下，强化营销和营销创新成为企业的重要课题。

1995年在北京召开的“第五届市场营销与社会发展国际会议”，标志着市场营销在中国的传播、研究与应用进入了一个新的阶段。1996年3月，全国人民代表大会通过的《中华人民共和国国民经济和社会发展“九五”计划和2010年远景目标纲要》明确指出，国有企业要按照市场需求组织生产，“搞好市场营销，提高经济效益”。国家经贸委于1997年初发出《关于加强国有企业市场营销工作的意见》，是国家经济管理部门日益重视市场营

销工作的一个标志。如果说，在刚开始向人们介绍市场营销学时，在某些场合还受到冷遇，那么，到 1995 年以后，经过几度市场营销学"热"，几乎在所有的经济管理部门，都已引起一定程度的重视，比如规定所属的院校开设这门课程，支持市场营销学术组织的活动，组织多层次的研讨班等。

1994 年起，高校市场学研究会每次年会都因应经济全球化、入世与知识经济时代的要求，选定主题，由广大会员积极围绕主题撰写论文，参与研讨。在这一阶段，理论与实践结合更为紧密，产生了一批颇有价值的研究成果。不少学者在市场营销学的中国化方面也做了有益的探讨。

到 21 世纪初，中国已形成庞大的营销教育与人才培养网络。全国有上千所高中职专科学校、普通高校设立了市场营销专业，每年培养从专科、本科到研究生层次的数以万计的营销专门人才。国家教育部在进入新千年之际将市场营销学列为高校工商管理类各专业的核心课程，组织编写工商管理类核心课程教材《市场营销学》。

1979 年到 2014 年的 30 余年间，从市场营销学的教学、科研、应用等方面考察，开课院校多，出版教材多，培训面大，传播面广；特别是有一定数量的经济工作者学习了营销理论，也有一定数量的教学、科研人员重视调查和总结企业营销工作经验，理论与实践结合，在应用中初见成效。可以说，市场营销学的研究与应用，中国大陆以 30 多年的时间走过了西方国家 100 多年的发展历程。

三、市场营销学在中国迅速发展的依据

市场营销学在中国的广泛传播和迅速发展，具有不以人们意志为转移的客观必然性。党的十一届三中全会后，通过拨乱反正，全党工作的着重点转移到经济建设上来，形势发生了一系列深刻的变化。在理论上，从为商品生产恢复名誉，到逐步明确社会主义经济是公有制基础上的商品经济，从把计划与市场二者对立起来，到逐步明确计划和市场都是资源配置的手段。在体制上，随着市场取向改革的推进，从单一的公有制向以公有制为主体、多种所有制经济共同发展演变，从传统的高度集中统一的计划经济向尊重价值规律和重视市场调节作用的社会主义市场经济演变，从视企业为行政机关的附属物向使企业成为自主经营、自负盈亏、自我约束、自求发展的独立的法人实体演变。在机制上，宏观调控正由单一的行政手段转向综合运用行政、法律、经济手段，由直接调控为主转向以间接调控为主，由计划经济运行机制逐步转向市场经济运行机制。在实践上，随着市场经济的发展和社会生产力水平的提高，市场供求格局发生了巨大的变化，商品意识、市场意识、竞争意识逐步深化，由排斥竞争转向提倡竞争、保护竞争。这一切，都使得市场营销理论、策略和方法的应用，有了更为广阔的天地，也使得认真学习和研究市场营销原理显得更为必要。

改革开放 30 多年来，我国社会主义市场经济蓬勃发展，市场规模日益扩大。在国际金融危机冲击下，世界经济深度衰退，中国经济也受到了严重影响。但在加强和改善宏观调控，促进经济平衡较快发展方面，政府着力扩大居民消费，促进投资快速增长。2014 年中国国内生产总值实现 636 463 亿元，比上年增长 7.4%，约折合 10 万余亿美元，居世界的位次由 2002 年的第 6 位上升到 2014 年的第 2 位。随着经济总量大幅增加，我国人均

国民总收入也逐年提高。继 2002 年突破 1 000 美元后，2006 年突破了 2 000 美元，2014 年已达 8 000 美元；2014 年城镇居民人均可支配收入 28 844 元，农村居民人均纯收入 9 497 元，国内市场需求有较大提高，全年社会消费品零售总额达 262 394 亿元，比上年增长 12.0%，比 2000 年增长 67. 1%。[①] 经济危机从来就是滋生贸易保护主义的温床，这次危机中贸易保护主义压力有增无减，由于我国出口企业的自身努力、政府的及时应对，2014 年货物进出口总额 43 030.40 亿美元；其中，货物出口 23 427.50 美元。中国已成为全球出口“冠军”。国家外汇储备余额达到 3.84 万亿美元，对世界经济的影响力进一步增强。

在社会总需求增长的同时，随着社会有效供给的持续增加，社会总供求之间的矛盾日渐缓和。1997 年下半年后，我国社会主义市场经济条件下的买方市场已初步形成，事实证明社会主义经济并非注定是“短缺经济”。供求形势的变化更引起竞争格局的变化，消费者选择余地日渐扩大，卖主之间的竞争空前剧烈，加之企业价格行为在改革过程中大大增强了灵活性和策略性，这些也都是市场营销策略和技巧日益受到重视的客观条件。

值得注意的是在市场总供求趋势发生根本变化，供求格局变化万千的情况下，政府各部门和地方政府都日益重视产业结构和产品结构的调整，企业也更加重视市场需求的调查预测，力求使产品适销对路。以市场消费需求为中心的营销观念，在人们的头脑中加速形成。可以说，理论的突破，改革的推进，经济的发展，社会主义市场经济体制的建立，为市场营销学的研究和应用创造了极为有利的条件。

第四节　研究市场营销学的意义和方法

一、研究市场营销学的意义

社会主义市场经济条件下，物质资料的生产表现为商品生产，消费需求表现为市场需求，而商品从生产领域到消费领域的转移，都要通过一个流通过程，通过交换来实现，所以市场是社会再生产和扩大再生产的条件，是连接生产与消费的纽带和桥梁。因此，企业的生产经营活动都不能离开市场，研究企业市场营销策略及营销活动的规律性，是社会主义商品经济发展的需要。进入 21 世纪以来，经济形势异常严峻，企业要生存和发展，必须面对巨大的挑战，营销的重要性日益凸显，经济理论和实际工作者学习和研究市场营销原理与策略的要求也日益迫切。

市场营销学是一门实践性很强的应用科学，认真学习和研究市场营销学，对于借鉴他国经营现代企业的经验和方法，提高企业营销素质，增强企业活力和竞争力，在国内外激烈的市场竞争中取胜，加速我国经济建设的步伐，具有重要的现实意义。

（一）研究市场营销学，有利于更好地满足社会需要

在社会主义市场经济条件下，生产、经营的最终目的是满足人民日益增长的物质和文化生活需要。市场营销观念强调以消费者的需求和利益为中心，按市场需求组织

① 见《中华人民共和国 2014 年国民经济和社会发展统计公报》。

产品的生产和供应，将导致资源配置优化，生产效率提高，能更好地满足消费者的现实需要与潜在需要。

（二）研究市场营销学，有利于解决产品市场实现问题

在社会主义市场经济条件下，社会再生产过程是生产过程与流通过程的统一，连接生产过程两端的是交换，都离不开市场，都需要有效的营销活动。研究、应用营销理论、策略和方法，能加速产品由商品形态向货币形态转化，由可能产品向现实产品转化，从而促进解决市场实现问题。

（三）研究市场营销学，有利于增强企业市场竞争力

在社会主义市场经济条件下，企业不再是国家大工厂的生产车间，而是自主经营、自负盈亏的法人实体。富有竞争性的市场，迫使企业接受市场的检验。企业研究和运用市场营销原理，了解消费需求，分析市场环境，制定和实施有效的营销组合策略，必将极大提高企业营销素质，改善经营管理，增强应变与竞争能力。

（四）研究市场营销学，有利于进一步开拓国际市场

社会主义市场经济是开放性的经济，坚持对外开放，扩大国际贸易与国际经济技术合作，是加快社会主义建设，逐步缩小同发达国家的经济差距的一条重要的指导方针。国际市场情况复杂，需求多变，竞争激烈。研究市场营销学，掌握营销理论和技巧，认真开展市场调研，了解目标市场，制定相应的国际营销策略，才能更有成效地开拓国际市场，发展我国的对外贸易。

二、研究市场营销学的方法

有中国特色的市场营销学的研究，应以马列主义、毛泽东思想、邓小平理论为指导，以唯物辩证法的基本原理为根本方法，贯彻理论联系实际的原则，注重调查研究、案例分析，掌握规律性，指导市场营销活动，并在实践中不断总结提高。

不同的市场环境、不同的地理区域、市场营销的活动具有不同的特点，用比较的方法可以从中找出市场营销的规律性。不同国家的市场营销有不同的特点，采用比较的方法进行研究，可以探索国外市场营销学中适合于我国国情的内容。同时，市场营销学的研究要采用定性分析和定量分析相结合的方法，对纷繁庞杂的市场营销关系作出科学的判断，预见发展趋势，以便采取有效措施，开展市场营销，提高经济效益。

研究市场营销学的具体方法很多，主要分为以下 5 种：

（一）产品研究法（commodity approach）

产品研究法即较为详细、具体、深入地分析某种或某类产品的营销个性问题，如农产品市场营销学，就是以农产品为主体，研究农产品市场需求发展变化趋势，产品的品种、品质要求，以及产品标准、包装、分销渠道、价格与促销手段等问题。适用于某些专业性市场营销学课程的教学研究工作，同时也是企业研究某项产品的具体市场营销问题的重要手段。

产品研究法能较具体深入地分析各个或各类产品的市场营销问题，但耗费力量较多，而且还会产生重复现象。

（二）组织研究法(organization approach)

如果说产品研究法是以物为中心来研究市场营销学，则组织研究法可谓是以人为中心来研究市场营销学，以商品流通的各个环节为主线，研究市场营销系统中的各种机构的特性、变革和功能，包括生产者、代理商、批发商、零售商以及各种辅助机构的作用及营销活动过程与策略。以往的不足之处，主要在于未完全摆脱以物为中心，忽视对消费者需求的研究。

（三）功能研究法(functional approach)

市场营销的基本功能一般可分为交换功能、供给功能和便利功能三大类，包括购、销、运、存、金融、信息等方面的内容。功能研究法主要是研究各种营销功能的特性及动态，着重研究不同的营销机构和不同的产品市场如何执行这些功能。

（四）管理研究法(managerial approach or decision approach)

20 世纪 30 年代以前，西方国家流行的市场营销研究方法，主要是上述三种。其特点是单纯以某种产品、某种营销机构或某种营销职能作为研究的主体，视野比较狭窄，有"只见树木、不见森林"之感。第二次世界大战后，随着管理科学、决策理论、系统理论和信息科学等现代科学的发展，市场营销学在吸取这些现代科学研究成果的基础上，兴起了一种新的研究方法，即管理研究法(或称决策研究法)。

管理研究法以企业为主体，从营销管理决策的角度，综合产品研究法、组织研究法和功能研究法的基本要求，基于对企业外部环境因素和企业内部条件的分析与把握，着眼于寻找企业的市场机会，选择适当的市场机会，确定目标市场，制订最佳的市场营销组合方案。希望借此能在适当的时间、适当的地点，以适当的价格，将适当的商品或劳务，用适当的方法提供给消费者，从而扩大市场销售，提高市场占有率，增加企业盈利，最终实现企业的任务和目标。这种方法强调营销战略、营销策略的制定，以及营销计划的执行、控制和调整，自 20 世纪 50 年代末美国的营销学家提出后，受到了教学研究和企业界的普遍重视。

（五）系统研究法(system approach)

乔治・道宁(George S. Downing)于 1971 年出版的《基础市场营销：系统研究法》一书，提出了系统研究法。系统研究法主要应用了系统工程的原理和方法，从企业内部系统、外部系统，以及内部和外部系统如何协调来研究市场营销学。企业内部系统主要是研究企业内部各职能部门，诸如生产部门、财务部门、人事部门、销售部门等如何协调，以及企业内部系统同外部系统的关系如何协调。企业外部系统主要研究企业同目标顾客外部环境的关系。内部与外部系统又是通过商品流程、货币流程、信息流程连接起来的。只有市场营销系统的各组成部分相互协调，才能产生高的营销效益。

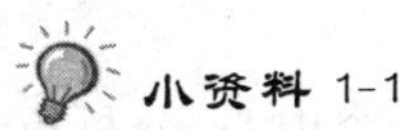

营销谬误与戒律

十大致命营销谬误

(1) 企业没有完全以市场为焦点，也没有做到完全的顾客驱动。

(2) 企业并不十分了解它的目标顾客。

(3) 企业未能更好地界定并监视它的竞争对手。

(4) 企业并没有管理好与利益相关者的关系。

(5) 企业不善于发现新的机会。

(6) 企业的营销计划和计划过程存在缺陷。

(7) 企业未能实施从紧的产品和服务政策。

(8) 企业的品牌塑造和传播力很弱。

(9) 企业未能有效并高效地组织营销活动。

(10) 企业未能充分利用高新科技。

十大营销戒律

(1) 企业进行市场细分,选择最合适的目标市场,并强化自己在目标市场上的地位。

(2) 企业关注顾客的需要、感知、偏好和行为,并激励利益相关者关注为顾客提供服务,满足顾客的需要。

(3) 企业知道谁是自己的主要竞争对手,并了解其优势和劣势。

(4) 企业与利益相关者建立起伙伴关系,并给他们丰厚的回报。

(5) 企业建立起一套识别机会、分析机会和选择最佳机会的制度或系统。

(6) 企业拥有相对完善的营销计划系统,并能制订出富有见地的长期计划和短期计划。

(7) 企业对自己的产品和服务组合有很强的控制力。

(8) 企业通过经济有效的传播与促销工具来塑造强大的品牌。

(9) 企业树立起营销领导地位并在各个部门形成团队精神。

(10) 企业不断增强自己的技术实力并借此强化自己在市场中的竞争地位。

资料来源:科特勒,等.营销管理[M].第14版.王永贵,等译.北京:中国人民大学出版社,2012.

三、市场营销学的研究范围

市场营销学的研究对象是市场营销活动及其规律性。菲利普·科特勒认为,一门学科就应该有一个核心概念(core concept)。如经济学的核心概念是稀缺,政治学的核心概念是权力,人类学的核心概念是文化,社会学的核心概念是群体,而市场营销学的核心概念是交换。但交换作为社会再生产的一环,不能离开其他环节孤立地研究。因此,市场营销学的研究范围是以市场为出发点,但必须上延到生产过程,下伸到消费过程。无论生产或消费,都与市场商品交换有直接关系。因为社会再生产过程的各个环节,是互相联系、互相制约的一个有机整体。交换本身不是生产,但与生产紧紧相连;交换本身不是消费,但与消费息息相关。

市场营销学的研究范围,经典的表述方法,一般是围绕消费者需求这个中心,分析市场环境,制定和实施营销策略组合。其中包括产品(product)、分销渠道(distribution channel of place)、促销(promotion)与定价(pricing)策略,简称4P'S,如图1-1所示。

现代市场营销学的研究范围,可概括为以下方面:市场、消费者、市场营销策略、制定与实施市场营销策略的方法。

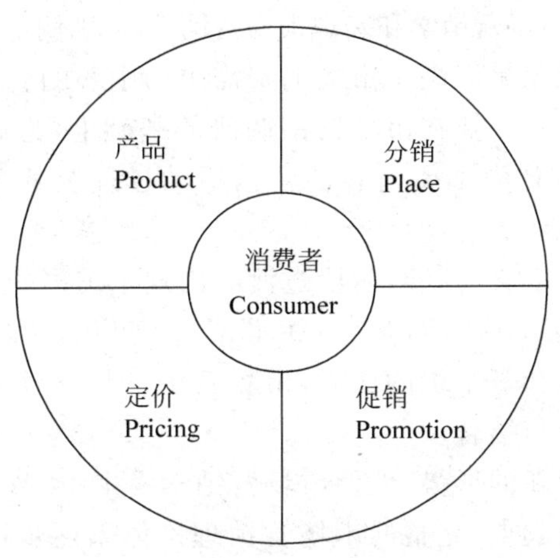

图 1-1　市场营销学的研究范围

市场营销学围绕消费者需求这个中心，分析市场环境，研究所应实施的营销策略，在理论体系上包括营销原理、市场调研、需求分析与营销组合等几个部分。

本书的结构如图 1-2 所示。

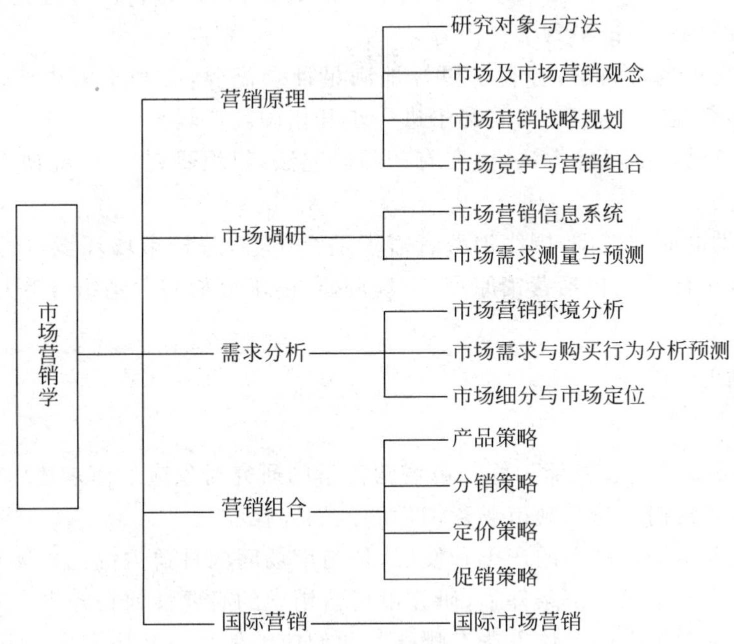

图 1-2　市场营销学结构

本章小结

市场营销学译自英语 Marketing 一词，经多年的研讨，学科名称译作市场营销学，已被广泛认同。

市场营销学分为微观市场营销学和宏观市场营销学，分别侧重关注企业赢利和社会福利。

市场营销学的研究对象是以满足市场消费需求为中心的企业整体营销活动及其规律性，即在特定的市场环境中，企业在市场营销调研的基础上，为满足消费者和用户现实和潜在的需要，所实施的以 4P 为主要内容的营销活动过程及其客观规律性，具有全程性、综合性、实践性的学科特点。

市场营销学是在资本主义向垄断阶段过渡时出现于美国的，经历了 19 世纪末的萌芽时期，到 20 世纪初期建立了这一新学科，20 世纪 20 年代，初步建立了本学科的理论体系。随着美国市场营销学会等组织的成立，市场营销学从学校到企业，从课堂走向社会，促进了理论与实践的发展与结合。

第二次世界大战后的新的形势，促使市场营销学发生了“革命”性的变革，把市场的位置由生产过程的终点变为起点，完整的市场营销理论体系逐步形成。这对学科发展和企业实践，乃至整个社会经济的发展起了重大作用。而后，20 世纪 50 年代至 90 年代，市场营销学的新概念层出不穷。

我国在 20 世纪 30 年代曾引进市场学，由于历史的原因，教学与研究中断约 30 年。党的十一届三中全会后，经历了重新引进、传播、应用、创新与扩展，市场营销学的研究和应用在社会主义市场经济的发展中取得了丰硕的成果，正努力将国外理论本土化和以本国实践为基础的创新理论丰富学科内容。

学习和研究市场营销学，有利于更好地满足社会需要，有利于解决产品市场实现问题，有利于增强企业市场竞争力，有利于进一步开拓国际市场。

研究市场营销学的具体方法，主要有产品研究法、组织研究法、功能研究法、管理研究法和系统研究法。

市场营销学的研究范围，围绕消费者需求这个中心，分析市场环境，研究所应实施的营销策略，在理论体系上包括营销原理、市场调研、需求分析与营销组合等几个部分。

思考题

1. Marketing 一词怎样译为好？市场营销学的研究对象应如何表述？
2. 宏观市场营销学与微观市场营销学的区别何在？
3. 为什么说市场营销学的产生和发展，是与市场问题日益尖锐化相伴随的过程？
4. 在社会主义市场经济条件下，研究市场营销学的必要性何在？
5. 研究市场营销学的具体方法有哪些？我们应如何学习和研究市场营销学？
6. 市场营销学在中国传播的客观必然性何在？你对发展前景如何估计？

案例

西安杨森的营销理念和策略

由国家互联网信息办公室组织的“从企业看信心”经济形势主题采访活动，第三站选择了西安杨森。作为改革开放以来最早进入中国的大型制药公司之一，他的营销理念和策略为我们所用，有着中国医药界“黄埔军校”的称号。

一、营销调研，市场的开路先锋

做市场如果不做调研，如同盲人骑瞎马。没有广泛而大量的市场调研提供真实可信的资料，就难以形成好的市场行动方案。

西安杨森的达克宁霜早在1989年就进入了中国市场，是该公司的主导产品之一。在上市初期，该公司就如何使人们简单明确地了解这个品种，做了大量的市场论证和消费者调研工作。他们通过问卷、面访、电访等手段，综合各类人群对脚气的反应，发现药物不仅要止痒，使其不再复发也非常关键。于是在达克宁霜的广告中特别强调减少复发的可能性，准确地抓住了消费者对消除脚气困扰的关键所在，因而成功地建立了达克宁霜功效优越的地位。

长期以来，西安杨森形成了自己一套完整的市场调研方案：根据公司产品的不同适应症，对影响人们用药水平的诸多因素，如人口、年龄、性别、心理、地理位置等进行了系统研究和分析，决定采取销售活动地区化的策略，这样就能对市场的需求变化做出更快、更准确的反应。

二、宣传攻势，创造爆发性的销售力

“让每一个中国医生了解西安杨森产品”是杨森公司宣传工作的目标。通过召开各种产品的座谈会、宣讲会、研讨会，面对面地向医务人员，特别是有处方权的中青年医生进行宣传，有效地扩大了企业产品的影响面。同时有计划有步骤地利用每次全国医药订货会的良机并应用大众宣传媒介在各大报刊、广播电台、电视台大作企业形象和产品的宣传广告，覆盖面广并带有科普性、趣味性，大大提高了西安杨森和杨森产品的知名度。

如该公司的一个治疗皮肤病药品派瑞松霜，在市场上有良好的表现，其明确生动的广告宣传是其成功必不可少的因素。派瑞松霜的广告以动画形式将它的独特的功效非常生动地表现出来。“唯其生动浅显易懂，才能让人记得牢，那么这个产品的广告就成功了。”

三、医药代表，走专家销售之路

西安杨森市场营销能取得佳绩，与公司的医药代表的工作是分不开的。他们不只是推销药品，更重要的是在药厂和临床医生之间架起“桥梁”。该公司拥有一批既具有专业知识，又具备销售技巧、一专多能的医药代表，他们大都毕业于医药院校。为保证医药代表工作的高效性，西安杨森十分重视员工的培训工作。杨森公司对通过校园招聘会进入公司的高素质管理培训生提供全面而独特的培训机制，20个月的在职培训保证每一个新入职员工能够熟悉公司的业务和所处的环境，销售人员都成为既懂医药知识又精于销售技巧的专家。

2007年9月，西安杨森荣获中国非处方药协会颁发的“中国重点医药生产企业非处方药”统计排名第一名。

四、销售推广，润物细无声

与某些医药企业的销售推广不同的是，西安杨森的销售推广，不是以“红包”或“回扣”作为敲门砖，而是实实在在地做好市场推广工作。杨森公司的创始人保罗·杨森曾说过：“我宁肯自己发明的产品一盒也卖不出去，也不容许用任何非伦理的手段来推销产品。”

对医生的培训是外资医药企业市场推广的重要组成部分，也就是人们常说的召开临床推广会。组织者邀请当地医务工作者，由销售代表从病理和药理的角度讲解新产品的研制原理、临床使用及有关注意事项。西安杨森公司在进入我国时，就注重临床推广会这种销售方式。由于杨森公司的销售人员是学医出身，又经过公司的严格培训，推广会都能取到很好的效果，深受人们的欢迎。这在无形之中增强了产品的销售力，因此推广会也成为一种成功率极高的说服活动。

杨森公司还成立了“科学委员会”，这些成员都是医药界名流、权威人士。他们主要是在全国各地举办学术交流活动，凭借这些医学界权威的推介，杨森的产品很容易就得到医院和患者的认可。

五、分销网络，遍布全国城乡

西安杨森根据中国国情，除了在全国各地自建销售公司外，还十分重视对分销商的开发工作，并且注重分销商的商誉。

在建设市场网络方面，在与分销商的长期业务交往中，西安杨森的销售政策不但保证了其产品销售渠道畅通无阻，同时也培育了西安杨森和分销商之间互惠互利、相互依赖的新型伙伴关系，调动了经销商销售杨森产品的主动性和积极性。

如达克宁霜凭借该公司强大的分销网络，使达克宁霜在任何医院、药店都有销售。而且杨森公司也定期派员走访药店，即使最偏僻的村镇药店仍有达克宁霜销售。当广告引起消费者兴趣而消费者又能轻易买到时，产品才能真正完成销售全程。这充分体现了分销网络的强大，而广告口碑也吸引了各药店、各级经销商的购入要求，实现了被动渗透过程。两者合一就是几乎百分之百的渗透率。

保罗·杨森有句名言：“我们生产的是药品，销售的是健康。”这种以大众健康为己任的企业精神，才是他们在市场竞争中立于不败之地的法宝。

资料来源：陈宇.洋药企业：市场淘金就这几招.经营者，2002，(11).

讨论题

1. 西安杨森的市场营销工作有什么特点？
2. 本案例可以给我们哪些有益的启示？

课后实践

1. 目的

初步理解市场营销过程的主要方面。

2. 内容和要求

设想如何创业，创业需要做哪些事，需要在营销学课程中学习哪些方面的知识。

3. 步骤

(1) 由教师或指定一名同学在课堂上访问3～4名同学，请他们说出如果自己创业将从何处着手并从哪些方面开展经营活动，要学习和运用哪些营销理论。

(2) 在被访问者都做出回答后，教师主持由班级成员自由发言，评议被访者的设想的可行性与不足，如果是自己创业又准备怎样做。

(3) 教师评价并总结。

第二章　市场与市场营销观念

本章提要

本章阐述市场、市场营销及其相关概念，市场营销管理哲学在实践中的发展和演变，以及新旧营销观念的区别、现代市场营销观念的基本特征等重要问题。着重介绍以顾客满意为焦点，全面贯彻现代市场营销观念，创造和提供顾客感知价值的原理，以便我们深入地认识和把握市场，科学地分析市场，树立正确的市场营销观念。

本章知识结构图

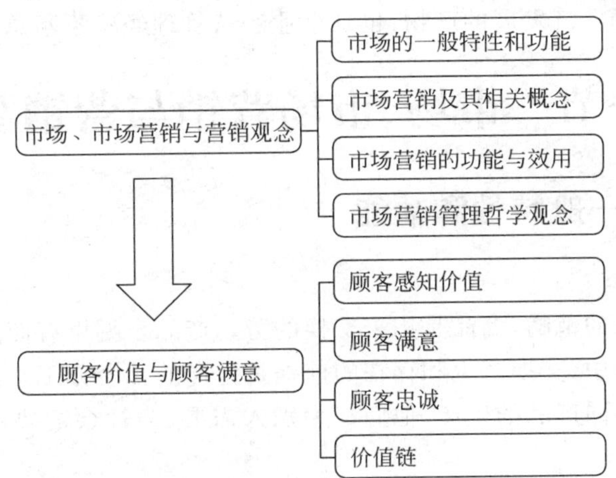

重要概念

市场；市场营销管理哲学；市场营销观念；整体市场营销；顾客感知价值；顾客满意；顾客购买总价值；顾客购买总成本；企业价值链；供销价值链。

聪明的报童

某一地区，有两个报童在卖同一份报纸，两个人是竞争对手。

第一个报童很勤奋，每天沿街叫卖，嗓子也很响亮，可每天卖出的报纸并不很多，而且还有减少的趋势。

第二个报童肯用脑子，除了沿街叫卖，他还每天坚持去一些固定场合给大家分发报纸，过一会再来收钱。地方越跑越熟，报纸卖出去的也越来越多，当然也有些损耗。

而第一个报童能卖出去的也就越来越少，不得不另谋生路了。

营销启示：

第二个报童的做法中大有深意：

第一，在一个固定的地区，对同一份报纸，读者客户是有限的。我先将报纸发出去，这个拿到报纸的人，就肯定不会去再买别人的报纸。我发的越多，占领的市场就越大，这对竞争对手的销量和信心都构成了威胁。

第二，报纸不像别的消费品有复杂的决策过程，随机性购买多，一般不会因质量问题而退货。而且钱数不多，大家也不会不给钱，今天没有零钱，明天也会给。有文化的读者不会为难小孩子。

第三，即使有人看了报，退报不给钱，也没有什么关系，一则总会有积压的报纸，二则他已经看过了报纸，还是自己的潜在客户。

营销观念是生产经营者组织与管理企业营销活动过程的指导思想，随着商品交换日益向深度和广度发展，营销观念渐次由生产导向、销售导向向市场导向、顾客导向演变。现代市场营销是市场经济发展的产物，也是企业经营管理经验不断总结和积累的结果。

第一节　市场、市场营销与营销观念

一、市场的一般特性和功能

（一）市场的概念

市场是商品经济的范畴，商品是用来交换的劳动产品。哪里有商品生产，哪里就有市场。在社会经济生活中，交换产生和存在的前提是生产的社会分工。由于社会分工，不同的生产者分别从事不同产品的生产，他们都为别人需要、为社会需要而生产，彼此互相联系、互相依存。

商品交换关系，是不同的所有者经济联系的体现。按照狭义的概念，市场是指买卖商品的场所，即买方和卖方聚集在一起交换货物的场所。当交易双方进行买卖活动时，市场是一个有限的区域；而当交易双方采用电话、电报、传真、电视、互联网等现代化手段进行联系时，市场的范围可能遍及全球。按照广义的概念，市场是一定时间、地点条件下商品交换关系的总和，即把市场看作商品交换的总体。市场上所有的买卖活动都涉及直接参与者和间接参与者的利益，在物与物的关系背后存在着人与人的关系。所以，市场是商品生产者、中间商和消费者交换关系的总和。

市场也可以解释为消费需求。一定时期消费者或用户对某种商品有支付能力的需求，决定了该种商品有无销路及销路大小，这也被称作有无市场或市场大小。

（二）市场的一般特性

（1）形成市场的基本条件。存在买方与卖方，有可供交换的商品，有买卖双方都能接受的交易价格及其他条件。这三者具备了，才能实现商品的让渡，形成现实的而不是观念上的市场。

（2）形成买卖行为的三要素。市场活动的中心内容是商品买卖，因而必须具备消费者、购买力和购买欲望三个要素。没有消费者就谈不上购买力和购买欲望，或是消费者没有购买力和购买欲望，也不能形成现实的市场。只有三个要素结合起来，才能促成买卖行为。

（三）市场的功能

市场产生的基础是存在社会分工，同时又存在不同的所有者导致的商品生产，市场活动的基本内容有其共同性。市场的主要功能是：

(1) 实现功能。通过市场交易，商品与货币易位，商品生产者售出产品，实现了商品的价值，进而可实现价值补偿和实物替换；消费者取得产品，产品进入消费领域，成为现实的产品。

(2) 调节功能。通过供求与价格的相互作用，供求形势的变化和竞争的开展，对买卖行为起调节作用，使生产、经营规模和结构与消费需求适应，能促进社会资源合理配置。

(3) 反馈功能。通过买卖双方的接触和影响供求诸因素信息的传递，不仅为企业的微观决策提供依据，有利于更好地组织生产经营活动，也为政府宏观决策提供依据，有利于经济计划管理和加强宏观调控。

二、市场营销及其相关概念

（一）市场营销的概念

伴随营销理论与实践的不断创新，营销的概念在不同时期有不同的主流表述。如美国市场营销协会(AMA)1960 年定义“市场营销是引导货物和劳务从生产者流转到达消费者或用户所进行的一切企业活动”，而 1985 年则变成为“市场营销是(个人和组织)对理念(或主意、计策)、货物和劳务的构想、定价、促销和分销的计划与执行过程，以创造达到个人和组织的目标的交换”。2004 年 8 月，AMA 在夏季营销教学者研讨会上又公布了新定义：“市场营销既是一种组织职能，也是为了组织自身及利益相关者的利益而创造、传播、传递客户价值，管理客户关系的一系列过程。”①新定义以关注顾客价值为核心，明确了顾客地位，承认了顾客价值，并强调了与顾客的互动。同时，该定义肯定了市场营销是一个过程，是一项组织职能，不仅要以本组织的利益为目标，而且要兼顾相关组织的利益。

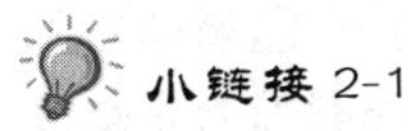

Marketing 最新定义

营销是创造、传播、传递和交换对顾客、客户、合作伙伴乃至整个社会有价值的产品的一系列活动、机制和过程。

原文：Marketing is the activity, set of institutions, and processes for creating, communicating, delivering, and exchanging offerings that have value for customers, clients, partners, and society at large. (Approved October 2007)

资料来源：摘自 AMA 官方网站(2007.10)：www.marketing power.com.

---

① 郭国庆.市场营销学通论[M].第 4 版.北京：中国人民大学出版社，2009：13.

营销与一般的销售不同，区别在于：销售重视的是卖方的需要，营销重视的则是买方的需要。

关于市场营销的较为完整的定义是：市场营销是通过市场交换满足现实或潜在需要的综合性经营销售活动过程。依据这一定义，市场营销的目的是满足消费者的现实或潜在的需要，市场营销的中心是达成交易，而达成交易的手段则是开展综合性的营销活动。

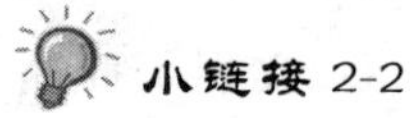

解读"营销"新理念

营销界出现的一些营销新理念更具先进性、时代性，并逐步与国际接轨。

一、"产品营销"与"观念营销"

"产品营销"是低层次的被动消费。"观念营销"是快于市场一拍、引导市场消费的主动营销行为，是把新的消费理念、消费情趣等灌输给消费者，使其改变传统的消费思维、消费习惯、消费方式，使消费更上新层次的营销行为。

二、"后营销管理"与"先营销管理"

"后营销管理"是企业以维持现有客户为目标并不断扩大市场的经营行为，其特征是把营销侧重点放在维持现有顾客身上，满足现有顾客的要求，从而达到低营销成本、高营销效率、扩大市场的目的。"先营销管理"则是把营销放在制造产品之前的服务创新行为。

三、"营销竞争"与"营销竞合"

传统的营销理念和思维，营销就是竞争，就是要通过多种营销方式和手段去败竞争对手。在全球化经营中，精明的经营者提出和实践"营销竞合"的新理念，更多地强调市场集成经营，整合聚变，突出协同和创新，形成更大的营销合力。

四、"商品营销"与"文化营销"

"文化营销"就是营销文化理念，运用文明与传统、道德与法制等文化理念进行商品销售。企业在全球化营销中消除文化差异，融入本土化文化理念是跨国经营的重要保证。通过符合本土化的经营创新，消除文化障碍，实现消费认同与市场开拓。

五、"价格营销"与"价值营销"

过度地价格竞争往往会两败俱伤，不仅会因价格的下降而大伤企业的元气，影响企业的持续发展和发展后劲，不利于企业开拓经营。"价值营销"不同于"价格营销"，它是通过向顾客提供最有价值的产品与服务，创造新的竞争优势而取胜的。

六、"营销独占"与"营销共享"

长期以来，企业追求市场竞争的"营销独占"利益，以取得更大的利润。针对全球化竞争和微利时代的市场新形式，有远见的企业家提出并实行"营销共享"新理念。这个理念就是企业把市场视作一个生态体系，企业与市场之间、企业与消费者之间是相互依存、相互发展的关系。

七、"营销是卖"与"营销是买"

"卖"与"买"在营销指导思想上有本质区别。前者注重的是把产品卖出去，后者则注重赢得顾客的心。买得大量的忠诚用户才是企业追求的根本，才是企业的永久市场。小天鹅公司提出先买顾客的"心",后卖企业的产品这个营销新观念成功地实现了企业跨国经营。

八、"营销企业"与"营销社会"

"营销企业"就是千方百计把企业推销出去;"营销社会"则是将企业作为社会的一分子,通过公益营销活动,确立回报社会的战略经营观,树立良好的企业形象,实现企业与社会共同发展。

资料来源:中国经营者.营销谋略.2003年第1期.

(二)市场营销的相关概念

1. 需要、欲望和需求

人类需要是市场营销的基石。所谓需要,是一种感到缺乏的状态,也是人们与生俱来的基本需要,如对水、空气、食品、衣服、住所、娱乐和接受教育的需要,以及对归属和情感的社会需要等。市场营销者可用不同的方式去满足需要,但不能凭空创造需要。

欲望是人类需要的表现形式,当存在可以满足上述某种需要的具体物品时,即当需要与可以满足这一需要的物品相联系时,需要就转变成欲望。如为满足"解渴"的生理需要,人们可能选择(追求)饮用开水、茶、汽水、果汁或者矿泉水。市场营销者无法创造欲望,但可以影响欲望,创造、开发及销售特定的产品和服务来满足欲望。

需求是指人们有支付能力并愿意购买某个具体产品来满足的欲望。营销者应该知道有多少人需要某种产品,并且知道有多少人有能力购买这种产品。

优秀的企业通过各种方式深入地了解顾客的需要、欲望和需求,认真研究顾客行为和偏好,并据以制定自己的营销策略。

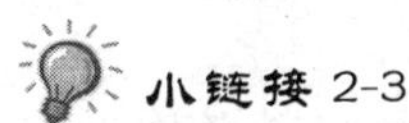

需求的类型

负需求——消费者对某个产品感到厌恶,甚至有意回避它。

无需求——消费者对某个产品不感兴趣,无心购买。

潜在需求——现有产品未能满足消费者对某个产品已产生的需求。

下降需求——消费者逐渐减少或停止购买某种产品。

不规则需求——消费者的购买行为可能随时都在发生变化。

充分需求——消费者随时能在市场上购买到自己所需要的产品。

过度需求——消费者需要购买的数量超过市场可能供应的数量。

不健康需求——消费者需要购买的产品会对社会产生不良后果。

2. 产品和服务

产品指能够满足人的需要和欲望的任何事物。产品的价值在于它给人们带来对欲望的满足。人们购买轿车不是为了得到一种机械,而是要得到它所提供的交通服务。产品实际上只是获得服务的载体。这种载体可以是有形物品,也可以是不可触摸的、无形的"服务",如人员、地点、活动、组织和观念。市场营销者必须清醒地认识到,其创造的产品不管形态如何,如果不能满足人们的需要和欲望,就必然会失败。

3. 效用、费用和满足

效用是消费者对产品满足其需要的整体能力的评价。消费者通常根据这种对产品价值的主观评价和支付的费用来作出购买决定。如某人为解决其每天上班的交通需要，他会对可能满足这种需要的产品选择组合（如自行车、摩托车、汽车、出租车等）和他的需要组合（如速度、安全、方便、舒适、节约等）进行综合评价，以决定哪一种产品能提供最大的总满足。

4. 交换、交易和关系

交换是指从他人处取得所需之物，而以自己的某种东西作为回报的行为。人们对满足需求或欲望之物的取得，可以有多种方式，如自产自用、强取豪夺、乞讨和交换等。其中，只有交换方式才存在市场营销。因此，交换是市场营销的核心概念，营销的全部内容都包含在交换概念之中。

交易是交换的基本组成单位，是交换双方之间的价值交换。交换是一种过程，在这个过程中，如果双方达成一项协议，我们就称为发生了交易。交易通常有两种方式：一种是货币交易，如甲支付800元给商店而得到一台微波炉；另一种是非货币交易，包括以物易物、以服务易服务和以服务易物的交易等。

建立在交易基础上的营销可称为交易营销。为使企业获得较之交易营销所得到的更多，就需要关系营销。关系营销是营销者与有价值的顾客、分销商、零售商、供应商以及广告代理、科研机构等建立、保持并加强长期的合作关系，通过互利交换及共同履行诺言，使各方实现各自目的的营销方式。关系营销可以节约交易的时间和成本，其营销宗旨从追求每一次交易利润最大化转向与顾客和其他关联方共同长期利益最大化，即实现“双赢”或“多赢”。

5. 市场营销者

在交换双方中，如果一方比另一方更主动、更积极地寻求交换，我们就将前者称为市场营销者，后者称为潜在顾客。换句话说，所谓市场营销者，是指希望从别人那里取得资源并愿意以某种有价值的东西作为交换的人。市场营销者可以是卖方，也可以是买方。当买卖双方都表现积极时，我们就把双方都称为市场营销者，并将这种情况称为相互市场营销。

三、市场营销的功能与效用

（一）市场营销的功能

市场营销的基本功能可分为三类，即交换功能、供给功能和便利功能。交换功能，包括购买与销售。供给功能，包括运输与储存。便利功能，包括资金融通、风险负担、市场情报与商品标准化和分级等。

（二）市场营销的效用

市场营销可创造形式、地点、时间与持有等效用。

(1) 形式效用。例如，企业通过市场调研，分析市场需求，再通过加工、制造过程，使棉纱、棉布、布匹成为服装，即生产出能满足人们某种需要的使用价值的具体形式，此种供给功能的发挥，即属形式效用的创造。

(2) 地点效用。例如,农产品采购企业向农业生产者收购蔬菜、水果等农产品,加以挑选整理,加工、包装后,运往城市和口岸,供应城市或出口,满足城市与国外消费者的需要。此种运输功能的发挥,使消费者在适当的地点能买到这些农产品,即属地点效用的创造。

(3) 时间效用。如将夏天制成的棉鞋保存到冬天,将冬天生产的凉鞋保存到夏天,维护两者的效用。此种储存功能的发挥使消费者在适当的时间能买到这些物品,即属时间效用的创造。

(4) 持有效用。通过买卖行为,将商品从卖方转移到买方,从而使购买者获得持有效用。如纺织品批发企业向纺织厂采购纺织品,批销给零售商再转卖给消费者,从而把纺织品的所有权由纺织厂转移到消费者手中。此种交换功能的发挥,即属持有效用的创造。

四、市场营销管理哲学

市场营销管理哲学是指企业对其营销活动及管理的基本指导思想,也称市场营销观念,它是一种观念、一种态度或一种企业思维方式。

营销管理哲学的核心是正确处理企业、顾客和社会三者之间的利益关系。随着生产和交换日益向纵深发展,社会、经济与市场环境的变迁,以及企业经营经验的积累,企业的营销管理哲学发生了深刻变化。这种变化的基本轨迹是由企业利益导向,转变为顾客利益导向,再发展到社会利益导向。图 2-1 显示了营销管理观念的变化趋势。

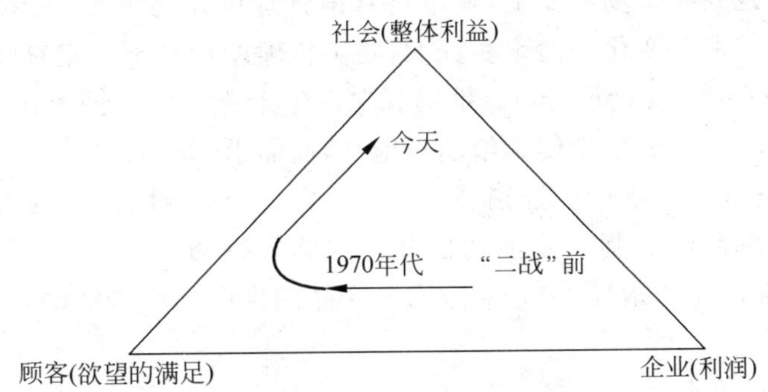

图 2-1 企业营销管理观念的变化趋势

企业市场营销管理哲学(观念)的演变,可分为生产观念、产品观念、推销(销售)观念、市场营销观念和社会营销观念 5 个阶段。前三个阶段的观念一般称为旧观念,是以企业为中心的观念;后两个阶段的观念是新观念,可分别称为顾客(市场)导向观念和社会营销导向观念。莱维特(Theodore Levitt)曾以推销观念与市场营销观念为代表,比较了新旧观念的差别,如图 2-2 所示。

下面分别就以企业为中心的观念、以顾客为中心的观念和以社会整体利益为中心的观念,讨论 100 多年来企业市场营销管理观念的演变及其背景。

(一) 以企业为中心的观念

以企业为中心的市场营销管理观念,就是以企业利益为根本取向和最高目标来处理营销问题的观念。它包括以下几种。

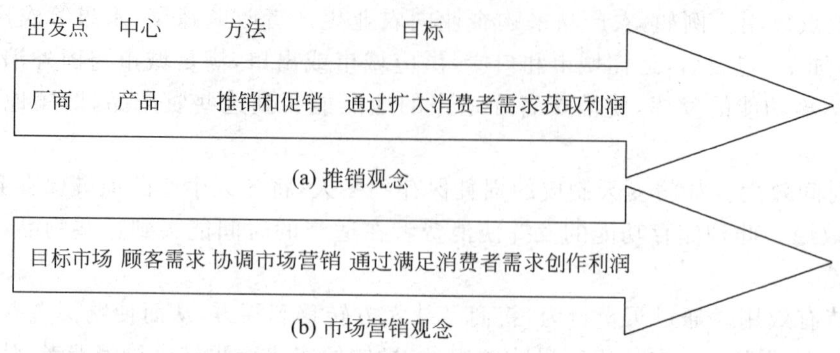

图 2-2 推销观念和市场营销观念的对比

(1) 生产观念(production concept)。在卖方市场状态下,产品供不应求,选择甚少,只要价格合理,消费者就会购买。企业的中心问题是如何利用新技术扩大生产,提高生产效率并降低成本,即大量生产物美价廉的产品,解决供不应求的问题,消费者的需求和欲望并不受重视。

(2) 产品观念(product concept)。当供不应求的市场现象得到缓和后,产品观念应运而生。产品观念认为,在市场产品有选择的情况下,消费者会欢迎质量最优、性能最好和特点最多的产品,因此,企业应该致力于制造质量优良的产品,并经常不断地加以改进提高。此时,企业最容易导致"市场营销近视"(marketing myopia),即不适当地把注意力放在产品上,而不是放在市场需要上,在市场营销管理中缺乏远见,只看到自己的产品质量好,看不到市场需求在变化。而事实证明,物美价廉的产品不一定是畅销的产品。

(3) 推销观念(selling concept)。推销观念产生于资本主义国家由"卖方市场"向"买方市场"过渡的阶段。大量生产使供给趋于饱和,而需求却增长缓慢,市场问题十分尖锐,推销观念在此市场背景下盛行。推销观念认定:消费者不会因自身的需求与愿望主动地购买商品,必须经由推销的刺激才能诱使其采取购买行动。产品是"卖出去的",而不是"被买去的"。在推销观念指导下,企业致力于产品的推广与广告活动,以期获得充分的销售量和利润。

(二) 以消费者为中心的观念

市场营销观念(marketing concept),又称以消费者为中心的观念。这种观念认为,企业的一切计划与策略应以满足消费者的需求为中心,正确确定目标市场的需要与欲望,比竞争者更有效地满足顾客需求。市场营销观念确立这样一种信念:企业的一切计划与策略应以顾客为中心;满足消费者的需求与愿望是企业的责任;在满足需要的基础上,实现长期合理的利润。市场营销观念有四个主要支柱:目标市场、整体营销、顾客满意和盈利率。图 2-2 表明,与推销观念从厂商出发,以现有产品为中心,通过大量推销和促销来获取利润不同,市场营销观念是从选定的市场出发,通过整体营销活动,实现顾客需求的满足和满意,来获取利润,提高盈利率。

执行市场营销观念的企业,称为市场营销导向企业。企业的主要目标已不是单纯追求销售量的短期增长,而是从长期观点出发,力求占领市场,抓住顾客。

市场营销观念相信,得到顾客的关注和顾客价值才是企业获利之道,因此必须将旧观念下企业“由内向外”的思维逻辑转向“由外向内”。它要求企业贯彻“顾客至上”的原则，将营销管理重心放在首先发现和了解“外部”的目标顾客需要，然后再协调企业活动并千方百计去满足它，使顾客满意，从而实现企业目标。因此，企业在决定其生产、经营时，必须进行市场调研，根据市场需求及企业本身的条件，选择目标市场，组织生产经营。其产品设计、生产、定价、分销和促销活动，都要以消费者需求为出发点。产品销售出去之后，还要了解消费者的意见，据以改进自己的营销工作，最大限度地提高顾客满意度。

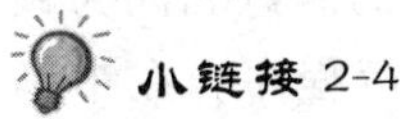

互联网思维改变营销模式

在社会高速发展时期究竟能否搭上移动化的快车，至今为止尚无相关案例和结论。工业品营销因产品的特殊性一直延续着传统的营销模式。全球化的今天，市场形势瞬息万变，容不得你半点喘息。多变的市场格局一次次刷新了纪录，也一次次创造了奇迹。2014 年“双十一”阿里又一次书写了奇迹，11 日全天交易额 571.12 亿元，创下新纪录。马云说任何一次商机的到来，都必将经历四个阶段：“看不见”、“看不起”、“看不懂”、“来不及”；任何一次财富的缔造，必将有 3 种不同表现的人：“先知先觉经营者”，“后知后觉跟随者”，“不知不觉消费者”。你愿意做哪一种？现实中，我们又是哪一种？

传统的企业要转型，传统的营销模式要改变，昔日曾经辉煌的传统企业在互联网时代受到了巨大的冲击。

客户喜欢你，必有一个喜欢你的理由；客户讨厌你，同样有一个讨厌你的理由。真正站在客户角度考虑问题才能做好营销。客户选择张三而不要李四，为什么？选择张三对客户有哪些好处？抛弃李四有哪些理由？互联网时代的买卖关系从被动接受到爱屋及乌，从高端大气上档次到细致入微、关爱有加。从我要发财到我要首先帮助客户发财，从我要营销到咱们一起互动。

互联网思维其核心就是包容、分享、关爱和互动，从你们到我们、从你的到咱的。客户的事情就是你的事情，头脑要清晰，眼界要开阔。客户的产品市场份额最近如何？是不是可以提出合理性的建议。在朋友圈利用自己的微信对客户产品广为转发传播，心系客户，想客户所想，急客户所急。以此类推，举一反三，这就是互联网思维下的营销模式。

资料来源：杨海军. 互联网思维改变营销模式. 中国营销传播网，2014-11-13.

（三）以社会长远利益为中心的观念

社会市场营销观念（social marketing concept）。20 世纪 70 年代，在西方资本主义国家出现能源短缺、通货膨胀、失业增加、环境污染严重、消费者保护运动盛行的新形势下，而市场营销观念却回避了消费者需要、消费者利益和长期社会福利之间隐含着冲突的现实。社会市场营销观念认为，企业的任务是确定各个目标市场的需要、欲望和利益，并以保护或提高消费者和社会福利的方式，比竞争者更有效、更有利地向目标市场提供能够满足其需要、欲望和利益的物品或服务。社会市场营销观念要求企业为顾客提供产品和服务，不仅要以顾客为中心，以满足顾客的需求和欲望为出发点，而且要兼顾顾客、社会和企业自身三方面利益，在满足顾客需求、增加社会福利的进程中获利。这就要求企业承担社会责任，协调企业与社会的关系，求得企业的健康发展。这种观念符合社会可持续发展的要求，应当大力提倡。

对于市场营销观念的三个重点(顾客导向、整体营销和顾客满意)，社会市场营销观念都作了修正。一是以消费者为中心，采取积极的措施，如供给消费者更多、更快、更准确的情报，改进广告与包装，增进产品的安全感和减少环境污染，增进并保护消费者的利益。二是整体营销活动，即视企业为一个整体，全部资源统一运用，更有效地满足消费者的需要。三是求得顾客的真正满意，即视利润为顾客满意的一种报酬，视企业的满意利润为顾客满意的副产品，不是把利润摆在首位。上述修正同时要求企业改变决策程序。在市场营销观念指导下，决策程序一般是先决定利润目标，然后寻求可行的方法来达到利润目标；社会市场营销观念则要求，决策程序应先考虑消费者的利益，寻求有效地满足与增进消费者利益的方法，然后再考虑利润目标，看看预期的投资报酬率是否值得投资。这种决策程序的改变，并未否定利益目标及其价值，只是置消费者利益于利润目标之上。

上述5种企业经营观，其产生和存在都有其历史背景和必然性，都是与一定的条件相联系、相适应的。当前，很多企业正在从生产型向经营型或经营服务型转变，企业为了求得生存和发展，必须树立具有现代意识的市场营销观念、社会市场营销观念。但是，必须指出的是，由于诸多因素的制约，当今市场经济发达国家的企业并不是都树立了市场营销观念和社会市场营销观念。事实上，还有许多企业仍然以产品观念及推销观念为导向。目前我国仍处于社会主义市场经济初级阶段，由于社会生产力发展程度及市场发展趋势，经济体制改革的状况及广大居民收入状况等因素的制约，我国企业的经营观念仍处于多种观念并存的阶段。

20世纪80年代以后，市场营销观念又有了进一步的发展，它们是对社会市场营销观念的一些新的补充和完善。主要有关系营销观念、绿色营销观念、文化营销观念、整体营销观念、整合营销观念、合作营销观念、体验营销观念、网络营销观念等。

在《营销管理》(第13版·中国版)中，科特勒等提出了全方位营销(holistic marketing)的概念。全方位营销认为"所有的事物都与营销相关"，因此需要有一种广泛的、整合的观念。[①] 全方位营销将企业营销的各个方面，包括产品、技术、销售、服务和管理等都当作营销整体的一个环节，共同构成为满足顾客需求的有机整体。全方位营销的四个组成部分是：关系营销、整合营销、内部营销和绩效营销。其中，绩效营销(performance marketing)被视为必要的组成部分，要求了解市营销活动和方案为企业和社会带来的财务回报和非财务回报，并从更广泛的角度考虑营销对法律、伦理、社会和环境等的影响。

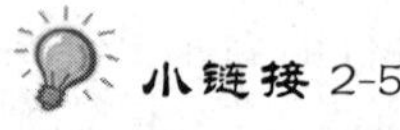

内部营销

内部营销(internal marketing)是指雇用、培养、激励那些想要为顾客提供好的服务而且有能力这样做的员工。一般而言，内部营销可以确保组织中的所有成员都坚持适当的

① 菲利普·科特勒，等.营销管理[M].第13版·中国版.卢泰宏，等译.北京：中国人民大学出版社，2009：12-14.

营销准则，尤其是高层管理人员。

资料来源：菲利普·科特勒，等. 营销管理[M]. 第14版·全球版. 王永贵，等译. 北京：中国人民大学出版社，2012：25.

第二节　顾客价值与顾客满意

一、顾客感知价值

（一）顾客感知价值的含义

顾客感知价值（customer perceived value，CPV）是指企业传递给顾客，且能让顾客感受得到的实际价值。一般表现为顾客购买总价值与顾客购买总成本之间的差额。这里的顾客购买总价值是指顾客购买某一产品与服务所期望获得的一系列利益；顾客购买总成本是指顾客为购买某一产品所付出的货币与非货币成本，如图2-3所示。

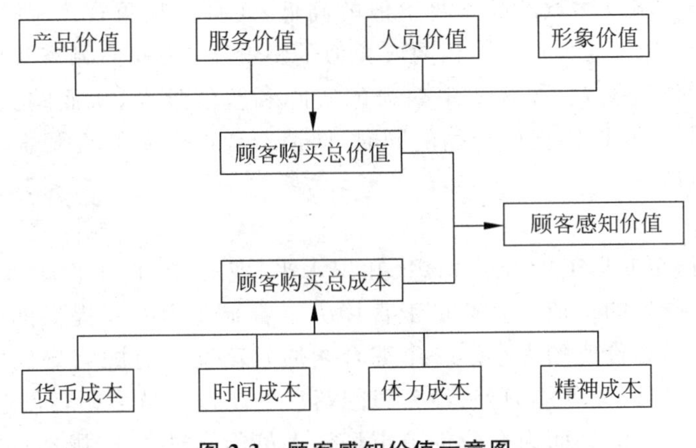

图2-3　顾客感知价值示意图

顾客在购买时总是希望有较高的购买总价值和较低的购买总成本，以便获得更多的感知价值，使自己的需求得到最大的满足。因此顾客在作购买决策时，往往从价值与成本两个方面进行比较，从中选择那些期望价值最高、购买成本最低，即“顾客感知价值”最大的产品作为优先对象。

企业为了在竞争中战胜对手，吸引更多的潜在顾客，就必须向顾客提供比竞争对手具有更高顾客感知价值的产品，获得更高的顾客满意度。为此，企业可从两个方面改进自己的工作：一是通过改进产品和服务，塑造企业形象，提高人员素质，提高产品的总价值；二是通过改善服务与促销网络系统，减少顾客购买产品的时间、精神与体力的耗费，降低货币与非货币成本。

（二）顾客购买总价值

获得更大顾客感知价值的途径之一，是增加顾客购买总价值。顾客购买总价值由产品价值、服务价值、人员价值和形象价值构成，其中每一项价值的变化均对总价值产生影响。

1. 产品价值

产品价值是由产品的功能、特性、品质、品种与式样等所产生的价值。它是顾客需要的核心内容和选购产品的首要因素。一般情况下，产品价值是决定顾客购买总价值大小的关键和主要因素。产品价值是由顾客需要来决定的，在分析产品价值时应注意：(1)在经济发展的不同时期，顾客对产品的需要有不同的要求，构成产品价值的要素以及各种要素的相对重要程度也会有所不同；(2)在经济发展的同一时期，不同类型的顾客对产品价值也会有不同的要求，在购买行为上显示出极强的个性特点和明显的需求差异性。因此，必须认真分析不同发展时期顾客需求的共同特点以及同一时期不同类型顾客需求的个性特征，并据此进行产品的设计与开发，增强产品的适应性。

2. 服务价值

服务价值是指伴随产品实体的出售，企业向顾客提供的各种附加服务，包括产品介绍、送货、安装、调试、维修、技术培训、产品保证等所产生的价值。服务价值是构成顾客购买总价值的重要因素。在营销实践中，随着消费者收入水平的提高和消费观念的变化，消费者在选购产品时，不仅注意产品本身价值的高低，而且更加重视产品附加价值的大小。特别是在同类产品质量与性能大体相同或类似的情况下，企业向顾客提供的附加服务越完备，产品的附加价值越大，顾客从中获得的实际利益就越大，从而购买的总价值越大；反之，则越小。因此，在提供优质产品的同时，向消费者提供完善的服务，已成为现代企业市场竞争的新焦点。

3. 人员价值

人员价值是指企业员工的经营思想、知识水平、业务能力、工作效率与质量、经营作风、应变能力等所产生的价值。企业员工直接决定着企业为顾客提供的产品与服务的质量，决定着顾客购买总价值的大小。一个综合素质较高又具有顾客导向经营思想的工作人员，会比知识水平低、业务能力差、经营思想落后的工作人员为顾客创造更高的价值，从而创造更多满意的顾客，进而为企业创造市场。人员价值对企业、顾客的影响作用是巨大的，并且这种作用往往是潜移默化、不易度量的。因此，高度重视企业人员综合素质与能力的培养，加强对员工日常工作的激励、监督与管理，使其始终保持较高的工作质量与水平就显得至关重要。

4. 形象价值

形象价值是指企业及其产品在社会公众中形成的总体形象所产生的价值。包括企业的产品、技术、质量、包装、商标、工作场所等所构成的有形形象所产生的价值，公司及其员工的职业道德行为、经营行为、服务态度、作风等行为形象所产生的价值，以及企业的价值观念、管理哲学等理念形象所产生的价值等。形象价值与产品价值、服务价值、人员价值密切相关，在很大程度上是上述三个方面价值的综合反映。良好的形象价值会对企业的产品产生巨大的支持作用，带给顾客精神上和心理上的满足感、信任感，使顾客需要获得更高层次和更大限度的满足，从而增加顾客购买总价值。因此，企业应高度重视自身形象塑造，为顾客和企业带来更大的价值。

（三）顾客购买总成本

使顾客获得更大顾客感知价值的另一途径，是降低顾客购买的总成本。顾客购买总成本不仅包括货币成本，而且还包括时间成本、精神成本、体力成本。一般情况下，顾客购买产品时首先要考虑货币成本的大小，因此，货币成本是构成顾客购买总成本大小的主要和基本因素。在货币成本相同的情况下，顾客在购买时还要考虑所花费的时间、精神、体力等，因此这些付出也是构成顾客总成本的重要因素。这里我们主要考察后面几种成本。

1. 时间成本

在顾客购买总价值与其他成本一定的情况下，时间成本越低，顾客购买的总成本越小，从而顾客感知价值越大。以服务企业为例，顾客为购买餐馆、旅馆、银行等行业所提供的服务时，常常需要等候一段时间才能进入正式购买或消费阶段，特别是在营业高峰期更是如此。在服务质量相同的情况下，顾客等候购买该项服务的时间越长，所花费的时间成本越大，购买的总成本就会越大。同时，等候时间越长，越容易引起顾客对企业的不满，中途放弃购买的可能性亦会增大。反之，亦然。因此，努力提高工作效率，在保证产品与服务质量的前提下，尽可能减少顾客的时间支出，是创造更大的顾客感知价值、增强企业产品市场竞争能力的重要途径。

2. 精力成本(精神与体力成本)

精力成本是指顾客购买产品时，在精神、体力方面的耗费。在顾客购买总价值与其他成本一定的情况下，精神与体力耗费越小，顾客为购买产品所付出的总成本就越低，从而顾客感知价值越大。因为消费者购买过程是一个从产生需求、寻找信息、判断选择、决定购买、实施购买，以及购后感觉的全过程。在购买过程的各个阶段，均需付出一定的精神与体力。当消费者对某种产品产生了购买需求后，就需要搜集该种产品的有关信息。消费者为搜集信息而付出的精神与体力的多少，会因购买情况的复杂程度而有所不同。在复杂购买行为中，消费者需要广泛搜集产品信息，付出较多的精神与体力。对于这类产品，如果企业能够通过多种渠道向潜在顾客提供全面详尽的信息和相关服务，就可以减少顾客所花费的精神与体力，从而降低顾客购买总成本。

二、顾客满意

通过满足需求达到顾客满意，最终实现包括利润在内的企业目标，是现代市场营销的基本精神。这一观念上的变革及其在管理中的运用，曾经带给美国等西方国家 20 世纪 50 年代后期以来的商业繁荣，以及一批富可敌国的跨国公司的成长。

然而，实践表明，现代市场营销管理哲学观念的真正贯彻和全面实施并不是轻而易举的。对于许多企业来说，尽管以顾客为中心的基本思想是无可争辩的，但是“利润是对创造出满意的顾客的回报”这个观点，似乎只是建立在信念之上而不是建立在营销实践之上。因此进入 20 世纪 90 年代以来，许多学者和经理人围绕营销观念的真正贯彻问题，将注意力逐渐集中到通过质量、服务和价格的优化组合实现顾客满意，以及通过市场导向的战略奠定竞争基础，来吸引、保持顾客和培育客户关系。

所谓顾客满意，是指顾客将产品和服务满足其需要的绩效与期望进行比较所形成的感觉状态。顾客是否满意，取决于其购买后实际感受到的绩效与期望(顾客认为应当达到的绩效)的差异：若绩效小于期望，顾客会不满意；若绩效与期望相当，顾客会满意；若绩效大于期望，顾客会十分满意。

顾客期望的形成取决于顾客以往的购买经验,朋友和同事的影响,以及营销者和竞争者的信息与承诺。若一个企业使顾客的期望过高,则容易引起购买者的失望,降低顾客满意程度。但是,如果企业把期望定得过低,虽然能使买方感到满意,却难以吸引大量的购买者。

满足顾客需要的绩效是企业通过营销努力,供给消费者的产品(服务)价值或实际利益。它既是企业的预期,也是顾客通过购买和使用产品的一种感受。顾客将这种感受(评价)同期望进行比较,就会形成自己对某种产品、品牌的满意、不满意或十分满意等感觉。

尽管顾客满意是顾客的一种主观感觉状态,但这种感觉状态的形成是建立在"满足需要"的基础上的,是从顾客角度对企业产品和服务价值的综合评估。研究表明,顾客满意既是顾客本人再购买的基础,也是影响其他顾客购买的要素。对企业来说,前者关系到能否保持老顾客,后者关系到能否吸引新顾客。因此,使顾客满意,是企业赢得顾客,占有和扩大市场,提高效益的关键。

研究还进一步表明,吸引新顾客要比维系老顾客花费更高的成本。因此,在竞争激烈的市场上,保持老顾客,培养顾客忠诚度具有重大意义。而要有效地保持老顾客,就不仅要使其满意,而且要使其高度满意。高度的满意能培养顾客对品牌的情感吸引力,而不仅仅是一种理性上的偏好。企业必须十分重视创建、保持和提升顾客的满意程度,努力争取更多高度满意的顾客,建立起高度的顾客忠诚。

全面贯彻市场营销管理哲学,关键是要与顾客及其他利益方建立持久关系,亦即做好关系营销。为此,企业必须首先创造卓越的顾客感知价值,建立持久的顾客关系,通过全面质量管理和价值链管理,形成系统的"顾客满意"良性机制,努力使自己成为真正面向市场的企业。

三、顾客忠诚

高度满意是达致顾客忠诚的重要条件。不过,在不同行业和不同的竞争环境下,顾客满意和顾客忠诚之间的关系会有差异。图 2-4 显示了 5 个不同的市场中,顾客满意和顾客忠诚之间的关系。所有市场的共同点是随着满意度的提高,忠诚度也在提高。但是,在高度竞争市场(如汽车和个人计算机市场),满意的顾客和完全满意的顾客之间的忠诚度有巨大差异;而在非竞争市场(如管制下的垄断市场——本地电话市场),无论顾客满意与否都保持高度忠诚。

尽管在某些场合,顾客不满意并不妨碍顾客忠诚,但企业最终仍会为顾客的不满付出高昂代价。如 20 世纪 60—70 年代,施乐公司的业务因其复印机技术专利受到保护而蒸蒸日上。当时,尽管顾客对施乐复印机难看的机型和不断上涨的价格不满,但他们除了对施乐忠诚别无选择。到 80 年代,来自日本的竞争对手绕过专利,以更优越的性能和更低价格将顾客拉到自己手中。施乐在世界复印机市场的份额直线下降,5 年间从 80%多下降到不足 35%。施乐公司后来发现,其完全满意的顾客比刚好满意的顾客在 18 个月内再次购买施乐产品的可能性高出 6 倍。这意味着,企业如果没有赢得高水平的顾客满意度,是难以留住顾客和得到顾客忠诚的。

除了简单地吸引和保留好顾客,许多公司还希望不断提高其顾客份额。他们的目标

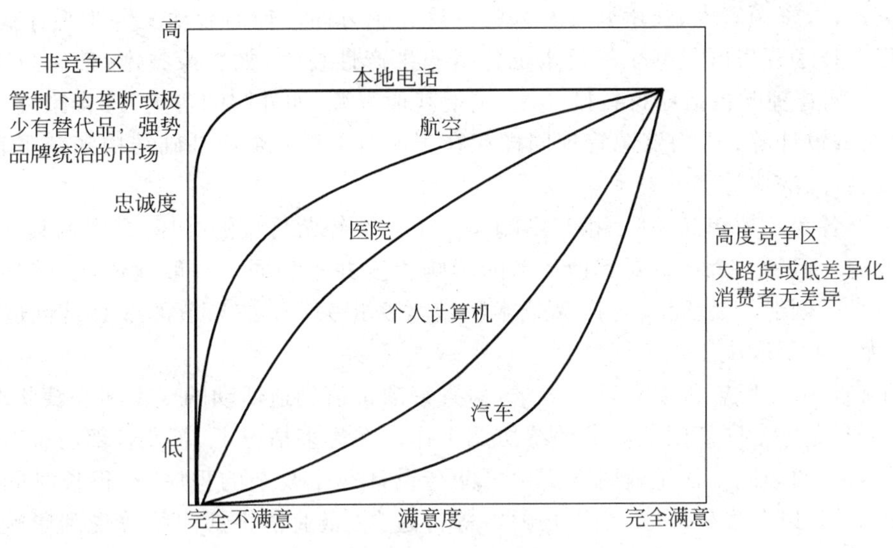

图 2-4　不同行业顾客满意与顾客忠诚的关系

不再是赢得大量顾客的部分业务，而是争取现有顾客的全部业务。例如通过成为顾客购买产品的独家供应商，或说服顾客购买更多的本公司产品，或向现有产品和服务的顾客交叉销售别的产品和服务，以获得所属产品类别中更大的顾客购买量。

四、价值链

建立高度的顾客满意，要求企业创造更多的顾客感知价值。为此企业必须系统协调其创造价值的各分工部门，即企业价值链和供销价值链的工作，达到顾客与企业利益最大化。

（一）企业价值链

所谓企业价值链，是指企业创造价值的互不相同但又互相关联的经济活动的集合。其中，每一项经营管理活动都是“价值链条”上的一个环节，如图 2-5 所示。

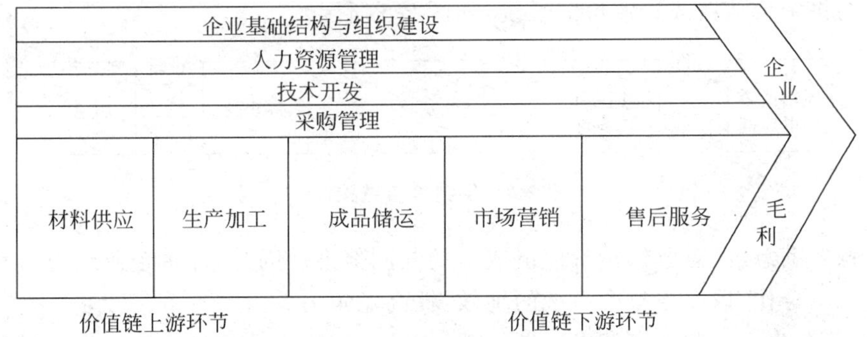

图 2-5　企业价值链构成

价值链分两大部分：下为企业基本增值活动，即“生产经营环节”，包括材料供应、生产加工、成品储运、市场销售、售后服务 5 个环节；上是辅助性增值活动，包括基础结构与组织建设、人力资源管理、技术开发和采购管理 4 个方面。辅助活动发生在所有基本活动的全过程。技术开发既包括生产技术也包括非生产性技术，如决策技术、信息技术、计划技术等；采购管理既包括原材料投入，也包括其他资源，如外聘的咨询、广告策划、市场调研、信息系统设计等；人力资源管理同样存在于所有部门；企业基础结构涵盖了管理、计划、财务、会计、法律等事务。

价值链各个环节相互关联、相互影响。一个环节经营管理的好坏，会影响其他环节的成本和效益。但每一个环节对其他环节的影响程度并不相同。一般地说，上游环节经济活动的中心是创造产品价值，与产品技术特性紧密相关；下游环节的中心是创造顾客价值，成败优劣主要取决于顾客服务。

企业必须依据顾客价值和竞争要求，检查每项价值创造活动的成本和经营状况，寻求改进措施，并做好不同部门之间的系统协调工作。在许多情况下，企业各部门都有强调部门利益最大化的倾向。如企业财务部门可能会设计一个复杂的程序，花很长时间审核潜在顾客的信用，以免发生坏账，结果是顾客等待过久，企业销售部门绩效受到影响。各个部门高筑壁垒，是影响优质顾客服务和高度顾客满意的主要障碍。

解决这个问题，关键是要加强核心业务流程管理，使各有关职能部门尽力投入和合作。核心业务的流程主要有：

(1) 新产品实现流程。包括识别、研究、开发和成功推出新产品等各种活动，要求这些活动必须快速、高质并达到预定成本控制目标。

(2) 存货管理流程。包括开发和管理合理储存的所有活动，以使原材料、中间产品和制成品实现充分供给，避免因库存量过大而带来成本的增加。

(3) 订单—付款流程。包括接受订单、核准销售、按时送货以及收取货款所涉及的全部活动。

(4) 顾客服务流程。包括使顾客能顺利地找到本公司的相应当事人(部门)，得到迅速而满意的服务、答复以及解决问题的所有活动。

(二) 供销价值链

将企业价值链向外延伸，会形成一个由供应商、分销商和最终顾客组成的价值链，我们将之称为供销价值链或让渡价值系统，如图 2-6 所示。

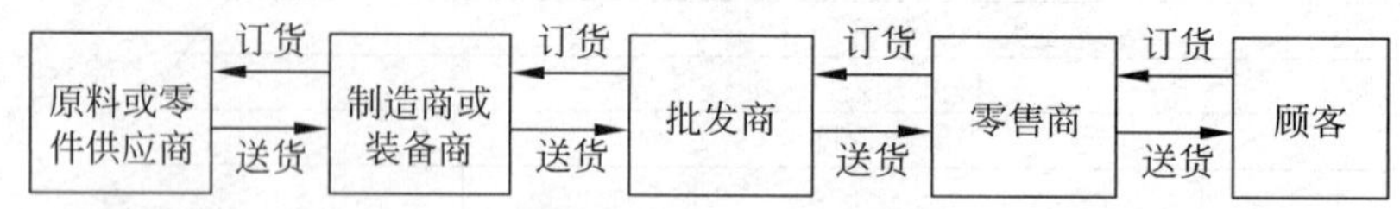

图 2-6　供销价值链构成

提高顾客满意度，需要供销价值链成员的共同努力。因此，许多企业致力与其供销链上的其他成员合作，以改善整个系统的绩效，提高竞争力。

例如，著名牛仔服制造商莱维·斯特劳斯公司，运用电子信息系统加强与其经销商和供应商的合作与业务协调。每天晚上莱维公司通过电子数据交换，详细了解其主要零售商西尔斯公司和其他主要零售点销售的牛仔裤的尺寸和型号，然后再向其布料供应商订购第二天的布料花色和数量。而布料供应商又向纤维供应商杜邦公司订购纤维。通过这种方式，供销链上的所有参与者都运用最新的销售信息，来生产经营适优适量的产品，而不是根据“估计数”来生产。这样，莱维公司与其他牛仔服制造商的竞争，也就变成了不同的供销价值链系统之间的绩效竞争。

随着竞争的加剧和实践经验的积累，企业之间的合作正在不断加强。过去，企业总是将供应商、经销商视为导致成本上升的主要对象；现在，它们开始仔细选择伙伴，制定互利战略，锻造更加高效供销价值链，以形成更强的团队竞争能力，赢得更多的市场份额和利润。

（三）价值链的战略环节

在一个企业价值链的诸多“价值活动”中，并不是每一个环节都创造价值。企业所创造的价值，实际上往往集中于企业价值链上某些特定的价值活动。这些真正创造价值的经营活动，就是企业价值链的战略环节。

经济学垄断优势原理说明：在充分竞争市场，竞争者只能得到平均利润；如果超额利润能长期存在，则一定存在某种由垄断优势引起的“进入壁垒”，阻止其他企业进入。价值链理论认为，行业的垄断优势来自该行业某些特定环节的垄断优势。抓住了这些关键环节，即战略环节，也就抓住了整个价值链。战略环节可以是产品开发、工艺设计，也可以是市场营销、信息技术，或是人事管理等，视不同行业而异。一般地说，高档时装行业的战略环节是设计能力；餐饮业是地点选择；烟草业则是公共关系。

保持企业的垄断优势，关键在于保持其价值链战略环节的垄断优势，而无须将之普及到所有的价值活动。精明的企业家总是将战略环节紧紧控制在企业内部，而将一些非战略性活动通过合作外包出去。这样，企业既能将有限资源“聚焦”于战略环节，增强垄断优势，又利用市场降低了成本，提高了竞争力和顾客满意程度。

加强与供销价值链中其他成员的合作，相互“借力”，共同锻造高绩效的顾客感知价值网络，也是对上述“聚焦”战略的精妙运用。例如，人们涌向全球 24 500 家麦当劳餐厅，并不一定是因为他们喜欢其汉堡包，而更多的是喜欢麦当劳系统。麦当劳的成功，在于它提供了被称之为 QSCV（质量、服务、清洁、价值）的高标准，并出色地协调了整个系统，使它不仅有效地与其授权经销商、供应商成功合作，而且与它们共同让渡卓越的顾客价值。

本章小结

市场是商品经济的范畴，哪里有商品生产，哪里就有市场。狭义的概念，市场是指买卖商品的场所，即买方和卖方聚集在一起交换货物的场所；广义的概念，市场是一定时间、地点条件下商品交换关系的总和，即把市场看作商品交换的总体。市场也可解释为消费需求。

市场的一般特性表现为两个方面：一是形成市场必须具备 3 个基本条件，存在买方与卖方，有可供交换的商品，有买卖双方都能接受的交易价格及其他条件；二是必须具备消费者、购买力和购买欲望 3 个要素。市场主要功能是实现功能、调节功能、反馈功能。

营销与一般的销售不同。市场营销是通过市场交换满足现实或潜在需要的综合性经营销售活动过程。市场营销的目的是满足消费者现实或潜在的需要，市场营销的中心是达成交易，达成交易的手段则是开展综合性的营销活动。市场营销的基本功能可分交换功能、供给功能和便利功能。市场营销可创造形式、地点、时间与持有等效用。

市场营销管理哲学也称营销观念，是指导企业开展经营销售活动的态度、观点和思想方法，其核心是正确处理企业、顾客和社会三者之间的利益关系。营销观念的演变大体经历了生产导向、销售导向和消费者导向3个时期，先后出现了生产观念、产品观念、推销观念、市场营销观念和社会市场营销观念。

市场营销观念包含了3个重点，即顾客导向、整体营销与顾客满意。顾客满意是顾客对绩效的实际感受与期望的比较状态。提高顾客满意程度，有利于建立顾客忠诚，降低企业成本，提高盈利水平。为此，企业首先要努力使顾客获得更大的顾客感知价值。首先是提高顾客购买的总价值，主要包括产品价值、服务价值、人员价值和形象价值。其次是降低顾客购买的总成本，包括货币成本、时间成本、体力成本和精神成本。再次要致力建立持久的顾客关系，根据不同情况，在财务层面、社交层面和结构层面实施关系营销。最后，企业必须系统协调其创造价值的价值链工作，加强核心业务流程管理，以及由供应商、经销商和最终用户组成的供销价值链管理。在价值链管理中，企业要突出抓好关键环节即战略环节，形成自己的核心竞争力。

1. 什么是市场？市场的基本特性如何？
2. 市场有哪些主要功能？
3. 什么是市场营销和市场营销观念？市场营销观念的形成经历了哪几个阶段？
4. 现代市场营销观念的重点是什么？你如何理解营销观念变化的原因？
5. 社会市场营销观念与其他营销观念有哪些具体区别？
6. 什么是顾客感知价值？怎样提高顾客感知价值？
7. 社会主义市场营销的指导思想是什么？

TCL的营销管理哲学

TCL创立于1981年。经过30多年的发展，秉承敬业奉献、锐意创新的企业精神，迅速发展成为中国电子信息产业中的佼佼者。从广东惠州生产磁带的小合资企业，将业务逐步拓展到电话、电视、手机、冰箱、洗衣机、空调、小家电、液晶面板等领域，创造了多个第一：中国第一台免提式按键电话、第一台28英寸彩电、第一台钻石手机、第一台国产双核笔记本电脑、全球首款商用3D立体液晶电视、首台互联网电视，并率先推出全球最大110英寸四倍全高清(4K2K)3D液晶电视。2012年12月18日TCL宣布2012年度全球平板电视出货量突破1 500万台，这也是中国彩电企业首次全球年出货量突破1 500万大关。

TCL的国际化探索始于1999年，通过一系列自主品牌推广和跨国并购实践，奠定了坚实的海外市场基础，成为中国企业国际化的领头羊。截至2013年，TCL 75 000名员工遍布亚洲、美洲、欧洲、大洋洲，在全球80多个国家和地区设有销售机构，并在全球拥有23个研发机构和21个制造加工基地。

2014年TCL多媒体斥资1.2亿港元，收购三洋墨西哥彩电工厂相关资产，以"收复"美洲市场。与此同时，三洋在未来4年内向TCL多媒体采购一定数量的电视机，这意味着三洋彩电业务正在"去制造化"。双方于2014年3月31日签订资产收购协议，TCL多媒体付出总代价为1 522万美元，其中1 327万美元用于收购三洋墨西哥彩电工厂的土地、厂房和设备；195万美元用于收购三洋墨西哥公司90%的股权。

2014年10月22日，第20届"中国最具价值品牌"百强榜在北京揭晓。TCL集团以品牌价值668.59亿元，继续稳居中国百强品牌第六位，并连续9年蝉联中国电视机制造业第一名。2014年，TCL集团以用户为中心，推进"智能＋互联网"战略转型，建立"产品＋服务"新商业模式。构建面向未来的经营体系，提升技术能力、工业能力、全球化能力，强化以用户为中心的运营与服务能力。经过33年的发展，历经三次转型，2014年，TCL集团成功实现营业收入超千亿，晋级成为全球千亿俱乐部的一员。

TCL的经营理念，包括两个核心观念和四个支持性观念。两个核心观念是：

(1) 为顾客创造价值的观念。他们认为，顾客(消费者)就是市场，只有为顾客创造价值，赢得顾客的信赖和拥戴，企业才有生存和发展的空间。为此，公司明确提出"为顾客创造价值，为员工创造机会，为社会创造效益"的宗旨，将顾客利益摆在首位。每上一个项目，都要求准确把握消费者需求特征及其变化趋势，紧紧抓住四个环节：不断推出适合顾客需要的新款式产品；严格为顾客把好每个部件、每种产品的质量关；建立覆盖全国市场的销售服务网络，为顾客提供产品终身保修；坚持薄利多销，让利于消费者。

(2) 不断变革、创新的观念。他们认为，市场永远在变化，市场面前人人平等，唯有不断变革经营、创新管理、革新技术的企业，才能在竞争中发展壮大。为此，他们根据市场发展变化不断调整企业的发展战略和产品质量与服务标准，改革经营体制，提高管理水平。

在具体的营销管理工作中，集团重点培育和贯彻了四项支持性观念：

(1) 品牌形象观念。将品牌视之为企业的形象和旗帜，对消费者服务和质量的象征。花大力气创品牌、保品牌，不断使品牌资产增值。

(2) 先进质量观念。以追求世界先进水平为目标，实施产品、工艺、技术和管理高水平综合的全面质量管理，保证消费者利益。

(3) 捕捉商机贵在神速的观念。他们认为，挑战在市场，商机也在市场，谁及时发现并迅速捕捉了它，谁比竞争对手更好地满足消费者需要，谁就拥有发展的先机。

(4) 低成本扩张观念。认为在现阶段我国家电领域生产能力严重过剩，有条件实行兼并的情况下，企业应以低成本兼并扩大规模，为薄利多销奠定坚实基础。

TCL集团在上述观念指导下，建立了统一协调、集中高效的领导体制，自主经营、权责一致的产权机制，灵活机动、以一当十的资本营运机制，举贤任能、用人所长的用人机制，统筹运作、快速周转的资金调度机制。依据目标市场的要求，TCL建立了三个层次

(TCL 中央研究院、数字技术研究开发中心、基层企业生产技术部)的战略与技术创新体系,增强了自有核心技术研究开发能力,以此抢占制高点,拓展新产品领域。

资料来源:百度百科、郑州 TCL 电器销售有限公司、昆明 TCL 分享平台、陕宁管理中心在线学习平台。

讨论题

1. TCL 的经营理念是否适应我国当代市场环境的要求?
2. 试评价这种观念及其对企业成长的作用。

课后实践

1. 目的

理解营销观念对企业经营成败与发展的重要性。

2. 任务与要求

调查一家企业,了解它的历史和现状,基本明确经营者的指导思想(营销观念)。

3. 步骤

(1) 教师布置实训目的及任务,并提示相关注意事项及讨论要点。

(2) 将班级成员划分为若干小组,小组人数划分视班级总人数而定。每组选出组长 1 名,记录员 1 名,发言代表 1 名。

(3) 以小组为单位,联系一家企业,争取得到支持,调查其经营状况,收集有关数据,听取经营者关于发展历程及经验教训的介绍。

(4) 在整理调查资料的基础上,认真讨论企业的营销观念属于什么类型及其对企业发展的影响,写出实践报告。

(5) 各小组的发言代表将实践报告和本组的讨论情况在班级进行陈述,发言时间以不超过 10 分钟为宜。

(6) 各小组代表发言期间,允许并鼓励其他小组的成员进行提问,发言代表及该组成员有义务做出回答。

(7) 由各组组长组成评审团,对各组代表发言情况进行评分。其中,实践报告与发言者表现能力(语言表达、台风展现)各占 20 分,团队回答提问协作应变能力占 20 分。各位评审所评出各组成绩取平均值作为该组的评审评分。

(8) 教师进行最后总结及点评,并为各组实训结果打分,教师评分满分为 40 分。

(9) 由各组的评审评分加上老师的总结评分作为该组最终得分,对于得分最高的团队,适当进行鼓励和奖励。

第三章 市场竞争与市场营销组合

本章提要

通过本章学习，能够认识市场竞争的类型，理解竞争性地位的分析思路，了解市场领导者、市场挑战者、市场跟随者及市场利基者的战略，了解企业面临的基本竞争态势。掌握市场竞争者的识别方法，分析竞争者战略、目标、优势、劣势及反应模式。掌握市场营销组合的内容，以及大市场营销的特征。

本章知识结构图

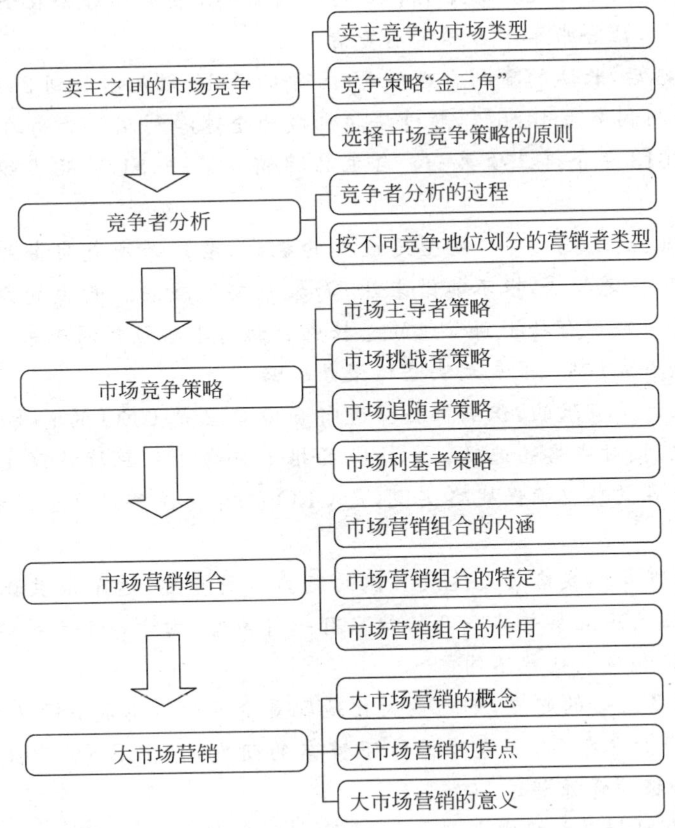

重要概念

市场竞争；完全竞争市场；垄断竞争市场；寡头垄断市场；完全垄断市场；波特五力模型；市场主导者；市场挑战者；市场跟随者；市场利基者；市场营销组合；大市场营销。

长城汽车把聚焦当成信仰

长城汽车股份有限公司总裁王凤英在谈及本企业的市场竞争策略时说：定位理论明确指出，不是企业想做什么就做什么，关键看对手允许你做什么。2008年前后，我们把轿车作为优先发展业务，为其准备了100亿元，已投资30亿元建立轿车工厂。2009年，我们重新确立聚焦SUV品类的战略。如此巨大的战略转型，决策之难可以想象：一要抵得住诱惑，二要压得住膨胀，三要顶得住压力，四要经得起质疑。长城在艰难前行中，逐步坚定了聚焦信念。

聚焦带来了哪些优势？一是先机优势，长城在SUV品类上率先拥有了强大的产品矩阵，抢先占领了市场和消费者心智；二是成本优势，品类聚焦和打造明星车型的做法，极大地节约了企业的研发成本、制造成本，也有利于打造精品，提升品质、品位；三是研发优势，聚焦使长城在单一品类、单一车型的投入领先于行业水平，有效提升了企业的技术实力；四是资源优势，品类主导优势让长城赢得了与全球领先零部件企业的长期合作，打造了高性能、高品质的全球化产品平台；五是心智优势，聚焦让哈弗在SUV品类中建立起了更专业的认知，让哈弗牢牢占据了消费者心智。

实施聚焦战略后，长城的净利润额从2008年的5.13亿元增长到2013年的83亿元；2013年长城的净利润率为14.6%，超过法拉利成为全球净利润率最高的车企。在市场地位方面，长城在2013年夺得三项第一：自主品牌销量第一，SUV品类销量第一，单一车型H6销量第一。

最后说一下几点心得：第一，欲望是最大的挑战，聚焦必须成为企业宗教般的信仰。企业家最想做的不仅是加法，恨不能做乘法，而聚焦要做减法。长城的聚焦，轿车产品停产就有好几款，每一次都有壮士断臂般的悲壮感。面对很难预料的未来，战略执行会有反复，如果不把聚焦当成信仰，根本无法坚持聚焦战略。

第二，资源永远是有限的，识别机会并进行资源聚焦是CEO的首要任务。对竞争的预见、对机会的识别、对战略的选择，是CEO的根本任务。一旦战略既定，如何推动聚焦所有资源、匹配必胜策略以确保战略实现，是CEO的首要任务。这个过程要不断地战略纠偏、资源纠偏。

第三，企业管理层就战略决策达成共识的能力至关重要，达不成共识时，最好的办法就是请专家。长城的决策层并非一开始就只有一种声音，由于每个人的站位和视角不同，因此每个人的质疑和观点也就不同。

第四，聚焦只是战略的起点，如何最大化地配置资源从而形成竞争力更为关键。长城推动战略落地已历时3年多，一直坚持停下轿车的研发，保证SUV产品全明星阵容，哈弗SUV在长城占据的资源超过90%。

长城的下一个目标是把哈弗打造成全球最大的SUV专业品牌。对于参与全球化的竞争和打造世界级品牌来讲，长城的未来更需要聚焦。

资料来源：王凤英．把聚焦当成信仰[J]．销售与市场．管理版，2014(12)．

营销启示

长城汽车股份有限公司正确把握市场竞争态势和本企业在竞争中的地位，执着地坚持聚焦 SUV 品类的战略，如何评价这样做的好处和风险？

市场竞争是市场经济的基本特征之一，也是企业开展营销活动面临的基本环境压力和所要解决的基本营销决策问题。要在激烈的市场竞争中立于不败之地，制定适当的竞争策略、市场营销组合战略是非常重要的。

第一节　卖主之间的市场竞争

一、卖主竞争的市场类型

市场竞争是指市场经济中同类经济行为主体出于自身利益的考虑，以增强自己的经济实力，排斥竞争对手相同行为的表现。它包括买方和卖方之间为争取各自利益进行的竞争，买方之间为占有商品、争取货源进行的竞争，卖方之间为争取尽快让渡商品、争夺销售市场的竞争。市场营销学着重研究卖方之间的竞争。这类竞争的核心是争取顾客、争夺市场，使本企业的销售能够扩大、市场占有率得以提高。

在现代市场经济条件下，卖主之间的竞争根据竞争程度的不同，会形成四种类型的市场结构。

（一）完全竞争市场

完全竞争市场又称纯粹竞争市场，是指竞争充分而不受任何阻碍和干扰的一种市场。这类市场须具备以下条件：

(1) 有众多的市场主体。买者和卖者为数众多，谁都无法通过买卖行为来影响市场的供求关系，也无法影响市场价格。大家都是市场价格的被动接受者。

(2) 市场客体是同质的。即产品不存在差别，并且买者对于具体卖方是谁没有特别的偏好。因此，不同的卖者之间能够进行完全平等的竞争。

(3) 每个卖主都可以依照自己的意愿，自由地进入或退出市场。

(4) 信息是充分的。即消费者充分了解产品的市场价格、性能特征和供给状况；生产者充分了解投入品的价格、产成品的价格及生产技术状况。

完全竞争市场是一种最理想的市场类型。在这种市场状况下，价格可以充分发挥其调节作用。但是完全竞争市场只是一种理论抽象，其意义在于对竞争关系和过程进行典型分析，在现实生活中几乎不存在，只有少数农产品市场比较近似于它。一般说来，竞争最后必然导致垄断的形成。

（二）垄断竞争市场

垄断竞争市场也称为不完全竞争市场，是常见的一种市场结构。在这种市场上竞争与垄断因素并存，是处于完全竞争和完全垄断之间的一种市场。这类市场须具备以下条件：

(1) 市场上有众多卖主和买主。他们的买卖只占市场交易总量的一小部分，交易双方能够得到较充分的市场信息。

(2) 产品之间存在差异。即不同品牌在产品性能、质量、花色、式样、包装、形象、品牌、商标、广告、价格和服务等方面，有某些实质性的区别或购买者主观上认为它们有所不同。由于存在这些差别，使得产品成为带有自身特点的"唯一"产品，也使消费者有了选择的必然。厂商对自己独特产品的生产、销售和价格具有控制力，即具有了一定的垄断能力。

(3) 厂商进出市场容易。由于同行业企业之间产品具有替代性，因而竞争激烈。竞争主要表现为非价格竞争，价值规律在其中起着较大作用。

(三) 寡头垄断市场

寡头垄断市场是介于垄断竞争与完全垄断之间的一种比较现实的混合市场。是少数几个企业控制整个市场的生产和销售的市场结构，这几个企业被称为寡头企业。由于竞争主要在几家大企业之间进行，企业之间存在着相互依存、相互影响的关系。其中一家企业经济效益的好坏，不仅取决于自己的经营决策，还要受制于竞争对手的反应。

寡头垄断市场有两种形式：

(1) 无差别的寡头垄断，或称完全寡头垄断。各家企业的产品是同质的。这些行业的产品大多有规定的标准，买主只要关心型号、规格和价格，不必考虑谁家生产。一家卖主降价，会迫使其他几家跟着降低价格或增加服务，否则其产品可能滞销。各家都降价，至多吸引一些新顾客，但不能把其他几家卖主的顾客都拉过来。一家卖主涨价，对手并不随之涨价，这家就会失去顾客。所以这类市场的价格较为稳定。

(2) 有差别的寡头垄断，也叫不完全的寡头垄断。在这种市场上，各家的产品至少在顾客看来是有差别的。买主不仅关心产品的价格，还很注重产品的商标、生产厂家。所以每个卖主都希望成为有差别的寡头垄断企业，使顾客相信其产品与别家不同，难以替代。这样就可以把产品价格定高一些，获取差别利益。

寡头垄断市场特点是控制市场的几家大企业相互依存、相互制约。各个企业在制定或改变营销策略时，都要考虑对竞争对手的影响及可能的反应。企业之间常常在某些方面存在一定的默契；企业之间的竞争主要表现为非价格竞争，注重树立企业与产品的市场形象，千方百计使自己变成有差别的寡头垄断企业；由于存在着少数大企业的垄断，新企业进入这一行业十分困难。

(四) 完全垄断市场

完全垄断市场也叫纯粹垄断市场，是只有一个买主或卖主，因而这唯一的买主或卖主能完全控制价格的市场。该买主或卖主可在法律允许的范围随意给产品定价，所以这个垄断者又被称为"价格制定者"。完全垄断市场存在的条件为：

(1) 整个市场的物品、劳务或资源都货出一家，别无分店，而买家众多。

(2) 由于各种条件的限制，如技术专利、专卖权等，使其他卖者无法进入市场，从而完全排除了竞争。

(3) 没有任何接近的替代品，消费者不可能购买到性能等方面相近的替代品。

事实上，完全垄断这种市场结构也主要是一种理论上的假设，在市场经济条件下，一个行业完全由一家企业控制的状态很难存在。

二、竞争策略"金三角"

市场竞争策略是指企业依据自己在市场上的地位，为实现竞争战略和适应竞争形势而采用的具体行动方式。企业市场竞争策略的决策涉及3个方面，企业自身、顾客和竞争者，3个方面各有其不同的利益和目标但又相互联系。它们之间的这种矛盾统一的关系，被称为"策略金三角"。

对于企业来说，其策略优劣取决于两个基本方面：首先是本企业策略是否比竞争者策略更适合目标市场需要，其次是所用策略是否适合企业资源条件从而能最有效地发挥企业优势。选择竞争策略时应综合考虑顾客、竞争者和企业自身资源条件三个因素，正确判断本企业的实力和资源状况，了解顾客需要及其变化态势，了解市场竞争状况和本企业在同行业中的竞争地位，认识竞争对手的市场竞争策略及其走势，以此为基础，才能做出最佳的决策，如图3-1所示。

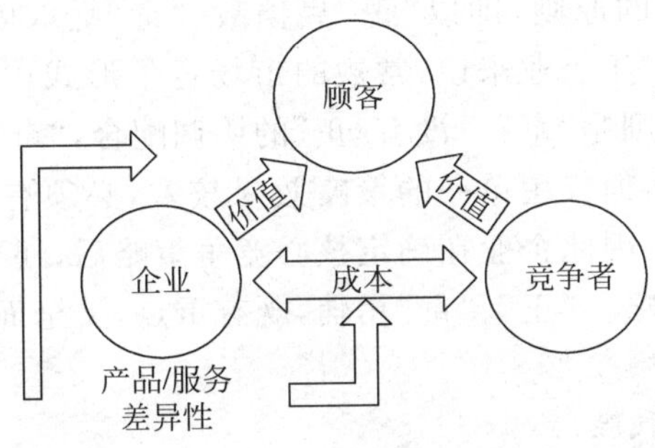

图3-1 策略金三角

(1) 顾客分析。这是企业选择市场竞争策略的前提，无论采取什么样的竞争策略都必须与目标市场的需要相适应。为此必须开展深入细致的顾客分析，了解影响顾客需求的市场环境因素及其变化，认识顾客需求的特点，根据顾客需求进行市场细分，依据自身的资源条件选定目标市场，针对目标市场的需求设计具体的营销方针和营销策略，提供适合顾客需要的产品和服务，使顾客的需要获得最大限度的满足。

(2) 竞争者分析。这是企业选择市场策略的基础。从一定意义上说，企业市场竞争策略的优劣是相对于竞争对手而言的。在市场竞争中如果企业的营销方针和手段与竞争对手相同，顾客就难以分辨两者优劣。因此成功的竞争策略是使企业的营销方针和策略有别于竞争者，比竞争对手更符合顾客的需要。为此必须分析竞争对手，了解竞争对手的策略、优势和劣势，判断竞争对手对本企业采取的策略可能做出的反应和对策，以己之长击彼所短，保持在市场竞争中的优势地位。

(3) 企业资源分析。这是企业选择市场竞争策略的条件。竞争总是在各种因素的优劣较量中进行和发展的。市场竞争策略的实质是运用企业的资源优势，去实现相对于竞争者优异的成效。任何一个企业的资源都是有限的，每个企业都有自己的优势和劣势。企业资源分析主要包括对企业的生产能力、技术条件、营销能力和财务状况等因素的分析。企业只有在对内部资源条件和外部竞争环境有全面、深刻的了解，并对其进行综合分析的基础上,才能做出正确决策。

三、选择市场竞争策略的原则

企业在选择市场竞争策略应把握以下原则:

(一)发挥优势,突出重点

在现代社会,任何企业都不可能取得全面的绝对优势。大企业是"船大抗风浪",小企业是"船小好掉头"。由于企业内部资源条件不同,企业所处环境不同,每个企业都有自己的优势和劣势。制定和运用市场竞争策略的过程,是企业认识优势、发挥优势、巩固优势和发展优势的过程。成功的市场竞争策略意味着能最有效地发挥优势,如果制定的市场营销策略面面俱到、长短不分、重点模糊,企业就会在市场竞争中败下阵来。最佳竞争策略必须把握企业特长,突出重点,扬长避短,使企业优势得以充分发挥。

(二)协调配合,整体作战

军事上有"正合奇胜"的原则,即以"正"兵挡敌、"奇"兵取胜。制定企业市场竞争策略,亦可借鉴这一原则。对于企业来说,常规的市场竞争形式可以说是"正",反映企业特点的特殊的市场竞争策略则是"奇"。没有"正"的协调配合,"奇"的威力就难以发挥。"突出重点",就是以"奇"取胜,但仅用单一的策略效果较差,必须有多种策略协调配合、整体作战,才能取得最佳效果。因此企业在确定核心竞争策略后,还要有其他支援策略作为配合、协同作战,组成整体策略。"正"、"奇"相辅,既有重点,又全面攻防,才能在竞争中立于不败之地。

(三)争取时间,以快取胜

在市场竞争中,时间就是金钱,就是效益,就是财富。当断不断、延误决策时间,就会丧失优势和机会。现代社会生活节奏快,市场需求千差万别,各种经济活动变化万千,企业只有适应这种快节奏的时代脉搏,对市场需求变化做出快速反应,才能在剧烈的市场竞争中应付自如,击波冲浪。因此,企业要对市场需求变化具有高度的敏感,知己知彼,当机立断,及时做出市场竞争策略决策,快速应变。

(四)灵活机动,以变应变

在市场竞争中,"变"是常态,"不变"则是一种偶然现象,这是由现代市场需求复杂的特性决定的。竞争策略没有固定不变的模式,必须因时制宜,因地制宜,灵活机动,才能取得预期的成效。在制定市场竞争策略时,企业应准确把握目标市场需求的变化,充分了解竞争对手的意图和策略,采取相应的对策,做到随市场需求变化而变化,随竞争对手策略的变化而变化,能变善变,争取市场竞争主动权。

第二节　竞争者分析

制定市场竞争策略,必须分析和了解竞争者,把握竞争态势。在市场营销实践中,市场竞争策略通常是针对竞争对手做出的反应。因此企业必须了解自己的对手是谁,其营销目标是什么,有什么优势和劣势,采取和可能采取的竞争策略是什么,等等。在此基础上才能采取相应的对策,做出适当的反应。

一、竞争者分析的过程

为了对竞争对手进行全面、深层次分析，规划有效的竞争策略，企业必须尽可能多地寻找有关竞争对手的信息，并能及时地进行信息的组织、加工与分析，经常与那些实力相当的对手在产品、价格、渠道、促销方面进行比较。这样，企业才能对竞争对手施以正确的攻击，并且能够准备较为有力的防卫措施以防攻击。菲利普·科特勒等认为，竞争者分析一般包括以下内容和步骤（如图 3-2 所示）。

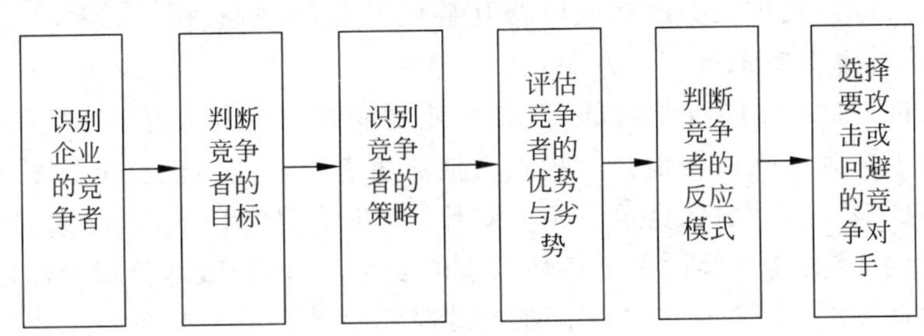

图 3-2　竞争者分析

（一）识别企业的主要竞争对手

竞争对手的识别与确认是竞争者分析的基础。随着竞争加剧及全球经济一体化的发展，正确识别并确认竞争对手尤其关键。若竞争对手范围过大，会加大监测环境的信息成本；竞争对手范围过小，则可能使企业无法应付一些未监测到的对手的攻击。因此，需要全面了解行业内当前竞争对手的分布，确定行业内的最主要竞争对手，识别行业内的潜在竞争对手。迈克尔·波特（Micheal E. Porter）1980 年指出产业竞争中存在 5 种基本的力量，它们的状况及其综合强度决定行业竞争的激烈程度，同时决定行业的最终获利能力。

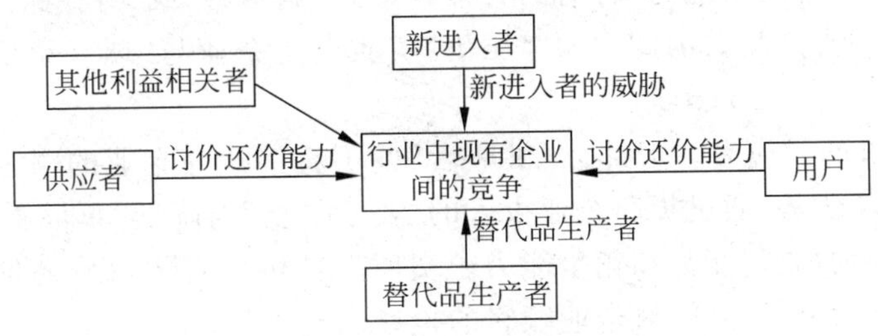

图 3-3　波特“五力模型”

识别竞争者，应从市场、行业和供销关系三个方面分析：

1. 从市场方面看

即站在购买者的角度看，企业面对四种类型的竞争者：

（1）愿望竞争者。即提供不同产品满足同一顾客的不同需求，争夺同一顾客购买力的竞争者。

（2）属类竞争者。即提供不同种类的产品和服务满足顾客同种需要的竞争者。属类竞争是决定需要的类型之后的次一级竞争，也称平行竞争。例如，为满足消费者假日消费的需要，在娱乐、图书馆、培训、旅游等产品和服务提供者之间展开的竞争。

(3) 产品形式竞争者即以不同形式的产品提供同类产品和服务，满足同一种需求的竞争者。如提供不同规格、型号、款式的电视机使之具有不同的性能、质量、价格的竞争者。

(4) 品牌竞争者。即以不同品牌提供相似的产品和服务，满足同一需要的竞争者。如同一规格的电视机有各种不同品牌的生产企业。

2. 从行业方面看

企业要了解所在行业的竞争结构，才能识别面对的现实和潜在的竞争威胁有哪些，从而了解竞争者是谁。提供同类产品或可相互替代产品的企业，构成一种行业。与此相适应，企业的竞争者也主要来自三个方面：

(1) 现有的厂商。在同行业内部，现有企业之间是一种相互依存、相互竞争的关系，某个企业的竞争行为或强或弱地会影响到其他竞争者。行业内现有企业之间竞争的激烈程度，主要取决于竞争者数目、竞争者实力对比、行业销售增长率、产品差异化程度、各企业的目标、进出屏障的高低等。由于各种因素的变化，必然导致竞争程度加剧或减弱。

(2) 潜在加入者。潜在加入者是企业的潜在竞争者。由于潜在加入者会带来新的资源、新的生产力，必然对市场份额有所要求。通常在竞争中，现有企业为了自身的安全，会高筑进入屏障，如果本行业的进入屏障高，则潜在加入者竞争威胁就小。进入屏障主要来自规模经济、产品差异化、政府政策、分销渠道等方面。

(3) 替代品厂商。替代品是指满足同一市场需求的不同性质的产品。例如塑料代替钢材，空调代替风扇等。一个行业中所有企业都将和生产替代品的其他厂商形成竞争，因此，必须识别替代品的威胁及其程度。

3. 从供销关系方面看

(1) 讨价还价的购买者。顾客通过对产品质量和服务要求的提高以及压价手段来影响企业盈利。在“顾客压价能力”背后的直接因素是“竞争者”或“替代品”能够提供更高质量和更低价格的同类产品。因此，“顾客压价”实质上是企业与“现有竞争者”竞争的间接表现。

(2) 讨价还价的供应者。大部分“供应者”并不直接抢夺企业的顾客，而仅凭借自身产品的质量和市场优势，通过提高企业投入的“要素价格”与降低“单位质量价值”的能力，从而影响现有企业的盈利能力和竞争能力。实质上，“供应者的讨价还价能力”同样转化成了企业与“现有竞争者”之间对企业顾客的抢夺。

可见，必须深入分析决定行业竞争结构的各个因素，才能真正了解现有的竞争对手是谁，潜在的竞争对手又是谁。

(二) 识别并确认竞争对手的目标

企业要了解竞争者将向什么领域扩张，在什么领域撤退和维持，是否满足现有的竞争地位以及对环境变化的反应等，必须分析竞争者在市场上追求什么目标。最通常的假设是所有企业都追求利润最大化。但由于对长期利润和短期利润的侧重点不同，必然导致竞争者目标和行为的差异。

竞争者通常会有多个目标，如投资报酬率、市场占有率、技术领先、服务领先、低成本领先等。各个企业由于有不同侧重点，从而形成各自不同的目标组合。了解竞争者目标的侧重点非常关键,可以预知竞争者的反应。例如某竞争者以信誉领先为侧重点,那它就会对提高企业信誉有关的竞争方针和手段做出较强烈的反应。

(三) 监测竞争对手的市场策略

竞争者策略可以通过竞争者的市场行为反映出来,这方面的信息是竞争者分析中较易获取的。在大多数产业中,可以根据竞争者采用策略不同,把竞争者分为不同的策略群体,采取相同或相似策略的竞争者属于同一策略群体。这样做的好处,一是可以了解进入各个群体的难易程度;二是可以明确谁是企业的主要竞争对手。新的加入者一般较适合进入投资和声誉都较低的群体。如果企业决定进入某一群体,该群体成员就成为企业的主要竞争对手。

竞争者之间采用的策略越相似,竞争就越激烈。但在群体之间也存在着竞争,因为不同的策略群体可能以同一市场为营销目标,或者属于某个群体的企业可能改变策略而进入另一个群体,这些因素都将引起群体之间的竞争。

(四) 评估竞争者的优势和劣势

对竞争者优势和劣势的评估,主要包括以下两项内容:

(1) 对竞争者资源的分析。竞争者资源条件的强弱通常只有在与本企业的比较中才能确认,企业将竞争者的每一项资源要素与己方一一对比,在产品、定价、分销、促销、企业信誉、成本、技术、组织与管理人员素质、财务实力等方面确认竞争者的强项和弱项。

(2) 对竞争者假设的分析。每一个企业都有一套关于自己和市场的假设。例如,它可能把自己看作是行业领导者,或者是本行业最低成本者,或者有最强的销售能力,或者顾客有较高的忠诚度,信誉最好等;它可能认为“顾客偏爱产品线齐全的企业”,“顾客欢迎价廉物美的产品”,“顾客认为服务比价格更重要”等。竞争者的这些假设可能是准确的,也可能是不准确的,当它们不准确的时候,就为企业提供了可乘之机。对竞争者假设的分析也就是识别其在认识环境中的偏见和盲点,以便捕捉到市场机会。

(五) 预测竞争对手的反应模式

在了解竞争者目标和优、劣势的基础上,需要进一步判断竞争者对企业策略可能做出的反应模式。竞争者反应模式不仅受其目标和优、劣势的制约,而且受到企业文化、企业价值观、营销观念等因素的影响。在竞争中,常见的竞争者反应模式有以下几种类型:

(1) 从容不迫型竞争者,指对某一特定竞争者的行动没有迅速反应或者反应不强烈。其原因可能是认为自己产品的顾客忠诚度高,或者是敏感度不高,没有发现对手的新举措,也可能是缺乏做出反应的资金等。

(2) 选择型竞争者,指对某些类型的攻击做出反应,而对其他类型的攻击无动于衷。如对降价行为做出针锋相对的回击,但对竞争对手增加广告费用不加理会。

(3) 强烈型竞争者,指对竞争对手的任何进攻都会做出迅速而强烈的反应。这类竞争者的信念是:“最好别逼我,否则有你好瞧的!”

(4) 随机型竞争者,指对竞争攻击的反应具有随机性,有无反应和反应强弱无法根据既往的情况加以预测。

(六) 选择要攻击或回避的竞争对手

将以上所获取的竞争信息进行组织加工和分析研究,对要攻击或回避的对手进行选择。当外部环境和行业环境将要变化时，找出那些可能仍坚持原有战略的沉默型或选择型竞争对手，攻击其准备不足、热情不足或最感发怵的细分市场或市场战略，使竞争对手处于目标混淆或自相矛盾之中。由于受过去和现行战略惯性的影响，在当前情况下对手即使想报复也无法施展。如果对手可能对发起的进攻进行报复，则企业的战略要点应是选择最佳战场与竞争者抗衡；而对那些可能报复强烈、市场反应较敏感的强烈型竞争对手，企业应适时回避。

通过上述步骤的周密分析，企业能确认自己在什么地方应加强防守，什么地方应主动退让，什么地方应集中优势进攻，攻击谁，回避谁，从而制定较适合企业的市场竞争方针和策略，使自己处于较为有利的竞争地位。

二、按不同竞争地位划分的营销者类型

每个企业必须根据自己的目标、机会、资源及在本行业中所处的竞争地位来决定其最佳策略。即使同一企业中，不同产品线、不同产品都需要有不同策略。

一般说来，市场营销者按其所处竞争地位的差别，可分为四种类型：市场主导者、市场挑战者、市场跟随者和市场利基者，如图 3-4 所示。

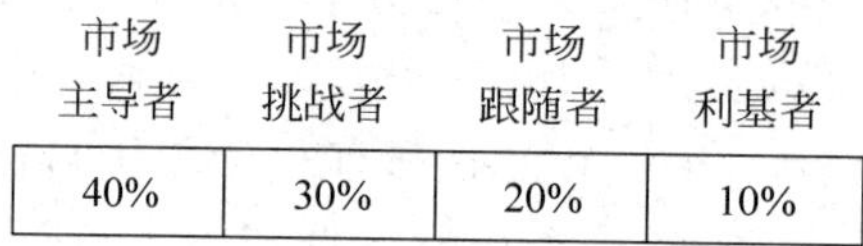

图 3-4　假设的市场结构

（一）市场主导者

市场主导者（market leader）是指在相关产品市场上占有率最高的营销者。一般来说，大多数行业都有一家企业被认为是市场主导者，它在价格变动、新产品开发、分销渠道和促销战略等方面处于主宰地位，为同业者所公认。它们的地位是在竞争中自然形成的，但不是固定不变的。

（二）市场挑战者和跟随者

市场挑战者（market challenger）和市场跟随者（market follower）是那些在市场上处于次要地位（第二、第三甚至更低地位），有能力对市场主导者和其他竞争者采取攻击行动，希望夺取市场主导者地位的公司。居于这样地位的企业可采取两种战略：一是争取市场主导地位，向竞争者挑战，即市场挑战者；二是安于次要地位，在“共处”的状态下求得尽可能多的收益，即市场跟随者。每个处于市场次要地位的企业，都应根据自己的实力和环境提供的机会与风险，来决定自己的竞争战略是“挑战”还是“跟随”。

（三）市场利基者

几乎每个行业都有些小企业，它们专注于市场上被大企业忽略的某些细小部分，在这些小市场上通过专业化经营来获取最大限度的收益，也就是在大企业的夹缝中求得生存和发展。这种有利的市场位置在西方被称为 niche，海外通常译作“利基”，即对一个组织来说最有利的位置，在这个位置上可取得最大限度的利益。所谓市场利基者（market nichers），就是指处于这种地位的企业。

上述四种类型既可针对一个企业，也可针对一个企业的某种产品或产品线。同一个企业的产品有可能处于不同的竞争地位，需要不同的营销策略。

第三节　市场竞争策略

一、市场主导者策略

市场主导者是市场竞争的导向者，也是其他企业挑战、模仿和回避的对象。如果没有获得法定的垄断地位，它往往会遭到竞争者群起而攻之。因而，市场主导者必须时刻保持警惕并采取适当的策略，以防竞争者取代其领先地位。处于市场主导者地位的企业要想继续保持其支配地位，通常可作以下3个方面的努力：

（一）扩大市场需求量

一种产品的市场需求量扩大时，得益最多的当是处于主导地位的企业，因为它在总市场中所占份额最大。市场主导者应当为自己的产品寻找新用户、新用途并扩大使用量，以此争取更多的利益。

（1）发掘新的使用者。每一种产品都有吸引新的使用者、增加使用者数量的潜力，因为可能有的消费者对某种产品尚不了解，或产品的性能有缺陷，或产品定价不合理，等等。企业可采用的具体方法有：市场渗透策略，如说服以前未使用过本企业产品的用户试用；新市场策略，另辟蹊径，如劝说男士使用香水；地理扩展策略，如开发国外市场。

（2）开辟产品新用途。企业应当分析消费者使用本企业产品的情况，积极探索、发现和推广产品的多种用途。一旦发现产品的一种新用途，就会给企业带来一个新的巨大市场。如美国杜邦公司将最初用来做降落伞的尼龙纤维生产丝袜、衬衫，而后又制作轮胎、地毯……使企业产品的销路长盛不衰。

（3）增加使用量。说服现有顾客增加产品使用量，以适当的方式引导顾客多用。这样，销售量的增加也就意味着市场的扩大。如服装制造商不断推出流行款式，消费者不断购买新衣，流行款式变化越快，消费者购买频率越高。

（二）保持市场占有率

市场主导者必须通过有效的防御和进攻措施，保卫自己的市场阵地，保持较高市场占有率。在努力扩大总市场规模的同时，时刻留意现行业务不被竞争者侵占。如可口可乐要提防百事可乐，通用汽车要提防福特，苹果要提防三星等公司。市场主导者不被竞争者攻击是可能的。要想始终居于优势地位，就必须有不可攻破的实力。在任何时候都不能满足于现状，必须在产品创新、优质服务、分销效益和降低成本等方面，真正居于行业领先地位。

为保持已有的市场份额，主导者可以抓住对手的弱点主动出击、以攻为守，也可以采取“堵漏洞”的策略，以防丢失细分市场造成机会损失。还可以采取阵地防御、侧翼防御、先发防御、反攻防御、运动防御、收缩防御等多种方法，使竞争者无机可乘。

（三）扩大市场占有率

市场主导者努力提高市场占有率，也是增加收益的一个重要途径。关于经营战略对利润影响的研究表明，利润率是随着市场占有率线性上升的。如市场占有率为10%时，其利润可为9.1%；而当市场占有率为40%时，利润率可达30%。在美国许多市场上，一个百分点的占有率可达到几千万美元。美国咖啡市场一个百分点的占有率4 800万美元，软饮料市场更高达1.2亿美元。提高市场占有率不仅对主导者具有极大诱惑力，而且主导者凭借优势和实力也是可能做到的。

但不是任何时候高市场占有率都意味着高利润率，不适当的营销策略可能导致收益低于为提高市场占有率付出的代价。市场主导者在致力于提高市场占有率时，要注意不要引起反垄断的指控和制裁。只有产品单位成本随着占有率的提高而下降，或消费者愿意在溢价的条件下接受高品质时，高市场份额才会带来高利润。

二、市场挑战者策略

在市场上居于次要地位的企业，如果要向市场主导者或其他竞争者挑战，首先必须确定自己的战略目标和竞争对象，然后选择适当的进攻策略。

（一）明确战略目标和竞争对象

大多数挑战者的战略目标是提高市场占有率，从而提高利润率。挑战者的进攻对象可以有三种选择：一是本行业市场主导者。这样风险较大，但一旦成功，收益也很可观。挑战者可以仔细研究主导企业的弱点和失误，寻找未被满足的消费需求和消费者的不满，还可以创造出更好的新产品取代主导企业的地位；二是与自己规模相似，但经营不善、资金不足的企业，占领他们的市场阵地。这种进攻一般容易奏效；三是区域性的、经营不善、资金不足的小企业。夺取它们的顾客，甚至这些小企业本身。

（二）选择进攻策略

挑战者的进攻策略主要有：正面进攻，即在产品、价格、广告等竞争对手的主要强项上直接与之正面交锋；侧翼进攻，即避开对手强项，集中优势力量进攻对手的弱点，在对手力量薄弱的地区或细分市场上展开攻势；包围进攻，即从所有方面展开进攻，使对方难以应战。如提供多种多样的产品，满足各个细分市场顾客的需要，渗透到对手的所有市场之中去。

三、市场追随者策略

在很多情况下，直接进攻市场主导者是不明智的。因为市场主导者随时警惕着来自竞争者的进攻，并且可以依仗自己雄厚的实力做出强有力和较持久的反应，最终挫败挑战者或造成两败俱伤。在这种情况下，企业还是保持对主导者的追随为好。这种追随策略在钢铁、肥料、化工等同质产品且资本密集的行业中较为多见。这些行业中，产品差异化和形象差异化机会不多，服务相似，价格敏感性却很高。同业之间多能自觉地不互相拉顾客，不以短期内提高市场占有率为目标，避免引起对手的报复行为，通常仿效市场主导者为市场提供类似的产品，所以市场占有率相当稳定。

但是追随者并非没有作为。它们通常运用自己特有的能力，保持现有的市场份额，并尽可能地争取新顾客。追随者常常成为挑战者的攻击目标，因而必须特别注意保持低成本和优质产品与服务。市场追随者也不是被动地跟随主导者，它必须找到一条不至于遭到竞争报复的发展道路，其策略有三种：一是紧密追随，在各细分市场和营销组合方面尽量模仿主导者；二是有距离追随，在目标市场、产品更新、价格水平、销售渠道等方面追随主导者，但同时保持一些差异性，可通过兼并小企业而使自己成长壮大；三是有选择追随，对主导者择优追随，而在某些方面发挥自己的独创性，但避免直接竞争。这类追随者中会产生一些挑战者。

四、市场利基者策略

各个行业中的小企业、小公司精心为市场的某些细小部分提供专门服务，在市场、顾客、产品等方面实行专业化。可供市场利基者选择的专业化方向如下：

(1) 最终用户。专门致力于为某类最终用户服务。如某车厂只生产儿童用自行车。

(2) 垂直层次。专门生产与销售某些垂直层次的产品。如丝织厂生产丝绸、丝棉被。

(3) 顾客规模。专门为特定小规模顾客服务。如为残疾人生产鞋。

(4) 特殊顾客。专门生产向一个或几个大客户销售的产品。

(5) 单独加工。专门按订单生产客户预定的产品。

(6) 特种服务。专门提供一种或几种其他企业所没有的服务。

(7) 地理区域。专门为国内外某一地区或地点服务。

采用利基者策略，可使市场占有率较低的企业获得较好的投资收益。因为企业服务对象高度集中、产品线窄，可以提高产品质量、降低成本，更好地满足目标顾客。其主要风险一是市场容量过小；二是易遭受攻击，无力抗御。如能选择两个或更多一些有利的市场位置，可以增加企业生存和发展的机会。

第四节　市场营销组合

市场营销组合(marketing mix)是现代市场营销理论中的重要概念，也是企业市场竞争的基本手段。要真正掌握企业市场竞争策略和方法，必须进一步研究市场营销组合。

一、市场营销组合的内涵

市场营销组合是企业为满足目标市场的需求而加以组合的可控制的变数。1960 年杰罗姆·麦卡锡将它们归纳为产品(product)、价格(price)、地点(place)和促销(promotion)等，即著名的 4P。此后学术界又提出了其他一些变数。目前研究和应用较多的仍然是四大因素的归纳。

(1) 产品。即企业提供给目标市场的商品和劳务的集合体，它包括产品的效用、质量、外观、式样、品牌、包装、规格、服务和保证等因素。

(2) 价格。即企业出售商品和劳务所追求的经济回报，包括价目表所列的价格(list price)、折扣(discount)、折让(allowance)、支付方式、支付期限和信用条件等，通常又称为定价(pricing)。

(3) 地点。即企业为其产品进入和达到目标市场，所组织实施的各种活动，包括商品流通的途径、环节、场所、仓储和运输等。通常又称为分销(distribution)或渠道(channel)。

(4) 促销。即企业利用各种信息载体与目标市场进行沟通的传播活动，它包括广告、人员推销、营业推广、公共关系与宣传报道等。

产品、分销、定价和促销是市场营销可以控制的因素，也是企业市场营销的主要手段。它们之间不是彼此分离，而是相互依存、相互影响和相互制约。开展市场营销活动不能孤立地考虑某一因素(或手段)，因为任何一个因素的特殊优越并不能保证营销目标的实现。要对它们进行综合考虑、整体规划、合理编配、优化组合，使它们密切配合，发挥出系统功能，实现最佳的市场营销效果。

市场营销组合是系统观念在市场营销活动中的具体体现和运用，它涉及企业对市场营销活动的手段和方法的基本认识。在竞争激烈的市场条件下，企业要满足顾客需要，完成经营目标，赢得市场竞争的胜利，不能依靠某种单一的营销手段和策略，必须从目标市场的需要和市场环境的特点出发，根据企业的资源条件和优势，综合运用各种营销手段，形成统一的、配套的营销策略，通过企业上下各部门的协调努力、密切配合才能实现。

市场营销组合观念与市场营销观念同等重要。市场营销观念解决企业如何看待市场、看待消费者的问题，使企业认识到只有以顾客需要为中心，千方百计地满足顾客需要，企业才能生存和发展；市场营销组合观念解决满足顾客需要的手段问题，通过对企业可以控制的营销因素的有效运用，企业才能真正做到满足顾客需要，实现其经营目标。因此，是否树立市场营销组合观念，综合运用企业的各种营销手段，满足顾客现实和潜在的需要，是现代市场营销观念的要求得以贯彻的关键所在。

二、市场营销组合的特点

(一) 可控性

营销组合的四大因素及其亚因素，是企业可以控制的。企业可根据目标市场的需要，决定生产经营什么产品，给产品选择什么分销渠道，决定产品的销售价格，选择广告宣传手段等。营销组合也受到企业自身资源和营销目标的制约，还要受到各种微观和宏观市场环境因素的制约和影响。企业的营销组合只有与自己的实力和营销目标相符合，与各种不可控制的环境因素的发展变化相适应，才能收到预期的效果。

(二) 动态性

市场营销组合不是固定不变的静态组合，而是变化无穷的动态组合。因为市场营销组合是多个互相影响的营销因素的组合，这些因素受到内部条件和外部环境的影响，经常处于变化状态。例如，生产成本的升降会引起商品价格的变动，而生产成本升降可能是外部环境变化引起的，也可能是企业内部变化引起的。在营销组合中，任一因素的变化必然导致组合的变化，出现新的、效果不同的组合。在环境千变万化、需求瞬息万变的市场中，为适应市场环境和消费需求的变化，企业必须随时调整营销组合因素，使营销组合与市场环境保持一种动态的适应关系。

（三）复合性

如前所述，营销组合的四大因素，各自包括了多个次一级或更次一级的因素，如图 3-5 所示。

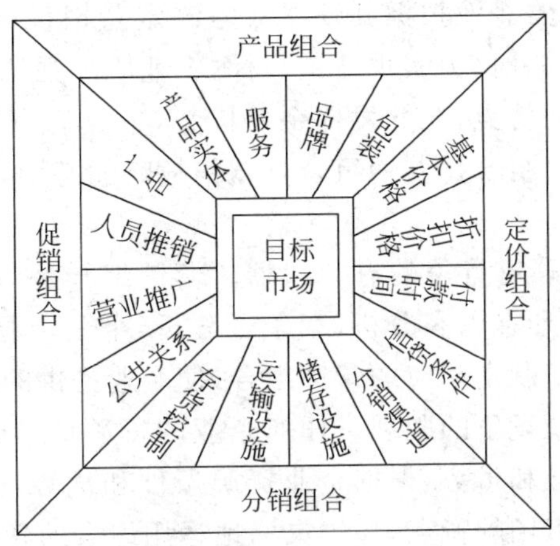

图 3-5　企业营销组合因素

以促销为例，促销包括人员推销、广告、公共关系和营业推广四个因素，这四个因素各自又包括了多个更次一级的因素。例如，广告又包括广告目标、广告媒体、广告预算、广告主题等因素，而且还可以更进一步细分。企业的营销组合，不仅是四大因素的组合，而且包括各层次因素的亚组合。首先是四大因素的整体组合，形成整体策略；其次是各个因素内部组合，使企业各层次各环节的营销因素都协调配合，共同为实现企业营销目标发挥作用。

（四）整体性

营销组合是企业根据营销目标制定的整体策略，它要求企业市场营销的各个因素协调配合，一致行动，发挥整体功能。因为各因素各自发挥作用，难免缺乏整体的协调，有些功能就会相互抵消；而在组合条件下，各个因素相互补充，协调配合，目标统一，其整体功能必然大于局部功能之和。因此，在制定营销组合时，要追求整体最优，而不能要求各个因素最优，各个亚层次的组合也必须服从整体组合的目标和要求，维护营销组合的整体性。

三、市场营销组合的作用

市场营销组合在市场营销活动中居重要地位，具有十分积极的作用。

(1) 市场营销组合是企业市场营销的基本手段。在现代市场营销观念指导下，要很好地满足顾客需要，除调查了解顾客需要，根据顾客需要特点对市场进行细分，在考虑企业资源条件的基础上确定企业营销对象外，还需针对目标顾客的需求确定适当的营销组合，使企业市场营销的各个因素符合目标顾客的需要，互相配合，共同发挥作用，最大限度地满足顾客需要，从而有效地达到企业营销目标。如果没有市场营销组合，没有在市场营销组合观念指导下企业各部门以顾客为基本导向的协同努力，满足顾客需要将受到阻碍。

最佳营销组合是实现营销目标的重要途径。

(2) 市场营销组合是制定企业市场营销战略的基础。企业营销战略对企业发展具有十分重要的意义,它是企业为实现其长期营销目标而设计的行动规划,主要由营销目标与营销组合诸因素组成。通常企业根据其发展战略制定营销目标,在营销目标指导下确定营销组合。在制定营销战略时,为实现营销目标,企业既要强调营销组合诸因素的协调配合,又要根据产品和市场的特点,充分发挥企业优势,重点运用某一个或某两个营销组合因素,形成企业的最佳营销组合。营销组合是营销战略的基础,是保证企业营销目标得以实施的条件。

(3) 市场营销组合是赢得竞争的有力武器。营销组合是市场竞争策略的重要内容,成功的市场竞争策略是企业在顾客分析、竞争者分析、企业资源分析的基础上,确定企业的竞争策略,依据竞争策略制定相应的营销组合,使企业提供的产品和服务比竞争对手更适合消费者需要,赢得市场竞争的胜利。任何企业的资源都是有限的,竞争对手之间,无论实力大小,都各有其优势和劣势,根据企业资源条件和优势,根据市场环境的变化和市场竞争格局,根据产品和市场的特点,巧妙灵活地运用组合的各个因素,既突出重点,又有整体配合,就能在市场竞争中克敌制胜。

(4) 市场营销组合是协调企业内部力量的纽带。市场营销组合就是整体营销,它不仅要求组合诸因素的协调配合,还要求企业各部门要以顾客为中心,协调行动,共同为满足顾客的需要而努力。在以市场营销组合观念为指导的企业中,营销部门担负着协调企业各部门活动的任务,使企业与市场联系的形式发生了根本变化,如图 3-6 所示。在市场营销部门的协调下,各部门分工协作,形成一个统一的整体,发挥各部门在满足顾客需要中的作用。

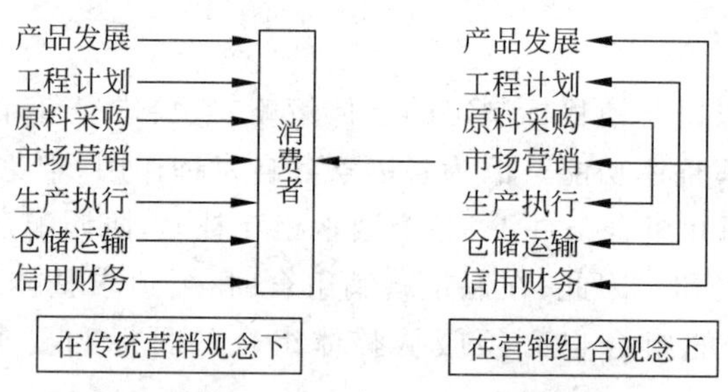

图 3-6　消费者与企业联系的途径

第五节　大市场营销

一、大市场营销的概念

1984 年,菲利普·科特勒提出了大市场营销(megamarketing)新概念。所谓大市场营销,是指为了成功地进入特定市场,并在那里从事业务经营,在策略上要协调使用经济的、心理的、政治的和公共关系等手段,以争取外国及当地若干参与者如经销商、供应商、消费者、市场营销研究机构、有关政府人员、各利益集团及宣传媒介等的合作与支持。大市场营销是对传统市场营销组合战略的发展，其提出的理论背景是现代世界经济向区域化和全球化发展，企业之间的竞争范围早已超越本土形成无国界竞争的态势，仅靠传统的4P′s战略已不足以打破封闭的市场。必须采取某些特殊技巧，即广义市场营销战略。它不仅包括产品、价格、分销及促销四大营销策略，还包括权力和公共关系，这种战略思想便被称为大市场营销。

根据科特勒的定义，大市场营销实际上是企业进入特定市场所实施的特殊的市场营销策略。所谓特定市场，是指进入屏障极高的封闭型或保护型市场。在一般市场上，进入屏障主要来自顾客、资本、规模经济、专利、原料、场地、经销商、信誉等因素。而在贸易保护主义盛行的情况下，市场进入屏障还包括歧视性法律规定、垄断协定、社会偏见与文化偏见、不友好的分销渠道、拒绝合作的态度等来自社会的较广泛的不利因素。在这种特定市场上，设置屏障的既得利益集团，往往可以得到政府立法部门和管理部门、劳工组织、银行及其他组织的支持。它们极力把市场封闭起来，阻止其他竞争者进入。这种情况在国内市场也时有发生，国际市场更为常见。国际贸易保护主义的回潮及政府干预的加强，就是明显的例证。

极高的进入屏障大大增加了进入市场的难度，由此使得如何冲破或减少屏障，打开市场之门，成为开展市场营销面临的最首要、最棘手的问题。要解决这一问题，仅靠常规的市场营销手段显然难以奏效，必须采用更广泛的营销手段。例如，日本八佰伴百货集团20世纪60年代初有意进入新加坡，公司派人到新加坡市场调查，得到的结论是不宜进入。因为“二战”日军在新加坡的暴行，当地居民反日情绪很高，当时在新加坡的许多日本公司纷纷撤出。公司创始人和田一夫针对这一情况制订了相应的营销计划。他亲自前往新加坡，一下飞机就到新加坡抗日战争纪念碑敬献花圈，声称自己是来赎罪，并以此为主题开展了一系列公共关系活动。在经营上与当地企业联营，当地资本55%，公司资本占45%……从而排除了公众敌对情绪，打开了市场。

二、大市场营销的特点

与一般的市场营销相比，大市场营销具有以下特点：

1. 大市场营销的目的是打开市场之门，进入市场

在一般市场营销活动中，对于某一产品来说，市场已经存在，面临的首要问题是了解市场对这种产品需要的特点，以便有针对性地开展营销活动满足市场需要，实现企业经营目标。在大市场营销条件下，企业面临的首要问题是如何进入市场，影响和改变社会公众、顾客、中间商等企业营销活动对象的态度和习惯，使企业营销活动能顺利开展。

2. 大市场营销的涉及面比较广泛

在一般市场营销活动中，企业营销主要与顾客、经销商、广告代理商、资源供应者、市场研究机构发生联系。在大市场营销条件下，企业营销活动，除了与上述各方面发生联系外，还涉及更为广泛的社会集团和个人，如立法机构、政府部门、政党、社会团体、工会、宗教机构等，企业必须争取各方面的支持与合作。

3. **大市场营销的手段较为复杂**

在一般市场营销活动中，基本手段是4P及其组合。大市场营销条件下，企业的营销组合是6P's因素的组合。除运用4P's外，还增加两个P——权力(power)和公共关系(public relations)。

(1) 权力。在开展大市场营销时，为了进入特定市场，必须找到有权打开市场之门的人，这些人可能是具有影响力的企业高级管理人员、立法部门或政府部门的官员等。营销人员要有高超的游说本领和谈判技巧，以便能使这些"守门人"采取积极合作的态度，达到预期目的。

(2) 公共关系。利用权力是一个推的策略，运用公共关系则是一个拉的策略。单纯靠权力，有时难以使企业进入市场并巩固其在市场中的地位，而通过各种公共关系活动逐渐在公众中树立起良好的企业形象，往往能收到更广泛更持久的效果。

4. **大市场营销既采用积极的诱导方式，也采用消极的诱导方式**

在一般市场营销活动中，交易各方遵循自愿、互利的原则，通常以积极的诱导方式交易。在大市场营销条件下，对方可能提出超出合理范围的要求，或者根本不接受积极的诱导方式。因此有时要采取消极的诱导方式，"软硬兼施"，促成交易。但消极的诱导方式有悖于职业道德，又可能引起对方的反感，因此要慎用或不用。

5. **大市场营销投入的资本、人力、时间较多**

在大市场营销条件下，由于要与多个方面打交道，逐步消除或减少各种屏障，企业必须投入较多的人力和时间，花费较大的资本。

三、大市场营销的意义

大市场营销的提出，开阔了营销人员的视野，丰富了营销手段和方法，对企业市场营销具有较为深远的意义。

(1) 加强了企业对处理好各方面关系的认识。企业市场营销活动有多个参与者，他们是顾客、资源供应商、经销商、竞争者、大众传播媒体，以及包括融资、政府、立法机构、民间社团等在内的广泛公众。企业营销效果的好坏，一方面取决于其营销组合是否适应市场需要，其产品和服务是否为顾客所接受；另一方面也取决于它与自己营销活动的各个参与者的协调状况。企业必须处理好各方面的关系，取得各方面的支持和协助，才能实现满足市场需要的目的。在大市场营销中，由于企业的阻力不是首先来自顾客而是来自其他营销活动的参与者，企业必须首先协调与这些参与者的关系，才能顺利开展营销活动。这就大大加深了企业对处理好各方面关系的认识，使企业充分意识到树立良好的企业形象和产品形象，取得顾客和各方面公众对企业的信任和支持，对企业实现营销目标具有十分重要的意义。

(2) 打破了企业关于外部环境因素完全不可控制的传统观念。企业营销人员常常把影响市场营销的外部力量作为环境因素，认为它们是完全不可控制的，企业只能被动地适应它们。大市场营销概念的提出，打破了这一传统认识。在大市场营销条件下，某些环境因素可以通过企业的各种活动加以影响和改变，如政治、法律方面的活动和游说、谈判、公共关系以及广告宣传等。因此，企业不能对环境因素仅作被动的适应，而应采取积极的态度，在适应中影响环境，改变环境。

(3) 加深了企业对市场营销的理解。传统的观念认为，需求引起供给，企业市场营销的职责就是满足市场需要，市场营销对市场需求是一种被动的适应关系。在大市场营销条件下，由于某些社会和文化偏见，最初市场并不欢迎某种产品，但经过有效的大市场营销活动，市场转变了对这种产品的态度，接受了这种产品。这给企业的启示是：市场营销与市场需求之间并不完全是一种被动的适应关系，市场营销“传递和创造生活标准给社会”，它对市场需求有积极的引导作用。因此，企业不能仅仅满足于适应市场需求，而且要影响需求，创造新的需求。对市场营销的这一新理解，可以激励企业的创新精神，使企业永不满足于现状，积极主动地适应市场需求的变化。

本章小结

市场竞争是指不同的利益主体为在市场上争夺有利地位而进行的竞争。卖主之间的竞争构成完全竞争市场、垄断竞争市场、寡头垄断市场和完全垄断市场 4 种市场结构。

企业市场竞争策略决策涉及的企业自身、顾客和竞争者之间的矛盾统一关系被称为“策略金三角”。企业在选择市场竞争策略时应把握发挥优势，突出重点；协调配合，整体作战；争取时间，以快取胜；灵活机动，以变应变的原则。

企业制定市场竞争策略必须先分析和了解竞争者，把握竞争态势。竞争者分析一般包括识别企业的主要竞争对手，识别并确认竞争对手的目标，监测竞争对手的市场策略，评估竞争者的优势和劣势，预测竞争对手的反应模式和反应形态，判断竞争者反应模式的 6 个步骤。

市场营销者按其所处竞争地位的差别，可分为市场主导者、市场挑战者、市场跟随者和市场利基者。市场主导者通常可作三个方面的努力：扩大市场需求量；保持市场占有率；扩大市场占有率。市场挑战者的竞争策略是明确战略目标和竞争对象，选择进攻策略。市场追随者的竞争策略是紧密追随、有距离追随和有选择追随。市场利基者的竞争策略是在市场、顾客、产品等方面实行专业化，提供专门服务。

市场营销组合是企业为满足目标市场的需求而加以组合的可控制的变数，可归纳为产品(product)、价格(price)、地点(place)和促销(promotion)，即著名的 4P 组合。市场营销组合的特点是可控性、动态性、复合性和整体性。其积极作用表现为市场营销组合是企业市场营销的基本手段；是制定企业市场营销战略的基础；是赢得竞争的有力武器；是协调企业内部力量的纽带。

大市场营销实际上是企业进入特定市场所实施的特殊的市场营销策略。其特点是：目的在于打开市场之门；涉及面比较广泛；手段较为复杂，除运用 4P′s 外，还增加运用权力和公共关系两个 P；既采用积极的诱导方式，也采用消极的诱导方式；大市场营销投入的资本、人力、时间较多。

大市场营销的提出具有较为深远的意义：加强了企业对处理好各方面关系的认识；打破了企业关于外部环境因素完全不可控制的传统观念；加深了企业对市场营销的理解。

思考题

1. 卖主之间的竞争会形成哪几种市场结构？寡头垄断竞争市场有什么特点？
2. 什么是企业市场竞争策略？选择市场竞争策略应考虑哪些因素？
3. 如何识别竞争者？有哪些内容和步骤？
4. 什么是市场营销组合？有哪些特点？其作用如何？
5. 什么是大市场营销？与一般市场营销相比，大市场营销具有哪些特点？

案例

买果果：微品牌如何玩转"小而美"

买果果品牌创建的灵感来源于微信，创立并成长于微信，其致力于打造中国包月搭配套餐模式水果电商第一品牌，是不折不扣的微信原创品牌。2014 年 4 月开始，9 位生鲜行业的门外汉，历时半年时间做到在郑州当地小有影响力，拥有 1 000 多位忠实用户，目前被估值近千万。

微品牌，准定位

(1) 包月搭配套餐水果电商。水果电商在国内做的有不少的商家，相信在买果果诞生之前并没有包月服务者。在如今忙碌的时代中，虽然大家的收入提高了，经济条件好了。但是，应酬和工作的增多，让大家没有太多的事情注重自己的健康，亚健康和不健康的人群越来越多。水果的养生，可以说是大家想到的首选方式之一。根据用户的体质、口味和喜好，进行用户以月度为周期的套餐搭配和推荐自选。然后，分批次用顺丰快递将鲜美的水果送达到客户的手中。包月的个人、家庭和企业水果套餐，无疑是现代生活背景下大家省心省事的贴心水果养生健康解决方案。

除了包月套餐，买果果偶尔也会运营一些单品。这些单品均为独特的进口水果或国内源产地的优质水果，具有鲜明的季节或者区域指向性，以满足众多客户的特殊需求。未来存在于现在，只是不均匀分布而已。买果果正在代表和诠释一种未来。

(2) 服务中高端用户。登录买果果的微信官方商城可见，买果果的包月套餐价在 299 元到 499 元之间。做的是精致，做的是中高端。目前的价位不赚钱，还在贴补，只为培养大家的消费习惯，积累粉丝的口碑。

抓产品，归本位

水果属于生鲜产品，对卫生和健康要求极高。其又不同于家电等标品，有统一的国家衡量标准。面对非标品、损耗大和卫生与安全性的问题，很多生鲜水果从业者备受煎熬，很难突出重围，与用户建立起绝对的信任感。

在健康和卫生安全问题上，买果果选择了最原始最笨的方法。创始人开车、火车、汽车、飞机，两三个月的时间游遍了大江南北，一个一个地亲自考察水果源产地。按照自己的需求，与供应商签订相当苛刻的供货合同。每批货到后，又要经历三四次分拣和挑选，才会被精细地打包到各个快递箱中。

微信原创品牌，产品又回归了第一重要的本位。特别是生鲜水果，唯有抓好产品的本身质量，才有后面一切的谈资的可能。

好服务，佳体验

如果说产品为本，那么服务和体验应该是购买之后被用户所注重的两兄弟。

就拿买果果的包装盒来说吧，为了追求每个细节给用户带来良好的服务和体验。半年时间，买果果的包装盒已经从第一代更新到现在使用的第五代了。目前买果果包装盒选用了经典耐用的牛皮纸材质，上面只印刷了买果果的LOGO和二维码，其他全部留白，给用户以经典大方的国际化视觉效果。在第六代包装盒的开口设计上，买果果没有选择传统的封箱胶，而是做了新的设计。一方面，为了便于用户打开，不用再在开箱时为了划开胶带寻找辅助的开箱工具。另一方面，经典耐用的牛皮纸包装盒还可以循环再利用，用于存储其他的物件。甚至，以后的包装盒还可以被买果果回收，引导用户一并加入节能环保的大军。

趣互动，心营销

微信原创品牌，一定要有着微信和移动互联网的基因才算是真正的微品牌。趣味的互动和用心的新营销，是买果果与用户接触的又一大亮点。异业联盟、粉丝互动、情怀传递等早已被买果果演绎得炉火纯青。如经典的豪车配送：2014年7月10日，买果果与宾利郑州、魔袋一起做联合营销活动，由买果果CEO亲自驾乘宾利汽车去为抽选出来的10名客户送产品上门，得到了客户很高的参与度！此外还有七夕节礼盒私人定制(礼盒中还加入了红酒和巧克力)及中秋节个人和集团定制礼盒等活动。

玩创新，售情怀

买果果不仅销售水果，也有私人定制的体恤，还有鼠标垫等的以水果为核心元素的周边产品。买果果的果果潮T，纯棉面料，精细的工艺，没有刻意印制买果果的LOGO。整个造型简单大方，以水果元素为主题，让用户拿得出手，穿得出门。现在是赠送给一部分VIP客户和忠实的果果粉。以后，这些产品是要标价销售的。创新背后，买果果卖产品是表象，售情怀才是其真谛。

资料来源：刘侠威.买果果：微品牌如何玩转“小而美”[J].销售与市场.评论版，2015(1).

讨论题

1.“买果果”的营销组合有什么独到之处，这种营销方式有什么优势？

2.“买果果”的市场营销需防范哪些风险？

课后实践

1. 目的

(1) 能够掌握竞争者行为分析的有关概念和内涵。

(2) 能够了解不同类型的竞争者的特点及其行为。

2. 内容和要求

(1) 选择一家企业进行调研，了解其所处行业市场竞争态势。

(2) 尝试识别该企业的竞争对手。

(3) 分析该企业竞争策略的利弊。

(4) 完成包括以上内容的小组报告。

3. **步骤**

(1) 任课教师说明实践目的、任务、进度和要求。

(2) 全班分若干小组,每组 5～10 人。各小组分别进行准备,包括复习相关教学内容、补充阅读参考文献;通过互联网收集拟调研企业相关资料,形成初步认识;统一工作思路,完成调查提纲。

(3) 在组长带领下,在拟调研企业完成访谈、讨论,完成一手资料的收集、整理。

(4) 组长组织小组课外讨论,形成小组报告。

(5) 分小组展示与报告,进行课堂讨论,由任课教师点评、总结。

第四章　市场营销环境

本章提要

企业的市场营销活动是在一定的外界条件下进行的，因此企业制定的营销策略要与市场环境相适应。通过本章学习，应能明确营销环境是企业营销活动的制约因素，了解企业市场营销的环境因素构成，掌握分析、评价市场机会与环境威胁的基本方法，熟悉企业面对市场营销环境变化所应采取的对策。

本章知识结构图

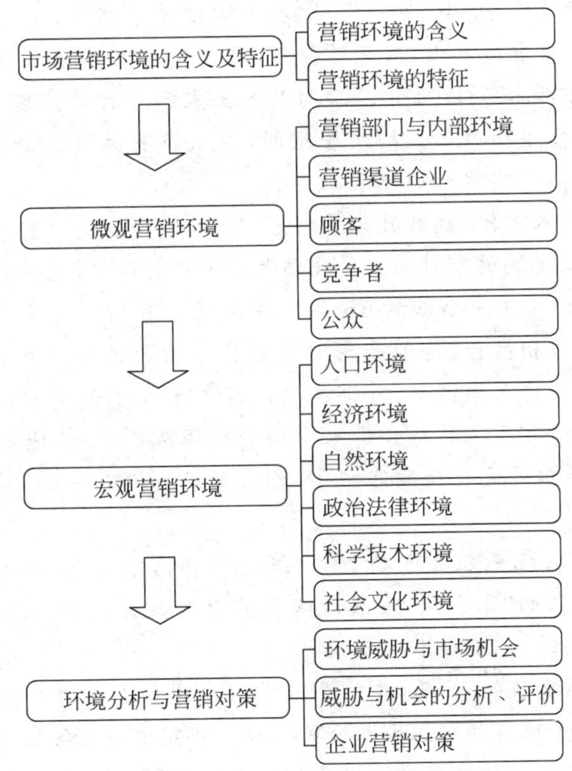

重要概念

营销环境；宏观营销环境；微观营销环境；威胁；机会；恩格尔系数；可支配收入；可任意支配收入。

“本土化”战略造就“全球第一”

2011年沃尔玛再次荣登世界500强企业排行榜之首。而深圳侨香路的山姆会员商店，名列沃尔玛在全球15个国家开设的9 000多家店销售额排行榜的榜首。

1996年，沃尔玛进入中国，独具慧眼选择了深圳，在深圳开设了第一家沃尔玛购物广场和山姆会员商店。15年后的今天，深圳回赠给沃尔玛一个奇迹。奇迹的创造离不开掌舵人——沃尔玛中国总裁兼首席执行官陈耀昌。《深圳商报》总编辑姜东南对他作了专访。

姜：首先祝贺沃尔玛再次荣登500强之首，7月8日的《深圳商报》在头版显著位置对此进行了报道。从1996年在中国的第一家沃尔玛购物广场和山姆会员商店到今天的340多家商场，这一跨越是如何完成的？您对目前沃尔玛在中国的发展是否感到满意？

陈：我想，沃尔玛中国和深圳这座年轻的城市一样，有着一股“拓荒牛”的精神。中国目前已成为沃尔玛全球最重要的战略市场之一。全球的董事会、全球人力资源高层峰会和刚刚在深圳举办的国际分析师大会都使中国成为沃尔玛全球的聚焦点。我们在中国21个省的127个城市开设了340多家商场，在中国创造了超过9.5万个就业机会。我们超过99.9%的员工来自中国本土，商场总经理100%由中国本土人才担任，他们最知道中国顾客需要什么，沃尔玛95%以上的产品均是本土采购。我对拥有优秀的管理团队感到非常自豪。中国的零售市场有巨大的发展空间，未来将有大量的新兴城市及中产阶级消费者，这对于我们来讲，是非常好的发展机遇。

访谈从沃尔玛的“本土化”战略开始。

姜：我们注意到沃尔玛近期对高级管理层做出了一些调整，这样的布局出于什么考虑？

陈：沃尔玛中国进入了一个新的15年发展历程。如何更好地将沃尔玛全球的先进经验与中国本土的优势相结合，是创造我们未来竞争力的关键。新任命的高级管理层来自沃尔玛全球系统内部的人才调动、外部招聘以及本土人才晋升，我对此感到很兴奋。国际化人才与中国本土精英团队的结合带来中国管理团队的升级，他们拥有多元化的背景，精通业务，深刻理解沃尔玛文化和顾客，这些都将帮助我们进一步强化沃尔玛在中国零售行业的市场地位。

姜：我们留意到，近几年来沃尔玛“厚积薄发”，开店很多，业务发展很快。作为全球500强之首，沃尔玛中国的“本土化”发展战略尤其引人注目，虽然大家对“本土化”战略都不陌生，可是要真正做到，一点都不容易。

陈：沃尔玛在中国发展的15年，是一个非常愉快的本土化的过程。我们经常说，沃尔玛在中国，实际上是一个地道的中国企业公民。我们研究中央及各省市县的发展重点，在帮助民生和社会经济发展及可持续发展上与中国的“十二五”规划重点保持一致，来履行我们的企业社会责任。如与商务部、农业部及各级地方政府合作推广农超对接，帮助出口企业拓展内销，同科技部合作提高供应商工厂能效，同环保部合作制定环保商场的标准等。另外，通过社区活动，我们肩负起企业社会责任，赢得社区顾客对我们的尊重与信任。我们始终坚持积极探索中国的消费市场和城市特点，把我们的增长目标和城市发展目标联系起来。

资料来源：姜东南. 全球第一是怎样炼成的？[N]. 深圳商报，2011-7-21.

营销启示：

沃尔玛中国的发展历程说明，适应中国市场营销环境的“本土化”战略是创造竞争力的关键。

企业营销行为既要受自身条件的制约，也要受外部条件的制约，关注并研究企业内外营销环境的变化，把握环境变化的趋势，识别由于环境变动而造成的机会和威胁，是营销人员的主要职责之一。在营销活动中，环境既是不可控制的，又是不可超越的因素。企业必须根据环境的实际与发展趋势，相应制定并不断调整营销策略，自觉地利用市场机会，防范可能出现的威胁，扬长避短，才能确保在竞争中立于不败之地。

第一节　市场营销环境的含义及特征

一、营销环境的含义

营销环境（marketing environment）是指在企业营销活动之外，能够影响营销部门建立并保持与目标顾客之间良好关系的能力及各种因素和力量。营销环境既能提供机遇，也能造成威胁。[①]

环境是企业不可控制的因素，营销活动要以环境为依据，企业要主动地去适应环境。企业可以了解和预测环境因素，不仅主动地适应和利用环境，而且透过营销努力去影响外部环境，使环境有利于企业的生存和发展，有利于提高企业营销活动的有效性。因此，重视研究市场营销环境及其变化是企业营销活动最基本的课题。

企业营销环境包括微观环境和宏观环境。微观环境指与企业紧密相连，直接影响企业营销能力的各种参与者，如从企业营销系统的角度看，包括市场营销渠道企业、顾客、竞争者以及社会公众。宏观环境指影响微观环境的一系列巨大的社会力量，主要是人口、经济、政治法律、科学技术、社会文化及自然生态等因素。微观环境直接影响与制约企业的营销活动，多半与企业具有或多或少的经济联系，也称直接营销环境，又称作业环境。宏观环境一般以微观环境为媒介去影响和制约企业的营销活动，在特定场合，也可直接影响企业的营销活动。如图 4-1 所示。

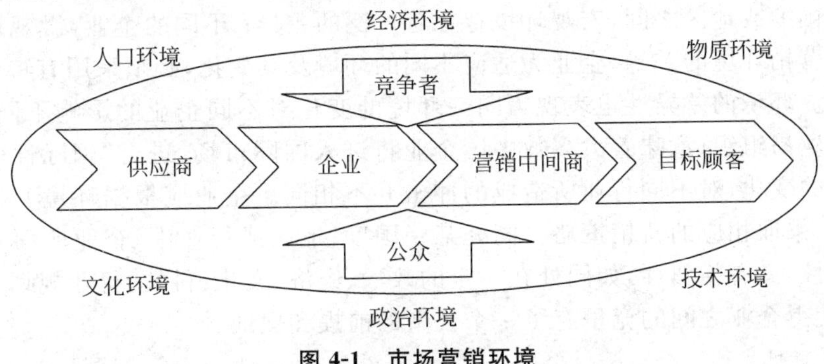

图 4-1　市场营销环境

① 菲利普·科特勒，等. 市场营销教程[M]. 第 6 版. 俞利军，译. 北京：华夏出版社，2004：130.

营销环境按其对企业营销活动的影响，也可分为威胁环境与机会环境，前者指对企业市场营销不利的各项因素的总和，后者指对企业市场营销有利的各项因素的总和。营销环境按其对企业营销活动影响时间的长短，还可分为企业的长期环境与短期环境，前者持续时间较长或相当长，后者对企业市场营销的影响则比较短暂。

营销环境的内容比较广泛，可以根据不同标志加以分类。微观环境与宏观环境之间不是并列关系，而是主从关系，微观营销环境受制于宏观营销环境，微观环境中所有的因素都要受宏观环境中各种力量的影响。如图 4-2 所示。

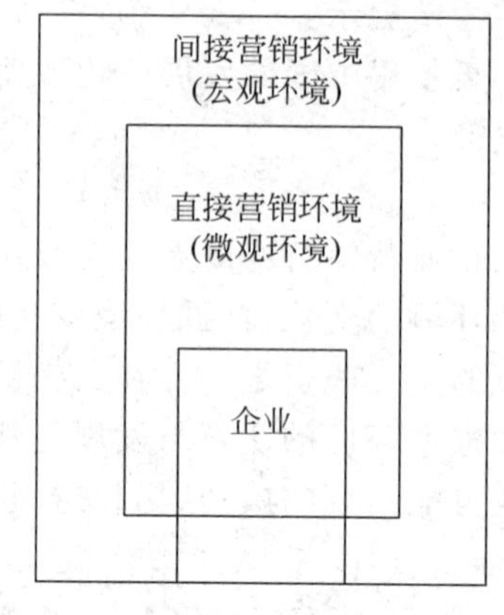

图 4-2　营销环境对企业的作用

二、营销环境的特征

营销环境是一个多因素、多层次而且不断变化的综合体，具有如下特征：

（一）客观性

环境作为企业外在的、不以营销者意志为转移的因素，对企业营销活动的影响具有强制性和不可控性的特点。一般说来，企业无法摆脱和控制营销环境，特别是宏观环境，难以按企业自身的要求和意愿随意改变它。但企业可以主动适应环境的变化和要求，制定并不断调整市场营销策略。营销环境是企业营销活动的制约因素，营销活动依赖于这些环境才得以正常进行，这表现在：营销管理者虽可控制企业的大部分营销活动，但必须注意环境对营销决策的影响，不得超越环境的限制；营销管理者虽能分析、认识营销环境提供的机会，但无法控制所有有利因素的变化，更无法有效地控制竞争对手；由于营销决策与环境之间的关系复杂多变，营销管理者无法直接控制企业营销决策实施的最终结果。此外，企业营销活动所需的各种资源，需要在环境许可的条件下取得，企业生产与经营的各种产品，也需要获得消费者或用户的认可与接纳。

（二）差异性

不同的国家或地区之间，宏观环境存在着广泛的差异；不同的企业，微观环境也千差万别。正因营销环境的差异，企业为适应不同的环境及其变化，必须采用有特点和针对性的营销策略。环境的差异性也表现为同一环境的变化对不同企业的影响不同。例如，中国加入世界贸易组织，意味着大多数中国企业将进入国际市场，进行“国际性较量”，而这一经济环境的变化，对不同行业所造成的冲击并不相同。企业应根据环境变化的趋势和行业的特点，采取相应的营销策略。同处某一国度、地区或行业中，企业所面对的营销环境既有差异性，又有相似性，如同处在一定的政治、经济、文化、科技、行业规划和产业政策等背景下，使得企业之间的竞争有了一个公平的前提和保证。

（三）多变性

市场营销环境是一个动态系统。首先，构成营销环境的诸因素受众多因素的影响，每一环境因素都随着社会经济的发展而不断变化。20 世纪 60 年代，中国处于短缺经济状态，短缺几乎成为社会经济的常态。改革开放30多年来，中国已遭遇“过剩”经济，不论这种“过剩”的性质如何，仅就卖方市场向买方市场转变而言，市场营销环境已经发生了重大变化。其次，环境因素经常处于不断变化之中。环境的变化既有环境因素主次地位的互换，也有可控程度甚至是否仍旧可控的变化，还有矛盾关系的协调。随着我国社会主义市场经济体制的建立与完善，市场营销宏观环境的变化也将日益显著。市场营销环境通过其内容的不断扩大及其自身各因素的不断变化，对企业营销活动产生影响。营销环境的变化，既会给企业提供机遇，也会给企业带来威胁。虽然企业难以准确无误地预见未来环境的变化，但可以通过设立预警系统（warning system），追踪不断变化的环境，及时调整营销策略。

（四）相关性

营销环境诸因素之间相互影响、相互制约，某一因素的变化会引起其他因素的变化，从而形成新的营销环境。例如，竞争者是企业重要的微观环境因素之一，而宏观环境中的政治、法律因素或经济政策的变动，均能影响一个行业竞争者加入的数量，从而形成不同的竞争格局。又如，市场需求不仅受消费者收入水平、爱好以及社会文化等方面因素的影响，政治、法律因素的变化，往往也会产生决定性的影响。再如，各个环境因素之间有时存在矛盾，某些地方消费者有购买家电的需求，但当地电力供应不正常，无疑是扩展家电市场的制约因素。

营销环境是企业营销活动的制约因素，营销活动依赖于这些环境才得以正常进行。营销管理者在分析市场营销环境时，还必须辩证地理解和把握：市场营销环境的不可控性与企业能动性的统一；市场营销环境的多变性与相对稳定性的统一；市场营销环境的关联性与其相对独立性的统一；市场营销环境的差异性与相似性的统一。一般说来，营销部门无法摆脱和控制营销环境，特别是宏观环境，企业难以按自身的要求和意愿随意改变它。但是，强调企业对所处环境的反应和适应，并不意味着企业对于环境完全无能为力，只能消极地、被动地改变自己以适应环境。营销管理者应采取积极、主动的态度能动地去适应营销环境。企业可以制定并不断调整市场营销策略，主动适应环境的变化和要求。就宏观环境而言，企业可以以不同的方式增强适应环境的能力，避免来自环境的威胁，有效地把握市场机会。在一定条件下，也可运用自身的资源积极影响和改变环境因素，以便创造更有利于企业营销活动的空间。菲利普·科特勒的“大市场营销”理论认为，企业为成功地进入特定的市场，在策略上应协调地使用经济、心理、政治和公共关系等手段，以博得外国或地方各有关方面的合作与支持，消除壁垒很高的封闭型或保护型的市场进入障碍，为企业从事营销活动创造一个宽松的外部环境。就微观环境而言，直接影响企业营销能力的各种参与者事实上都是企业营销部门的利益共同体。即使是竞争者，也存在互相学习、互相促进的因素，在竞争中，有时也会采取联合行动，甚至成为合作者。按市场营销的“双赢”原则，企业营销活动的成功，应为顾客、供应商和营销中间商带来利益，并造福于社会公众。

第二节　微观营销环境

就企业营销系统而言，企业的微观营销环境包括市场营销渠道企业、顾客、竞争者和社会公众，营销活动能否成功，要受这些因素的直接影响。就营销部门而言，营销活动还要受企业内部条件的影响。如图 4-3 所示。

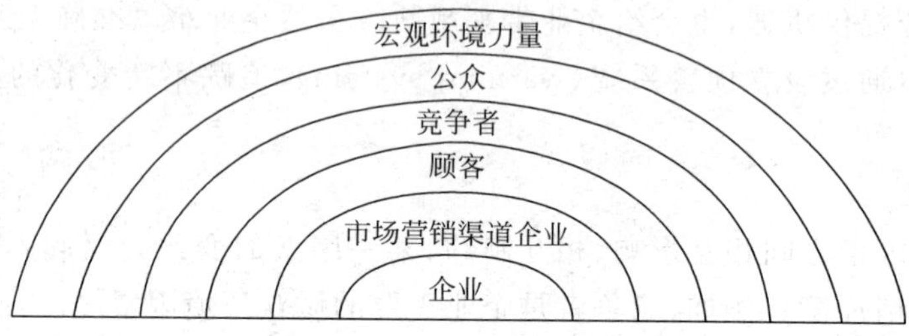

图 4-3　微观环境因素

一、营销部门与内部环境

企业营销系统指作为营销者的企业整体，微观营销环境是指企业外部所有参与营销活动的利益相关者。但从营销部门的角度看，营销活动能否成功，首先要受企业内部各种因素的直接影响。因此，营销部门在分析企业的外部营销环境前，必须先分析企业的内部条件或内部营销环境。

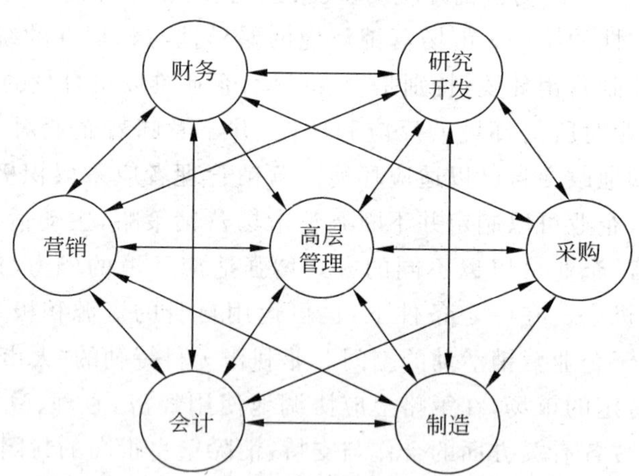

图 4-4　企业内部环境

企业为开展营销活动，必须设立某种形式的营销部门，而且营销部门不是孤立存在的，它还面对着其他职能部门以及高层管理部门。企业营销部门与财务、采购、制造、研究与开发等部门之间既有多方面的合作，也存在争取资源方面的矛盾。这些部门的业务状况如何，它们与营销部门的合作以及它们之间是否协调发展，对营销决策的制定与实施影响极大。高层管理部门由董事会、总经理及其办事机构组成，负责确定企业的任务、目标、方针政策和发展战略。营销部门在高层管理部门规定的职责范围内作出营销决策,市场营销目标是从属于企业总目标、并为总目标服务的次级目标,营销部门所制订的计划也必须在高层管理部门批准后实施。

市场营销部门一般由市场营销副总裁、销售经理、推销人员、广告经理、营销研究与计划、定价专家等组成。营销部门在制订和实施营销目标与计划时,不仅要考虑企业外部环境力量,而且要充分考虑企业内部环境力量,争取高层管理部门和其他职能部门的理解和支持。

二、营销渠道企业

(一) 供应商

供应商是向企业及其竞争者提供生产经营所需资源的企业或个人,生产经营所需资源包括原材料、零配件、设备、能源、劳务及其他用品等。供应商对企业营销业务有实质性的影响,其所供应的原材料数量和质量将直接影响产品的数量和质量;所提供的资源价格会直接影响产品成本、价格和利润。在物资供应紧张时,供应商更起着决定性的作用。企业开发新产品时,若无所需的原材料或设备的及时供应,开发就不可能成功;有些比较特殊的原材料和生产设备,还需供应商为其单独研制和生产。企业对供应商的影响力要有足够的认识,尽可能与其保持密切联系和良好的关系,及时了解供应商的变化与动态,使货源供应在时间上和连续性上能得到切实保证;除了保证商品本身的内在质量外,还要有各种售前和售后服务;对主要原材料和零部件的价格水平及变化趋势,要做到心中有数,应变自如。根据不同供应商所供货物在营销活动中的重要性,企业可对众多供货人进行等级归类,抓住重点,兼顾一般。必要时采取逆向发展战略,兼并或收购供应者企业。

(二) 营销中间商

营销中间商主要指协助企业促销、销售和经销其产品给最终购买者的机构,包括中间商、实体分配公司、营销服务机构和财务中介机构。

(1) 中间商。包括商人中间商和代理中间商。

(2) 实体分配公司。主要职能是协助厂商储存并把货物运送至目的地的仓储公司。实体分配的要素包括包装、运输、仓储、装卸、搬运、库存控制和订单处理 6 个方面,其基本功能是调节生产与消费之间的矛盾,弥合产销时空上的背离,提供商品的时间效用和空间效用,以利适时、适地和适量地把商品供给消费者。

(3) 营销服务机构。协助厂商推出并促销其产品到目标市场的机构,如营销研究公司、广告公司、传播公司等。企业可自设营销服务机构,也可委托外部营销服务机构代理有关业务,并定期评估其绩效,促进其提高创造力、质量和服务水平。

(4) 财务中介机构。协助厂商融资或分担货物购销储运风险的机构,如银行、保险公司等。财务中介机构不直接从事商业活动,但对工商企业的经营发展至关重要。在市场经济中,企业与金融机构关系密切,企业间的财务往来要通过银行结算,企业财产和货物要通过保险取得风险保障,而贷款利率与保险费率的变动也会直接影响企业成本,信贷来源受到限制更会使企业处于困境。

三、顾客

顾客是企业服务的对象，也是营销活动的出发点和归宿。企业的一切营销活动都应以满足顾客的需要为中心。因此，顾客是企业最重要的环境因素。

为便于深入研究各类市场的特点，国内顾客市场按购买动机可分为 4 种类型，连同国际市场，企业面对的市场类型如图 4-5 所示。

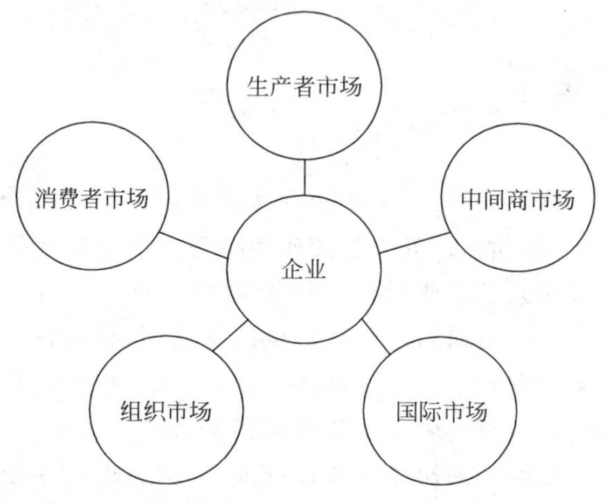

图 4-5　市场类型

上述各类市场都有其独特的顾客，他们不同的、变化着的需求，要求企业以不同的方式提供相应的产品和服务，从而影响企业营销决策的制定和服务能力的形成。

四、竞争者

企业不能独占市场，所有企业都会面对形形色色的竞争对手。在竞争性的市场上，除来自本行业的竞争外，还有来自替代品生产者、潜在加入者、原材料供应者和购买者等的竞争。企业要成功，必须在满足消费者需要和欲望方面比竞争对手做得更好。企业的营销系统总是被一群竞争者包围和影响着，必须加强对竞争者的研究，了解对本企业形成威胁的主要竞争对手及其策略，知己知彼，扬长避短，才能在顾客心目中强有力地确定自己所提供产品的地位，以获取战略优势。

五、公众

公众指对企业实现营销目标的能力有实际或潜在利害关系和影响力的团体或个人。企业面对的广大公众的态度，会协助或妨碍企业营销活动的正常开展。所有的企业都必须采取积极措施、树立良好的企业形象，力求保持与主要公众之间的良好关系。企业所面临的公众主要有以下几种(如图 4-6 所示)：

(1) 融资公众。指影响企业融资能力的金融机构，如银行、投资公司、证券经纪公司、保险公司等。企业可以通过发布乐观的年度财务报告，回答关于财务问题的咨询，稳健地

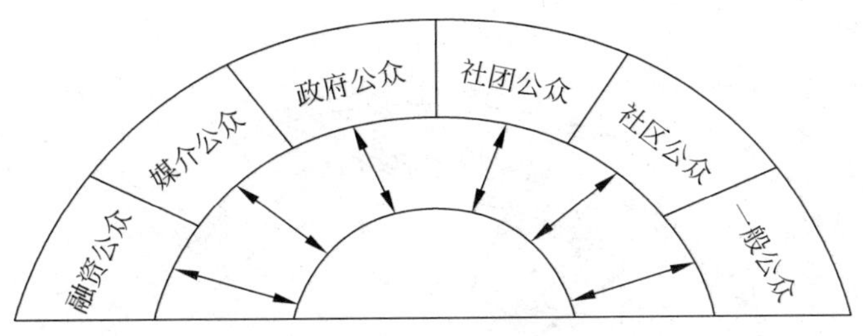

图 4-6　微观环境中的公众

运用资金，在融资公众中树立信誉。

(2) 媒介公众。主要是报纸、杂志、广播电台、电视台和网络等大众传播媒体。企业必须与媒体组织建立友善关系，争取有更多更好的有利于本企业的新闻、特写以及社论。

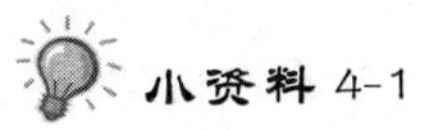

网络媒体主要优势

传播范围广：全球性
保留时间长：全天候(常年)
信息量大：全面性
开放性强：全方位
操作方便：简单化
沟通性强：全动态互动传播
经济性显著：成本低、效率高
强烈的感官性：全接触

(3) 政府公众。指负责管理企业营销业务的有关政府机构。企业的发展战略与营销计划，必须和政府的发展计划、产业政策、法律法规保持一致；注意咨询有关产品安全卫生、广告真实性等法律问题，并倡导同业者遵纪守法；向有关部门反映行业的实情，争取立法有利于产业的发展。

(4) 社团公众。包括保护消费者权益的组织、环保组织及其他群众团体等。企业营销活动关系到社会各方面的切身利益，必须密切注意来自社团公众的批评和意见。

(5) 社区公众。指企业所在地邻近的居民和社区组织。企业必须重视保持与当地公众的良好关系，积极支持社区的重大活动，为社区的发展贡献力量，争取社区公众理解和支持企业的营销活动。

(6) 一般公众。指上述各种关系公众之外的社会公众。一般公众虽未有组织地对企业采取行动，但企业形象会影响他们的惠顾。

第三节　宏观营销环境

宏观营销环境指对企业营销活动造成市场机会和环境威胁的主要社会力量，包括人口、经济、自然、技术、文化等因素。企业及其微观环境的参与者，无不处于宏观环境之中，如图 4-7 所示。

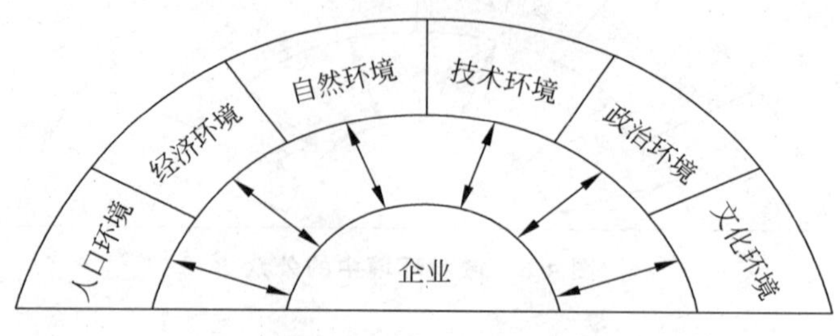

图 4-7 宏观环境力量

一、人口环境

人口是构成市场的重要因素。市场是由有购买欲望同时又有支付能力的人构成的，人口的多少直接影响市场的潜在容量。从影响消费需求的角度，对人口因素可作如下分析：

（一）人口总量

一个国家或地区的总人口数量多少是衡量市场潜在容量的重要因素。中国总人口已逾 13 亿，超过欧洲和北美洲人口的总和。随着社会主义市场经济的发展，人民收入不断提高，中国已被视作世界最大的潜在市场。

（二）年龄结构

中国社会科学院财政与贸易经济研究所发布的《中国财政政策报告 2010/2011》指出，2011 年以后的 30 年里，中国人口老龄化将呈现加速发展态势，到 2030 年，中国 65 岁以上人口占比将超过日本，成为全球人口老龄化程度最高的国家。

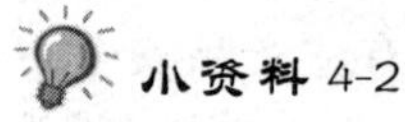
小资料 4-2

我国进入老龄化社会

2011 年国家统计局数据显示：全国 60 岁及以上老年人口已达 1.849 9 亿，占总人口的比重达 13.7%。2010 年，城乡空巢老年人占 49.3%，与 2000 年比较，城镇独居老年人比例由 7.4%上升到 8.6%，农村从 8.3%上升到 10.6%；城镇仅夫妻同住老年人的比例由 34.6%上升到 45.4%，农村从 29.6%上升到 35.0%。

资料来源："2011 年度中国老龄事业发展统计公报". 全国老龄工作委员会办公室，2012 年 7 月 10 日.

（三）家庭组成

家庭组成是指一个以家长为代表的家庭生活的全过程，也称家庭生命周期，按年龄、婚姻、子女等状况，可划分为未婚期；新婚期；满巢期一（有 6 岁以下的幼童）；满巢期二（有 6 岁和 6 岁以上儿童）；满巢期三（有已能自立的子女）；空巢期；孤独期。家庭是社会的细胞，也是商品采购和消费的基本单位。一个市场所拥有的家庭单位和家庭平均成员的多少以及家庭组成状况等，对市场消费需求的潜量和需求结构都有十分重要的影响。

（四）人口性别

性别差异给消费需求带来差异，购买习惯与购买行为也有差别。一般说来，在一个国家或地区，男、女人口总数相差并不大。但在一个较小的地区，如矿区、林区、较大的工地，往往是男性占较大比重，而在某些女职工占极大比重的行业集中区，则女性人口又可能较多。由于女性多操持家务，大多数日用消费品由女性采购，因此不仅妇女用品可设专业商店销售，很多家庭用品和儿童用品也都纳入妇女市场。

（五）地理分布

人口在地区上的分布关系到市场需求的异同。居住不同地区的人群，由于地理环境、气候条件、自然资源、风俗习惯的不同，消费需求的内容和数量也存在差异。人口的城市化和区域性转移会引起社会消费结构的变化。我国乡镇城市化的趋势日益加快，农村市场需求将有大的变化。

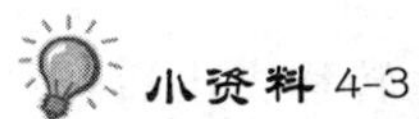

地　球　村

如果世界是一个由100个人构成的村庄，那么，其中：

61个人是亚洲人（其中有20个人是中国人，17个印度人），14个人是非洲人，11个人是欧洲人，8个人是拉美人，5个人是北美人。只有一个可能是来自澳大利亚、大洋洲或南极洲。

至少有18个人不能读和写，但33人会有手机，16人互联网在线。

10岁以下18人，60岁以上11人，男女人数相等。

村子里有8辆小汽车。

63人没有卫生设施。

32人信仰基督教，20人信仰伊斯兰教，14人信仰印度教，6人信仰佛教，16人为无神论者，其余12人信仰其他宗教。

30人失业，在工作的70人中，28人从事农业生产（第一产业），14人从事工业领域（第二产业）的工作，其余28人在服务业（第三产业）工作。

53人每天的生活费用在2美元以下，1人患有艾滋病，11人肥胖。

到年底，1人去世，新出生2人，所以人口增加到101人。

资料来源：科特勒．营销管理[M]．第14版．全球版．王永贵．等译．北京：中国人民大学出版社，2012：87-88.

二、经济环境

经济环境一般指影响企业市场营销方式与规模的经济因素，如消费者收入与支出状况、经济发展状况等。

（一）收入与支出状况

1．收入

市场消费需求指人们有支付能力的欲望。仅仅有消费欲望而没有购买力，并不能创造市场；只有既有消费欲望又有购买力，才具有现实意义。因为只有既想买又买得起，才能产生购买行为。

在研究收入对消费需求的影响时，常应用以下概念：

(1) 人均国内生产总值。一般指价值形态的人均GDP。它是一个国家或地区，所有常住单位在一定时期内(如一年)，按人口平均所生产的全部货物和服务的价值，超过同期投入的全部非固定资产货物和服务价值的差额。国家的GDP总额反映了全国市场的总容量、总规模。人均GDP则从总体上影响和决定了消费结构与消费水平。我国2014年的GDP总额，按汇率法估算为10万余亿美元，居世界第2位；但人均GDP在国际比较中仍属于较低水平。

(2) 个人收入。指城乡居民从各种来源所得到的收入。各地区居民收入总额可用以衡量当地消费市场的容量，人均收入多少反映了购买力水平的高低。我国统计部门每年采用抽样调查的方法，取得城镇居民家庭平均每人全部年收入、农村居民家庭平均每人全年总收入和纯收入等数据。

(3) 个人可支配收入。指从个人收入中减除缴纳税收和其他经常性转移支出后，所余下的实际收入，即能够用于作为个人消费或储蓄的数额。

(4) 可任意支配收入。在个人可支配收入中，有相当一部分要用来维持个人或家庭的生活以及支付必不可少的费用。只有在可支配收入中减去这部分维持生活的必需支出，才是个人可任意支配收入，这是影响消费需求变化最活跃的因素。

2. 支出

主要指消费者支出模式和消费结构。收入在很大程度上影响着消费者支出模式与消费结构。随着消费者收入的变化，支出模式与消费结构也会发生相应变化。

1853年至1880年间，德国统计学家恩斯特·恩格尔(Ernst Engel)曾对比利时不同收入水平的家庭进行调查，并于1895年发表了《比利时工人家庭的日常支出：过去和现在》一文。他在文中分析了收入增加对消费支出构成状况的影响，并指出收入的分配在不同收入阶层有相对固定的比率，此比率依照收入的增加而变化。在将支出项目按食物、衣服、房租、燃料、教育、卫生、娱乐等费用分类后，发现收入增加时各项支出比率的变化情况为：食物费所占比率趋向减少，教育、卫生与休闲支出比率迅速上升。这便是恩格尔定律。食物费占总支出的比例，称为恩格尔系数。一般认为，恩格尔系数越大，生活水平越低；反之，恩格尔系数越小，生活水平越高。

中国近几年推进住房、医疗、教育等改革，个人在这些方面的支出增加，无疑会影响恩格尔系数的变化。据国家统计局公布的数字，我国城镇居民1990年恩格尔系数为54.2%，2000年为39.2%，2013年为35.0%，23年下降了19.2个百分点；同期农村居民家庭的恩格尔系数则由58.8%下降到49.1%和37.7%，23年下降了21.1个百分点。

3. 消费者的储蓄与信贷

(1) 储蓄。指城乡居民将可任意支配收入的一部分储存待用。储蓄的形式可以是银行存款或者购买债券，也可以是手持现金。较高储蓄率会推迟现实的消费支出，加大潜在的购买力。我国人均收入水平虽不高，但储蓄率相当高，从银行储蓄存款余额的增长趋势看，国内市场潜在量规模甚大。

表 4-1 居民年终储蓄存款余额表

年份	城乡居民人民币储蓄存款余额(亿元)	平均每人储蓄存款余额(元)
1978	210.6	21.88
1980	395.8	40.47
1990	7 119.6	615.24
2000	64 332.4	5 076
2010	308 380	22 619
2014	502 504	36 737

资料来源:2012 年中国统计年鉴及 2014 年国民经济和社会发展统计公报.

(2) 信贷。指金融或商业机构向有一定支付能力的消费者融通资金的行为。主要形式有短期赊销、分期付款、消费贷款等。消费信贷使消费者可用贷款先取得商品使用权,再按约定期限归还贷款。消费信贷的规模与期限在一定程度上影响着某一时限内现实购买力的大小,也影响着提供信贷的商品的销售量。如购买住宅、汽车及其他昂贵消费品,消费信贷可提前实现这些商品的销售。

(二) 经济发展状况

企业的市场营销活动要受到一个国家或地区经济发展状况的制约,在经济全球化的条件下,国际经济形势也是企业营销活动的重要影响因素。

(1) 经济发展阶段。经济发展阶段的高低,直接影响企业市场营销活动。经济发展阶段高的国家和地区,着重投资于较大的、精密的、自动化程度高的、性能好的生产设备;在重视产品基本功能的同时,比较强调款式、性能及特色;大量进行广告宣传及营业推广活动,非价格竞争较占优势;分销途径复杂且广泛,制造商、批发商与零售商的职能逐渐独立,连锁商店的网点增加。美国学者罗斯托(W. W. Rostow)的经济成长阶段理论,把世界各国经济发展归纳为五种类型:①传统经济社会;②经济起飞前的准备阶段;③经济起飞阶段;④迈向经济成熟阶段;⑤大量消费阶段。凡属前三个阶段的国家称为发展中国家,而处于后两个阶段的国家称为发达国家。

(2) 经济形势。就国际经济形势来说,1997 年 7 月起,发生在中国周边国家和地区的金融风暴,席卷东南亚各国,并东进港台,北上韩国,以致撼动世界第二经济强国日本。这场金融危机影响到全世界,也给中国经济带来若干负面影响。由于我国金融市场尚未完全开放,外汇储备丰富,加之政府采取了有效的扩大内需的措施,因而保持了人民币币值的稳定,使亚洲国家的货币免于新一轮的竞相贬值,对世界金融体系的稳定以及东南亚国家早日走出困境,做出了积极的贡献。进入 21 世纪,经济全球化不断深入,已成为影响一国内部和各国之间关系的重要因素。2007 年 8 月,一场由美国次级抵押贷款市场动荡引起的风暴,席卷美国、欧盟和日本等世界主要金融市场,使全球大多数国家都受到了严重的冲击。美国金融危机不断扩张,从次级贷到优级贷;从抵押贷款到普通商业信贷和消费信贷的风险迅速上升,主要投资银行亏损严重甚至破产,金融企业惜贷,短期资金异常紧张,实体经济受到重大冲击,经济下行风险加大。通过金融全球化,美国已经把次贷危机的风险转移到了世界的各个角落。这场百年罕见的金融危机,没有一个国家可以独善其身。我国经济已深度融入世界经济环流,不可能全身而退。①金融动荡导致美国等发达国家消费降低，需求减少，势必影响出口。②人民币面临新的升值压力。③降低外汇储备的价值。④可能导致生产过剩。2009—2010年，中国政府相继出台进一步扩大内需的一系列措施，以维护经济、金融和资本市场稳定，促进经济平稳较快发展。这是中国应对这场危机最重要、最有效的手段，也是对世界经济最大的贡献。然而国际和国内经济形势都是复杂多变的，机遇与挑战并存，企业必须对其进行认真研究，力求获得正确的认识与判断，并制订相应的营销战略和计划。

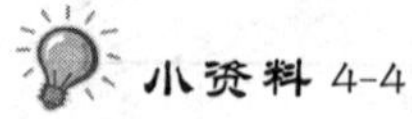

中国移动运营企业的优势和机会

外部面临的机会

(1) 中国经济的持续增长和更多中外公司的成立将创造出更大的有购买力支持的对移动通信需求。

(2) 加入WTO后，客户范围向外扩张或在管理体制上引入新的战略合作人成为可能。

(3) 移动通信行业竞争局面形成后，不对称管制趋向解除，中国移动将获得平等的竞争地位，企业的内部活力将更加充分地爆发出来。

内部的比较优势

(1) 多年的积累具备了一流的经济实力，在中国市场处于绝对的领导地位，并进入《财富》500强企业之列。

(2) 经过多年的调整，已经成为一个在美国和中国香港公开上市的国际型公司，具备了市场化运作的良好管理机制和管理者。

(3) 全球最多的在网客户是最宝贵的财富。

(4) 有全球最大的移动通信网络和运营技术。

(5) 长期的移动通信市场运营经验，是一大竞争优势。

三、自然环境

主要指营销者所需要或营销活动所影响的自然资源。营销活动要受自然环境的影响，也对自然环境的变化负有责任。营销管理者当前应注意在自然环境中面临的难题和趋势，如很多资源短缺、环境污染严重、能源成本上升等。因此从长期的观点来看，自然环境应包括资源状况、生态环境和环境保护等方面，许多国家政府对自然资源管理的干预也日益加强。人类只有一个地球，自然环境的破坏往往是不可弥补的，企业营销战略中实行生态营销、绿色营销等，都是维护全社会长期福利的必然要求。

四、政治法律环境

(一) 政治环境

政治环境指企业市场营销的外部政治形势。在国内，安定团结的政治局面不仅有利于经济发展和人民货币收入的增加，而且影响群众心理状况，并导致市场需求产生变化。

党和政府的方针、政策规定了国民经济的发展方向和速度，也直接关系到社会购买力的提高和市场消费需求的增长变化。对国际政治环境的分析，应了解“政治权力”与“政治冲突”对企业营销活动的影响。政治权力影响市场营销，往往表现为由政府机构通过采取某种措施约束外来企业，如进口限制、外汇控制、劳工限制、绿色壁垒等。政治冲突指国际上的重大事件与突发性事件，这类事件在和平与发展为主流的时代从未绝迹，对企业市场营销工作影响或大或小，有时带来机会，有时带来威胁。

（二）法律环境

法律环境指国家或地方政府颁布的各项法规、法令和条例等。法律环境对市场消费需求的形成和实现，具有一定的调节作用。企业研究并熟悉法律环境，既能保证自身严格依法管理和经营，也可运用法律手段保障自身的权益。

各个国家的社会制度不同，经济发展阶段和国情不同，体现统治阶级意志的法制也不同。从事国际市场营销的企业必须对有关国家的法律制度和有关的国际法规、国际惯例和准则进行学习研究，并在实践中遵循。

五、科学技术环境

科学技术是第一生产力。科技的发展对经济发展有巨大的影响，不仅直接影响企业内部的生产和经营，还同时与其他环境因素互相依赖、互相作用，给企业营销活动带来有利与不利的影响。例如一种新技术的应用，可以为企业创造一个明星产品，并产生巨大的经济效益，也可以迫使企业一种成功的传统产品不得不退出市场。新技术的应用会引起企业市场营销策略的变化，也会引起企业经营管理的变化，还会改变零售商业业态结构和消费者购物习惯。

六、社会文化环境

社会文化主要指一个国家、地区的民族特征、价值观念、生活方式、风俗习惯、宗教信仰、伦理道德、教育水平、语言文字等的总和。主体文化占据着支配地位，起着凝聚整个国家和民族的作用，是由千百年的历史所形成的文化，包括价值观、人生观等；次级文化是在主体文化支配下所形成的文化分支，包括种族、地域、宗教等。文化对所有营销参与者的影响是多层次、全方位、渗透性的。它不仅影响企业营销组合，而且影响消费心理和消费习惯等，这些影响多半是通过间接的、潜移默化的方式来进行的。

在对社会文化环境进行分析时要考虑以下几方面：

(1) 教育水平。教育程度不仅影响劳动者收入水平，而且影响着消费者对商品的鉴别力，影响消费者心理、购买的理性程度和消费结构，从而影响着企业营销策略的制定和实施。

(2) 宗教信仰。人类的生存活动充满了对幸福、安全的向往和追求，在生产力低下，人们对自然现象和社会现象迷惑不解的时期，这种追求容易带着盲目崇拜的宗教色彩。沿袭下来的宗教色彩逐渐形成一种模式，并影响人们的消费行为。

(3) 价值观念。指人们对社会生活中各种事物的态度和看法。不同文化背景下的价值观念差异很大，消费需求和购买行为也存在较大差异。对于不同的价值观念，营销管理者应研究并采取不同的营销策略。

(4) 消费习俗。指历代传递下来的一种消费方式，是风俗习惯的一项重要内容。消费习俗在饮食、服饰、居住、婚丧、节日、人情往来等方面都表现出独特的心理特征和行为方式。

(5) 消费流行。由于社会文化多方面的影响，使消费者产生共同的审美观念、生活方式和情趣爱好，从而导致社会需求的一致性，这就是消费流行。消费流行在服饰、家电以及某些保健品方面表现最为突出。消费流行在时间上有一定的稳定性，但有长有短，有的可能几年，有的则可能是几个月；在空间上还有一定的地域性，同一时间内不同地区流行的商品品种、款式、型号、颜色可能不尽相同。

(6) 时尚与趋势。"时尚(fad)是'不可预测的、短暂的和没有社会、经济及政治意义的'一种形态。""趋势(trend)是事件具有势头和持久性的发展方向或次序。趋势比时尚更具有可预见性，更持久。趋势能够展示未来的雏形并且提供战略方向。"①

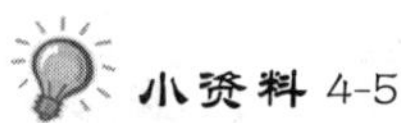

在中国做生意常见的十个文化错误

一、期待标准的时间概念

在中国，时间的定义并不一定清楚地指明一个小时何时结束，下一个小时何时开始。例如，在西方人看来，中午指的是一个明确的时间，但中国人用它来指从上午11点到下午1点的两个小时。

二、将大嗓门误认为敌意的表示

可能是中国想要发声的人太多，或者是这种语言习惯如此，但不管是什么原因，中国人的说话音量要比让西方人感到舒服的音量高出几个分贝。

三、误解中国人对尊敬的表示

虽然在西方人看来握手是很自然的，但在那些认为"亲热"是不礼貌且不尊敬表现的中国人看来，握手并不总是令人自在的行为。多数中国人握手无力，在问候别人时仅表现出矜持。

四、低估在会前交换名片的重要性

一面印有简体汉字的双面名片是对中国商人表示尊敬的第一步；明显缺少这样一张名片与在西方商务会议开始时拒绝握手没什么不同。即使你很熟悉别人已经向你介绍过的那个人的头衔和职位，你也得细看他的名片。

五、不向"关系"妥协

像多数惯用语一样，关系很难翻译成能表达其意思的一个英语词汇。"家庭以外的关系或联系"可能最接近这个作为中国社会和文化核心的概念的意思。因此，中国人在做生意之前就要了解他们想要与之做生意的人，事情如何、为何、何时做成都取决于

① 菲利普·科特勒，等.营销管理[M].第14版·全球版.王永贵，等译.北京：中国人民大学出版社，2012：86.

这些关系。

六、认为在中国一顿饭只是一顿饭

你肯定会受邀与人共进午餐或晚餐，在那期间讨论生意会被认为很无礼。但这并不意味着吃饭不带有商业目标(原因是：关系)。如果有从未在你参加过的任何商务会议上出现的人来到餐桌前，请别感到吃惊。

七、忘掉餐桌礼仪

在西方人看来，桌上的食物总是太多(这表示主人的富足)，但每样菜你都要尝一尝。对于主人指出的最好的菜，他夹给你的每一份你都一定要接受，那是他好客的表示。

八、敬酒不喝

在中国，拒绝主人——即使以似乎很正当的借口——会为一顿饭蒙上阴影。如果你不想喝酒，那么请早点找借口，趁敬酒还没开始。

九、将探索性问题视作无礼

中国人的毫无禁忌与我们正确的(常常也扼杀自发性的)谈话方式截然相反。中国人能够问出多数人很想问但除了小孩以外都不敢问出的问题。请为常常百无禁忌到令人吃惊的社交谈话做好准备。

十、忘记尊严胜过金钱

对中国人来说，保全面子至关重要；丢面子是灾难性的；让别人丢面子不可原谅。任何形式的拒绝都会让别人丢面子，因此在中国不该直接说“不”。相反，在中国，你也绝不该认为“是”很可靠，因为对中国人来说，“是”是一个暂时的、灵活的概念。

资料来源：李莎编译．美媒盘点在中国做生意常见的十个文化错误．参考消息网，http://column.cankaoxiaoxi.com/g/2014/1011/524121.shtml.

第四节　环境分析与营销对策

一、环境威胁与市场机会

市场营销环境通过对企业构成威胁或提供机会而影响营销活动。

威胁是指环境中的某些因素及其未来趋势不利于企业营销，并对企业形成挑战，对企业的市场地位构成威胁。这种挑战可能来自于国际经济形势的变化，如1997年爆发的东南亚金融危机，给世界多数国家的经济和贸易带来负面影响。挑战也可能来自于社会文化环境的变化，如国内外对环境保护要求的提高以及有的国家实施“绿色壁垒”，对某些生产不完全符合环保要求产品的企业无疑是一种严峻的挑战。

市场机会指对企业营销活动富有吸引力的领域，在这些领域企业拥有竞争优势。环境机会对不同企业有不同的影响力，企业在每一特定的市场机会中成功的概率取决于其业务实力是否与该行业所需要的成功条件相符合，如企业是否具备实现营销目标所必需的资源，面对同一市场机会时是否能比竞争者获得较大的“差别利益”。

二、威胁与机会的分析、评价

企业面对威胁程度不同和市场机会吸引力不同的营销环境，需要通过环境分析来评估环境机会与环境威胁。企业最高管理层可采用“威胁分析矩阵图”和“机会分析矩阵图”来分析、评价营销环境。

（一）威胁分析

对环境威胁的分析，一般着眼于两个方面：一是分析威胁的潜在严重性，即影响程度；二是分析威胁出现的可能性，即出现概率。其分析矩阵如图 4-8 所示。

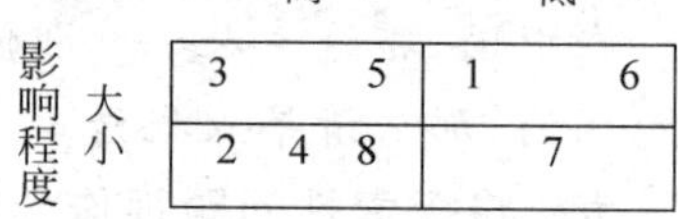

图 4-8　威胁分析矩阵

在上图中，3、5 所处位置的威胁，出现的概率和影响程度都较大，必须特别重视，制定相应对策；7 所处位置的威胁，出现概率和影响程度均较小，企业虽然不必过于担心，但应注意其发展变化；1、6 所处位置的威胁，出现概率虽小，但影响程度较大，必须密切注意监视其出现与发展；2、4、8 所处位置的威胁，影响程度较小，但出现的概率大，所以也必须给予充分重视。

（二）机会分析

机会分析主要考虑其潜在的吸引力（赢利性）和成功的可能性（企业优势）大小。其分析矩阵如图 4-9 所示。

在图 4-9 中，3、7 所处位置的机会，潜在的吸引力和成功的可能性都较大，有极大可能为企业带来巨额利润，企业应把握战机全力发展；1、5、8 所处位置的机会，不仅潜在利益小，成功的概率也小，企业应改善自身条件，注视机会的发展变化，审慎而适时地开展营销活动。

用上述矩阵法分析、评价营销环境，可能出现 4 种不同的结果，如图 4-10 所示。

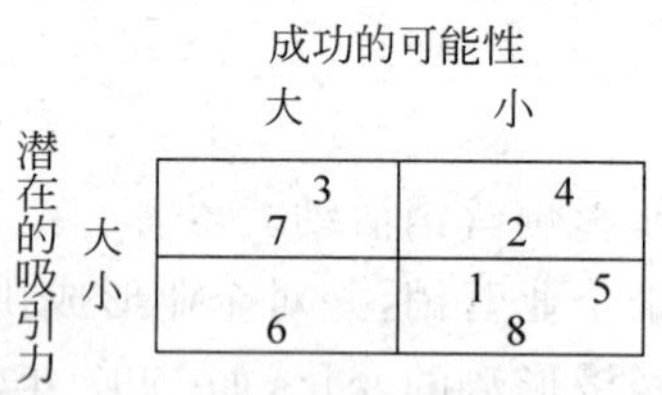

图 4-9　机会分析矩阵

机会水平 \ 威胁水平	低	高
高	理想业务	冒险业务
低	成熟业务	困难业务

图 4-10　环境分析综合评价

对市场机会的分析，还必须深入分析机会的性质，以便企业寻找对自身发展最有利的市场机会。

（1）环境市场机会与企业市场机会。市场机会实质上是“未满足的需求”。伴随着需求的变化和产品生命周期的演变，会不断出现新的市场机会。但对不同企业而言，环境机会并非都是最佳机会，只有理想业务和成熟业务才是最适宜的机会。

（2）行业市场机会与边缘市场机会。企业通常都有其特定的经营领域，出现在本企业经营领域内的市场机会，即行业市场机会；出现于不同行业之间的交叉与结合部分的市场机会，则称之为边缘市场机会。一般说来，边缘市场机会的业务，进入难度要大于行业市场机会的业务，但行业与行业之间的边缘地带，有时会存在市场空隙，企业在发展中也可用以发挥自身的优势。

(3) 目前市场机会与未来市场机会。从环境变化的动态性来分析，企业既要注意发现目前环境变化中的市场机会，也要预测未来可能出现的大量需求或大多数人的消费倾向，发现和把握未来的市场机会。

三、企业营销对策

在环境分析与评价的基础上，企业对威胁与机会水平不等的各种营销业务，要分别采取不同的对策。

(1) 对理想业务，应看到机会难得、转瞬即逝，必须抓住机遇，迅速行动。否则丧失战机，将后悔莫及。

(2) 对冒险业务，面对高利润与高风险，既不宜盲目冒进，也不应迟疑不决、坐失良机，应全面分析自身的优势与劣势，扬长避短，创造条件，争取突破性的发展。

(3) 对成熟业务，机会与威胁处于较低水平，可作为企业的常规业务，用以维持企业的正常运转，并为开展理想业务和冒险业务准备必要的条件。

(4) 对困难业务，要么努力改变环境以扭转局面或减轻威胁，要么立即转移以摆脱无法扭转的困境。

本章小结

市场营销环境是企业营销活动外部不可控制的因素和力量，包括微观环境和宏观环境。微观环境指与企业紧密相联，直接影响企业营销能力的各种参与者，包括市场营销渠道企业、顾客、竞争者以及社会公众。宏观环境指影响微观环境的一系列巨大的社会力量，主要是人口、经济、政治法律、科学技术、社会文化及自然生态等因素。

市场营销环境具有客观性、差异性、多变性、相关性等特征。人口环境主要分析人口总量、年龄结构、地理分布、家庭组成和人口性别；经济环境主要分析收入、支出状况和经济发展状况；分析自然环境需要注意某些自然资源短缺或即将短缺，环境污染日益严重，许多国家对自然资源管理的干预日益加强；分析政治和法律环境主要注意与市场营销有关的经济立法，群众利益团体发展情况；分析科学技术环境主要注意新技术是一种“创造性的毁灭力量”，新技术革命有利于企业改善经营管理，新技术革命会影响零售业态结构和消费者购物习惯；分析社会文化环境主要分析教育水平、宗教信仰、价值观念、消费习俗和消费流行。

环境发展趋势基本上分为两大类，一类是威胁；另一类是市场机会。任何企业都面临着若干环境威胁和市场机会。可用“环境威胁矩阵图”和“市场机会矩阵图”分析、评价。可能会出现的四种不同结果：理想业务、冒险业务、成熟业务和困难业务，企业应采取相应对策。

1. 市场营销环境有哪些特点？分析市场营销环境意义何在？

2. 企业市场营销活动与市场营销环境存在怎样的关系？

3. 微观营销环境由哪些方面构成？企业应如何看待顾客环境？

4. 宏观营销环境包括哪些因素？企业分析营销环境为什么视人口为构成市场的重要因素？

5. 科学技术的发展给市场营销组合带来什么影响？

6. 什么是环境威胁与市场机会？企业对威胁与机会水平不等的各种营销业务应采取什么对策？

海尔沙尘暴里寻商机

海尔集团首席执行官张瑞敏曾多次提出：中国企业要参与国际竞争，必须以速度取胜。也许这正是海尔成功的奥秘所在。在2002年春天的沙尘暴袭来之际，海尔再一次抓住商机，以迅雷不及掩耳之势推出新品，充分体现出以速度取胜的真谛。

一、沙尘暴里“雪中送炭”

自2002年3月下旬以来，我国北方绝大部分地区都受到了沙尘暴或沙尘天气的影响，沙尘所到之处天空昏暗、空气混浊，居民即使紧闭门户，在粉尘飞扬的室内也很难舒畅呼吸。沙尘暴不折不扣已成为北方越来越频繁的“城市灾难”。但中国著名的家电品牌海尔集团却在此次沙尘暴中独具慧眼，在灾难中发现了巨大商机。

海尔“防沙尘暴Ⅰ代”商用空调，正值沙尘暴肆虐北方大地、人们生活饱受沙尘之扰苦不堪言之时推出，可谓“雪中送炭”，使产品的使用者在有限的空间之内，有效地将沙尘暴的危害降低到最小限度，筑起一道健康的防护墙。

据悉，在海尔“防沙尘暴Ⅰ代”商用空调推向市场的两周时间内，仅在北京、西安、银川、太原、天津、济南等十几个城市就卖出去了3 700多套，部分城市甚至出现了产品供不应求、顾客争购的局面。仅凭“防沙尘暴Ⅰ代”商用空调，海尔商用空调在2002年3月的销量便达到了上年同期的147.8%。

二、海尔沙里淘金

当多数人都看到沙尘暴的危害时，海尔却看出了商机，根据市场的变化、人们的个性化需求，迅速推出了最受北方地区欢迎的产品——防沙尘暴Ⅰ代商用空调。目前国内生产空调的企业已达400多家，家电企业更是多不胜数，为什么仅海尔能做到这一点呢？不难看出海尔在反应速度、市场应变能力、个性化产品开发、技术力量的转化方面所具有的强大优势实力。这大概也是海尔今天能发展成为知名的国际化大企业，而其他企业难以企及的原因所在了。

据环境监测专家称，2002年我国北方地区沙尘暴形势比较严峻，而且是频繁发生，自

1999年起，我国进入新一轮沙尘天气的频发期，这也是继20世纪五六十年代以来我国所遭受的最严重的沙尘暴侵袭。据悉，仅在2001年，我国监测网络就观测到32次沙尘暴现象，虽然我国已启动一系列重大环保工程来恢复沙尘暴源区和附近地区的植被和生态环境，力图从源头控制沙尘暴的爆发，但这也并不能在短期内解决我国北方地区的沙尘暴问题，据专家估计，即使国家环保措施得力，最快也要15～20年方能从根本上解决沙尘暴问题，在这期间沙尘暴仍将频频发生。

沙尘暴给人们带来的种种危害，使人们"谈沙色变"。它使沙尘漫天，空气中弥漫着一股土腥味，外出不便，车辆、楼窗、街道乃至整个城市都蒙上了层层灰尘。但由此也引发了一股"沙尘暴经济潮"，精明的商家看出了其中蕴含的无限商机，采取了相应的策略，从而带动了车辆洗刷、家政服务、环卫清扫、吸尘器、空调、墨镜、口罩等行业的兴旺。如海尔集团便在沙尘暴再现之际迅速开发推出了"防沙尘暴Ⅰ代"商用空调，受到我国北方地区人们的欢迎，其销售业绩在短期内便得到了大幅度提高。

应该说有了市场需求才有相应的产品产生，既然在短期内我国北方地区无法从根本上解决沙尘暴的问题，只有采取种种防御措施，尽可能将沙尘暴给日常生活所带来的负面影响降低到最小程度。海尔"防沙尘暴Ⅰ代"商用空调的应运而生，给处于沙尘之中的人们带来了重新享受清新生活的希望。这种采用多层HAF过滤网技术、独特的除尘功能、离子集尘技术的海尔"防沙尘暴Ⅰ代"商用空调，可以清除房间内因沙尘暴带来的灰尘、土腥味及各种细菌微粒，经过滤后的空气犹如森林中的一般清新，从而在人们日常生活中为抵御沙尘暴的侵袭筑起了一道道绿色的防护城。

资料来源：老友.海尔沙尘暴里寻商机[N].北京：中国企业报，2002-5-24.

讨论题

1. 海尔面对自然条件变化，是如何推出防沙尘暴商用空调的？
2. 面对环境的变化海尔是如何捕捉商机的？

1. 目的

通过实践，理解营销环境对企业营销的重要影响，提高避开营销威胁、把握营销机会的能力。

2. 内容和任务

对微波炉、电磁炉、取暖器、电吹风4种小家电产品所处的宏观环境和微观环境进行调研分析，识别其中的机会和威胁，提出营销对策。

3. 步骤

(1) 教师布置任务，指出实践要点、难点和注意事项。

(2) 班级成员划分为4个小组，每组选出组长1人。实行组长负责制，成员合理分工、专人负责活动记录和资料整理。

(3) 各小组抽签选定一种产品，分别组织相关理论知识的学习和讨论，自行安排调研和资料收集，讨论、分析和按实践要求写出该产品某一地区市场宏观和微观环境的现状与发展趋势、营销威胁与营销机会、企业营销对策等内容的书面报告。

(4) 各小组选出发言代表在班级进行 PPT 演示、汇报，全组成员参与答问。

(5) 班级演示之后，由各组组长组成评审团，对各组代表发言情况进行评分。其中，PPT 内容与发言者表现能力占 40 分，团队回答提问协作应变能力占 10 分。各位评审所评出各组成绩取平均值作为该组的评审评分。

(6) 老师进行最后总结及点评，并为各组实践结果打分，老师评分满分为 50 分。

(7) 由各组的评审评分加上老师的总结评分作为该组最终得分。

第五章　战略导向的营销管理

本章提要

制订营销战略和计划，必须考虑企业总体战略、经营战略的任务与要求。因此，通过本章学习需要认识企业战略的概念、层次和类型，了解企业战略管理的过程以及与营销管理等职能的关系，还要掌握决定总体战略应当思考的问题，经营战略决策的重点及实施、控制的方法。

本章知识结构图

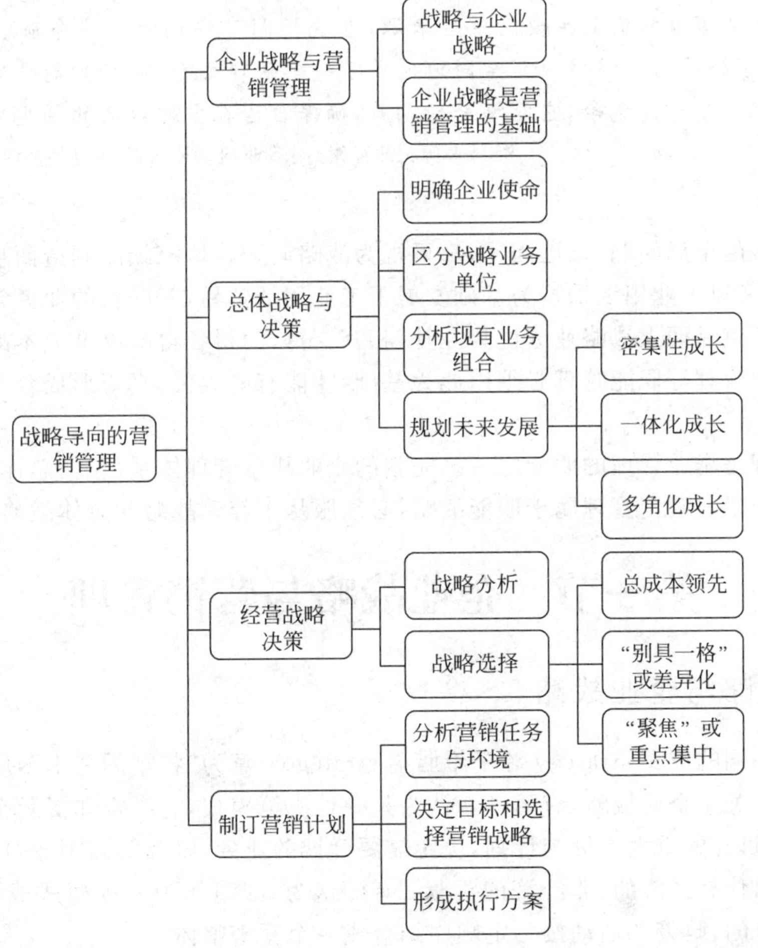

重要概念

战略计划；总体战略；经营战略；战略业务单位；“市场增长率/相对市场占有率”矩

阵；密集性成长；一体化成长；多角化成长；一般性竞争战略。

某纸品制造商的一体化战略

珠江三角洲地区的一家纸品制造商，主要生产纸板、纸箱、纸盒等产业用品及生活日用纸品。最初只是为了降低采购成本，面对供应商时能有更强的谈价能力，它加大了工业用纸采购的批量；为了减少库存压力和资金占用，它又把超量购入的工业用纸转手批给周围同行业者。几年的实践下来，公司感悟到其中蕴藏的一个绝好机会，那就是也代理、批发工业用纸的。制造业有采购业务，自然也有采购部门。公司将其工业用纸采购业务独立出来，不再仅仅作为制造业务的附属，而是专门运作工业用纸代理贸易——它既要保障内部供应，又可对外批发赢利。

后来的事实证明，公司由此一举三得：充足的、低成本的工业用纸供应，为制造业务提供了强有力的保障；从事工业用纸贸易，开辟了新的利润源；尤其是对竞争者构成了战略威慑——掌握着它们最主要的供应来源，也就控制了它们的生产命脉。进入流通业的举措，使这家公司与上游供应商牢固地发展了战略伙伴关系，同行只能从它得到工业用纸供应。一旦发生恶性竞争，它能够釜底抽薪，确保自己在当地市场的领先地位。

资料来源：钟育赣.制造业启动服务战略[J].企业管理，2007(5).

营销启示：

企业发展的全局问题、长远问题，都可视为战略问题。这家纸品制造商从纸品生产开始起步，后来又以工业用纸采购为基础发展了工业用纸贸易，开辟新的业务领域。纸品生产和工业用纸贸易两大战略业务优势互补、相互支持，使得各自能以低成本战略为目标开展经营。营销管理等职能管理必须以此为基础，才能有的放矢，真正形成合力和推力。

营销管理是企业管理的职能之一。完整的企业战略管理体系，包括总体战略、经营战略以及职能战略。营销管理属于职能战略，必须服从于经营战略和总体战略。

第一节　企业战略与营销管理

一、战略与企业战略

“战略”一词的英文 strategy 源于希腊语 strategos，意为“将军的艺术”，原指军事方面的重大部署。关于企业战略，有的学者认为是一种决策模式，它决定和揭示企业目的与目标，提出实现目标的重大方针与计划，决定需要开展的业务，以及明确企业对员工、顾客和社会应该做出什么经济的、非经济的贡献；有的认为，战略作为一种模式或计划，将一个组织的主要目的、政策和活动按一定顺序结合成一个紧密整体。

一般来说，可把战略理解为企业为了实现预定目标所作的全盘考虑和统筹安排。它具有以下特征：

(1) 全局性。战略是根据企业总体需要规定的行动,追求的是整体的效果。

(2) 长远性。战略是企业面对未来较长时期,如何生存与发展的部署。可以说,凡是为适应环境、条件变化确定的,长期基本不变的目标和实现目标的方案、行动,都属于战略;只是针对当前情况灵活适应短期变化、解决局部问题的,属于战术的范畴。

(3) 抗争性。战略是企业在竞争中如何与对手抗衡的筹谋,也是应对来自各方冲击、压力、威胁和困难,迎接挑战的方案。

(4) 纲领性。战略规定的是企业的长远目标、总体方向、基本方针和重大措施,是原则性、概括性的规划。必须展开、分解和落实,形成具体的计划与行动。

二、企业战略是营销管理的基础

企业目标有不同层次,战略也相应分为不同层次,通常有总体战略、经营战略和职能战略等,如图 5-1 所示。在中小企业或组织结构简单、业务单一的企业,总体战略也可能就是经营该业务的战略,即经营战略。

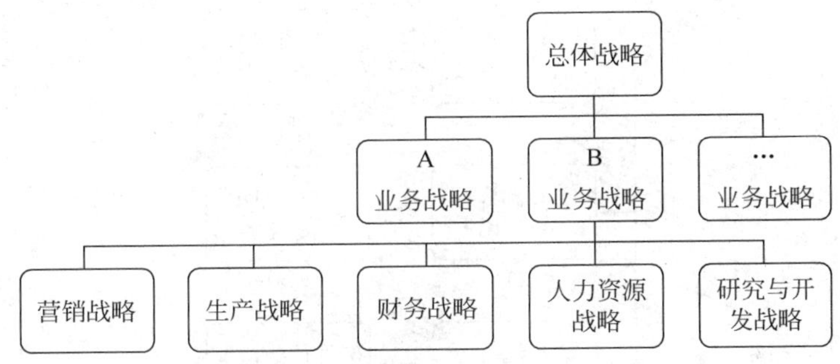

图 5-1　企业战略的 3 个层次

(1) 总体战略。它是一个企业最高层次的战略,又称公司战略。总体战略根据企业使命,选择参与竞争的业务领域,合理配置经营所需资源,以使各项业务相互支持,形成协同关系。总体战略的任务是回答本企业应该在哪些领域开展业务,重点是选择经营范围和如何合理配置资源,通常由企业高层制定、落实。

(2) 经营战略。在大企业特别是集团型企业,往往在组织结构形态上把一些具有共同战略因素的内部经营单位,如事业部、子公司或其中某些部分,组成不同的战略业务单位。经营战略是战略业务单位或事业部、子公司的战略,决定如何在既定的经营范围里谋求竞争优势,故又称战略业务单位(strategic business units,SBU)战略、竞争战略。

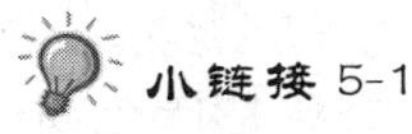

经营战略与总体战略之不同点

(1) 总体战略是有关企业全局的、整体性和长期性的战略,对整个企业以及长期发展产生深远影响;经营战略着眼于企业有关战略业务单位的战略问题,决定的是某一战略业务单位的产品和市场,在一定程度上影响总体战略的实现。

(2) 形成总体战略的主要是企业高层,形成经营战略的主要是二级单位(如事业部或子公司)的管理人员。

(3) 企业在一定时期内只能有一个总体战略；而它有多少战略业务单位，就应有多少经营战略。因为经营战略是总体战略指导、制约下管理具体战略业务单位的计划和行动，是为整体目标服务的一种局部性的战略。

(3) 职能战略。即各个管理职能的战略，又称职能层战略。包括营销战略、生产(即采购与制造)战略、财务(包括融资)战略、人力资源战略和研究与开发战略等。各个管理职能任务不同，但都必须服从所在战略业务单位的经营战略以及企业的总体战略。制订与实施营销战略和计划，必须在总体战略和经营战略框架内。

营销部门与战略计划部门之间，关系历来密切。营销部门要向战略计划部门提供信息和建议，这是战略计划部门分析、判断形势的重要依据之一。战略计划部门和各战略业务单位商谈任务，各战略业务单位的营销部门在此基础上制订营销计划。营销结果由战略计划部门进行评价，如图 5-2 所示。

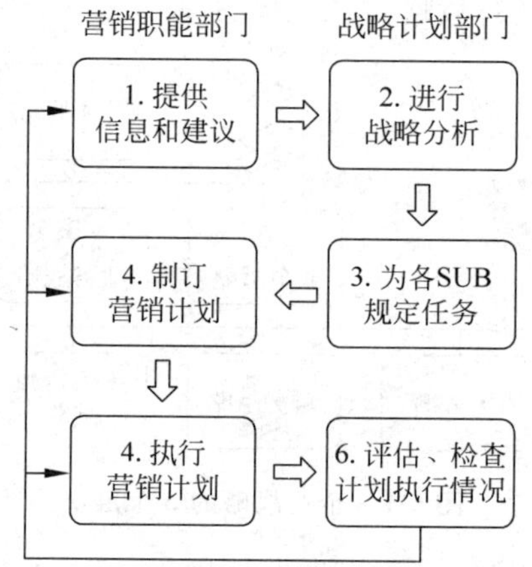

图 5-2　营销职能部门与战略计划部门的关系

第二节　总体战略与决策

总体战略的形成一般分 4 个步骤进行，即认识和界定企业使命(mission)，区分战略业务单位(SBU)，在此基础上分析现有的业务组合和决定投资战略，并选择新的成长领域。

一、明确企业使命

企业使命反映企业的目的、特征和性质。明确企业使命，也就是对本企业是什么、干什么以及应该怎样，进行思考和做出回答。具体需要思考以下问题：

(1) 企业的历史和文化。每个企业都有自己的由来与发展，一直以来的目的、政策和公共形象，以及作为这种历史沉淀的企业文化。思考企业使命，必须注意历史、文化的传承和延续。

(2) 企业所有者、管理者的意图。董事会对企业发展和未来会有考虑，高层管理人员也有自己的想法和追求，都会影响对企业目的、性质和特征的界定。

(3) 市场、环境的发展、变化，给企业带来机会或产生威胁。

(4) 资源。不同企业的条件不一样，决定其能做什么，不能做什么。

(5) 企业的核心竞争力和优势所在。

明确企业使命，必须深入分析外部环境和内部条件中各种相关因素，了解它们的要求、期望和约束，找出企业目前的以及理想的特征。企业使命不只是规定任务或经营范围、业务领域，还是全体成员就企业的方向、意义和机会达成的共识。企业使命是一只"无形的手"，引导分散的成员(各战略业务单位、各种产品、各个员工等)，为实现企业的共同目的而分别努力。

明确企业使命的结果要形成文字，撰写企业使命宣言。一份好的、有实效的企业使命宣言，内容要具体，特点要明晰，并融入企业应担当的社会责任元素。"生产最优产品，提供最佳服务，价格最低"，"竭诚为广大客户提供一切服务"等看似动听，其实空泛——没有指出面对重大决策时可遵循的方针和原则。表达和陈述的文字要有激励性、鼓舞人心。

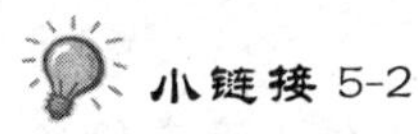

企业使命宣言的基本要素

(1) 活动领域。表明企业要在哪些领域发挥作用、参与竞争。一般可从产业范围(拟在哪些产业领域开展活动)；市场范围(拟为哪些市场或类型的顾客服务)；纵向范围(企业内部自给自足生产的程度。纵向范围的一个极端是企业完全依靠自身力量，完成许多相关的生产经营活动；另一个极端是完全依靠外部力量，即社会分工和专业化生产，这样必然形成较长的供应链)和地理范围(企业活动的区域)等思考。

(2) 主要政策。强调企业运营中遵循的方针、准则，指导员工应怎样对待顾客、供应商、经销商、竞争者和一般公众。它使整个企业的各个部分在重大问题或原则上步调一致，有共同标准可参照，因此要尽量缩小个人发挥和解释的余地。

(3) 愿景和方向。企业使命是全局性的，又是长远性的，要提出或揭示今后若干年的发展蓝图。要有一定的预见性，不能做成每年或隔几年就因不适应而必须修订的文本，除非战略环境确实发生重大变化、原使命不能再给企业指出方向。

二、区分战略业务单位

战略业务单位是值得专门为其制定经营战略的最小战略业务单位。有时候，一个战略业务单位就是企业的一个部门、某一类产品，甚至某种产品；有时候，又可能包括几个部门、几类产品。区分的主要依据是各业务之间是否存在"共同的经营主线"，即目前产品、市场与未来的产品、市场之间有无内在联系。

区分不同战略业务单位，可以将企业使命具体化，分解为各项业务或某一组业务的战略任务。实践中需要注意：

(1) 以需求为导向而不是产品为导向。依据产品特性或技术区分战略业务单位，一般难有持久的生命力，因为具体的产品、技术总会过时。比如分出"计算尺"战略业务单位，计算器问世后就难免陷入被动。依据需求导向分为“满足人们对小型、便捷、快速的计算工具的需要”，这个战略业务单位就可以顺理成章向计算器方向发展。

(2) 切实可行而不要包罗太广，否则容易失去共同的经营主线。比如依据“满足交通运输的需要”区分就会定义过宽。首先，可供选择的业务范围广泛，如市内交通，城市间交通，空中、水上运输等；其次，顾客范围相当广泛，如个人、家庭、企业、机关等；最后，产品范围也相当广泛，有各种汽车，还有火车、轮船和飞机。这些变量可以形成无数组合，产生无数条经营主线。假如企业有志于这一领域，就要为每个组合、每条经营主线分别确定其战略业务单位。只有一个战略业务单位会无所适从，也难以制定经营战略。

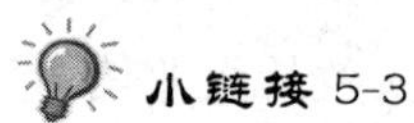

理想的战略业务单位[①]

(1) 用有限的相关技术为一组同类市场提供服务。保证一个战略业务单位里的各产品/市场单位的差异最小化，使业务单位的管理者能更好地制定、实施具备内在连贯性和一致性的业务战略。

(2) 有一组独一无二的产品/市场单位。企业内部没有其他战略业务单位生产类似产品以争取相同的顾客，因此能够避免重复努力，并使其战略业务单位的规模达到规模经济。

(3) 控制那些对绩效必不可少的因素，如生产、研发和营销等。这并不是说，一个战略业务单位不能与另一个或多个业务单位分享诸如生产厂房、销售团队等资源。而是战略业务单位应该清楚，如何分享这些共同的资源从而有效实施其战略。

(4) 对自己的利润负责。

三、分析现有业务组合

企业高层必须决定如何把有限的人力、物力和财力，合理分配给现状、前景不同的战略业务单位。因此要对各战略业务单位及其前景评估、分类，确认它们的潜力，决定投资结构。波士顿咨询公司(Boston Consulting)的市场份额和市场增长之间关系的理论，一直是解决业务组合平衡问题的普遍方式之一，如图 5-3 所示。

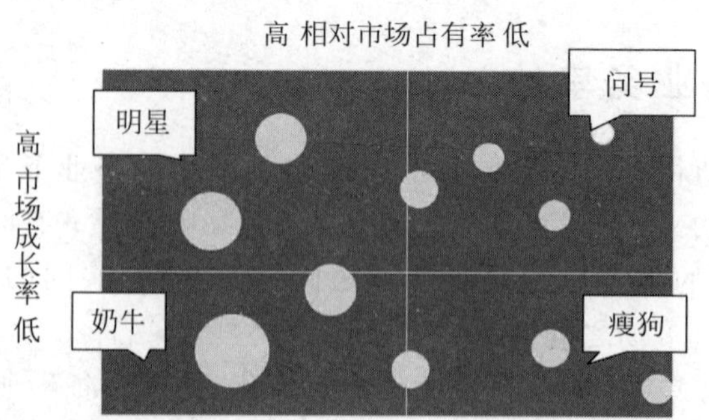

图 5-3 “市场增长率/相对市场占有率”矩阵

① 小奥威尔·C.沃克，等.营销战略——以决策为导向的方法[M].李先国，等译.北京：北京大学出版社，2007：61.

该矩阵中有 4 个象限，一个企业所有战略业务单位的前景因此可以分为：

(1) 问号类。较高增长率、较低占有率的战略业务单位或业务。大多数战略业务单位最初都处于这一状况。这一类战略业务单位需要较多的资源投入，以赶上最大竞争者和适应迅速增长的市场，但是又都前程未卜，难定远景。企业必须考虑继续增加投入还是维持现状，或减少投入，精简、淘汰。

(2) 明星类。市场增长率和市场占有率都较高的战略业务单位或业务。它们仍然需要大量的资源投入，以保证跟上市场的发展速度并击退竞争者，短期内不能带来可观的收益，只是企业未来的“财源”。问号类业务经营成功，就会成为明星类业务。

(3) 奶牛类。市场增长率较低、市场占有率仍然较高业务单位。市场增长率降低，可以不再大量投入资源；相对市场占有率较高，可以带来较高的收益，支援问号、明星及瘦狗类业务单位。

(4) 瘦狗类。市场增长率和相对市场占有率都较低的战略业务单位。它们也许还能提供一些收益，但盈利甚少或有亏损，一般难以再度成为“财源”。

四、规划未来发展

企业常常需要发展新业务，以替代被淘汰的业务。一般可遵循这样一种思路，即首先在现有业务范围内寻找进一步发展的机会；其次，分析建立和从事某些与目前业务有关的新业务的可能性；最后，考虑开发与目前业务无关但是有较强吸引力的业务。

(一) 密集性成长(intensive growth)

继续在产品与市场的框架内考虑发展，如图 5-4 所示。包括：

	现有产品	新产品
现有顾客	市场渗透	产品开发
新顾客	市场开发	(多角化成长)

图 5-4 “产品/市场”矩阵

(1) 市场渗透。想方设法在现有市场扩大产品的销售。①促使现有顾客增加购买，包括增加购买次数，增加购买数量；②争取竞争者的顾客转向本企业；③吸引新顾客，促使更多的潜在顾客，即从未使用过该产品的顾客购买。

(2) 市场开发。将现有产品推向新市场。①在现有销售区域内，寻找新的分市场，比如原以企事业为主要客户的计算机企业转向家庭、个人销售计算机；②发展新的销售区域，如从城市市场转入农村市场、由国内市场转向国际市场。

(3) 产品开发。向现有市场提供新产品或改进的产品，满足现有市场上的不同需求。比如改变产品外观、造型，或赋予新的特色、内容；推出档次不同的产品；发展新的规格、式样等。

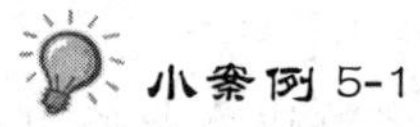

食品巨头爱跨界①

星巴克卖辣椒味蛋糕和酒

今年，星巴克在中国市场全新上市一款麻辣口味咖啡"辣意椒香摩卡"。星巴克官方称，辣意椒香摩卡的辣意椒香酱采自印度椒、新疆甜椒、河北天鹰椒。在口味上会先有一股香醇的巧克力味充满口腔，随后辣椒风味会在舌尖蔓延，带来别样的感受。配合这款摩卡星巴克还推出一款"红辣黑森林蛋糕"，在巧克力中混入了辣椒酱，根据星巴克官方的说法"从味觉到视觉都寓意'新年红火'"。忍不住好奇尝试过的人中，有的人表示"尚可接受"，更多的人则封其为"黑暗料理"、"老干妈咖啡"……

哈根达斯卖咖啡业

继12月初宣布为所有来店会员免费提供卡布基诺咖啡之后，哈根达斯又紧锣密鼓重磅推出融合了哈根达斯经典冰淇淋口味与Illy咖啡的咖啡豆的最新咖啡产品——"彩色拿铁"，正式吹响了进军咖啡产业的号角。第一期口味是抹茶、香草、巧克力、草莓、夏威夷果仁、特浓咖啡口味6款，口味多变而且颜色缤纷。这也是用色彩在传达多维的情感。据悉，哈根达斯未来将从产品推新、门店升级、文化倡导等多个抓手推动咖啡事业在中国市场的攻城略地。

可口可乐卖牛奶

报道称可口可乐将正式进军乳品行业，旗下牛奶品牌即将推出高档牛奶，倡导高蛋白质和低糖，期待消费者愿意支付双倍的价钱来购买。这种牛奶产品名为Fairlife。此牛奶通过类似制造脱脂牛奶流程的过滤程序，滤除掉不想要成分，并添加更多有益成分。最终乳品成为零乳糖，蛋白质增加50%，钙增加30%，糖分则减少50%。可口可乐表示将花一些时间深耕牛奶市场，培养品牌，所以未来的几年不会马上盈利。但是相信会像可口可乐的另一个果汁品牌Simply一样，逐步给公司带来稳定的收益。

（二）一体化成长(integrative growth)

如果所在行业上游、下游有较好的机会，企业又有能力通过重新整合供应链获得更好发展，亦可采用一体化成长战略，如图5-5所示。

(1) 后向一体化。收购或兼并若干上游的原材料供应企业，拥有或控制供应系统，实行供产一体化。一般是由于供应商所在领域盈利水平高，或机会要好，还可避免原材料短缺、成本受制于供应商。

(2) 前向一体化。谋求对下游分销系统甚至用户的控制权，如收购、兼并批发商、零售商；或将产品向前延伸，从事原由用户经营的业务，如木材公司生产家具，造纸厂经营印刷业务，批发商开办零售商店等。

(3) 水平一体化，争取对同类型其他企业的所有权或控制权，或实行联合经营。这样可以减少直接的竞争对手，扩大生产规模和经营实力，或取长补短、共享某些机会。

① 资料来源：李燕华. 去星巴克买椰奶，去哈根达斯买咖啡——食品巨头爱跨界[EB/OL]. 一财网(http://www.yicai.com/news/2015/02/4574728.html)，2015-02-10.

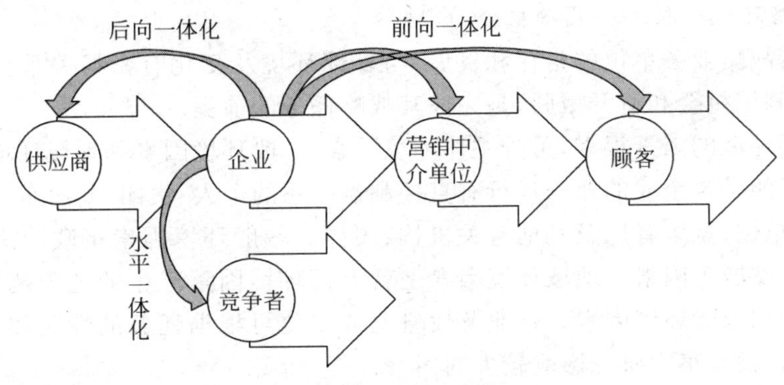

图 5-5　一体化成长

（三）多角化成长

在现有营销系统之外有更好的机会，企业也会考虑多角化成长。例如：

（1）同心多角化。面对新市场、新顾客，以原有技术、特长和经验为基础发展新业务。如海尔从“白色家电”领域进入“黑色家电”领域，由于是同一圆心逐渐扩展经营范围，没有脱离原来的经营主线——家用电器，利于发挥原有优势，风险也小，易于成功。

（2）水平多角化。针对现有市场、现有顾客，用不同技术增加新业务，这些技术与企业现有技术、能力没有多大关联。比如一家原来生产家电产品的企业，现在也开发房地产，为居民提供住宅楼盘。由于在技术、生产等方面进入了一个新领域，风险相对较大。

（3）综合多角化。以与企业现有技术、市场及业务毫无关系的新业务进入新市场。比如家电企业同时从事金融、汽车和旅馆等业务，风险最大。

第三节　经营战略决策

每个企业或其战略业务单位，要在总体战略指导下发展和执行自己的经营战略。

一、战略分析

（一）战略任务分析——明确方向

经营任务规定了战略业务单位的业务领域和发展方向。总体战略要靠各战略业务单位的共同努力去实现，明确任务首先要考虑总体战略的要求。比如本单位是“明星”，战略任务就可能是以有效利用新投入的资源发展和壮大；本单位是“奶牛”，就可能以保持现有、增收节支为中心。

与企业整体战略使命相似，业务活动的范围可从行业范围、市场范围、纵向范围和地理范围中引申，并重点说明 3 个方面：

（1）需求——本业务单位准备满足哪些需求；

（2）顾客——本业务单位重点面向哪些顾客、顾客群体；

（3）产品或技术——本业务单位提供什么产品，或依靠哪些技术，即经营什么业务达到目的。

（二）战略环境分析——明确机会、威胁

企业及其战略业务单位的生存和发展，与外部环境及变化有密切关系。把握环境的现状和趋势，利用机会和避开威胁，是完成其战略任务的前提。

构成外部环境的因素很多，可分主体环境因素、一般环境因素和地域环境因素。构成主体环境因素的是与企业的业务运行有直接利益关系的个人、集团，如股东、顾客、金融机构、交易关系单位、竞争者以及其他有关机构、团体。一般环境因素指政治法律、经济、社会文化和技术发展等因素。地域环境因素是就上述环境因素产生的地理范围而言，包括国内环境因素和国际环境因素。企业及战略业务单位可根据任务的性质和要求，确定外部环境分析的内容，集中研究影响较大的因素。

外部环境有关因素变化的结果，或对企业及其活动形成有利的条件，或产生某些不利影响。前者是机会，后者叫威胁。在一定时间内，企业、战略业务单位或某项业务、产品可能面对多个机会，也可能遇到多种威胁。可依据它们成功或发生的可能性及潜在的吸引力或严重性，分别考虑。

（三）战略条件分析——明确优势、劣势

利用机会要具备一定的条件。企业和战略业务单位要认真分析自己的优势、劣势，预测现有能力与将来环境的匹配程度。

能力分析的重点，是将现有能力与利用机会要求的能力比较，找出差距，并制定提高相应能力的措施。其步骤为：

（1）明确利用机会所需的能力结构。

（2）分析现有能力的实际情况。

（3）进行评价和制定措施。依据现有能力与所需能力的数据，在“绩效/重要性”矩阵中找到相应位置，可发现不足。应根据所需能力的要求，采取措施，改善状况，如图 5-6 所示。

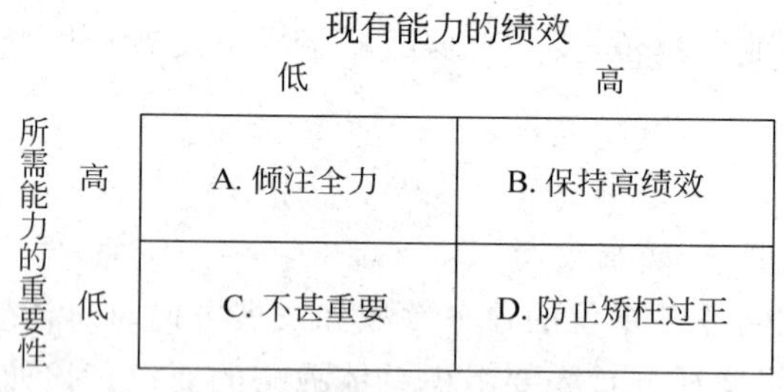

图 5-6　绩效/重要性矩阵

二、战略选择

目标指出向何处发展，战略思想则说明达到目标的基本打算。迈克尔·波特认为，有 3 种一般性竞争战略可供参考[①]，如图 5-7 所示。

① 波特. 竞争战略[M]. 姚宗民，等译. 北京：生活·读书·新知三联书店，1988：44-58.

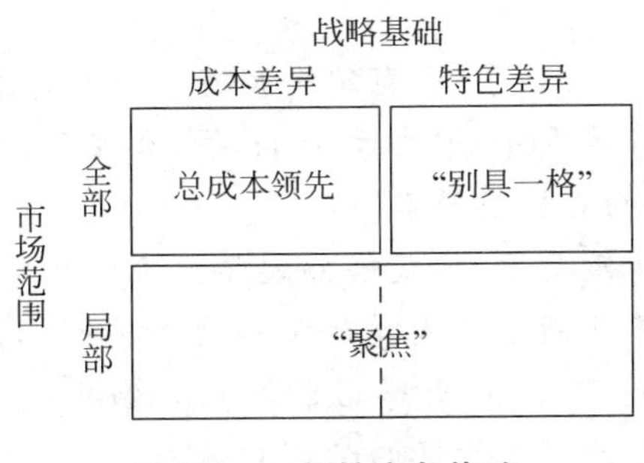

图 5-7　一般性竞争战略

（一）总成本领先

实施这一战略，要力争使总成本降到行业最低水平，作为赢得竞争的基础。战略核心是争取最大的市场份额，以达到单位产品成本最低，从而以较低售价赢得相对优势。

实现总成本领先的目标，要求企业具有良好、通畅的融资渠道，能保证资本持续不断投入；产品设计便于制造，工艺过程精简；拥有低成本的分销渠道；更加先进的技术、设备，更加熟练的员工，更高的生产效率，更加严格的成本控制体系，结构严密的组织体系和责任管理，以满足严格的数量目标为基础的激励制度。这样，企业依靠成本低廉形成战略特色，并在此基础上争取有利的价格地位，在与对手的抗争中就能够占据优势。

（二）"别具一格"或差异化

这一战略也称差异化战略，主要依靠产品设计、工艺、品牌特征、款式和顾客服务等各个方面或几个方面，与竞争者能有不同特色或显著的独到之处。

由于不同企业各有特色，顾客难以直接比较其间产品"优劣"，故可以有效抑制市场对价格的敏感性，企业同样有可能获得不亚于总成本领先企业的效益。一旦消费者对企业或者品牌建立较高的信任度，还能为竞争者的进入设置较高的障碍。有效实施这一战略的前提，是企业在营销、研究与开发、产品制造和工艺设计等方面有强大实力；在质量、技术和工艺等方面，享有优异、领先的良好声誉；进入行业历史久远，或从事其他行业时积累的许多独特的技能、"诀窍"依然有用；可以得到来自渠道各个环节的大力支持和合作。

因此，一个企业必须能够对它的基础研究、产品开发和营销等职能进行有效协调和控制，可以吸引高水平员工、专家和其他创造性人才，以及有助于创新的激励机制和企业文化。

（三）"聚焦"或重点集中

"总成本领先"和"别具一格"战略通常以整个市场、整个行业为战略范围，全面谋求竞争优势；"聚焦"则把重点集中在某个特定的、相对狭窄的领域，在小范围内的争取成本差异或特色差异。这是中小企业多用的一种战略，虽然在整个市场上没有低成本和强特色的优势，但在一个特定领域却能在成本或特色方面拥有一定优势。当然一旦需求变化，或强大竞争者执意一决雌雄，企业也可能面临较大的经营风险。

同一市场上采用同一战略的企业之间，事实上形成了一个"战略群落"。由于使用相同的"武器"，只有运用最佳才能效果最好。可以肯定的是，那些采用模糊的、非此非彼的战略的企业往往经营最差——它们想集所有战略的优势于一身，结果在哪一方面都没有突出的成效。

人物介绍

迈克尔·波特

迈克尔·波特(Michael E. Porter)生于1947年,哈佛商学院教授,被誉为"竞争战略之父",管理学领域"最具影响力的思想家"。

波特早年毕业于普林斯顿大学,后获哈佛大学博士学位以及斯德哥尔摩经济学院等7所著名大学的荣誉博士学位。2000年12月获哈佛大学最高荣誉"大学教授"(University Professor)资格,成为哈佛大学商学院第四位得到这份"镇校之宝"殊荣的教授。在2002年5月埃森哲公司对当代最顶尖的50位管理学者的排名中,迈克尔·波特位居第一。

波特教授撰写过十几部著作、100多篇文章。他提出的竞争"五力模型"、"三种一般性竞争战略"在全球被广为接受和实践,其竞争战略思想是哈佛商学院的必修科目之一。波特教授书籍风靡全球,译成中文并在国内大量发行的主要有《竞争优势》、《竞争战略》、《竞争论》、《国家竞争优势》和《日本还有竞争力吗》等。

波特教授不仅担任杜邦、宝洁、壳牌、Scotts公司、台湾积体电路制造股份有限公司(TSMC)等著名公司的顾问,也在政府和国际组织的政策制定中扮演着重要角色。1983年,他应邀出任美国总统里根的产业竞争委员会主席一职,帮助引发了1980年美国乃至世界的有关竞争力初始工作,带动了当时美国经济的复苏。1998年开始,波特还担任世界经济论坛"全球竞争力报告"(Global Competitiveness Report)项目的主席一职。

第四节　制订营销计划

营销计划是管理营销过程,指导、协调营销活动的依据。营销部门要精心构思,分析、预见可能遇到的问题,考虑每一次行动并完成营销计划。其间有三个关键步骤。

一、分析营销任务与环境

根据经营战略的要求,首先明确相应的营销任务。其次,重点说明可能影响完成营销任务的相关环境因素,即厘清"我们现在何处,正面临什么";并且预测相关环境因素的动态和趋势,即分析"它们将会如何变化,对营销任务有何影响"。

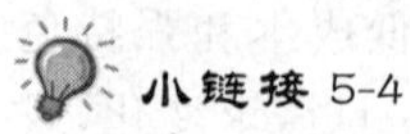

怎样描述现状?

一般可从以下4个方面,分析相关营销环境因素的具体影响:

(1) 市场情况。包括规模与预期增长。如过去几年的总量、金额,不同地区或细分市场的销售,顾客需求、观念及购买行为的变化趋势等。

(2) 主要的竞争对手。它们是谁、有谁,它们的规模、目标、市场占有率、产品质量,它们的定位、营销战略和战术，以及任何有助于了解它们意图的资料。

(3) 我方。过去几年销售、价格、利润及差额，各渠道的销售情况、相对重要性及变化，主要经销商及其经营能力变化，激励它们所需的资源、费用和交易条件。

(4) 宏观环境有关因素。其现状与趋势预测。

通常可从企业自身的优势(strength)、劣势(weakness)以及面临环境的机会(opportunity)和威胁(threats)4个方面介入，分析所处形式，亦称"SWOT分析"。

优势和劣势反映企业在资源、能力方面的特征。优势是内部条件中用于开发机会、对付威胁的强项，劣势是必须加以完善、不足的内部条件。机会与威胁说明来自外部的、能左右企业未来的有利或不利因素。对所有机会和威胁，要分出轻重缓急，使更重要、更紧迫的能受到更多关注。

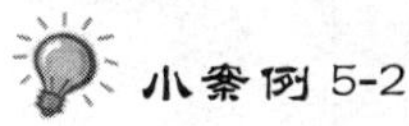

ABC公司的优势、劣势与机会、威胁

优势(S)

(1) 原料进口，独家供应本公司；

(2) 公司设备先进、管理严密，可保证质量稳定性；

(3) 产品天然风味，无添加剂等；

(4) 品种、花色甚多，适宜于寻求多样化的购买行为；

(5) 前期试销，消费者反馈良好……

劣势(W)

(1) 与竞争者相比，产品口感没有明显差别和优势；

(2) 公司、产品缺乏知名度；

(3) 高成本、高价格限制销量；

(4) 公司缺乏开发食品市场经验；

(5) 尚未建立渠道体系……

机会(O)

(1) 休闲市场近年迅猛发展，休闲产品畅销；

(2) 中国传统重视饮食文化，休闲食品市场潜力巨大；

(3) 已有名牌集中儿童市场，忽视成人需求；

(4) 大多休闲食品重雅俗共赏，品位高者尚不多见；

(5) 现有产品口感相似，趋同化严重……

威胁(T)

(1) 休闲食品品牌林立，且难以开发差异化；

(2) 消费者"先入为主"心理，现有名牌已成气候；

(3) 购买、消费休闲食品随意性强，难以建立高品牌忠诚；

(4) 中间商态度消极……

二、决定目标和选择营销战略

在机会与威胁、优势与劣势分析的基础上，指出计划与行动需要解决的基本问题，产生问题的原因与假设。主要用于确定计划中必须强调、突出的主要方面，帮助形成有关营销目标和战略，如图 5-8 所示。目标反映要解决的问题，是采取行动所期望得到的成果；营销战略说明实现营销目标的途径与构想。

		优势-S	劣势-W
		1. …… 2. …… 3. …… 4. …… 5. ……	1. …… 2. …… 3. …… 4. …… 5. ……
机会-O	1. …… 2. …… 3. …… 4. …… 5. ……	SO:增长型战略 利用优势 开发机会	WO:扭转型战略 抓住机会 完善条件
威胁-T	1. …… 2. …… 3. …… 4. …… 5. ……	ST:多种经营战略 利用优势 避免/减少威胁	WT:防御型战略 将劣势和威胁 最小化

图 5-8　SWOT 分析与战略选择

（一）目标

大多数的企业、业务单位或业务，都可能同时追求多个目标；一个较大的目标，通常也可分解为若干较小的、次一级的目标。因此要注意目标体系的层次化，各目标之间的因果关系或主次关系；目标之间的一致性，防止发生相互消长的现象，例如“以最低成本获得最大销量”、“实现最大利润，达到最高销量”，在实践中往往是“鱼与熊掌不可兼得”。

目标不能只是概念化，还需要量化。加上数量、时间等量化指标，更利于管理和控制。

（二）目标市场

目标市场是与营销目标相关的，企业或品牌、产品准备进入的细分市场。

不同的细分市场，在顾客偏好、对营销行为的反应、盈利潜力以及企业能够或愿意满足其需求的程度等方面各有特点。营销人员要在精心选择的目标市场上审慎分配资源和营销力量，就必须识别首要的目标市场、次要的目标市场乃至更为次要的目标市场。一般来说，首要目标市场指已经具备充分的购买条件和欲望的顾客；次要目标市场是可能有购买能力，但是尚未准备就绪、且欲望不足的潜在顾客；更为次要的目标市场包括了目前缺乏购买能力，但是购买的可能性或许会增加的一些群体。

（三）定位

企业必须向市场表明，它提供的产品、品牌在利益和价值上与竞争者有什么区别，借以向目标顾客显示自己更值得信任和购买。

定位的实质是差异化，是吸引现有的或潜在顾客购买的基础，需要通过营销组合创造性地加以体现。成功的定位应当突出自己的优势，应当与其他竞争者有明显不同，要为目标市场、顾客正面接受——能够得到他们的喜欢和信任，还要能够持续较长时间。

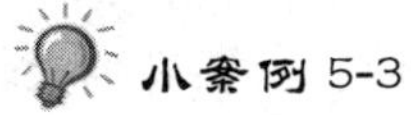

小案例 5-3

它们怎样定位？

白加黑

感冒药市场同类产品甚多，市场高度同质化，无论中、西成药都难以有所实质性突破。"白加黑"看似简单，只是把感冒药分成白片和黑片，并把感冒药中的镇静剂"扑尔敏"放在黑片中。实则不简单，不仅在外观上与竞争品牌形成很大差别，"治疗感冒，黑白分明"；更重要的是与消费者生活习惯匹配，"白天服白片，不瞌睡；晚上服黑片，睡得香"。

乐百氏

纯净水开始盛行时，所有品牌都宣称自己的纯净水纯净。消费者不知道哪个品牌真的纯净或更纯净的时候，"乐百氏纯净水经过 27 层净化"，乐百氏对其品牌的"纯净"提出了一个有力的支持点。"27 层净化"给人"很纯净，可以信赖"的印象，很快家喻户晓。

舒肤佳

后来居上的舒肤佳之所以成功，关键一点在于找到了新颖而准确的概念——"除菌"。它以"除菌"为轴心，诉求"有效除菌护全家"，广告中通过踢球、挤车、扛煤气罐等场景告诉大家，生活中会感染很多细菌，放大镜下的细菌"吓你一跳"。"看得见的污渍洗掉了，看不见的细菌你洗掉了吗？"然后通过"内含抗菌成分'迪保肤'"之理性诉求和实验，证明舒肤佳可以让你把手洗"干净"，还通过"中华医学会验证"增强品牌信任度。

采乐

西安杨森的"采乐"去头屑特效药把洗发水当药卖，"头屑是由头皮上的真菌过度繁殖引起的，清除头屑应杀灭真菌；普通洗发只能洗掉头发上头屑，我们的方法，杀灭头发上的真菌，使用 8 次，针对根本"；"各大药店有售"。在药品行业找不到强大对手，在洗发水领域里更如无人之境。使消费者要解决"头屑根本"时忘记去屑洗发水，想起"采乐"。

（四）营销组合

对选定的细分市场，要根据定位的要求，考虑怎样运用产品、价格、分销和促销等营销手段，以及这些手段怎样有效整合。通常营销组合会有多种方案，要辨明主次、从中选优。

（五）预算

说明执行营销战略所需的适量费用、用途和理由。可以编制类似损益报告的辅助预算，在收入栏列出预计单位销售数量、平均价格；在支出栏列出分成细目的生产成本、储运成本以及各种营销费用。收入与支出的差额，就是预计的赢利。

经上级主管批准、同意，营销战略将成为有关部门、有关环节安排和进行采购、制造、使用资金和人力资源及营销管理的依据。

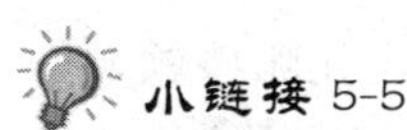

小链接 5-5

制定营销战略需要注意什么？

营销部门制定营销战略，要和其他有关部门、人员讨论和协商，争取他们理解、支持与合作。比如和采购、研究与开发、制造、财务部门沟通，确认它们执行战略有什么问题和困难，能否解决及如何解决；哪些方面可以做得更好。具体内容包括能否买到足够的原材料，设计、制造预期质量、数量和特色的产品，资金来源以及有无保证。

在我国企业这是一项容易被忽视的工作。由于缺乏沟通，常常使得部门之间、计划人员与操作人员之间产生矛盾，导致战略与计划难以操作，不能落实，成为一纸空文。

三、形成执行方案

战略必须具体化，形成整套的具体战术或项目，还要成为日程表上的内容。营销人员要进一步从做什么、怎样做、何时做、由谁做、花费多少以及达到什么要求等，全盘考虑营销战略涉及的因素、环节和路线、进度等。将这些安排用图表等形式反映出来，使所有的营销行动和要求一目了然，有助于执行和控制。

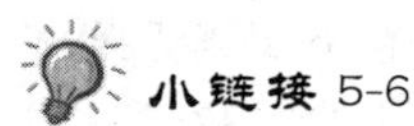

高级经理应对企划案提出的问题[①]

(1) 计划列出一些令人振奋的新机会了吗？同时也考虑到主要的威胁了吗？

(2) 计划清楚地定义了目标细分市场与它们的相对潜力吗？

(3) 目标市场的顾客认为我们的产品或服务比竞争者优秀吗？

(4) 各战略彼此之间有连贯性吗？是否使用了适当的工具？

(5) 这份计划达成目标的概率有多大？

(6) 假如我们只同意 80%的经费，管理人员会删除哪些项目？

(7) 假如我们给予 120%的经费，管理人员会增加哪些项目？

典型的营销计划书在格式上还包括提要和控制等内容。提要是整个计划的精神所在，位于计划书的开端。篇幅简短，大致说明主要的营销目标和建议。通常计划书要提交上级主管审阅，他们不一定有时间全文阅读，通过提要可迅速了解、掌握计划的主要内容，如需推敲可查阅计划书有关部分。在提要后面可以附列计划书的目录，同时在提要部分的有关内容中括号注明详细内容在计划书中的页码。

控制部分在计划书的最后，用于说明如何检查、落实计划的执行和进度。一般还包括应急预案，列举可能遇到的突发事件或其他不利事态，发生概率和危害大小，防范、应对和善后措施，立足点是防患于未然。

管理营销必须领会总体战略的意图和经营战略的要求。总体战略决定在哪些领域开展业务，需要根据企业使命选择竞争领域，合理配置资源，使各项业务相互支持、彼此协

① 菲利普·科特勒. 科特勒谈营销——如何创造、赢取并主宰市场[M]. 高登第，译. 杭州：浙江人民出版社，2002：250.

调。经营战略是各战略业务单位或有关事业部、子公司的战略，决定如何在既定的经营范围内谋求竞争优势，并为营销管理、生产管理、财务管理、人力资源管理和研究与开发管理等职能战略提供努力的方向。

总体战略的形成一般分 4 个步骤：认识、界定企业使命，以统领企业总体的决策和行动方向；对组成企业活动领域的各项业务，依据其性质进行区别，合并、划分为若干"战略业务单位"，即值得为其专门制定经营战略的最小战略业务单位；分析现有业务组合，决定投资战略；选择新的业务成长领域。

战略业务单位根据总体战略的要求，通过战略分析明确目标、发展和执行经营战略。迈克尔·波特认为有 3 种一般性竞争战略可帮助企业获取竞争优势，即：(1)总成本领先——力求总成本行业最低，作为赢得竞争的基础；(2)"别具一格"——主要依靠产品设计、工艺、品牌特征、款式和顾客服务等各方面或几个方面，与竞争者有显著的差异；(3)"聚焦"——重点集中在某个特定的、相对狭窄的领域，争取小范围内的成本更低或特色差异。在同一市场上，采用同一战略的企业之间，事实上就形成了一个"战略群落"。由于使用相同"武器"，只有运用最佳才能效果最好。

根据总体战略、经营战略的要求，企业需要制订营销计划。它是指导、协调营销活动的主要依据。形成营销计划的关键，是通过营销分析，明确营销目标和选择实现目标的途径，包括预期的目标市场、定位和营销组合战略以及实施营销计划的具体行动方案。

1. 如何理解企业战略及相关概念之间的关系？
2. 为什么说企业战略是营销管理的基础？
3. 如何区分"战略业务单位"？
4. 怎样运用"市场增长率/相对市场占有率"进行战略分析和选择？
5. 3 种成长战略的特点和它们各自的适用性。
6. 3 种一般性竞争战略的特点，它们对营销管理的要求。

中国味儿的百胜字号

去肯德基，你会发现小食品中多了一道"爽口黑木耳"。差不多时间推出的，还有干锅时蔬鸡腿堡和菌菇四宝汤。这些继早餐粥、豆浆油条之后的新"中国风"菜品引起了热议，在网民们臆想的"肯德基进军八大菜系"菜单上，手撕包菜、干煸藕丝等地方小食名列其中。

对于肯德基中国品牌的拥有者——百胜(中国)投资公司来说，对中国口味的无限贴近只是其众多策略之一。2012 年 2 月完成中式火锅连锁小肥羊集团公司收购以后，5 月又宣布与苏宁缔结全国性战略联盟。

近些年本土化的成功，让百胜在中国获得快速增长。据 2012 年 2 月 7 日百胜餐饮集团的数据，百胜(中国)2011年运营利润达9.08亿美元，同比增长20%，占百胜集团全年总利润68.8%。其中肯德基在中国市场收入已接近全球一半，肯德基美国直营收入比2010年下降20%。与直接竞争对手麦当劳比，更容易理解肯德基的中国味儿有多浓。2011年，中国才刚跻身麦当劳全球第三大市场。

目前，百胜(中国)是3个独立向总部汇报的事业部之一，其他两个为百胜(美国)及百胜国际(非中美地区)。在百胜CEO大卫·诺瓦克致合作伙伴的2011年度总结信中，"中国和百胜全球餐饮"作为正文第一部分的标题，用红色的背景色突出。

在诺瓦克看来，随着中国人均收入提高，城市化进程加快，中国市场仍将是百胜的"蓝海"。百胜(中国)的战略目标被他表述为，"在每个重要的分类都有领先品牌"。其中，肯德基是西式快餐连锁的领袖品牌，必胜客会保持在美式休闲餐厅中的优势地位，小肥羊将使百胜在中式火锅连锁行业获得一席之地。

这意味着区别于之前的单一布点，百胜(中国)将更多采取"集群作战"方式。与苏宁的合作正是这种思路的体现。根据计划，百胜将在5年内开出150家品牌餐厅。这些餐厅不只是肯德基，还包括百胜旗下必胜客、东方既白和小肥羊。

与苏宁的合作有利于百胜在中国的纵向渠道拓展。在一二线城市布点接近饱和、物业成本不断上升的情况下，百胜(中国)近几年采用下沉式布点——主攻四五线城市及中西部地区地级市。与百胜的步调类似，苏宁电器主要方向也是下沉式布点。双方合作的目标是打造"购物——餐饮生活圈"。博盖咨询董事总经理高剑锋表示，"通过百胜(中国)旗下4个品牌协同运作，提供中式和西式餐饮，能够带动整个商业区域的提升，而不仅是简单地多开几个店的效应"。此外，两家联手能够加重争取物业优惠和政府支持的砝码。高剑锋认为，苏宁和百胜两大巨头联手，议价能力会提高，也会使得物业的稳定性增强。

这也是百胜半年时间里第二次联手中国巨头。2011年11月，百胜(中国)宣布5年内在中石化加油站开设的品牌餐厅将达到50家。"汽车服务站"这种在美国广泛接受的商业模式，随着中国成为全球第一大汽车市场，正在中国兴起。麦当劳已计划到2013年，旗下"得来速"汽车餐厅将占到新开餐厅中的一半。与中石化全国3万多网点数量相比，百胜(中国)50家餐厅的规模更像是一次试水。与麦当劳单兵作战不同的是，百胜打算把肯德基餐厅、肯德基汽车穿梭餐厅及必胜客、必胜客宅急送和东方既白等品牌餐厅都进驻中石化加油站。

某种意义上说，百胜把肯德基打造成了另类的"香蕉公司"——洋品牌的皮肤下，流淌着本地化的血液。这样的血液滋养了"接地气"的产品研发团队。如今这个团队已有100多人，平均每年推出20多种新品。撕掉"传统洋快餐"标签的肯德基，还有了一种"广义"标准化的思路：只要有标准化的采购控制、品质控制及物流控制，中餐也可以进入产品线。但在菜品选择上，肯德基并未为难自己——无论是黑木耳还是豆浆和油条，都是较容易进入标准化流程的品类。这是一种更为聪明的本土化，也是肯德基在中国市场的核心竞争力。

中国将继续成为百胜全球战略中最重要的一环。百胜希望在中国通过肯德基联动其他几个品牌，并且把中国模式复制到印度。诺瓦克还打算效仿百胜中国，将印度百胜提升至独立事业部的地位。

附：百胜变身中国公司的4个做法

(1) 中国口味的菜单。作为百胜本土化的标杆，从肯德基2002年推出两款早餐粥开始，频繁推出迎合中国人口味的快餐产品，目前最重磅的是黄金咖喱猪扒饭、黑椒嫩牛饭。

(2) 直接开中餐馆。东方既白是百胜旗下第一个按照肯德基运营模式打造的中式快餐品牌。2005年4月在上海开出第一家门店，目前已在北京、广州、上海等地开设20多家餐厅。

(3) 买下最好的连锁餐饮公司。2012年2月百胜对外宣布，以近180亿港元收购小肥羊集团有限公司的交易顺利完成。百胜的目标是通过小肥羊，在中式火锅连锁行业获得一席之地。

(4) 与本土巨头联盟。2011年11月，百胜宣布旗下品牌餐厅进驻中石化加油站，预计在5年内开出50家品牌餐厅。2012年5月，百胜与苏宁缔结全国性战略联盟，计划5年内开出150家品牌餐厅。

资料来源：李响. 中国味儿的百胜. 财经天下(http://media.hexun.com/2012/cjtx20120701/),2012(7).

讨论题

1. 作为百胜集团旗下的一个"战略业务单位"，肯德基在中国采用的是什么经营战略(竞争战略)？

2. 试以肯德基在中国市场为例，分析其经营战略(竞争战略)对其目标市场、营销组合战略的要求。

课后实践

1. 目的

(1) 能够认识企业的总体战略、经营战略和营销战略的差异、联系。

(2) 能够区分一个企业内部不同的战略业务单位。

2. 内容和要求

(1) 选择一家企业进行调研，了解其组织结构、业务组成。

(2) 尝试对该企业的战略业务单位进行区分和归类，并评价其组织结构现状的合理性。

(3) 分析该企业的总体战略，说明其中某个战略业务单位(可选择一个)的经营战略及其营销战略的特点。

(4) 完成包括以上内容的小组报告。

3. 步骤

(1) 任课教师说明实践目的、任务，进度和要求。

(2) 全班分若干小组，每组5人左右。各小组分别进行准备，包括复习相关教学内容，补充阅读参考文献；通过互联网收集拟调研企业相关资料，形成初步认识；统一工作思路，完成调查提纲。

(3) 在组长带领下，在拟调研企业完成访谈、讨论，完成一手资料的收集、整理。

(4) 组长组织小组课外讨论，形成小组报告。

(5) 分小组展示与报告，进行课堂讨论，由任课教师点评、总结。

第六章 购买者行为与分析

本章提要

营销学强调企业一切活动要以市场、顾客为中心。市场有消费者市场也有组织市场,典型的如生产者市场;顾客有的来自消费者市场,有的来自组织市场。通过本章学习,需要了解消费者市场及其购买行为的基本模式,掌握影响消费者购买行为的主要因素,以及生产者市场的特点、购买行为及其规律。

本章知识结构图

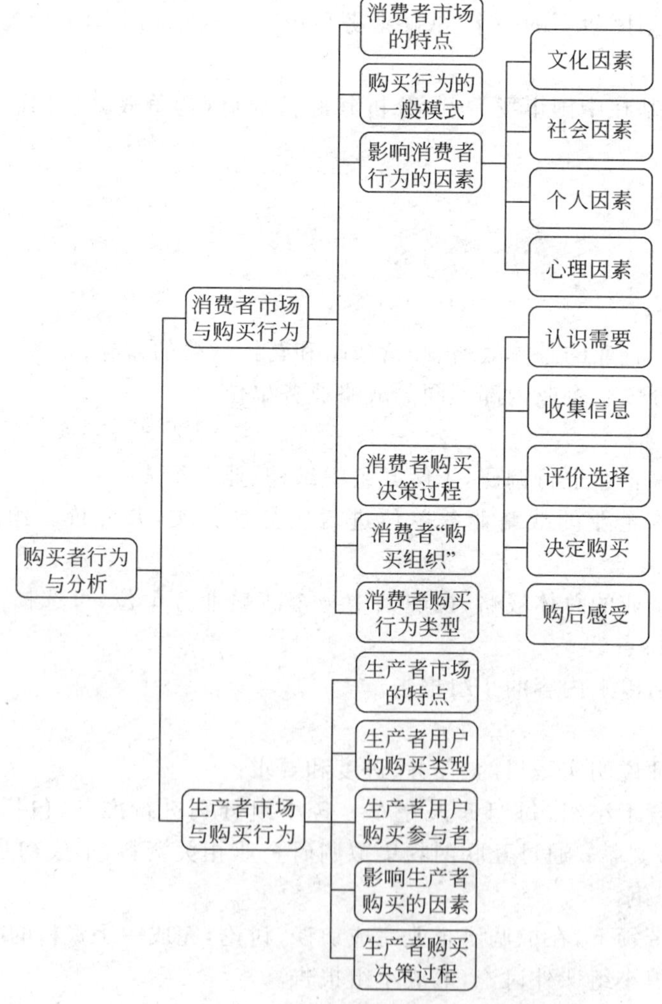

重要概念

消费者市场；参考群体；消费者“购买组织”；复杂的购买行为；寻求多样化的购买行为；减少失调感的购买行为；简单的购买行为；生产者市场。

消费者购车决策在加快

尼尔森与汽车之家最新一次调研发现，“77%的受访者从萌生购车想法到成交提车，只花了不足90天，其中30%一个月内就买定成交。”购买决策时间“缩水”，并不意味着鲁莽和冲动——得益于丰富的互联网信息，如今购车族更加理性、精明。

在信息化时代，购买决策过程依旧如漏斗一般，充满层层筛选和诸多变数。消费者在买车过程中，会有意或无意浏览不少其他品牌的车型。数据显示，仅在汽车之家资讯类一个版块，快要做出购买决定的消费者一个月的车型浏览数量平均可达42款，并对其中16款车型有深入了解过。

在信息浏览中，消费者对于意向车型的态度也在不断变化。比较筛选阶段，高达61%的消费者改变了原有的车型偏好。即使在购买的最终阶段，这一比例也高达31%。对品牌最初的好感，并不能保证最终的购买决定。

目前中国是全世界竞争最激烈的汽车市场之一，有200多个中外品牌、1 500多款车型。尽管汽车企业广告投放一直保持涨势，但效果不容乐观。据尼尔森汽车电视广告效果实时追踪研究，仅有30%的中国受访者能回忆起电视广告的内容，在他们中只有29%表示能回忆起品牌，使最终的整体广告传播效果仅为9%。这一比例在美国是19%。

传统大众媒体在消费者信息来源序列中的地位，逐渐被互联网、新媒体超越。汽车消费者更看重4S店(64%)、亲戚朋友介绍(62%)和专业汽车网站(42%)。据尼尔森与汽车之家的调研，如今善于使用互联网的购车族，决策流程可以分为三个阶段。首先，消费者会设定一个购车预算，基于安全口碑、实用性口碑等因素筛选车型。其次，会对这个数据库中的车型进行比较和评估，深入了解口碑、性能和外观设计等因素，筛选心仪的两至三款车型。最后环节是4S店体验，外观、舒适性和促销优惠是促使购买决定的最终因素。

同时，不同阶段品牌制胜的因素不尽相同。开始的品牌筛选阶段，最重要的是安全性比较好(42%)，在预算之内(33%)及青睐的品牌(33%)等；比较阶段开始更多关注产品设计(49%)，车辆性能(46%)及消费者口碑(37%)；在踏进4S店做最终决定时，更关注驾乘舒适性(40%)、口碑(23%)、促销(22%)和油耗(21%)。

在信息浏览阶段，消费者更多通过新闻、搜索和资料库获取信息；比较评估阶段的消费者更有针对性，对其他用户的评价反馈更重视；最终购买时，论坛和促销信息是消费者关注的重点。

资料来源：唐福勇.尼尔森：消费者购车决策在加快[N].中国经济时报，2014-12-12.

营销启示：

科特勒等人指出，消费者的传统角色正在发生转变——如今，他们不再是一个个的孤立的个体，而是开始汇聚成一股股不可忽视的市场力量；他们做出购买决定时，不再盲目地被厂商引导，而是积极地通过各种途径、方式搜集各种信息；他们不再被动地接受广告和营销刺激，而是主动地向企业提出各种实用的反馈……营销活动不能再把顾客仅仅视为“消费的人”，而应把他们看作具有独立思想、心灵和精神的完整的人类个体。①

不同顾客、不同市场各有特点。一般来说，消费者市场是基础，生产者市场的需求常常与消费者市场的变化密切相关。企业必须了解顾客，把握其购买行为的规律和购买决策的影响因素，用以分析营销机会、选择目标市场，并为定位和营销组合战略提供依据。一个企业即使只在生产者市场或其他组织机构市场经营，也很有必要了解消费者市场的趋势。

第一节　消费者市场与购买行为模式

一、消费者市场的特点

消费者市场是满足个人或家庭生活需要购买产品、服务的领域，亦称个人市场、最终产品市场或最终消费市场。相对于生产者市场等组织机构市场，它有以下特点：

(1) 人多面广。几乎包括了生活中的每一个人，不论其在购买过程中扮演什么角色。

(2) 需求复杂。不同年龄、性别和习惯，消费者会有各自的爱好、看法，需求差异很大。

(3) 零星和经常购买。一般每次购买数量不大，非耐用品或快速消费品购买频率高。

(4) 产品专用性不强，需求弹性较大。

(5) 购买“不在行”，容易产生冲动购买和消费，受促销、口碑影响明显。

(6) 购买力的流动性大，常常在不同产品、品牌或企业之间变化。

二、购买行为的基本模式

消费者购买行为是一个投入、产出的过程。他们一方面接受各种外部的刺激，另一方面自身做出各种反应。外部刺激和反应往往看得见、摸得着；然而消费者如何“消化”外部刺激进而形成某种反应，常常难以揣摩，似乎是“‘黑箱’作业”的结果，如图 6-1 所示。

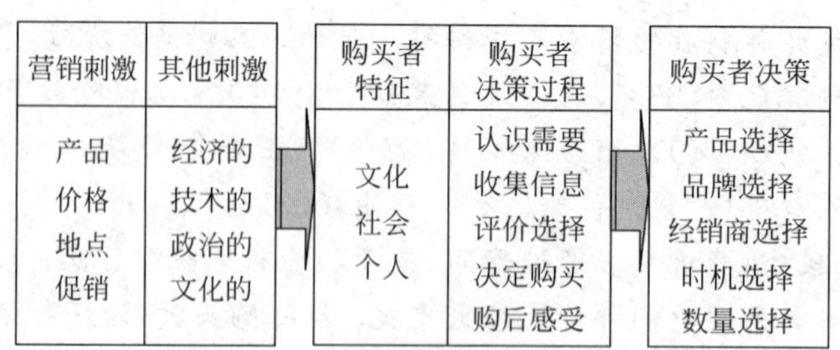

图 6-1　购买行为的基本模式②

---

① [美]菲利普·科特勒，[印度尼西亚]何麻温·卡塔加雅，[印度尼西亚]伊万·塞蒂亚万. 营销革命 3.0：从产品到顾客，再到人文精神[M]. 毕崇毅，译. 北京：机械工业出版社，2011：11.

② 菲利普·科特勒，凯文·莱恩·凯勒. 营销管理[M]. 第 12 版. 梅清豪，译. 上海：上海人民出版社，2006：202.

（一）刺激

指各种企业不可控因素形成的宏观环境刺激，构成市场的“大气候”，制约需求和消费趋势，并对消费者“黑箱”发生显著影响。各种企业可控制因素即营销手段组成的刺激，受制于宏观环境；它们的变化和不同的组合形式，成为影响消费者“黑箱”具体、直接的“小环境”。

（二）“黑箱”

消费者购买中的“黑箱”虽然难以一窥全貌，但包含至少两大方面的内容：

(1) 消费者特征。文化、社会和个人因素等，影响消费者购买活动中对各种事物的认识、情绪和意志等心理活动，并制约其反应倾向。

(2) 消费者购买决策过程。从认识需要开始，到购后使用、体验乃至消费完毕，消费者会有一系列的认识、判断和决定。其决策不仅受到购买心理的制约，而且受到外部刺激的“大气候”和“小环境”影响。

（三）反应

诸多因素的共同作用，使消费者最终做出一定反应：

(1) 购买什么——购买对象。受制于具体需求，是满足欲望的实质内容。

(2) 为何购买——购买目的。受制于消费者需要及对需要的认识。

(3) 由谁购买——购买组织。消费者市场人多面广，每个人都是消费者但未必都是购买决定者。无论以家庭还是个人为基本消费单位，购买过程都是如此。

(4) 何时购买——购买时机。

(5) 何地购买——购买地点。

(6) 如何购买——购买方式。

第二节　影响消费者购买行为的主要因素

消费者的购买决定很大程度上受到文化、社会、个人以及心理因素等的影响，如图 6-2 所示。

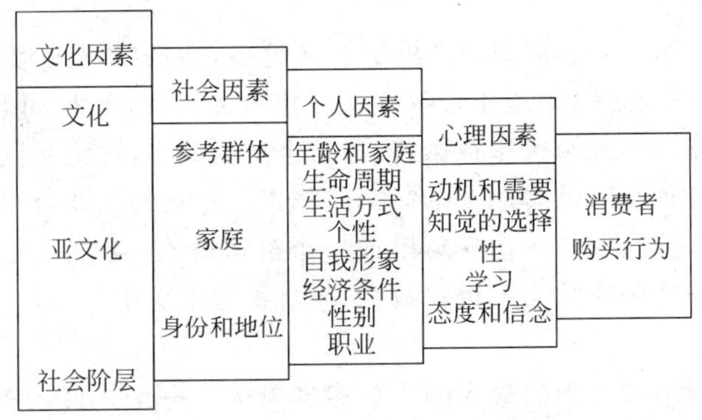

图 6-2　影响消费者行为的主要因素①

① 菲利普·科特勒. 营销管理[M]. 第 8 版. 梅汝和，等译. 上海：上海人民出版社，1997：252.

一、文化因素

（一）文化以及亚文化

文化是决定人们的欲望和行为的最基本的因素。人类行为的绝大部分，由“学习”所得、经验而来。他们在成长中受到家庭、社会的影响，习得一套基本的价值观、风俗习惯，逐渐形成一定的偏好和行为模式。

每种文化之间会有差异。一种文化内部也会因各种因素的影响，使人们的价值观、风俗习惯及审美观等表现出不同特征，构成亚文化。重要的如民族亚文化、宗教亚文化和地理亚文化——不同的地区有不同的风俗、习惯和爱好，从而使消费者行为带有明显的地方色彩。

（二）社会阶层

一个社会存在着不同的阶层。每一社会阶层的成员，会有相似的价值观、兴趣、爱好和行为方式。社会阶层通常是一个人的职业、收入、教育和价值观等因素作用的结果。同一阶层的人要比来自两个阶层的人行为更加相似，也是影响消费和购买的重要因素。

二、社会因素

（一）参考群体

参考群体是消费者个体在形成购买或消费决策时，用以参照、比较的个人或群体。依据对个体的态度、意见和价值观的影响大小，参考群体可分所属群体与相关群体，其中所属群体又分主要群体和次要群体。主要参考群体的成员之间经常接触、互动直接，一般认为有家庭、邻居、至亲好友、同事和同学等，主要的“朋友圈”，彼此关系密切，相互影响较大；次要参考群体的成员之间也有各种形式的直接接触，但往来相对疏远，如一个人可能同时参加的各种社会团体、业余组织活动。相关群体与消费者个体不一定有直接的联系，但他们的态度与行为深受群体影响。例如演艺明星和球星、“网络大 V”身后，总有大批的“粉丝”(fans)。他们相互之间或许没有正式的交往，但是这些“偶像”却时时牵动着崇拜者、追随者的言行举止。

互联网的发展和普及，使得“网民”数量越来越多，他们在网上形成了虚拟的社交圈子，相互影响。虽然网友之间地理位置等存在一定的差异，但是相同的话题、兴趣可使他们在相同主题的网站、论坛、聊天室或微博、微信上成为朋友，讨论共同关心的问题。必须注意的是意见领袖和他们对消费潮流的“领导”作用。意见领袖既可以是群体中观念领先的人，也可以是群体之外、引导一个年龄段或一个群体的人。在互联网环境中，意见领袖及消费行为对群体成员的影响力不仅被放大，而且扩散得更快。

（二）家庭

家庭是现实中对消费者影响最大的主要参考群体。一个人经历的家庭，既有自身所出的家庭，如父母、兄弟姐妹等；还有己身所在的家庭，包括配偶、子女。消费者从双亲那里养成许多倾向，在习惯于父母子女一起居住的家庭，这种影响更有决定意义。己身所在的家庭对购买行为产生更直接的影响，形成消费者的“购买组织”。

（三）身份和社会地位

“身份”指一个人在不同场合应扮演的“角色”和作用。比如在父母跟前是儿子，在子女面前是父亲，面对妻子是丈夫，在工作单位是主管……每种身份又附着一种“地位”，反映社会评价和尊重程度。消费者往往结合身份和社会地位考虑购买，许多产品、品牌由此成为一种身份、社会地位象征。

三、个人因素

（一）年龄和家庭生命周期

一个人的欲望和能力，会随年龄而有所不同。家庭生命周期反映的是一个家庭的发展、变化的全过程，按家长的年龄、婚姻和子女状况等分为若干阶段。不同阶段的购买力、兴趣和偏好，甚至会发生较大的变化。

（二）生活方式、个性和自我形象

人们追求的生活方式不同，消费的喜好和追求也会不同。生活方式有许多分类，曾有西方国家服装企业为“简朴的妇女”、“时髦的妇女”和“有男子气的妇女”，分别推出不同品牌、设计不同产品。在我国，20 世纪 80 年代出生的“80 后”和 90 年代出生的“90 后”乃至 21 世纪出生的“00 后”，在生活方式方面已经表现出较大差异。

个性通过自信、支配、自主、顺从、开放、保守和适应等性格特征表现出来。依据个性因素可以细分市场，可为品牌更好地赋予个性，与相应的消费者个性相匹配。

在生活中，每个人心中往往会有一幅关于自己形象的复杂“图案”。这种自我形象驱使消费者有意、无意地寻求与之匹配的产品、品牌。

（三）经济条件、性别以及职业

大多数人通常会“量入为出”，依据收入多少、负担大小等做出消费选择。同时，消费者不仅男女有别，职业也会影响其购买选择。

四、心理因素

（一）动机和需要

动机是行为的直接动因，由需要而产生。消费者购买行为其实就是一个解决需要问题的过程。

每个人具体情况不同，认识和解决需要问题的轻重缓急也就会有不同，客观上存在着一个“需要层次”。心理学家马斯洛（A. H. Maslow）把人们的需要按重要性和一般发生的先后顺序，分为生理的需要、安全的需要、社会交往的需要、尊敬的需要和自我实现的需要 5 个层次，如图 6-3 所示。

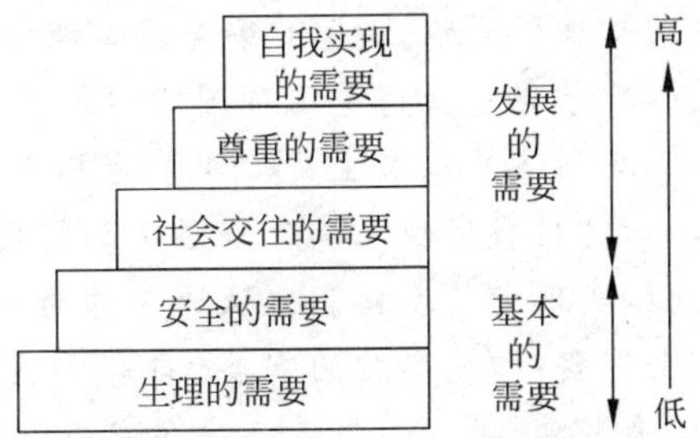

图 6-3 马斯洛的“需要层次”理论

按照马斯洛的观点，一个人会同时存在多种多样的需要，包括物质的需要和精神的需要，但是这些需要的重要性在特定时期并不一样。人会首先满足他认为的最重要的需要，即其需要结构中的主导性需要，这个主导性的需要成为他行为的动机。满足主导性的需要以后，该需要失去激励作用，下一个相对重要的需要会占据主导性地位。一般来说，人对需要的满足是从较低层次向较高层次，从基本的需要向发展的需要发展的。

人物介绍

A. 马斯洛

亚伯拉罕·哈罗德·马斯洛(Abraham Harold Maslow 1908年4月1日—1970年6月8日)，美国社会心理学家、比较心理学家，人本主义心理学(Humanistic Psychology)的主要创建者之一，心理学第三势力的领导人。他提出了融合精神分析心理学和行为主义心理学的人本主义心理学，主要著作《动机与人格》、《存在心理学探索》、《人性能达的境界》等。

马斯洛出生于美国纽约布鲁克林区一个犹太家庭，1930年获威斯康星大学心理学学士学位，次年获心理学硕士学位，1934年获心理学哲学博士学位。在威斯康星大学，他选修了美国灵长目动物研究的主导研究者、以研究罗猴和依恋行为知名的H.哈洛的课程，并成为其研究助手，后来又成了他的第一个博士研究生。期间另一位著名格式塔心理学家M.魏特海默也曾担任马斯洛的老师。1932年2月至1933年5月，马斯洛每天花数小时对不同种类的35个灵长目动物悄悄进行观察，并完成了题为《支配驱力在类人猿灵长目动物社会行为中的决定作用》的博士论文，用来证明不仅在猿猴，而且其他哺乳动物及鸟类的社会行为和组织中，支配驱力都是一个关键的决定因素。由于论文非常出色，给行为主义心理学家E.桑代克留下了深刻的印象，桑代克在哥伦比亚大学给他提供了一份博士后奖学金，邀请马斯洛在其任职的教育研究学院协助自己进行新的课题研究。1935年，马斯洛在哥伦比亚大学担任桑代克学习心理研究工作助理。1937年，到纽约市布鲁克林学院担任心理学副教授，思想上开始放弃行为主义，走向人本主义。1951年，马斯洛前往马萨诸塞州新成立的布兰代斯大学，担任心理学系主任和心理学教授。1954年，他首次提出人本主义心理学的概念。1961年创办《人本主义心理学期刊》，第二年成立美国人本主义心理学会(后成为美国心理学会第32分会)，1967年当选为美国心理学会主席。1969年退休后赴加州，成为加利福尼亚劳格林(Laughlin)慈善基金会第一任常驻评议员。1970年8月国际人本主义心理学会成立，在荷兰首都阿姆斯特丹举行首届国际人本主义心理学会议。1971年美国心理学会设置人本主义心理学专业委员会，标志着人本主义心理学思想获得美国及国际心理学界的正式承认。

马斯洛的人本主义心理学为其美学理论提供了心理学基础。其心理学理论的核心是人通过"自我实现"，满足多层次的需要系统达到"高峰体验"，重新找回被技术排斥的人的价值，实现完美人格。他认为人作为一个有机整体，具有多种动机和需要，包括生理需要、安全需要、归属和爱的需要、自尊需要和自我实现需要。其中自我实现的需要是超越性的，追求真、善、美，将最终导向完美人格的塑造，高峰体验代表了人的这种最佳状态。

马斯洛心理学思想和主张虽未完全取代行为主义，但他强调心理学应研究人性整体的思想对心理学的发展产生了深远影响。马斯洛心理学思想最大贡献表现在人本心理学方法论、人性本质观、需要层次论、自我实现和超个人心理学等多个方面。

（二）知觉及其选择性

人们对感觉到的事物并不都形成知觉，现实中消费者的知觉是有选择性的：

（1）选择性注意。人们对感觉到的事物，只有少数引起注意，形成知觉，多数会被有选择地忽略。比如一个准备购买平板电脑的消费者，容易注意到平板电脑的广告、展示等，但对手机广告、展示等一般难以留下深刻的印象。所以，企业在营销传播和促销活动中，必须善于突破选择性注意的屏障。一般来说，与消费者最近的需要有关的事物，正在等待的信息以及变动大于正常、出乎预料的情况，容易引起注意并形成知觉。

（2）选择性曲解。人们对于注意到的事物，往往习惯于按自己的意愿、逻辑解释。具体怎样理解，通常取决于个人经历、偏好、当时的情绪、情境等因素。

（3）选择性记忆。人们容易忘掉大多数的信息，但能够记住与自己态度、信念一致的东西，这就是选择性记忆的结果。

（三）学习

一个人会自觉或不自觉地从很多渠道、经过各种方式获得后天经验，即学习，也称“习得”。人类除了本能驱策力（如饥、渴、性）支配的行为，其他都属于学习支配的行为。比如司机见了红灯就停车，观众会对精彩表演报以热烈掌声等。

学习会引起消费者个体行为的改变：

（1）加强。消费者购买以后非常满意，会对该品牌加强信念，以至于重复购买。

（2）保留。购买以前不知的品牌，称心如意或非常不满，会念念不忘、铭记于心。

（3）概括。消费者感到满意，会由此及彼，爱屋及乌，对企业或与该品牌有关的其他产品也产生好感；反之也会“城门失火，殃及池鱼”。

（4）辨别。消费者对企业或品牌一旦形成偏好，需要时会百般寻求，成为忠诚顾客。

（四）态度和信念

态度是人们在自身道德观和价值观基础上对事物的评价和行为倾向。态度包括了三个互相联系的成分：信念、情感与倾向。一般认为，态度的形成是一个逐渐的过程，产生于消费者与产品或企业的接触，其他消费者的影响或个人生活经历、家庭环境的熏陶。态度一旦形成，不会轻易改变。

信念会影响情感，并制约行为倾向，从而导致某种态度，进而影响人的情绪。消费者的信念可建立在不同的基础上。如“吸烟有害健康”，是以“知识”为基础；“汽车越小越省油”，可能是建立在“见解”之上；某种偏好如对品牌的忠诚，很可能是基于“信任”而来。购买过程中，消费者更容易依据“见解”和“信任”行事。

第三节　消费者购买决策过程

消费者的购买活动是一个解决其需要问题的过程。这个过程中既有看不见的心理活动，也有表露于市场上的有形行为。一般把这一过程分为 5 个阶段来认识，如图 6-4 所示。

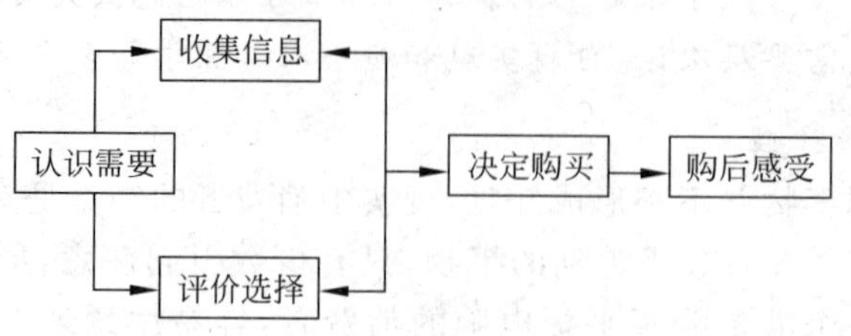

图 6-4　消费者购买决策过程

一、认识需要

消费者发现自己的现实状况与所想之间有一定差距，会产生相应的解决问题的想法和要求，如图 6-5 所示。人们对于需要的认识可能源于人体内在机能的感受，如饥饿、寒冷、干渴等；也可能产生于特定外部环境的刺激，比如由广告、商场展示而诱发购买的念头。

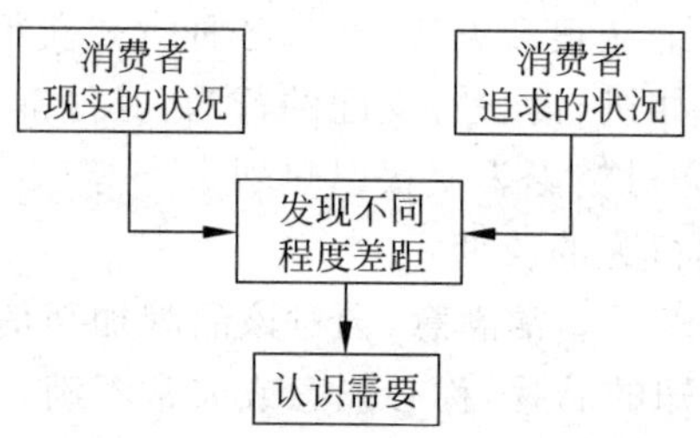

图 6-5　消费者认识需要的过程

企业要主动通过造就特定的外部环境，刺激消费者对需要的感受。通过调查、分析，找出能够触动、激发消费者认识到其需要的因素。比如清楚消费者产生的是哪种需要，这种需要由何产生，这些需要如何把消费者引向特定产品、品牌的了解和购买。

二、收集信息

消费者对自己的需要目标清晰、动机强烈，有符合要求的产品、服务等，有购买能力，一般会立即购买。但在许多时候，人们认识到的需要不能马上得到满足，只能留存在记忆中。随后，或对这种需要逐渐淡化，或进一步收集信息，了解更多情况。

消费者收集信息的积极性，会因需要强度有所不同。十分迫切的需要，会主动、积极寻找信息；需要强度较低的不一定积极寻找信息，但对有关信息会保持一种高度警觉且反应灵敏的状态。比如一个想购买住房的消费者，会对房地产商的广告、熟悉或不相识的人以及网上有关房价趋势、宏观政策等的议论比平时更留心，更注意。随着需要强度继续发展，到一定程度就会像需要一开始就很强烈的消费者那样，进入积极、主动寻求信息的状态。

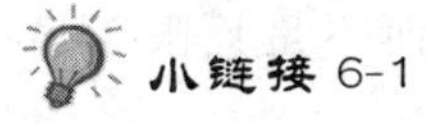

消费者如何确定所需收集信息的范围、数量

(1) 购买类型。初次购买信息要多，范围较广，重复购买所需信息较少。

(2) 风险感。购买决策总是伴随着一定的风险。消费者要承受三重的风险：经济风险——钱花得是否值得；效用风险——所购是否适用；名誉风险——购买好坏可能导致的品头论足。

消费者对风险感的认识，一方面受产品因素影响，价格越高，使用时间越长，风险感越大，就会努力搜寻更多信息；另一方面受个人因素影响，同样的购买，谨小慎微的人风险感大，办事马虎的人风险感要小。

消费者购买决策的信息来源，通常有 4 种途径：个人来源、商业来源、公共来源以及经验来源。企业需要注意影响消费者行为的信息来源，更要分析不同来源或途径的信息对其决策的相对影响力。一般来说，经由商业来源获得的信息数量最多，其次为公共来源和个人来源，经验来源的信息通常较少。但他们却对经验来源、个人来源的信息最相信，然后是公共来源，最后才是商业来源。在消费者的购买决策中，商业来源的信息更多地扮演“传达”、“告知”的角色，个人来源与经验来源的信息则发挥着“权衡”和“鉴定”的作用。

三、选择评价

消费者购买的选择过程，也是一个不断比较、逐步缩小目标范围的过程。企业要力求通过补充消费者决策所需的信息，使产品或品牌进入其知晓范围、考虑范围，最终进入备选范围，成为选定购买的对象。尤其要分析消费者用于选择的标准是什么，以及他们是如何建立这一标准的，如图 6-6 所示。

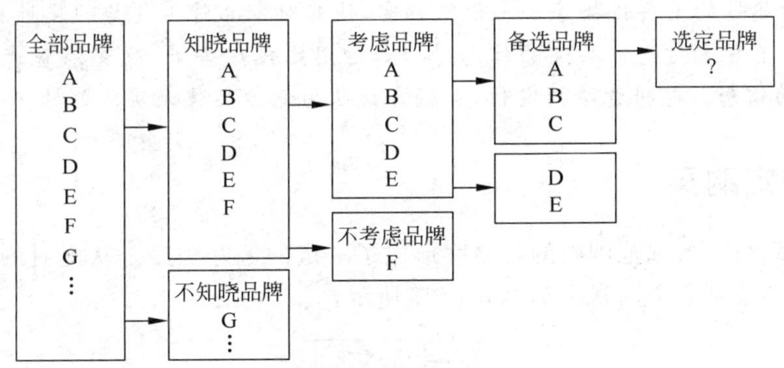

图 6-6 消费者对品牌的选择过程

影响较大的一种看法认为，消费者是有意识和在理性基础上做出判断的：

(1) 建立产品属性概念。一种产品在消费者心中，首先表现为一系列基本的属性，即产品或质量特征的集合。消费者对各种产品属性的关心因人而异，但一般更看重那些与需要密切相关的属性。但是，显著的属性不一定就是重要的属性。如购买食品，人们可能关心美味与否、营养如何，“美味”、“营养”是显著的属性；一些不显著的属性，如“安全”与否平时不太在意，一经提及就会感到重要。企业应关心属性的重要性，而不是只限于显著性。

(2) 建立品牌形象概念。消费者可能就每一属性，对各品牌产生不同看法——哪个品牌哪一属性占优势，哪一属性相对较差，总体表现如何。

(3) 建立“理想产品”概念。消费者期望得到的满足，随特定产品每一属性的不同而变化。比如期望从汽车得到的满足，会随其性能的优异性上升，随价位的提高下降。市场上实际出售的各个品牌未必完全符合“理想”，消费者一般会在“理想产品”概念的前提下作某些修正，考虑最接近“理想”的品牌。

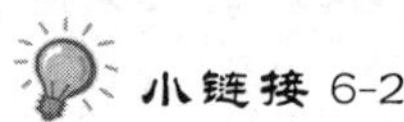

弱势品牌如何“突出重围”

假如目标市场上大多数消费者对本企业的产品缺乏足够兴趣，应当怎样摆脱困境，重新吸引购买？一般可考虑从以下方面入手：

(1) 重新设计、生产——使产品在有关重要属性上，更适合消费者要求，更靠近“理想产品”。

(2) 改变消费者对品牌的信念——一般用于消费者低估了该品牌的时候，也叫心理重新定位。如果消费者的评价正确，这么“忽悠”会引起反感。

(3) 引导消费者注意被忽略的属性——如在饮用水市场，几乎所有品牌都以“纯净水”为卖点时，某个品牌大胆打出“天然水”的概念。

(4) 改变消费者心中“理想产品”的形象——曾有一段时间，许多 VCD 品牌都在突出各自“纠错”的“绝招”，以至于“纠错”水平几乎成了消费者考虑购买的首要因素。此时也有一些 VCD 品牌告诫公众，“纠错”性能强弱是以磁头使用寿命为代价的。

(5) 改变属性的重要性排序——说服顾客，使其对本品牌占优势的属性更看重。

(6) 改变消费者对竞争品牌的信念——如运用比较广告等，改变消费者对竞争者品牌有关属性的信念。也叫竞争性定位，在顾客误认为竞争品牌比实际好的场合尤为有效。

四、决定购买

通过选择评价，备选范围内的各品牌形成了一定的偏好顺序。从此时的购买意向到最终购买，还会受到两个因素影响，如图 6-7 所示。

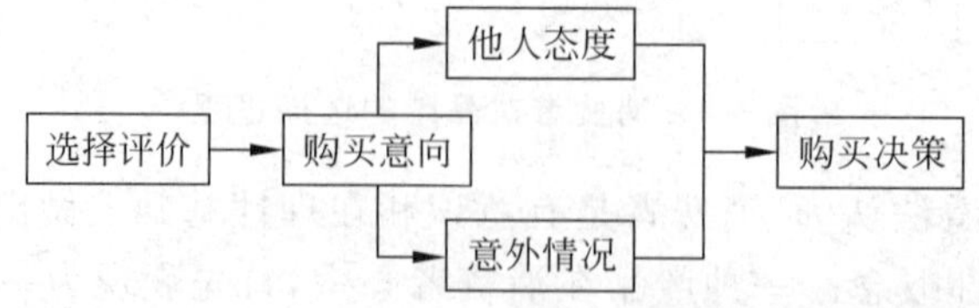

图 6-7 影响消费者购买意向转化为购买决定的因素[①]

① 菲利普·科特勒，凯文·莱恩·凯勒. 营销管理[M]. 第 12 版. 梅清豪，译. 上海：上海人民出版社，2006：216.

（一）他人态度

比如决定购买A品牌汽车的消费者，由于家人反对，购买决心大打折扣。

他人态度的影响力取决于：(1)否定的强度；(2)与消费者关系的密切程度；(3)权威性。他人的看法、评价越有权威性，影响越大。

（二）意外情况

突然出现的某些意外也可能使消费者改变意向。比如，其他购买突然变得更迫切，更符合“理想产品”的新品牌将要上市……偏好及购买意向，并不完全决定最终购买结果。

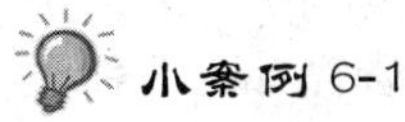
小案例 6-1

苹果的经验：永远比消费者所想更进一步①

一名顾客使用苹果零售店的应用，就能提前预约，以享受零售店的专人服务。这种方式能预期顾客的到来。它提供了客户需求水平信息，可以更有效地配置员工；顾客减少等待时间，并得到员工不分散注意力的专有服务，这是其他零售行业很难得到的体验。即便没有预约，客户服务也几乎从顾客进店那一刻开始，消费者会在适当的时候，受到一名苹果代表的欢迎。这个岗位的每个员工都必须拥有对计算机和卓越客户服务的极大热情。

员工必须做到消费者进店后只需自我介绍一次。第一位迎接的员工悄悄记下顾客外貌细节，如穿着特征等，然后将这些信息发送其他员工。其他员工就能直接用姓名称呼顾客。

苹果店的员工会倾听顾客，试图理解顾客目的，然后亲自指引。万一有人进店偷窃，员工也很有可能会注意到。这种提前关注客户的做法，使苹果店的偷窃发生率大大降低。

在消费者越来越接近购买决策时，苹果员工会向顾客提出深入的后续问题，消费者因而会有一种被理解的感觉。这种关系或许刚刚开始，但它看起来持久而真诚，这就是消费者舒适感的来源。

结账的时候，收银台会来到消费者面前——苹果店员会带着移动信用卡读卡器，到顾客面前完成交易。消费者对苹果店最后的印象与第一印象同样温暖，在整个购物过程中被无微不至地关怀着。

五、购后感受

在这个阶段，消费者活动通常有两种理论可予衡量：

（一）“预期满意”理论

认为消费者购后满意与否，取决于期望与产品实际效用的一致性。

(1) 实际效用与期望完全相符——此时消费者感到满意，至少不会不满意。

(2) 实际效用大于期望，或期望小于实际效用——消费者此时应当非常满意。两者

---

① 资料来源：张晋艺.苹果值得其他企业借鉴4点经验：预测消费需求.腾讯科技，2012-06-07. http://tech.qq.com/a/20120607/000207.htm.

相差越大，满意程度越高。

（3）实际效用小于期望，或期望大于实际效用——消费者必然产生不满意感。不满意感的大小，同样取决于两者相差的程度。

由于期望的建立更多是依据商业来源的信息，企业应如实介绍、推荐产品，切忌夸大、吹嘘，使消费者的期望与产品实际效用相一致。

（二）“认识差距”理论

认为不论企业怎样，消费者购后都会程度不同地产生不满，而且对不满意感的关心甚至超过对最大效用的关心。因为市场上不存在与其“理想产品”完全一样的品牌，那些不一致，尤其低于基本要求的属性，会被消费者视为“缺点”并“耿耿于怀”。消费者购后往往会更多地看到这些“缺点”，甚至主观夸大“缺点”的严重性，不断“完善”未购品牌的“优点”。这时其他未购品牌越是吸引“眼球”，消费者的不满意感越大。

产生不满意感的顾客会设法缓解情绪，求得心理上的暂时平衡。比如夸大产品功效，或强迫自己降低原来的标准，减少失落感；或收集更多信息，说服自己相信购买“没错”；也可能“束之高阁”，“眼不见，心不烦”，或退货、转售。最可怕的是消费者“亡羊补牢”，因为上一次的购后感受往往是下一次选择的参考。

第四节　购买组织、购买类型对消费者行为的影响

一、购买组织对消费者行为的影响

在一项具体的购买活动中，人们可能扮演以下一种或几种角色：(1)发起者，首先想到或提议购买；(2)影响者；(3)决定者。能最终做出全部或部分购买决策，比如买与不买，买什么，买多少，怎么买，何时与何地购买等；(4)执行者；(5)使用者。这些“角色”对购买决策的作用和影响，构成了消费者的“购买组织”。

有些产品似乎容易识别其购买决定者。比如，男女主人分别购买各自的专业书刊，女主人多决定婴幼儿用品的购买。现实中，情况其实更为复杂：

（1）在购买决策不同阶段，人们可能扮演不同角色。例如购买住房，“何时购买”或许夫妻双方共同决定；“买何款式(面积、楼盘)”及“如何装修”，则似乎女主人有更多话语权，子女也往往参与其中。

（2）许多产品的购买决定者究竟是谁，有时难以区分。事实上存在“名义决定者”与“实际决定者”。比如儿童玩具的购买，往往是不谙世事的孩子充当了“实际决定者”。

（3）传统上认为购买决定者与家庭的“权威中心点”是一致的。但现实中，一个丈夫做主型的家庭，并不排斥女主人单独决定购买何种早点、副食的可能性；一个共同做主型的家庭，也常常出现各自决定购买的情况。

分析谁是购买决定者，有助于选择促销对象和营销传播战略。也可依据这样的思路，即区分“男主人为主决定购买的产品”、“女主人为主决定购买的产品”和“家庭共同决定购买的产品”等，或许更利于确认购买决定者。

二、购买类型对消费者行为的影响

消费者如何购买因情境而异。依据购买决策需要介入的时间、精力以及可供选择的品牌差异，一般分为4种类型，如图6-8所示。

	高度介入	低度介入
品牌差异大	复杂的购买行为	寻求多样化的购买行为
品牌差异小	减少失调感的购买行为	简单的购买行为

图6-8　消费者的主要购买类型

（一）复杂的购买行为

贵重、不常购买、有风险、象征意义或实际意义重大的产品，通常会全身心介入；品牌多且有明显差异，购买行为就复杂。如果对产品缺乏了解，甚至依据什么选择都不清楚，消费者会经历一个“学习”过程——熟悉性能、特点，逐步建立对各品牌的看法，做出决定。

企业必须了解消费者“学习”的过程与规律，制定相关营销传播战略，以帮助他们掌握产品相关的知识如属性及相对重要性。还要设法让消费者知道和确信企业、品牌的特征与优势，使他们逐步建立信心和信任。

（二）减少失调感的购买行为

有些购买虽然需要高度介入，但不同品牌差异不大，消费者多是稍加比较即行购买。价格便宜、购买方便等，都可能成为促动因素。由于购买决策迅速，消费者购后容易产生不满意感，比如某个地方不称心，或听到别人称赞其他品牌。在消费、使用中，消费者会了解更多信息，以减轻不平衡感。

企业要善于运用定价、分销等手段推动消费者购买，还要注意有效加强沟通，减少消费者的失调心理。

（三）简单的购买行为

价格低又常要买、消费者熟悉的产品，如果品牌之间差异小，一般不会多花时间挑选。如盐，可能随手拿起一袋就买，并不一定关心品牌。即使认牌购买，也多是出于习惯，不一定出自强烈的品牌忠诚度。

企业可用各种价格优惠和其他销售推广措施，鼓励试用、重购。由于不太看重品牌，通常只是被动收集信息，要特别注意给消费者留下深刻印象。比如广告中突出视觉符号和形象冲击，通过电视短时间内高速重现其特征等。还可给产品或品牌添加某种特色，比如某品牌茶叶有某种特殊保健效果，某品牌牙膏能防治某种牙病等。

（四）寻求多样化的购买行为

消费者低度介入，却由于品牌之间差异大经常变换。如饼干、点心，人们或许不花太多时间挑品牌，购买或消费时做一些比较和评价，下次购买可能换一种，不一定是对上次购买不满，只是寻求新口味而已。

拥有市场优势或领先品牌的企业，多是占领更多和更有利的货架位置，避免脱销、断档，以及广告提醒等鼓励购买。如方便面、雪糕等，有实力的企业通常设法增加品种、口味，既可在销售点显示更强大的“阵容”，也给消费者提供更多的选择。其他的企业、品牌则常用低价、免费试用、折扣、赠券及相关内容的广告吸引消费者。

第五节　生产者市场与购买行为

生产者市场也叫工业用品或产业市场，由购买产品、服务以供进一步加工、制造产品或提供服务，然后销售或租赁给其他顾客使用、消费，并从中盈利的各种企业为购买单位组成。

一、生产者市场的特点

与消费者市场比较，生产者市场有以下明显不同：

（一）性质上是一种派生需求

生产者市场最重要的特点之一，是其购买需求随下游顾客需求的变化而变化。生产者用户需要为自己的顾客提供所需产品或服务以获得盈利，购买什么、不买什么很大程度上受到它们顾客的影响。如皮革商把毛皮或原皮卖给制革企业，制革企业加工皮革卖给制鞋企业，制鞋企业生产皮鞋卖给批发商，批发商购进、转卖给零售商，零售商再卖给消费者，形成一条环环相扣的供应链。

在实践中，这种派生需求的表现往往是多层次的。如市场对毛皮的需求，赖于制革企业对其需求，制革企业的需求又赖于制鞋企业需求，制鞋企业的需求则赖于消费者对皮鞋的需求。假如消费者从喜爱皮鞋转向其他材料的鞋，最终肯定影响到制革企业和其他毛皮生产者的销售。虽然消费者本身一般不会直接购买毛皮，他们仍然是皮革商、毛皮生产者购买什么的推动力。一个企业无论是否经营消费者市场，都要密切关注相关消费者市场的动态。

（二）需求弹性较小，波动性大

在生产者市场，需求的价格弹性相对较小。比如皮革价格下降，制鞋企业未必大幅增加购买，除非皮革是皮鞋成本的主要部分，或制鞋企业想要大幅降低皮鞋价格，或消费者会更多购买皮鞋；反之皮革价格上涨，制鞋企业也未必大大减少购买，除非找到了节省原材料的更好办法，发现了替代品，或消费者欲望转移。短期内，生产者用户的需求刚性明显。

由于生产者用户的购买从根本上取决于消费者需求，消费者市场的少量变化也可能引发生产者市场较大波动。因为作为工业用品的机器、设备一般使用寿命较长，产量不变时每年只需更新折旧的部分。但消费者市场需求增加，企业要扩大生产，所需新购置的机器设备就多。相反，消费者市场的需求稍减，会导致购买工业用品的投资下降。

（三）技术要求较高，购买程序复杂

工业用品通常由专业人员采购。他们不仅了解产品性能、质量、规格及技术等细节，采购方法、谈判技巧也更专业。作为供应商企业，还常常要提供技术资料乃至一系列售前服务，如成交前向客户演示并提供试用。

生产者用户的购买更多考虑成本、利润，行为较为理智。产品时效性强，专用性强，可替代性差。不仅要按时、按质、按量保证供应，对产品设计、产品性能、售后服务等要求也高。因此，生产者用户的购买不仅由“懂行”的专业人员负责，参加决策的人也较多，购买程序复杂。这些人在购买决策中扮演着不同角色，形成一个事实上的“采购中心”。

（四）顾客数目少，购买规模大

生产者市场的购买者绝大多数是企业，相对于消费者市场的数量要少很多，但每次购买规模、金额却大很多。

许多工业用品的购买者，甚至地域分布也相对集中。有的行业，往往几家买主占了大部分的购买量。例如空调、冰箱等行业上游的供应商，常常将其全部的产品作为材料或零部件售给一个家电企业，反过来某些家电企业也只要向一家或少数几家供应商采购。这给购销双方带来管理的方便和降低生产、经营成本的好处，同时也能使双方关系更密切。

（五）采用直接采购、互惠购买和租赁的形式

生产者用户常向供应商直接进货，不经中间环节，价格贵或技术复杂的项目尤其如此。有时候“你买我的，我买你的”，甚至三边或多边贸易关系。近年来还有一种趋势，就是厂房、写字楼、机器设备、车辆等价值高的项目，许多企业也不再自己购置，而是租赁。

二、生产者用户的购买类型

生产者用户由于集团消费、组织购买，其购买行为远比消费者复杂。一般来说，生产者用户的采购主要有三种类型：

（一）直接重购

用户按常规持续采购，即依据过去的订货目录和要求继续向原供应商订货，不做大的变动，也可能会有一些数量的调整。这是生产者市场最简单的一种购买类型。

直接重购的往往是要不断补充、频繁购买的产品，如生产所需的主要原材料。负责采购的有关人员在库存低于预定水平时，便会考虑通知进货。通常由同一供应商继续供货，除非该供应商出了问题，或发现了新供应商，而且供货条件、质量、价格等有更大的吸引力。

已进入用户“购买单”的供应商要继续努力保证产品质量、服务水平，并积极争取降低成本，以稳定现有顾客；未入用户视野的供应商，可以设法先争取小部分订货，使顾客通过使用、比较，重新考虑货源。

（二）修正重购

用户要求改变所购产品的规格、价格或其他条件，甚至提出更换供应商。这种类型的购买复杂一些，用户参与购买决策的人员也会多一些。由于用户要作某些或某方面的调整、改变，就可能改变供应商，或要求与原供应商重新洽谈、协商。

修正重购对已列入用户“购买单”的供应商是一种威胁，对未列入用户“购买单”的供应商则意味着机会。

（三）新购

用户初次购买，通常会有一整套标准并考虑一批可能的供应商。新购产品价值越高，风险越大，参与决策人员和所需信息越多。由于用户没有现成的“购买单”，购买行为会很

复杂——要考虑的购买问题、要经历的购买手续更多,购买过程时间更长。但对所有的供应商,这都意味着机会。

三、生产者用户购买过程的参与者

在采购过程中参与决策的个人、团体,分别扮演着以下角色中的一种或几种:

(1) 使用者。指具体操作、使用所购产品的有关人员。往往也是最初提议购买的人,对所购产品的品种、规格决策有重要影响。如果使用后达不到预期效果,使用者所受影响最大,因此他们的意见更为其他角色看重。

(2) 影响者。能直接或间接影响购买决定的人。他们可以自己的技术、知识施加影响,如强调要保持生产进度、维持设计要求;还可运用定价、交易方面的专业知识,协助决策者决定品种、规格等。

(3) 采购者。具有采购工作正式职权的人。通常负责选择供货单位、参加谈判。在较复杂的采购项目中,采购者还包括单位内部高层管理人员。

(4) 决策者。有正式和非正式权力决定购买与否的角色。在一般例行的采购中,采购者常常也是决策者;若是较复杂的采购,决策的往往是高层管理人员。决策者对其他参与者拥有否决权。查明谁是决策者,了解决策者的特点,对促成交易是十分必要的。

(5) 批准者。有权批准决策者或采购者所提方案的角色。

(6) 信息控制者。有能力控制信息流向决策者、使用者的人。

四、影响生产者用户购买行为的主要因素

(一) 环境因素

诸如经济前景、市场需求变化、技术发展情况、竞争态势、政治形势等。假如市场需求看好或是政府支持、鼓励某一产业发展,有关的生产者就可能增加投资,增加原材料采购和库存,以备扩大生产之需;若经济不景气或局势动荡,用户必然减少甚至停止购买。

(二) 组织因素

用户本身诸如目标、战略、政策、组织结构和制度体系等。例如,一个追求市场领先地标的生产者,往往对效率更高、更先进的机器有浓厚的兴趣;一个以勤俭办企业为方针的用户,可能更喜欢采购适用的二手设备。

(三) 人际关系因素

用户一方购买过程的参与者以及他们的职权、地位、态度、说服力及相互关系。供应商需要知道用户一方有多少人参与决策,他们是谁,能影响到哪些决策,他们选择、评价的标准是什么,单位里对他们有什么要求和限制。

重要的是把握有关人员承担的具体角色,在购买决策中的作用。例如谁是购买决策者,在大公司可能是负责采购的部门经理,小企业则往往是企业最高领导;有的单位,金额、数量较小的采购业务可以个人说了算,但大宗采购则要集体讨论、决定。此外,决策者固然重要,有时候工作却要从使用者、影响者开始,即使是信息控制者也不可掉以轻心。

(四) 个人特性因素

参与购买决策人员的年龄、教育、个性等及对风险感的认识各有不同。这些因素可能

影响到他们对拟购产品、品牌及供应商企业的感觉和看法。

五、生产者用户的购买决策过程

生产者用户的购买决策过程,理论上区分为 8 个阶段。在实践中,不是任何一项采购都要经历这样复杂的过程,见表 6-1。

表 6-1　产业购买过程的主要阶段

	新　购	修正重购	直接重购
认识需要	是	可能	否
确定需要	是	可能	否
说明需要	是	是	否
物色供应商	是	可能	否
征求供应建议书	是	可能	否
选择供应商	是	可能	否
签订合约	是	可能	否
评估	是	是	是

(一) 认识需要

生产者用户的购买,同样始于对需要的认识。在这个阶段,采购方考虑的重点是“是否需要”;供应商要多通过广告或访问,促使潜在顾客感觉“需要购买”。

(二) 确定需要

认识到需要的用户,还要明确所需的品种、特征和数量。如果产品复杂、非标准化,采购人员会与使用者如有关技术人员共同决定。这个阶段,采购方考虑的重点是“需要什么”;供应商要努力帮助客户确定所需产品、特征和数量,即“需要这个”。

(三) 说明需要

用户组织专人或指派专家小组,对拟购项目进一步分析,意在说明购买“是否值得”。“价值分析”(Value Analysis)是一种常用的方法。他们会调查、了解拟购项目是否具备必要的功能,并在保障效用的前提下考虑降低采购费用。担负此职责的专人或小组可能要出具技术说明书,作为进一步决策的依据。

供应商需要努力运用同样的价值分析方法,向潜在顾客说明其产品的优点和优势,争取成交机会。

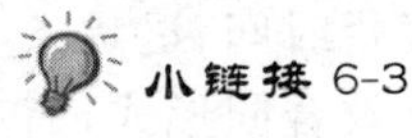

价 值 分 析

价值分析(Value Analysis,VA)又称价值工程法(Value Engineering,VE)。这种方法通过集体智慧和有组织的活动对产品或服务进行功能分析,使目标以最低的总成本(寿命周期成本)可靠地实现产品或服务的必要功能,从而提高产品或服务的价值。其主要思想是通过对选定研究对象的功能及费用分析,提高对象的价值。这里价值指的是反映费用支出与获得之间的比例,即:价值=功能/成本。

价值分析20世纪40年代起源于美国，劳伦斯·戴罗斯·麦尔斯(Lawrence D. Miles)是创始人。“二战”后由于原材料短缺，采购工作常常碰到难题。经过不断探索，麦尔斯发现一些相对不太短缺的材料，可以很好地替代短缺材料的功能。后来麦尔斯总结出一套解决采购问题的行之有效的方法，并把这种方法的思想及应用推广到其他领域，这就是早期的价值工程。

价值分析已发展为一门较完善的管理技术，在实践中也形成了一套科学的程序。通常围绕七个问题展开：(1)这是什么；(2)这是干什么用的；(3)它的成本多少；(4)它的价值多少；(5)有其他方法能实现这个功能吗；(6)新的方案成本多少，功能如何；(7)新的方案能满足要求吗？按照顺序回答和解决这些问题的过程，就是价值分析的工作程序和步骤。即：选定对象，收集情报资料，进行功能分析，提出改进方案，分析和评价方案，实施方案，评价活动成果。

（四）物色供应商

接下来，用户开始思考“谁能供应”的问题，即寻找符合条件的合格供应商。如果是初次采购，或所需品种复杂、价值很高，用户为此所费的时间可能较长。

作为供应商，此时应主动掌握主要的潜在顾客及其具体情况，加强沟通，在市场上建立良好“口碑”和声誉。

（五）征求供应建议书

用户挑选、邀请合格的供应商提交供应建议书。若品种复杂、价值较高，可能要求每个潜在的供应商提供书面材料，以从合格的供应商中找到合适的供应商。

供应商必须精于调研、提出建议。若书面提交，要注意善于从营销的角度，帮助用户分析该项采购对提升其盈利、竞争力或市场份额的意义，不能只是写成有关技术参数组成的文件；若是口头陈述，应能鼓舞对方信心。

（六）选择供应商

用户会讨论、比较各供应商的建议书，以决定最终的供应商。他们一般根据供应商的产量、质量、价格、信誉、技术服务和及时交货能力等，进行卖主分析，认定各供应商的吸引力。做出最后决定之前还可能与中意的供应商面谈，争取更好的价格和供应条件。最后从中确定一个或几个供应商为业务伙伴。

一般来说，用户多会同时保持几条供货渠道。比如同时向三家供应商购买同一产品，使卖方之间存在比较和竞争，努力做好供应。

（七）签订合约

生产者用户的有关部门根据所需产品的技术说明书、需要量、预期交货时间、退货条件和担保书等，与供应商签订协议。一般来说，多数生产者愿采取长期有效合同形式，而不是定期采购订单。因为采购次数少，每次必然量大，用户库存增加；反之，采购次数多，每次量小，库存可以减少。若能在需要时通知供应商按条件交货，库存就可由卖方负担，买方可实现无库存采购。

对于供应商来说，这可能使它与客户之间关系更加密切，更多依靠一条而不是多条供应渠道。新竞争者要涉足其间也更为困难，除非是客户对供应商价格或服务等出现了不满。

（八）评估

交货以后，采购部门会评估各供应商的表现。比如收集使用者的意见，要求他们对满意程度打分。然后决定继续要货还是修正重购，抑或停购。

供应商必须密切关注评估环节。例如，用户企业中的采购者与使用者是否依据相同标准评估，自己是否为客户提供了预期满足。

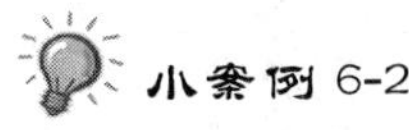
小案例 6-2

肯德基的供应链管理[①]

对大型餐饮连锁企业，强大的供应链管理体系是健康和持续发展的必练内功。百胜餐饮集团中国事业部主席兼首席执行官苏敬轼说，“百胜在中国取得好成绩的重要原因之一，就是我们在供应链管理上下工夫。即便‘自讨苦吃’也要管好供应商”。

供应链管理≠采购

百胜餐饮集团中国事业部首席供应链官陈玟瑞指出：供应链管理并非简单的采购。大型餐饮企业每天面临数量众多且种类繁杂的采购需求，只有科学系统的管理才能满足并保证几千家餐厅供应的高效、稳定与安全。

从田间到餐桌是一条很长的链。随着食品工业发展，链条会越来越复杂。复杂就意味着容易出问题。对企业来说，规模越大面临的供应链管理的任务越艰巨。

中国百胜有包括采购、品质管理、食品安全办公室在内的 439 位经理人组成的专业团队，管理 400 多家食品及相关供应商。“立基全球、扎根中国；积极管理、食品安全；质量为先、多元策略、有序竞争；上游延伸、新品研发。”陈玟瑞说，“这 36 个字概括了中国百胜的供应链特点。”

供应商全部由自己管理

大型连锁餐饮企业供应链管理主要有两种模式，一种由终端企业直接管理供应商；另一种是终端企业只对应一级供应商，一级供应商再对应上游诸多供应商。百胜的选择是第一种，“如果你的供应商就是一家，这个利益共生关系太大了，太大了就会就变成互相没有选择。很多问题就可能会被压着捂着，不能很好地解决。”也正是这种被苏敬轼比喻成“自讨苦吃”的供应链管理模式，在企业出现危机时体现了其价值所在。

2014 年 8 月的“福喜事件”，一度令肯德基、麦当劳、汉堡王等快餐连锁企业受到牵连，然而可以看到肯德基受到影响较小。即使第一时间全面停用上海福喜的原料，也没有发生断货情况，这背后体现的正是其供应链管理体系的优越性。

分散风险，供应商多元化

在百胜看来，使用单一供应商的管理相对简单，但风险高度集中。一旦这个供应商出了问题，后患和危害难以估量。多元供应商的好处，是避免双方利益捆绑太大，可以有效监督和牵制，但管理难度也由此产生。

如何管理好这 400 多家供应商？陈玟瑞介绍，“我们大多是不通知的‘飞行检查’，今

---

① 李丹. 肯德基“自讨苦吃”供应链管理再升级：从飞行检查到“吹哨人”制度建立[N]. 中国经营报，2014-12-20.

年还建立'吹哨人'制度，鼓励企业内部人士举报危害百胜食品安全的任何违法违规行为。这只是我们供应链管理中防范风险机制的一部分。""吹哨人"制度被视为第一时间发现公司不法行为最有效的途径。美国也发现，这是发现公司欺诈行为很有效的手段。

创造"软性比价"，引入良性竞争

通常，大型连锁餐饮机构会用竞标方式选取供应商。竞争带来品质保证，市场决定优胜劣汰。这样也可对采购人员形成约束，不易出现腐败现象。

如何选出这400家供应商？通过多年实践，百胜摸索出"软性比价"。即在质量为先的前提下，根据食品安全、质量和商务审核的总体绩效，供应商需先获得资格，然后以起始份额进行竞标。百胜对竞价最低的供应商提供奖励份额；其他供应商有机会跟标，但拿到较少份额。一次竞标失利的供应商，还有机会下次赢回份额。百胜鼓励供应商在产品质量和服务上进行竞争。通常一年两次，半年竞争一次，每次输赢不大。这种设计避免了过大的激励造成供应商恶性竞标。

苏敬轼表示，"我们是做一辈子的事业，不但着眼现在还着眼未来。你必须依赖上游，把它统统都要做好了，我们餐饮才能拿到好原料、可靠的原料。我们还要不断发展，要发展新产品，发展新的来源，还要把成本下降。这些都需要很积极地去做管理。"

购买者通常来自消费者市场和生产者市场。消费者市场是满足个人或家庭生活需要购买产品、服务的市场。生产者市场是一种典型的组织市场，由购买产品、服务供进一步加工、制造产品或提供服务，然后销售或租赁给其他顾客，并从中获取盈利的企业组织构成。

消费者购买行为受文化、社会、个人和心理等因素的影响。复杂的消费者购买决策一般分5个阶段，即认识需要、收集信息、评价选择、决定购买和购后感受。消费者通常以家庭或个人为基本单位消费，各个家庭成员和其他有关人员在购买决策中分别充当着发起者、影响者、决定者、购买者或使用者的角色，构成"购买组织"。消费者如何购买还因其情境而异，分为复杂的购买行为、减少失调感的购买行为、简单的购买行为和寻求多样化的购买行为等购买类型。

生产者市场的基本特点是集团消费、组织购买。其购买过程的参与者，有使用者、影响者、采购者、决策者、批准者和信息控制者等角色。供应商必须清楚谁是主要的决策者，他们能影响哪些决策以及影响力，每一位决策者的评估标准。生产者用户的购买行为有直接重购、修正重购和新购等三种类型。新购一般要经历认识需要、确定需要、说明需要、物色供应商、征求供应意见书、选择供应商、签订合约和评估等过程。

1. 文化因素、社会因素、个人因素等怎样对消费者行为及企业营销决策发生影响？
2. 在消费者购买决策过程中，企业可以从哪些方面做好营销工作？

3. 分析消费者的购买组织对营销决策的意义。

4. 分析消费者购买行为的不同类型对营销的要求。

5. 比较生产者市场与消费者市场的不同特点。

6. 在生产者用户的购买决策过程中,作为供应商企业应该做好哪些营销工作?

电商:如何抓住不同类型的消费者?

作为电商,常常会遇到各种各样的消费者。了解他们的消费特征和行为习惯,才能更加精准地制定营销措施。

(1) 高要求的消费者。他们只买最潮款式、牌子和最新技术产品。只买最好的,也敢于炫耀,不介意会让朋友嫉妒。可投其所好,让他们一眼看到最新产品,并伴有"总订单达××金额后优惠"的承诺提高他们的消费金额。

(2) 心不在焉的消费者。常常下单,但因为各种原因没有完成购买,购物时往往手头有别的事情在忙。可通过优惠承诺刺激他们完成订购;提醒查看以前没有买下的东西,比如告知存货已经不多,再不付款订单可能失效。

(3) 深思熟虑的消费者。他们货比三家,总是三思而后行,期待价格还有下降空间。可在其购物过程中给予正面强化,比如展示客户评价以说服他们购买;或给予一些引导,告知物有所值。

(4) 活跃的消费者。他们喜欢网购,遇到中意的东西刚有打折就会下定决心。享受在各大购物网站浏览的快乐,但不一定买很多东西。可尝试不同的促销手段,如秘密降价、每日特价和限时抢购等,也可根据他们已买的推荐相关产品。

(5) 拒付运费的消费者。他们最不喜欢运费,只去减免运费的网店购物。小商家不妨将运费包含价格中,也避免了买家讨价还价;或推行"买满多少,运费减免多少"的措施。

(6) 喜欢节约的消费者。他们更看重的是"省了多少",而不是东西有多需要;也不很在意商品的微小瑕疵或折旧。可设法让他们更容易看到便宜商品,以及清仓甩卖的优惠信息。

(7) 忠诚的消费者。喜欢参加忠诚顾客计划、追求购买奖励,无形中比别的消费者花费更多。可不断提醒他们,购买指定商品可获积分奖励等,消费可以成为网店会员、享受××折优惠。

(8) 井井有条的消费者。他们购物目标明确,直接利用网站导航或搜索功能寻找,不希望受促销信息打扰。可给予购物指导,帮助他们更快找到想要的,同时推荐一些适合的产品。

(9) 大笔加入购物车的消费者。喜欢先将所有喜欢的加到购物车,然后根据价格等慢慢考虑。每日特价、限时抢购和秘密降价等措施较为实用,还可根据他们购物车上的货物推荐补充商品。

(10) 急躁的消费者。他们不喜欢花时间网上浏览,只想马上找到想买的,一会儿没找到就另换一家。可以良好的网站体验，包括推送一些大胆的促销信息吸引眼球。如果他们没下订单就离开了网站，必须快速利用他们刚刚浏览过的商品优惠把他们赢回来。

资料来源：单仁资讯.如何抓住不同类型的消费者[EB/OL].第一营销网(http://www.cmmo.cn/article-117233-1.html),2012-11-9.

讨论题

1. 你是否同意以上对网络购物消费者的分类和分析？为什么？

2. 试以购买决策需要的介入程度和可供选择的品牌差异，分析网络购物消费者的主要购买类型、特点以及相应的营销措施。

3. 概括和比较影响网络购物消费者购买行为的主要因素。

课后实践

1. 目的

(1) 了解现实中生产者或组织机构用户的购买(采购)行为及其特点。

(2) 认识生产者或组织机构用户购买决策过程不同阶段的特点，营销工作的重点、难点。

2. 内容和要求

(1) 选择一家企业或其他组织机构调研，了解其购买(采购)的基本程序和规章制度。

(2) 尝试对其购买(采购)行为进行分类，分析购买(采购)决策过程的参与者(使用者、影响者、采购者、决策者、批准者和信息控制者等)及影响力。

(3) 模拟营销人员的角色，讨论对其开展营销工作的重点和难点。

3. 步骤

(1) 任课教师说明实践目的、任务、进度和要求。

(2) 可以全班分成若干小组，各小组分别准备。包括复习相关教学内容、补充阅读参考文献；通过互联网收集拟调研企业相关资料，形成初步认识；统一工作思路，完成调查提纲。

(3) 在组长带领下，在拟调研企业或其他组织机构完成访谈、讨论。

(4) 在一手资料收集、整理的基础上，组长组织小组课外讨论，形成小组报告。

(5) 分小组展示与报告，进行课堂讨论，由任课教师点评、总结。

第七章　市场调研与市场预测

本章提要

通过本章的学习，了解市场营销调研的过程，熟悉市场营销二手数据收集、评价和原始数据收集的主要方法，了解市场需求的含义及市场反应函数的内容，掌握市场需求预测的主要方法。

本章知识结构图

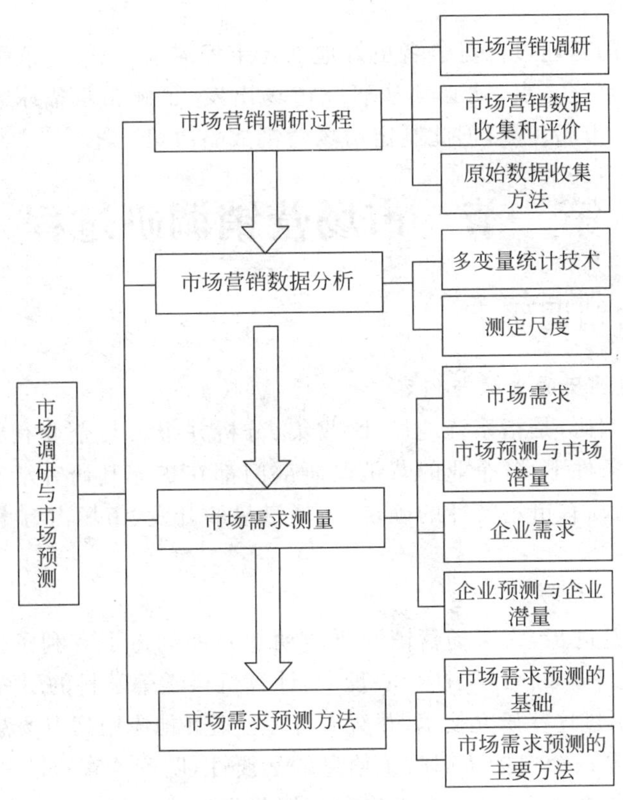

重要概念

市场营销调研；二手数据；原始数据；实验法；专家估计法；多元回归；因素分析；市场需求；市场营销力量；市场反应函数；市场潜量。

2015年宏观经济继续调整结构，提升效率，低迷的国内需求和持续的通缩压力都会令购车者更加理性。在复杂的市场情况下，各大车企都使出浑身解数来对冲经济低迷对市场的影响，仅在1月，就有36款大改款、小改款、增配车型推向市场。2015年的重磅SUV将超过30款，预计SUV销量在510万辆左右，增速为25%。根据对于市场需求的调查预测，2015年车厂的压库难度将大于往年，市场需求平稳后，车商清库存的难度会加大，经销商降价促销的效果也会受到影响。经销商更加谨慎地制订促销方案和营销计划。以往，中国车主习惯在各种促销高峰期购车，而车企、车商也会积极配合这个节奏，在五一、十一等购车季推出专门的促销政策来提振销量。而一旦未来市场需求平稳，经销商则需要花更多时间研究市场的需求潜量，并制定消费者更容易接受的优惠计划，促销成本将因此提高。

营销启示：

市场调研和市场预测有助于企业把握市场趋势，及时调整经营策略。

市场营销的目的是通过比竞争者更好地满足市场需求，赢得竞争优势，进而获得合理的利润收入。要做到这一点，就必须从研究市场出发，了解市场需求及竞争者的最新动态，进行市场调研和市场预测，据此制定市场营销战略决策。

第一节　市场营销调研过程

一、市场营销调研

（一）市场营销调研的含义与内容

所谓市场营销调研，是指系统地设计、收集、分析并报告与企业有关的数据和研究结果。现代市场经济条件下，各企业的营销调研部门都在扩充其研究活动和研究技术。其中，最主要的研究活动有市场特性的确定、市场潜量的开发、市场占有率分析、销售分析与竞争。

（二）市场营销调研技术

调研技术的日益进步，为市场营销调研活动的开展创造了有利条件。在这些研究技术中，凝结着诸如经济学、统计学、社会心理学、计算机科学等学科的研究成果，市场营销调研人员要善于学习引进这些研究技术，并努力将之创造性地应用到市场营销调研实践中去。

市场营销调研是一个包括认识收集信息的必要性，明确调查目的和信息需求，决定数据来源和取得数据的方法，设计调查表格和数据收集形式，设计样本，数据收集与核算，统计与分析，报告研究结果等在内的复杂过程。在此过程中，既有定量研究又有定性研究。

定量研究一般是为了对特定研究对象的总体得出统计结果而进行的。300多年前，牛顿的《自然哲学的数学原理》和配第的《政治算术》，开辟了自然科学和社会科学数量化的时代。马克思在谈到配第时说："他不是把一连串比较级和最高级词汇同空论拼凑在一起，而是立志用数字、权重和测量来说话，只利用从感观的经验中得出的论据，只研究在自然界中具有可见的根据的原因。”马克思认为：“一种科学只有在成功地运用了数学以后，才算达到了完善的地步。”将数学运用于管理学，可以深入揭示仅靠定性分析难以表达的现代经济错综复杂的相互关系及其变动趋势（特别是动态、非线性的、不确定性的关系），可以提出管理决策的性质、方向、力度和边界，并预测其直接效果和间接效果。在营销调研中，必须高度重视定量研究，以便使搜集到的信息和调研得出的结论能够充分反映市场需求与营销环境的客观现实。

定性研究具有探索性、诊断性和预测性等特点，它并不追求精确的结论，而只是了解问题之所在，摸清情况，得出感性认识。定性研究的主要方法包括与几个人面谈的焦点小组、要求详细回答的深度访问，以及各种投影技术等。

二、市场营销数据收集和评价

市场营销调研部门将大量的时间与精力用在收集数据上，因为只有收集到充足的原始数据，才有可能得出正确的市场营销调研结果。所以，企业营销管理人员必须对收集数据的主要方法有所了解。

解决某一问题所需要的信息，也许目前已经存在，也许尚不存在。经过编排、加工处理的数据，称为二手数据；企业必须首次亲自收集的数据，称为一手数据或者原始数据。很多时候，市场营销研究中所需要用到的数据都是二手数据，因此如何对二手数据进行收集和评价，是每一个市场营销人员都必须能够清楚准确地回答的问题。

（一）二手数据的主要来源

市场营销调研人员应首先注意利用现有信息来源收集解决问题所需的数据。这些数据，可能存在于企业信息系统，也可能存在于经销商、广告代理商、行业协会信息系统内，也可能出现于政府出版物或商业、贸易出版物上，还可能需从提供市场营销信息的企业购进。假如研究人员所需的数据能从现有来源找到，则可省去大量时间与费用。但是，研究人员无论如何也要认真评估二手数据的质量，因为这种数据是在过去出于不同目的或在不同条件下收集来的，其实用性自然会受到限制。某些市场营销调研人员每当发现他所长期寻找的数据已印成文字时，往往欣喜若狂，乐不可支，不加严格审查、评估就直接引用。这是相当危险的，往往招致不可挽回的损失。所以，市场营销调研人员及管理人员对业已存在的二手数据必须进行严格审查与评估。

（二）评估二手数据的标准

审查与评估二手数据的标准有 3 个：

1. 公正性

所谓公正性，是指提供该项数据的人员或组织不怀有偏见或恶意。一般来讲，研究人员都会认为政府提供的统计数字或商业组织提供的数据都没有歪曲或偏见。但在某些情况下，个别民间组织（如行业协会等）所出版的某些数据可能故意被用来显示某行业好的一面。

2. 有效性

所谓有效性，是指研究人员是否利用了某一特定的相关测量方法或一系列相关测量方法来收集数据。例如,利用各个不同历史时期的钢铁价格来测量钢铁的实际价格,就不具备有效性。因为钢铁的价格在不同的历史时期势必有所不同。

3. **可靠性**

所谓可靠性,是指从某一群体中抽出的样本数据是否能准确反映其整个群体的实际情况。例如,从随机抽出的5 000个样本所得出的数据,可能要比随机抽出50个样本所得出的数据更能准确地反映实际情况。

三、收集原始数据的主要方法

收集原始数据的主要方法有4种,即观察法、实验法、调查法和专家估计法。

(一)观察法

当现有数据来源不能提供解决市场营销问题所需的数据时,企业必须进行原始数据的收集。观察法就是一种常用的重要方法。所谓观察法,是指通过观察正在进行的某一特定市场营销过程,来解决某一市场营销调研问题。例如,国外有些企业在超级市场的天花板上安装电视照相机,追踪顾客在店内的购物过程,据此来考虑重新陈列产品,以便于顾客选购;还有些在商店内某些罐头产品货架上安装电视照相机,记录顾客目光的运动过程,以弄清顾客如何浏览各种品牌。此外,观察法还可用于研究售货技术、顾客行为、顾客反应等市场营销问题。

观察法的主要优点在于客观实在,能如实反映问题。不足之处是运用这种方法很难捕捉到被观察者的内在信息,譬如他们的收入水平、教育程度、心理状态、购买动机以及对产品的印象等。此外,被观察者的行为或环境无法加以控制。为了试验特定市场营销刺激对顾客行为的影响,必须引进若干控制方法。实验法就是这样一种方法。

(二)实验法

为了测验特定营销刺激对顾客行为的影响,必须引进若干控制方法。实验法就是这样一种方法。

1. **实验法与实验过程**

所谓实验法,是指将选定的刺激措施引入被控制的环境中,进而系统地改变刺激程度,以测定顾客的行为反应。由于排除或控制了许多没有研究意义的因素,因此,研究人员所观察到的影响可以被认为是采取的某些刺激措施所致。控制环境的目的,在于将那些也可能解释被观察现象的竞争性假设排除掉。如果我们把实验本身视为一个由许多投入影响主体并导致产出的系统,则可对实验法有一个更清楚的认识。

(1) 实验主体。是指可被施以行动刺激,以观测其反应的单位。在营销实验里,主体可能是消费者、商店及销售区域等。由于人是营销实验的最后主体,因此必须注意处理好如下问题:测量仪器问题,即如何找到一个能十分准确地测量知觉、偏好或购买行为的工具;对照组问题,即在实验开始之前如何找到一组可供比较的主体;一致性问题,即在实验中对相同的环境投入因素如何确保其可比性的展露度;反应偏差问题,即如何从参与实验的群体中获得可信赖的行为。

(2) 实验投入。即研究人员将试验其影响力的措施变量。在营销实验里,实验投入可能是价格、包装、陈列、销售奖励计划或营销变量。

(3) 环境投入。即影响实验投入及其主体的所有因素。在营销实验里,环境投入包括竞争者行为、天气变化、不合作的经销商等。一般来讲,许多环境投入因素对于实验结果并无太大影响,而那些对结果有影响的环境投入则得到了某种程度的控制或至少可加以测量。比较难办的是那些尚未觉察或虽已觉察但其对结果的影响不能控制或测量的环境投入。解决这一难题的办法有两种:一种是扩大样本数,把例外环境因素造成的影响冲淡;另一种是设立一个相当于实验组大小但不接受实验投入因素的控制组,这是因为该控制组能掌握所有非控制投入因素的影响,以利于调整被混淆的实验组产出。

(4) 实验产出。也就是实验结果。在营销实验里,这种结果主要包括销售额的变化、顾客态度与行为的变化等。在评估营销刺激的影响时,销售额既是最后的产出也是最有力的产出。为便于对实验结果进行评估,在实验前就应预先制定决策准则,例如,如果两种包装所导致的销售差异等于或大于某数值,则企业应选择那种较受欢迎的包装投入生产;如果两种包装的销售差异小于某一数值,则任何一种包装都可投入生产。在这里,选择销售差异的数值是关键。管理人员必须认真考虑现行决策准则的误差特征、各种可能性误差的经济损失以及决策前的判断等问题。

2. 实验设计的主要类型

所谓实验设计,是指决定主体数目的多少、实验时间的长短以及控制的类型等。例如,一项关于开办展销会是否会提高经销商销售额的实验设计,可以有以下5种类型:

(1) 简单时间序列实验。其主要步骤是:首先,选择若干经销商并检查其每周销售情况;然后,举办展销会并测量其可能的销售额;最后,将该销售额与以前的销售额相比较,做出最后决策。

(2) 重复时间序列实验。即将展销会时间延长数周,然后在一段时间内停止展销,再展销一段时间后又停止,如此进行几个循环,在每一个循环时间内都要注意销售变化并求出其平均值。在这一过程中,要注意剔除特殊事件的影响。

(3) 前后控制组分析。即在展销前首先选定两组经销商,并分别检查其销售状况;然后,只让其中一组举办展销会,并同时检查两组的销售状况;最后,比较控制组与实验组的销售状况,并对其销售差异进行统计显著性分析。

(4) 阶乘设计。除了举办展销会,营销调研人员还可对其他营销投入措施的影响力量进行试验。这样,实验结果对管理人员会更具说服力。例如,制造商试图对3种展销会、3种价格水平、3种保证措施进行实验。在这里,有27种(即 $3\times3\times3$)实验投入组合,我们可以找到 $27n$ 个(n 为正整数)厂家同时进行实验,以估计不同的展销会、不同的价格水平以及不同的保证措施的个别影响力量。

(5) 拉丁方格设计。上面谈到,阶乘设计法涉及27种不同的实验投入组合。如果实验投入因素之间不存在相互联系、相互影响的关系,则可用拉丁方格设计法,仅试验9种(即 $3+3+3$)组合,简单估计投入的个别影响。这样,就可以减少多因素实验设计的成本费用。

从本质上说,市场营销调研的实验活动与自然科学的实验活动是相同的。但是,市场测试、新产品试销等并不是在周密控制的实验室里进行的,而是在现实市场上以活生生的人群为对象来进行。因此,在实验设计时必须注意那些在实验室实验中无须考虑的因素。

（三）调查法

企业借助调查可以获得较为广泛的数据，并且对许多问题的研究都较具实用性。通过调查可以收集的信息包括社会经济特征，消费者态度、意见、动机以及公开行为等。在营销调研中，调查研究是收集有关产品特征、广告文稿、广告媒体、促销及分销渠道等信息的有效方法。整个调查研究过程由4个主要步骤组成，即确定研究目的、制定研究战略、收集数据、分析数据。

1. 确定研究目的

研究目的可能是进一步了解市场，也可能是寻求增加销售额的实际构想，还可能是寻找数据证实或推翻原有的见解。确定研究目的可以使问题进一步简化。

2. 制定研究战略

为实现业已确定的研究目的，研究人员还必须确定调查方法、研究工具与抽样计划。这3方面的内容构成了一套研究战略。

(1) 调查方法。调查方法主要有3种，即电话访问、邮寄问卷以及人员访问，这3种方法的特点、相对优势和劣势见表7-1。

表7-1　3种调查方法的特点、相对优势、相对劣势比较

调查方法	特　点	相对优势	相对劣势
电话访问	可获得最迅速、最及时的信息	(1) 访问人员可与多人交谈，并可及时澄清疑难问题；(2) 反应率也比邮寄问卷高	(1) 访问只限于有电话的家庭；(2) 谈话时间受限制，不能问太多问题
邮寄问卷	具有较强的可送达性和可接近性，在调查那些不愿接受访问或对访问人员抱有偏见的对象时，邮寄问卷是最有效的调查方法	最经济、实用	(1) 问题的用语必须简单明了而且问题不能太多；(2) 问卷的反应速度太慢且反应率也最低
人员访问	最富有灵活性	可以提出许多问题，并且还可以察言观色，及时补充、修正面谈内容	需花费很高的成本

(2) 研究工具。研究工具的选择，主要取决于所要收集的信息类型与收集方法。如果只需少量答案，则最好用电话访问或邮寄问卷。拟定一份完善的问卷需要有相当的技巧与学问，并特别注意所问问题的类型、措辞、形式以及次序。在问题类型上易发生的错误，主要是问一些无法回答的问题、不愿回答的问题、不必回答的问题，而忽略了必须回答的问题。当问题类型确定后，问题形式的不同也会导致不同的调查结果。问题形式有开放式和封闭式两种。开放式问题是指反应者（被访者）可自由回答的问题。例如，"你为什么选用这种品牌的产品？""你对不锈钢剃须刀有何看法？"等。封闭式问题是指在问题后面已给出几种可能的答案，由反应者选出最合适的答案。反应者的回答方式可能是二选一（称为二元化问题），也可能是多选一（称为多重选择问题），还可能是选择一个数量指标（称为量表化问题）等。开放式或封闭式问题的选择，会影响反应者的思路、访问成本以及

将来的分析质量。在问题形式确定后，问题措辞也必须慎重处理。问卷设计人员必须力求使所提问题的措辞简明扼要、没有偏见、不引人误答。"是否"、"曾否"等措辞与提问的次序有关。一般来讲，开始的提问必须能引起回答者的兴趣，所以开放式问题适宜放在前面提问。凡是困难问题或私人问题都应留在最后，以免回答者因产生厌烦情绪而中断回答。

(3) 抽样计划。抽样调查是一种非全面调查，它是从研究对象中抽取部分单位进行调查，并用调查结果来推断总体的一种调查方法。根据抽取样本单位的方式不同，抽样调查大致可以分为两类。一类是概率抽样，或称随机抽样；另一类是非概率抽样。我国一般只把概率抽样称作抽样调查，非概率抽样则称为典型调查、重点调查等。抽样计划涉及3个问题：抽样单位、抽样方式及样本数目。抽样单位是指总体中所有被调查的对象或范围。例如对消费者调查的抽样单位可能是某市(或省、市、县、乡等)的所有消费者家庭等。抽样方式随研究目的不同而有所不同，探索性研究仅用非概率抽样程序就可以了，但是，为了对总体进行正确的定量估计，必须使用随机抽样，使总体中的每一成员被抽中的机会均等，并使总体中的次数分布与样本分布相适应。通常从两个方面评价某种抽样方式的优劣，一是精确度标准，二是调查费用的多少。

3. *原始数据的实地收集*

在确定了研究战略之后，营销调研人员还需进行数据的实地调查、收集工作。这一阶段所花费的成本最高，可能出现的错误也最多。常见的主要问题如下：

(1) 被访者未遇。当被访者不在家或没有时间接受采访时，访问人员必须下次再来，或是访问另外的对象。

(2) 拒绝合作。如果找到预定的访问对象后，访问人员必须能够引起被访者的兴趣。如果时间不允许或调查无意义，被访者可能不合作。

(3) 回答偏差。访问人员必须鼓励对方正确思考和回答问题。对方有时为了尽早结束访问或由于其他原因，常常随意应付所问问题，对此，访问人员应胸中有数。

(4) 访问人员偏差。访问人员在面谈过程中可能无意识地带有偏差，这往往是由于性别、年龄、态度、语言等原因所致。此外，访问人员也可能有意识地引入偏见数据。譬如，分配给自己的问卷总急于填好，越快越好；或自己懒得外出，却说对方不合作；甚至自己在家里填答，欺骗企业。这些偏差都应注意事先预防。从总体来看，营销测定比自然科学测定所带来的问题大得多。

营销调研人员在开展研究调查的过程中，必须为能满足可靠性和有效性两种要求而努力。可靠性与测定的随机误差有关，随机误差越小，可靠性越大。可靠性关系到数据的首尾一致性。而有效性则与实际测定程度有关，它关系到系统误差和随机误差两个方面。检查数据可靠性的方法有：如果是访问调查，可以比较研究人员调查结果的差别程度；对同一调查对象另派研究人员进行一次复查，从中发现两次调查结果的分歧所在；用变换提问的方式来核实是否会得到同样的结果。在检查数据有效性时，可用如下方法：依靠经验丰富的人来判断；与同类调查结果进行比较；验证其是否和理论上的推理有矛盾；与相关性高的测定值相比较。

4. 分析数据

调查法的最后一项工作，是从大量数据中抽象出重要的证据，来证实研究的结果。分析数据是指对数据进行整理、编码、分类、制表、交叉分析及其他统计分析，并提出研究报告的工作过程。报告的开始部分要有摘要，把主要发现和建议写出来，而将详细的技术性问题留在报告正文内，待管理人员有时间或有兴趣时再仔细阅读。

（四）专家估计法

当企业没有充足的时间来进行一项严谨的科学抽样调查，或即使用科学研究方法也不能收集到适当的数据时，采取专家主观估计的数据也不失为一种好办法。

市场营销调研人员需要从专家那里收集如下判断性信息：点估计（如市场规模的估计等）、销售反应函数（即销售额随营销因素的变化而变化的关系）、某一事件的不确定性、对某些变数的评分或赋予的权数。

市场营销调研人员在询问上述估计值时，既应清楚地表达出自己需要哪些数据，又要使回答的人感到容易回答。例如，下面的 3 个问题刚一看好像问的是同一件事情，但事实上意义不同：

（1）你估计最可能达到的销售量是多少（指众数）。

（2）假如你有相同机会推销的话，你估计能销售多少（指中位数）。

（3）根据以往的经验，你估计能销售多少（指算术平均数）。

在向推销人员、产品经理、经销商或其他人员询问估计数据时，必须注意，不要采纳那些主观臆造的数据，而应要求他们提出符合实情的数据。例如，当价格提高时，如果要求推销人员估计销售额，则他们常做悲观的估计，因为他们认为价格一提高，推销工作就更难进行。又如，当企业打算削减广告预算并征求广告经理意见时，他必定说这样做会给企业带来损失，尽管他有时明知短期内销售不会下降。这是由于广告预算一经削减就很难恢复，同时他在企业里的相对影响力也和广告预算的大小成正比例。为了对付这些可能的偏差估计值，企业可采取两种措施：一是奖励那些估计正确的人员；二是保存好每年每月的估计记录，以了解偏差估计的趋势。

在收到各专家的估计值后，有时还会遇到一个如何平均的问题。如果各估计值很相近，则研究人员可用算术平均数法或中位数法算得综合估计值。如果各估计值相差太远，则研究人员须另找办法，他可以邀请各专家一起讨论其差异原因，也可以运用某种加权平均法来综合各专家的估计值。权数的确定有 4 种方法：

（1）对各专家的估计值给予相同的权数；

（2）对研究人员认为比较高明的专家给予较高的权数；

（3）根据专家自己认为的高明程度给予相应的权数；

（4）对过去估计较准的专家给予较高的权数。

第二节　市场营销数据分析

在收集了大量数据之后，市场营销调研人员还必须借助多变量统计技术将数据中潜在的各种关系揭示出来。

一、多变量统计技术

多变量统计技术包括分析两个或两个以上变量间关系的各种技术，可归纳为两大类：一类是为综合评价服务的方法，即对某一事物分析其各种特性以及这些特性之间的相互关系，并将有关数据归纳为少数几个综合特征值的方法，包括因素分析、主成分分析、聚类分析、多维尺度分析、潜伏结构分析等。另一类是为预测服务的方法，即把列举出的特性区分为说明变量和基础变量，根据从说明变量中得出的信息来预测基础变量的方法，包括多元回归分析、方差分析、协方差分析、自动干扰探测分析、判别分析、联合测定分析、规范关联分析等。本节拟就多元回归分析、判别分析和因素分析做一简单介绍。

（一）回归分析

任何一个营销问题都要涉及一组变量，而营销调研人员主要对其中的一个感兴趣，他要了解在不同的时间、地点该变量的变动情况。这个变量就叫作因变量。营销调研人员在确定了因变量之后，还要进一步考察其他变量在不同的时间、地点对因变量的变动有何影响。这类变量叫自变量。所谓回归分析，是指一种表述自变量对因变量影响的公式技术。

如果在回归分析中，统计方程式只涉及一个自变量，我们称该方程式为简单回归；如果涉及两个或两个以上自变量，我们称该统计方程式为多元回归。

（二）判别分析

在许多营销问题中，因变量往往是分类型变量而不是数值型变量，在这种情况下就无法运用回归分析。例如：某摩托车厂希望解释顾客对三种品牌的偏好程度；某洗衣粉厂试图根据对其产品使用量的大、中、小来确定购买者的特征；某百货公司想判别将来可能成功和不能成功的商店地理位置。在上述情况中，都是将两个或两个以上的群体根据某特征予以明确分类，使任何一个群体都归属于某一类，目的在于发现重要的判别变量，使之组合成为可预测的公式。这种解决问题的方法，就是判别分析。

（三）因素分析

在许多多元回归分析和判别分析中经常遇到的一个问题就是多元共线性，即各变量之间有密切的关联性。多元回归分析要求所使用的各变量要真正独立，即不但只影响因变量，而且也不受因变量影响。所有每对变量间的简单相关系数，可以显示出一变量与另一变量的相关程度，据此研究人员可从密切相关的一对变量中去掉一个。另一解决办法就是应用因素分析，从一组相关变量中找出一些真正相互独立的自变量。因素分析是一种用来确认一组相关变量中真正造成相关的基本因素的统计技术。这种方法假设：相关之所以会发生，是由于有一些基本因素与其他变量在某种程度上相同。在营销领域，因素分析主要用于确定对航空旅行、对企业、对产品以及对广告媒体等态度的基本因素，这样，可以大大减少回归分析中自变量的个数。

二、测定尺度

在定量研究中，信息都是用某种数字来表示的。在对这些数字进行处理、分析时，首先要明确这些信息数据是依据何种尺度进行测定、加工的。尺度可以分为4种类型，即名义尺度、顺序尺度、间距尺度和比例尺度。

（一）名义尺度

名义尺度所使用的数值，用于表现它是否属于同一个人或物。

（二）顺序尺度

顺序尺度所使用的数值的大小，是与研究对象的特定顺序相对应的。例如，给社会阶层中的上上层、中上层、中层、中下层、下下层等分别标为5、4、3、2、1或者3、2.5、2、1.5、1就属于这一类。只是其中表示上上层的5与表示中上层的4的差距，和表示中上层的4与表示中层的3的差距，并不一定是相等的。5、4、3等是任意加上去的符号，如果记为100、50、10也无妨。

（三）间距尺度

间距尺度所使用的数值，不仅表示测定对象所具有的量的多少，还表示它们大小的程度即间隔的大小。不过，这种尺度中的原点可以是任意设定的，但并不意味着该事物的量为“无”。例如，0℃为绝对温度273°K、华氏32°F。名义尺度和顺序尺度的数值不能进行加减乘除，但间距尺度的数值是可以进行加减运算的。然而，由于原点是任意设定的，因此不能进行乘除运算。例如，5℃和10℃之间的差，可以说与15℃和20℃之间的差是相同的，都是5℃。但不能说20℃就是比5℃高4倍的温度。

（四）比例尺度

比例尺度的意义是绝对的，即它有着含义为“无”量的原点0。长度、重量、时间等都是比例尺度测定的范围。比例尺度测定值的差和比都是可以比较的。例如，5分钟与10分钟之间的差和10分钟与15分钟之间的差都是5分钟，10分钟是2分钟的5倍。比例尺度可以进行加减乘除运算。

在市场营销调研中，很多内容或研究项目都不具备比例尺度或间距尺度的条件，应注意在处理这些问题时，不要出现失误。

第三节　市场需求测量

企业从事需求测量，主要是进行市场需求和企业需求两个方面的测量和预测。市场需求和企业需求的测量都包括需求函数、预测和潜量等重要概念。

一、市场需求

估计市场需求是评估营销机会的重要步骤。某个产品的市场需求是指一定的顾客在一定的地理区域、一定的时间、一定的营销环境和一定的营销方案下购买的总量。

（一）市场营销力量与市场需求

市场需求对产品价格、产品改进、促销和分销等一般都表现出某种程度的弹性。因此，预测市场需求必须掌握产品价格、产品特征以及市场营销预算等的假设。我们可用市场营销力量(Marketing Efforts)来描述企业所有刺激市场需求的活动。其影响力可分为4个层次：

(1) 市场营销支出水平。即所有花费在市场营销上的支出。

(2) 市场营销组合。即在特定期间内企业所用市场营销工具的类型与数量。

(3) 市场营销配置。即企业市场营销力量在不同顾客群体及销售区域的配置。

(4) 市场营销效率。即企业运用市场营销资金的效率。

(二) 市场反应函数

认识市场需求概念的关键在于市场需求不是一个固定的数值,而是一个函数。因此,市场需求也被称为市场需求函数或市场反应函数,如图 7-1 所示。在图 7-1 中,横轴表示在一定时间内的行业营销费用,纵轴表示受营销费用影响的市场需求的大小,曲线表示行业营销费用与市场需求之间估计的对应关系。

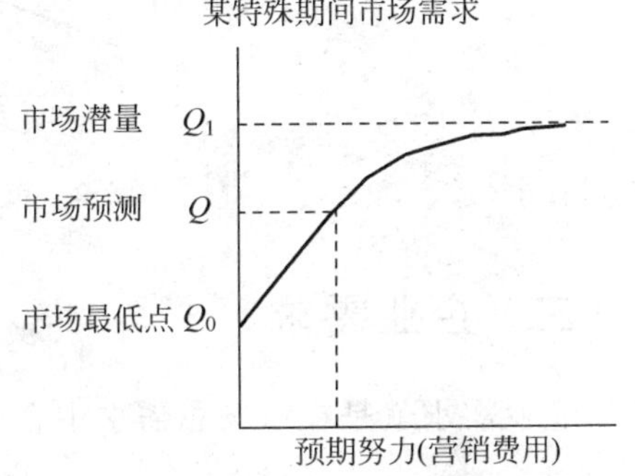

图 7-1 行业市场营销费用

可以想象,即使没有任何需求刺激,不开展任何营销活动,市场对某种产品的需求仍会存在,我们把这种情形下的销售额称为基本销售量(亦称市场最小量)。随着行业市场营销费用增加,市场需求一般亦随之增加,且先以逐渐增加的比率,然后以逐渐降低的比率增加。在市场营销费用超过一定数量后,即使市场营销费用进一步增加,但市场需求却不再随之增长,一般把市场需求的最高界限称为市场潜量。

市场最小量与市场潜量之间的距离表示需求的市场营销灵敏度,即表示行业市场营销对市场需求的影响力。市场有可扩张的和不可扩张的市场之分。可扩张的市场,如服装市场、家用电器市场等,其需求规模受市场营销费用水平的影响很大。不可扩张市场,如食盐市场等,几乎不受市场营销水平影响,其需求不会因营销费用增长而大幅度增长。需要指出的是,市场需求函数并不是随时间变化而变化的需求曲线,即它并不直接反映时间与市场需求的关系。市场需求曲线只表示当前市场营销力量与当前需求的关系。

二、市场预测与市场潜量

行业市场营销费用可以有不同的水平,但是在一定的营销环境下,考虑到企业资源及发展目标,行业营销的费用水平又都必须是有计划的。同计划的营销费用相对应的市场需求就称为市场预测。这就是说,市场预测表示在一定的营销环境和营销费用下估计的市场需求。

市场预测是估计的市场需求,但它不是最大的市场需求。最大的市场需求是指对应于最高营销费用的市场需求,这时,进一步扩大营销力量,不会刺激产生更大的需求。市场潜量是指在一定的营销环境条件下,当行业营销费用逐渐增高时,市场需求达到的极限值。这里,有必要强调“在一定的营销环境下”这个限定语的作用。我们知道,营销环境变化深刻地影响着市场需求的规模、结构以及时间等,也深刻地影响着市场潜量。例如,对于某种产品来说,市场潜量在经济繁荣时期就比在萧条时期要高。这种关系可以表示成图 7-2 所示的情形。企业一般无法改变市场需求曲线的位置,因为这是由营销环境决定的，企业只能根据营销费用水平，确定市场预测在函数曲线上的位置。

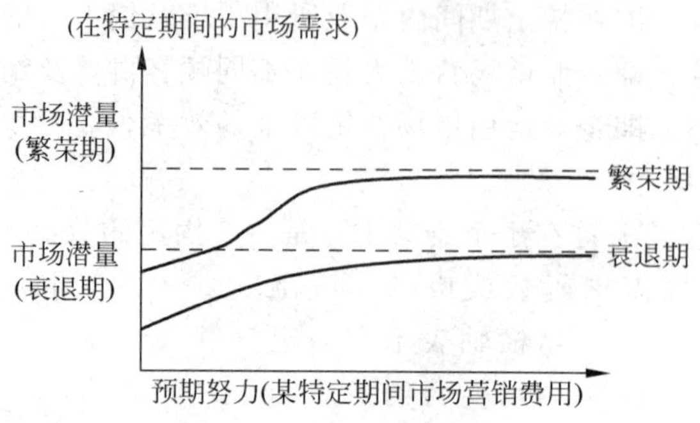

图 7-2　市场环境对市场潜量的影响

三、企业需求

企业需求就是在市场总需求中企业所占的需求份额，表示成数学公式为：

$$Q_i = S_iQ$$

式中，Q_i 为企业 i 的需求；S_i 为企业 i 的市场占有率，即企业在特定时间内，在特定市场上某产品销售额占总销售额的比例；Q 为市场总需求。

同市场需求一样，企业需求也是一个函数，称为企业需求函数或销售反应函数。根据上式，我们可以看出，它不仅受市场需求决定因素的影响，还要受任何影响企业市场占有率因素的影响。市场营销理论认为，各个竞争者的市场占有率同其市场营销力量成正比。

四、企业预测与企业潜量

与计划水平的市场营销力量相对应的一定水平的销售额，称为企业销售预测。因此，企业销售预测就是根据企业确定的市场营销计划和假定的市场营销环境确定的企业销售额的估计水平。

企业潜量是当企业的市场营销力量相对于竞争者不断增加时，企业需求所达到的极限。很明显，企业需求的绝对极限是市场潜量。如果企业的市场占有率为100%，即企业成为独占者时，企业潜量就等于市场潜量。但这只是一种极端状况。在大多数情况下，企业销售量小于市场潜量。这是因为每个企业都有自己的忠诚购买者，他们一般不会转而购买其他企业的产品。

第四节　市场需求预测方法

企业从事市场需求预测，一般要经过3个阶段，即环境预测、行业预测和企业销售预测。环境预测就是分析通货膨胀、失业、利率、消费者支出和储蓄、企业投资、政府开支、净出口以及其他一些重要因素，最后做出对国民生产总值的预测。以环境预测为基础，结合其他环境特征进行行业销售预测。最后，根据对企业未来市场占有率的估计，预测企业销售额。

一、市场需求预测的基础

由于产品种类不同，情报资料来源、可靠性和类型的多样性，加上预测目标不同，因而有许多不同的预测方法。但实际上预测的情报基础只有 3 种：

（一）人们所说的

是指购买者及其亲友、推销人员、企业以外的专家的意见。在此基础上的预测方法有购买者意向调查法、销售人员综合意见法和专家意见法。

（二）人们要做的

建立在“人们要做的”基础上的预测方法是市场试验法，即把产品投入市场进行试验，观察销售情况及消费者对产品的反应。

（三）人们已做的

建立在“人们已做的”基础上的方法，是用数理统计等工具分析反映过去销售情况和购买行为的数据，包括两种方法，即时间序列分析法和统计需求分析法。

二、市场需求预测的主要方法

（一）购买者意向调查法

市场总是由潜在购买者构成的，预测就是预估在给定条件下潜在购买者的可能行为，即要调查购买者。这种调查的结果是比较准确可靠的，因为只有购买者自己才知道将来会购买什么和购买多少。

在满足下面 3 个条件的情况下，购买者意向调查法比较有效：

(1) 购买者的购买意向是明确清晰的。

(2) 这种意向会转化为顾客购买行动。

(3) 购买者愿意把其意向告诉调查者。

对于耐用消费品，如汽车、房屋、家具、家用电器等的购买者，调查者一般要定期进行抽样调查。另外还要调查消费者目前和未来个人财力情况以及他对未来经济发展的看法。对于产业用品，企业可以自行从事顾客购买意向调查。通过统计抽样选取一定数量的潜在购买者，访问这些购买者的有关部门负责人，通过访问获得的资料以及其他补充资料，企业便可以对其产品的市场需求作出估计。

尽管这样费时费钱，但企业可从中间接地获得某些好处。首先，通过这些访问，企业分析人员可以了解到在公开出版资料没有的情况下考虑各种问题的新途径。其次，可以树立或巩固企业关心购买者需要的形象。最后，在进行总市场需求的预测过程中，也可以同时获得各行业、各地区的市场需求估计值。

用购买者意向调查法预测产业用品的未来需要，其准确性比用在消费品方面要高。因为消费者的购买动机或计划常因某些因素（如竞争者的市场营销活动等）的变化而变化，如果完全根据消费动机作预测，准确性往往不是很高。一般说来，用这种方法预测非耐用消费品需要的可靠性较低，用在耐用消费品方面稍高，用在产业用品方面则更高。

（二）销售人员综合意见法

在不能直接与顾客见面时，企业可以通过听取销售人员的意见估计市场需求。销售人员综合意见法的主要优点是：

(1) 销售人员经常接近购买者，对购买者意向有较全面深刻的了解，比其他人有更充分的知识和更敏锐的洞察力，尤其是对受技术发展变化影响较大的产品。

(2) 由于销售人员参与企业预测，因而他们对上级下达的销售配额有较大的信心完成。

(3) 通过这种方法，也可以获得按产品、区域、顾客或销售人员划分的各种销售预测。

一般情况下，销售人员所做的需求预测必须经过进一步修正才能利用，这是因为：

(1) 销售人员的判断总会有某些偏差，受其最近销售成败的影响，他们的判断可能会过于乐观或过于悲观，即常常走极端。

(2) 销售人员可能对经济发展形势或企业的营销总体规划不了解。

(3) 为使其下一年度的销售大大超过配额指标，以获得升迁或奖励的机会，销售人员可能会故意压低其预测数字。

(4) 销售人员也可能对这种预测没有足够的知识、能力或兴趣。

尽管有这些不足之处，但是这种方法仍为人们所利用。因为各销售人员的过高或过低的预测可能会相互抵消，这样使总预测值仍比较理想。有时，有些销售人员预测的偏差可以预先识别并及时得到修正。

（三）专家意见法

企业也可以利用诸如经销商、分销商、供应商及其他一些专家的意见进行预测。由于这种方法是以专家为索取信息的对象，用这种方法进行预测的准确性，主要取决于专家的专业知识和与此相关的科学知识基础，以及专家对市场变化情况的洞悉程度，因此依靠的专家必须具备较高的水平。

利用专家意见有多种方式。如组织一个专家小组进行某项预测，这些专家提出各自的估计，然后交换意见，最后经过综合，提出小组的预测。这种方式的缺点是，小组成员容易屈从于某个权威或者大多数人的意见（即使这些意见并不正确），不愿提出不同的看法；或者虽认识到自己的意见错了，但碍于情面不愿意当众承认。

现在应用较普遍的方法是德尔菲法。其基本过程是：先由各个专家针对所预测事物的未来发展趋势独立提出自己的估计和假设，经企业分析人员（调查主持者）审查、修改、提出意见，再发回到各位专家手中，这时专家们根据综合的预测结果，参考他人意见修改自己的预测，即开始下一轮估计。如此往复，直到各专家对未来的预测基本一致为止。

专家意见法的主要优点是：

(1) 预测过程迅速，成本较低；

(2) 在预测过程中，各种不同的观点都可以表达并加以调和；

(3) 如果缺乏基本的数据，可以运用这种方法加以弥补。

另外，专家意见法也存在着一些缺点：

(1) 专家意见未必能反映客观现实；责任较为分散，估计值的权数相同；

(2) 一般仅适用于总额预测，而用于区域、顾客群、产品大类等的预测时，可靠性较差。

（四）市场试验法

企业收集到的各种意见的价值，不管是购买者、销售人员的意见，还是专家的意见，都取决于获得各种意见的成本、意见可得性和可靠性。如果购买者对其购买并没有认真细致的计划，或其意向变化不定，或专家的意见也并不十分可靠，在这些情况下，就需要利用市场试验这种预测方法。特别是在预测一种新产品的销售情况和现有产品在新的地区或通过新的分销渠道的销售情况时，利用这种方法效果最好。

（五）时间序列分析法

很多企业以过去的资料为基础，利用统计分析和数学分析预测未来需求。这种方法的根据是：

(1) 过去的统计数据之间存在着一定关系，而且这种关系利用统计方法可以揭示出来。

(2) 过去的销售状况对未来的销售趋势有决定性影响，销售额只是时间的函数。因此，企业可以利用这种方法预测未来的销售趋势。

时间序列分析法的主要特点，是以时间推移研究和预测市场需求趋势，不受其他外界因素的影响。不过，在遇到外界发生较大变化，如国家政策发生变化时，根据过去已发生的数据进行预测往往会有比较大的偏差。

产品销售的时间序列，可以分成 4 个组成部分：

(1) 趋势。它是人口、资本积累、技术发展等方面共同作用的结果。利用过去有关的销售资料描绘出销售曲线就可以看出某种趋势来。

(2) 周期。企业销售额往往呈现出某种波状运动，因为企业销售一般都受到宏观经济活动的影响，而宏观经济活动总呈现出某种周期性波动的特点。周期因素在中期预测中尤其重要。

(3) 季节。指一年内销售量变动的形式。季节一词在这里可以指任何按小时、月份或季度周期发生的销售量变动形式。这个组成部分一般同气候条件、假日、商业习惯等有关。季节形式为预测短期销售提供了基础。

(4) 不确定事件。包括自然灾害、突发疫情、战争恐慌、流行风尚、恐怖袭击和其他一些干扰因素。这些因素属不正常因素，一般无法预测。应当从过去的数据中剔除这些因素的影响，考察较为正常的销售活动。

时间序列分析就是把过去的销售序列 Y 分解成为趋势(T)、周期(C)、季节(S)和不确定因素(E)等组成部分，通过对未来这几个因素综合考虑，进行销售预测。这些因素可构成线性模型，即：

$$Y = T + C + S + E$$

也可构成乘数模型，即：

$$Y = T \cdot C \cdot S \cdot E$$

还可以是混合模型，如：

$$Y = T \cdot (C + S + E)$$

（六）直线趋势法

直线趋势法是运用最小平方法进行预测，用直线斜率来表示增长趋势的一种外推预测方法。其预测模型为：

$$Y = a + bX$$

式中：

a 为直线在 Y 轴上的截距；

b 为直线斜率，代表年平均增长率；

Y 为销售预测的趋势值；

X 为时间。

根据最小平方法原理，先计算 $Y=a+bX$ 的总和，即

$$\sum Y = na + b\sum X$$

然后计算 XY 的总和，即：

$$\sum XY = a\sum X + b\sum X^2$$

上述两个公式的共同因子是 $\sum X$。为简化计算，将 $\sum X$ 取 0。其方法是：若 n 为奇数，则取 X 的间隔为 1，将 $X=0$ 置于资料期的中央一期；若 n 为偶数，则取 X 的间隔为 2，将 $X=-1$ 与 $X=1$ 置于资料中央的上下两期。

当 $\sum X = 0$ 时，上述二式分别变为：

$$\sum Y = na$$

$$\sum XY = b\sum X^2$$

由此推算出 a、b 值为：

$$a = \sum Y/n$$

$$b = \sum XY/\sum X^2$$

所以：

$$Y = \frac{\sum Y}{n} + \frac{\sum XY}{\sum X^2} \cdot X$$

小案例

假设某企业 2008～2012 年销售额分别为 4 800、5 300、5 400、5 700、5 800 万元，运用直线趋势法预测 2013 年的销售额。

由于 $n=5$ 为奇数，且间隔为 1，故 $X=0$ 置于中央一期即 2010 年，X 的取值依次为 -2、-1、0、1、2，XY 依次为 $-9\,600$、$-5\,300$、0、5 700、11 600，X^2 依次为 4、1、0、1、4，所以，$\sum Y = 27\,000$，$\sum XY = 2\,400$，$\sum X^2 = 10$。

代入公式，测得：

$$Y = \frac{27\,000}{5} + \frac{2\,400}{10} \cdot X = 5\,400 + 240X$$

预测 2013 年的销售额，则 $X=3$，代入上式，得：

$$Y = 5\,400 + 240 \times 3 = 6\,120(\text{万元})$$

即 2013 年的销售额将为 6 120 万元。

（七）统计需求分析法

时间序列分析法把过去和未来的销售都看作时间的函数，即仅随时间的推移而变化，不受其他任何现实因素的影响。然而，任何产品的销售都要受到很多现实因素的影响。统计需求分析就是运用一整套统计学方法发现影响企业销售的最重要的因素以及这些因素影响的相对大小。企业经常分析的因素，主要有价格、收入、人口和促销等。

统计需求分析将销售量 Q 视为一系列独立需求变量 $X_1, X_2, \cdots, X_n$ 的函数，即：

$$Q = f(X_1, X_2, \cdots, X_n)$$

但是，这些变量同销售量之间的关系一般并不能用严格的数学公式表示出来，而只能用统计分析来揭示和说明，即这些变量同销售量之间的关系是统计相关。多元回归技术就是这样一种数理统计方法。它运用数理统计工具在寻找最佳预测因素和方程的过程中，可以找到多个方程，这些方程均能在统计学意义上符合已知数据。

在运用统计需求分析法时，应充分注意影响其有效性的问题：

（1）观察值过少。

（2）各变量之间高度相关。

（3）变量与销售量之间的因果关系不清。

（4）未考虑到新变量的出现。

需要说明的是，需求预测是一项十分复杂的工作。实际上只有特殊情况下的少数几种产品的预测较为简单，如未来需求趋势相当稳定，或没有竞争者存在（如公用事业），或竞争条件比较稳定（如纯粹垄断的产品生产）等。在大多数情形下，企业经营的市场环境是在不断变化的，由于这种变化，总市场需求和企业需求都是变化的、不稳定的。需求越不稳定，越需要精确的预测。这时准确地预测市场需求和企业需求就成为企业成功的关键，因为任何错误的预测都可能导致诸如库存积压或存货不足，从而使销售额下降以致中断等不良后果。

在预测需求的过程中，所涉及的许多技术问题需要由专业技术人员解决，但是营销经理应熟悉主要的预测方法以及每种方法的主要长处和不足。

本章小结

市场营销调研是一个包括认识收集信息的必要性、明确调查目的和信息需求、决定数据来源和取得数据的方法、设计调查表格和数据收集形式、设计样本、数据收集与核算、统计与分析、报告研究结果等在内的复杂过程。在此过程中，既有定量研究又有定性研究。

审查与评估二手数据的标准有 3 个：公正性、有效性和可靠性。收集原始数据的主要方法有 4 种，即观察法、实验法、调查法和专家估计法。整个调查研究过程由 4 个主要步骤组成，即确定研究目的、制定研究战略、收集数据、分析数据。多变量统计技术包括分析两个或两个以上变量间关系的各种技术，可归纳为两大类：一类是为综合评价服务的方法；另一类是为预测服务的方法对数据进行测定、加工时所依据的尺度有：名义尺度、顺序尺度、间距尺度和比例尺度。

估计市场需求是评价营销机会的重要步骤。认识市场需求概念的关键在于市场需求不是一个固定的数值，而是一个函数。市场预测表示在一定的环境条件下和市场营销费用下的估计的市场需求。企业需求就是在市场总需求中企业所占的需求份额。企业需求表示不同水平的企业市场营销力量刺激产生的企业的估计销售额。与计划水平的营销力量相对应的一定水平的销售额，称为企业销售预测。

市场需求预测的主要方法有：购买者意向调查法、销售人员综合意见法、专家意见法、市场实验法、时间序列分析法、直线趋势法和统计需求分析法。

1. 什么是市场营销调研？市场营销调研的技术有哪几类？
2. 企业可以采用哪些方法来收集原始数据？
3. 实验设计的类型有哪几种？
4. 市场潜量与企业潜量之间的区别是什么？
5. 假如某企业2008—2012年的销售额分别为4 800万元、5 300万元、5 700万元、5 400万元、5 800万元，现需运用直线趋势法预测2013年的销售额。

可口可乐市场调研方案

一、前言

可乐市场是很早就兴起来的消费品市场之一，而可口可乐很快就遍布世界各地，品种也不断增加。根据预测，该市场需求曲线呈上升趋势。

为了扩大可口可乐在消费者的需求，同时根据市场环境分析，目前在江西、贵州两省的销售情况日益趋好，为了更好地做好销售工作，就必须进行饮料市场调查。

本次市场调查将围绕策划金三角的3个立足点：消费者、市场、竞争者来进行。

二、调查目的

(1) 为可口可乐在湖南、江西、贵州市场进行营销策划提供客观依据。具体如下：

① 了解这3个省的市场状况。三省经济发展基础不同，消费水平不一样。

② 了解湖南、江西、贵州三省消费者的人口、家庭等统计资料，测算市场容量及潜力。

③ 了解消费者对可口可乐饮料的消费的观点、习惯、偏好以及建议等。

④ 了解竞争对手广告策略、销售策略。

⑤ 了解消费者的年龄分布。

(2) 为该公司(湖南中粮可口可乐有限公司)总体营销提供有关的市场信息，更好地实行生产、销售管理以及新产品的研发提供客观的依据。

三、市场调查内容

(一) 消费者

(1) 消费者统计资料(年龄、性别、收入、文化程度、家庭构成等)。

(2) 消费者对可口可乐饮料的消费形态(食用方式、花费、习惯、看法等)。

(3) 消费者对可口可乐饮料的购买形态(购买过什么、购买地点、选购标准、购买品种等)。

(4) 消费者理想的可口可乐公司描述。

(5) 消费者对可口可乐饮料类产品广告、促销的反映。

(二) 市场

(1) 湖南、江西、贵州地区的数量、品牌、销售状况。

(2) 湖南、江西、贵州地区消费者需求及购买力状况。

(3) 湖南、江西、贵州地区市场潜力测评。

(4) 湖南、江西、贵州地区可口可乐饮料销售通路状况。

(5) 湖南、江西、贵州地区的物流情况。

(三) 竞争者

(1) 湖南、江西、贵州地区市场上现有哪几类饮料,饮料的品牌、定位、档次等。

(2) 市场上现有可口可乐的销售状况。

(3) 各品牌、各类型可口可乐的主要购买者描述。

(4) 竞争对手的广告策略及销售策略。

四、调查对象及抽样

目前市场上的饮料琳琅满目,但是知名品牌的也有很多,所以,在确定调查对象时,对目标消费中,点面结合,要有所侧重。

调查对象组成及抽样如下:

消费者:300户,其中家庭月收入3 000元以上占50%;3 000元以下占30%;大学生无收入;其他20%。

竞争对手:20家,其中最大的是百事可乐公司。

消费者样本要求:

(1) 家庭成员中有没有人在可口可乐公司或者相关行业工作。

(2) 学生(大学生)对品牌的意识。

(3) 家庭亲戚是否有人在做相关的市场营销工作。

(4) 学生对广告的印象。

五、市场调查方法

以访谈为主:

(1) 户访。

(2) 焦点访问。

(3) 群体访问。

访员要求:

(1) 仪表端正、大方。

(2) 举止谈吐得体,态度亲切、热情,具有把握谈话气氛的能力。

(3) 经过专门的市场调查培训,专业素质较好。

(4) 具有市场调查访谈经验。

(5) 具有认真负责、积极的工作精神及职业热情。

六、市场调查程序及安排

第一阶段：初步市场调查　2天

第二阶段：计划阶段

制订计划　2天

审定计划　2天

确认修正计划　1天

第三阶段：问卷阶段

问卷设计　2天

问卷调整、确认　2天

问卷印制　3天

第四阶段：实施阶段

访员培训　2天

实施执行　10天

第五阶段：研究分析

数据输入处理　2天

数据研究、分析　2天

第六阶段：报告阶段

报告书写　2天

报告打印　2天

调查实施自计划、问卷确认后第4天执行。

资料来源：可口可乐市场调研策划书.百度文库 http://wenku.baidu.com/view/1058573a376baf1ffc4fad92.html,2012-7-4.

讨论题

1. 通过这个市场调研方案可以实现调研目的吗？
2. 案例中的市场调研主要采取了哪些方法？这些方法分别有什么特点？
3. 你认为这个市场调研方案有什么缺陷和不足？可以如何改进？

1. 目的

（1）了解市场调研的程序、掌握收集市场信息的基本方法。

（2）培养学生灵活运用市场调研的方法进行市场调研的能力。

2. 内容和要求

（1）实训内容。对当地主要洋快餐与本土快餐连锁店进行调查，分析消费者选择洋快餐与本土快餐的主要动机，对洋快餐与本土快餐的优劣势进行比较，就如何扬长避短，改善经营提出建议。

（2）具体要求。

① 对当地洋快餐与本土快餐连锁店各选一户进行调研。

② 调研内容有较强针对性，对发展过程、经营特色、市场占有率等进行深入调查。

③ 调查方法要切实可行。

3. 步骤

(1) 指导教师宣布实训目的、任务后，将班级成员分为若干小组，每组 6～8 人，宣布分组名单及召集人。

(2) 各组推选组长，分工明确，制订调查方案，设计调查表和问卷，规定调查时间，讨论并明确调查方法及注意事项，按上述目的要求到不同的加盟店进行调查。

(3) 组长主持审核、汇总调查资料，写出调查报告。

(4) 由组长或指定发言代表在班级宣读调查报告，回答提问。

(5) 各组互评成绩。调查报告(调研方法、资料翔实、文字表达 60 分，语言表述和台风 20 分，团队协作精神和报告形式 20 分)。

(6) 指导教师进行综合评定和总结。

第八章　市场细分、目标市场决策和市场定位

本章提要

市场是现实及潜在顾客某种欲望和支付能力的集合。通过本章的学习，需要了解市场细分的基础、方法和原则；企业选择目标市场的要求，目标市场的进入模式和战略；掌握定位的分类、步骤以及展示和传播。

本章知识结构图

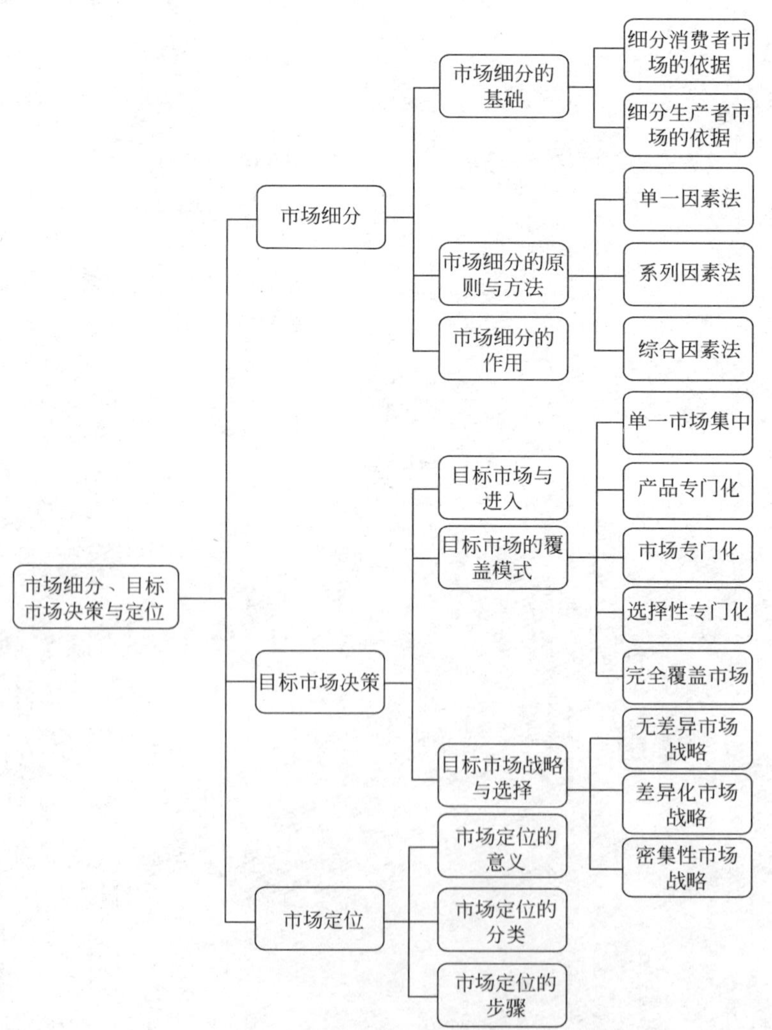

重要概念

市场细分；细分市场；市场覆盖模式；无差异市场战略；差异化市场战略；密集性市场战略；定位。

星巴克：快消费下的营销策略

以星巴克为首的美式咖啡连锁店，在中国的各大商厦、写字楼里遍地开花。不可否认，连锁咖啡品牌中至今无人出其右。

1971年诞生在美国西雅图的星巴克，前身是一家咖啡豆供应商。在经营一间小小的绿色咖啡馆之后，创始人舒尔茨意外获得商业上的成功，并在20年后称霸咖啡连锁店市场，成为全球化的企业。

就像所有美式快餐店一样，星巴克在市场实践中发现，美国人不像法国人、意大利人那样，愿意端着一杯咖啡在咖啡馆消耗很长的时间。海明威、巴尔扎克、弗洛伊德这些思想家、文学家的时间，更愿意消耗在左岸的“花神”咖啡馆里。20世纪70年代的美国人正处于奋斗期，他们的生活节奏很快，信奉“时间就是金钱”的价值观。

对于经营者来说，客人的长久停留意味着销量放缓，只有让客人流动起来销售才能持续增加。制作咖啡的过程进行了极简化，星巴克使用全自动咖啡机做一杯咖啡只要两分钟。各个季节的新品，则是通过“果露”勾兑而成。从接待一位客人到出品一杯咖啡交到客人手中，这个时间被精准地控制着。

星巴克咖啡馆的座位不多，座椅和环境也不算舒适，因为星巴克鼓励客人“外带”。推行使用外卖杯、不断完善外卖杯的设计与功能，让客人更愿意拿着纸杯走出咖啡馆。这样的模式还促成了星巴克最有效的外卖营销手段——明星效应。时尚杂志里，布兰妮·斯皮尔斯、贝克·汉姆、安妮海瑟薇、蕾哈娜……你必须承认，所有你认识的明星都喜欢在街拍时手拿一杯星巴克。星巴克纸杯是最好的装饰品，让他们的状态看起来更休闲，而星巴克仿佛也意味着品位。的确，在咖啡界里只有星巴克做到了与时尚完全融合，甚至成为一个人是否时尚的衡量标准。

除了美国，中国已成为星巴克最大的消费市场。舒尔茨在股东大会上三度提到中国市场，表示“星巴克计划2015年在中国的75个城市开设1 500家门店”。

看到中国庞大的市场容量，星巴克也不断调整战略。现在星巴克已经收回几乎所有加盟店，除了上海的个别合作店之外，全部为直营店。星巴克亚太区总监告诉《商业价值》，“经营直营店可以更好地控制服务、产品质量，同时也能掌控整个中国市场的脉搏”。

资料来源：dongmeiqi. 互联网时代，中国咖啡馆三大派系之争[EB/OL]. 钛媒体(http://www.tmtpost.com/189624.html)，2015-01-27.

营销启示：

每个企业的服务对象，其实都只是市场上的部分顾客。善于依据潜在顾客的特征、行为进行分类，从中寻找、辨认最有价值并有能力和愿意为之提供服务的特定部分，作为自己的目标市场，为企业及品牌、产品树立鲜明的特色以形成相对优势，在营销管理中是最具战略意义的决策。

市场细分(market segmentation)、目标市场(target market)和定位(positioning)是现代营销理论的重要概念,也是营销管理的重要方法和技术。市场细分重在对潜在顾客、需求和市场,依据一定的标准进行分类;目标市场(target market)决策则是在市场细分基础上,如何比较和选择准备进入、满足的具体市场;定位(positioning)明确一个企业、品牌如何在目标市场上与对手竞争。

第一节 市场细分

市场细分是对现代营销认识的深化。企业一切活动要以市场为中心,但由于各种原因消费者和用户的需求总是不尽一致。市场细分承认这种差异的客观性、合理性,通过区分需求的差异,更深刻地认识具体的市场,并为企业选择目标市场、进行定位提供依据。

一、市场细分的基础

市场细分是美国学者温德尔·斯密(Wendell R. Smith)1956 年在总结西方国家企业营销实践基础上提出的概念。他认为顾客总是有差异的,有不同需要、欲望,寻求不同的利益。企业应该对市场进行细分,而不是仅仅停留于产品差异。

市场细分的基础,是导致需求异质性、多元化的各种因素,它们使消费者、用户的需要、动机和行为不尽相同。细分消费者市场的基础有两类,一类依据消费者特征如地理因素、人口因素和心理因素等;一类依据消费者的反应,主要指各种行为因素。这些因素大多数也可用于细分生产者市场和其他组织机构市场。

(一) 依据消费者特征细分市场

1. 地理因素

一种传统的市场细分标准。早期企业规模、产量有限,受交通、运输成本制约,往往只需也只能以所在地为目标市场。现代营销理论依然认为,生活在不同的地方,会产生不同欲望和爱好,并对产品及其他营销手段产生不同反应。

(1) 地区。南方和北方,东部与西部,甚至相邻省市的消费者,对许多产品的要求也会大有差异。

(2) 气候。不同地域气候条件不同。我国北方冬季寒冷干燥,南方地区温暖潮湿,消费者对御寒用品要求大相径庭。

(3) 人口密度。城市、郊区或乡村存在生活空间等的差异。

(4) 城镇规模。如特大型城市、大城市、中型城市及小城市、县城与乡镇。

2. 人口因素

企业往往还可从年龄、性别、收入、家庭生命周期、职业以及家庭规模(人数)、教育程度、宗教信仰和民族等角度,继续考察、细分市场。

3. 心理因素

不同消费者群体的心理特性,仍可能表现出较大差异。企业也可根据社会阶层、生活方式和个性特点等细分市场。

（二）依据消费者行为因素细分市场

(1) 时机与场合。根据消费者产生需要、购买或使用产品的时机、场合区分不同群体，有助于扩展产品使用范围。例如，橙汁通常是清凉解暑饮料，企业尝试促使消费者用于佐餐，在宴席或其他场合代替酒类。

(2) 追求的利益。依据为什么购买、消费，期望得到什么进行市场细分。

(3) 使用者情况。如细分为未使用者、曾经使用者、潜在使用者、首次使用者及经常使用者等。市场占有率高的企业，喜欢把潜在使用者转变为使用者；中小企业注重稳定经常使用者，吸引对手的曾经使用者和首次使用者。

(4) 使用率。依据产品购买、使用或消费的数量，区分少量使用者、中量使用者及大量使用者。大量使用者虽然在总人数中占比重小，但是购买、消费的比重大，并且往往具有某种共同的人口及心理特征。

(5) 品牌忠诚度。

(6) 购买的准备阶段。比如有的还不知道，有的已经知道，有的产生了兴趣，有的正打算购买。进行市场细分，利于采取不同营销战略。

(7) 态度。如区分热情、肯定、无所谓、否定和敌视等态度不同的群体。

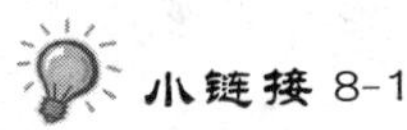

"90后"带来市场细分新时代①

通过对"90后"生活、社交和态度的观察，尼尔森对这群消费者的生活形态和价值观进行了归纳和总结，得出"正能量"、"若即若离"、"抓信息"、"开放"4个关键词。

"正能量"的自我意识：乐观、个性、乐于享受

"90后"乐于用独特且富有创意的方式去表达和传播正能量，即使面临挑战也会通过自嘲的方式来轻松解决。希望自己"独特"和"独立"，自我意识强。优越的生活条件和成长环境决定了他们眼光更加独到，见识更广，并且很快就付之于行动。如认为超前消费的出发点是"对美好事物的追求，并为之奋斗"，心中长存这种向往，奋斗也更有动力。

"若即若离"的人际关系：渴望独立又依赖"圈子"

"90后"出生及成长年代正值中国计划生育"大潮"。一方面在8421模式家庭长大的青少年得到长辈的较大关注，渴望通过独立证明自己的成长，通过追求个性来证明自己的与众不同；另一方面成长环境的孤单使他们渴望沟通和被理解，对于最亲近的人——父母和亲密朋友有较强的依赖性。因此，往往熟人面前"奔放"，生人面前"含蓄"。

他们对"圈子"的看法，一方面对自我的追求让他们希望在群体中保持个性；另一方面又渴望在群体中获得认同。行为上寻求独立，在情感上寻求共情，对圈子处于一种"若即若离"的状态，对品牌的消费者细分提出了更高要求。

① 资料来源：佚名.尼尔森：90后带来市场细分新时代[EB/OL].尼尔森公司网站(http://www.nielsen.com/cn/zh/press-room/2014/nielsen-innovative-marketing-needed-to-connect-with-post-90s-consumers.html)，2014-03-20.

"抓信息"的社会化媒体需求：保持新鲜，保持连接

"90后"成长的年代是互联网普及的年代。信息渠道中，他们更多依赖手机和计算机。为了及时获取新鲜信息，他们喜欢"挂在网上"。约86%的"90后"受访者表示每天至少上网一次到两次；20%左右的受访者表示一般全天都通过个人电脑或智能手机、平板电脑保持在线状态。推动年轻一代在线活动的主要因素，包括"虚拟社交"(17%)，紧接着是"自我表达"(16%)和"追新的体验"(16%)。当年网友变朋友，如今朋友变网友。聊天工具和社交媒体成为"90后"获取实时外界信息的重要方式。不仅满足了"90后"从"圈子"中寻找归属感的需求，还成为他们随时随地可以请教的顾问，提供有关生活方方面面的建议。他们较容易受到朋友圈中好友及社交网站"意见领袖"的影响，证明了口碑传播在营销和年轻消费群体中的重要性。

"开放"的品牌态度：个性与品质的结合

对于"90后"消费者来说，品牌不再仅仅是一个牌号和产品名称，更是品质和个性的结合。是可以代言他们生活和品位的一种标签，并展现出他们的性格、观念和追求。那些被赋予了独特故事的品牌有更大的机会去赢得中国年青一代消费者，品牌不一定要昂贵，但它需要拥有的是独具个性的产品来满足年轻消费者的追求。

（三）细分生产者市场的依据

生产者市场可依据用户所在区域、追求的利益、使用者情况、使用率、品牌忠诚度、购买准备和态度等因素进行市场细分。此外还可使用一些新的因素，如：

(1) 最终用户。不同的最终用户往往追求不同的利益，必须使用不同的营销组合。如橡胶轮胎市场，豪华型汽车制造商所需轮胎比普通汽车制造商的档次要高；飞机制造商所需轮胎比农用拖拉机制造商在安全标准方面要严得多。

(2) 用户规模。大客户数量较少，通常购买力较高、购买量大；小客户则相反。

二、市场细分的原则和方法

（一）市场细分的原则

(1) 选择对需求有较大影响的因素。比如对食盐市场，若以性别、肤色或年龄为细分标准毫无意义。若以使用率细分，分为少量使用者（如出门在外的旅游者）、中量使用者（如家庭）及大量使用者（如餐馆、食堂），推出不同分量的包装，则又是可行的。

(2) 若以多个因素细分市场，必须考察各因素的相关性及重叠性。使用率与顾客规模（如消费者家庭人口）有关；追求的利益与职业、性别及家庭生命周期等因素有关。同时应用这些因素细分市场，有可能细分出一些无效或意义不大的细分市场。

(3) 细分市场的结果，应该是不同细分市场的需求有明显的差异性；同一细分市场内有较高同质性。

(4) 规模要适度。市场细分是必要的，但不是越细越好。一般来说，细分为过多的细分市场没有实际意义，除非企业打算实施定制营销。细分市场过少，就可能每个细分市场太大，同样不适宜。市场细分以及细分市场的规模要与企业资源、能力相适应。

（二）市场细分的方法

(1) 单一因素法。选用一个因素进行市场细分。这个因素应当对购买者需求影响最大。

(2) 综合因素法。一般采用两个以上的因素同时从多个角度进行市场细分。比如依据收入、家庭规模和车主年龄等因素细分轿车市场，可得到36(3×3×4)个细分市场，如图8-1所示。这种方法适用于需求情况较复杂，要从多方面分析、认识的场合。

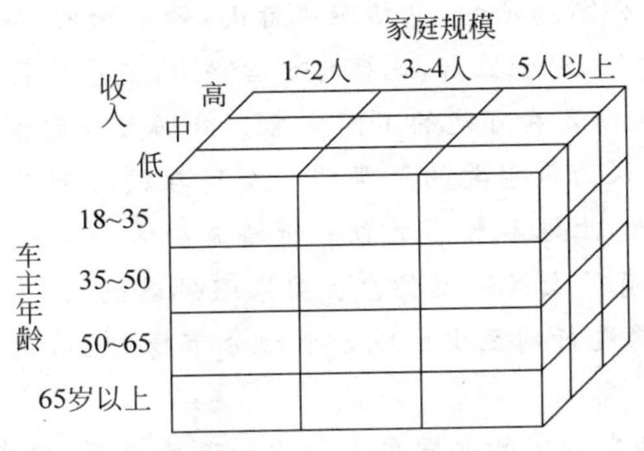

图8-1　综合因素法细分轿车市场

(3) 系列因素法。也用两个以上因素，但根据一定顺序逐次细分市场。细分过程也是比较、选择目标市场的过程，下一阶段的细分在上一阶段选定的细分市场里进行。

三、市场细分的作用

(一) 分析机会，选择市场

营销机会的实质，是顾客尚未满足或没有很好满足的需要和欲望。市场细分可以更好地了解消费者、用户群体的满足程度，发现没有得到满足或充分满足的群体。满足水平较低的细分市场，当中可能存在着较好的营销机会。

市场细分对中小企业而言更为重要。它们实力、资源相对有限，善于发现特定顾客的未被满足的需要，从中细分出较小的市场"拾遗补缺"，往往能在激烈竞争中较好地发展。

(二) 规划战略，提高效益

企业可以根据目标市场及其需求的变化，及时调整产品组合，使产品适销对路；相应地安排和决定其价格、分销和促销战略，使产品迅速送抵目标市场，占领和巩固市场。还可集中人力、财力、物力，使有限资源合理用于前景不一的细分市场。

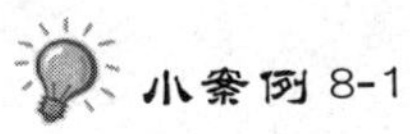

一家住宅出租公司的市场细分与目标市场战略①

美国的一家住宅出租公司打算在郊区建造简朴的小户型公寓。它这样市场细分和选择目标市场：

(1) 依据需求而不是产品考虑可能的市场。他们认为，从产品特性出发必然首先考虑房间大小、装修标准等因素，就可能得出小户型公寓应以低收入家庭为顾客的看法。但从需求角度分析，会发现许多并非低收入的顾客也是潜在市场。比如有的人在市区已有

① 陈定国. 行销管理导论[M]. 第3版. 台北：台湾五南图书出版公司，1985：145-148.

宽敞居室,又希望在郊区有一套乡间风格住房周末度假。所以,这批简朴的小户型公寓不能孤立看作专供低收入家庭的楼盘。

(2) 列举潜在顾客及其基本要求。分别从地理因素、心理因素和行为因素等分析发现,潜在顾客期望小户型公寓满足的,包括避风遮雨,停车场所,安全性,经济性,户型设计合理,工作、学习和生活方便,私密性好,足够的起居空间,满意的装修、物业管理和维护等。

(3) 了解不同的潜在顾客和可能的不同要求。依据人口因素抽样询问不同的潜在顾客,上述基本要求中他们认为最重要的是哪些。发现在校外租房的大学生最看重的是避风遮雨,停车场所,经济性,上课和学习方便;新婚夫妇希望避风遮雨,停车场所,私密性好,满意的物业管理等;有子女的家庭住户会要求避风遮雨,停车场所,经济性,足够的儿童活动空间……这一步骤进行到至少出现3个细分市场为止,不同顾客群体的轮廓初步显现出来。

(4) 暂时舍去不同潜在顾客的共同要求。比如遮蔽风雨、停车场所和安全性良好等,几乎各类潜在顾客都需要,是决定营销组合必须重视的基础。但市场细分还要善于发现潜在顾客不同的要求,使各细分市场内部异质性减少,表现出更多同质性,使营销组合更有针对性。

(5) 为不同细分市场(顾客群体)暂定一个称谓。对各细分市场的不同要求分析、整合,结合各个顾客群体的特点暂时安排一个叫法。比如:好动者——这些潜在顾客年轻、未婚、爱玩;老成者——比好动者年长、更成熟,收入及教育程度更高,追求舒适与注重个性;新婚者——暂住,将来另找住房,夫妻皆有工作,房租负担不重;工作为主者——单身,希望住所离工作地点近,经济合算;度假者——市区有房,希望节假日过一点郊外生活;向往城市者——乡间有住房,希望靠近城市生活;家庭。见表8-1。

表8-1 不同细分市场及其基本要求

	避风遮雨	停车场所	安全	经济	户型合理	方便	私密性	起居空间	装修	物业管理
好动者	√	√	√	√		√				√
老成者	√	√	√		√		√	√	√	√
新婚者	√	√		√	√	√	√		√	√
工作为主者	√	√	√			√	√			√
度假者	√	√	√	√			√			√
向往城市者	√	√	√			√		√	√	√
家庭	√	√	√	√	√			√	√	√

(6) 进一步认识各类潜在顾客的特点。明确对各个顾客群体的特点已知哪些,还要了解哪些,以决定是否要再度细分或合并。或许发现新婚者群体与老成者群体差异很大,应当作为两个细分市场。同样的户型设计也许能适合这两类顾客,但促销战略如广告主题和人员推销方式可能大不相同。他们原来被归在一个细分市场,应当区别开来。要善于发现这些差异。

(7) 测量不同细分市场的规模。细分市场类型基本确定,接着要把每个细分市场与人口因素结合,测量各细分市场潜在顾客数量。营销机会的价值,取决于市场潜力。比如把好动者群体与人口因素结合，就可能发现是18～25岁的年轻人，找到详尽的资料可以计算出这个年龄段的人口。

公司结合其他因素，最终确定好动者群体为目标市场。他们开发了一套营销组合战略，针对目标顾客特征，不仅提供户型、价格合理的小户型公寓和停车场所等，还有游泳池、俱乐部、池畔舞会、草地等设施和服务项目。为了维护产品形象，公寓管理坚持住户结婚以后尽快搬走，以便接收新的好动者入住。结果总是客满。那些没有提供这些服务的同行，却经常为客源发愁。它们的公寓虽然也是小户型，但只是一个避风遮雨的“小盒子”，除此之外似乎再也找不出吸引顾客的地方了。

第二节　目标市场决策

一、目标市场与进入

(一) 目标市场的要求

目标市场是在市场细分的基础上，经过分析、比较和选择，决定作为企业服务对象的潜在顾客。根据目标市场战略的不同，它可以是一个细分市场、若干细分市场，也可以是整个市场。

选定的目标市场，应当符合以下要求：

(1) 可识别性。其顾客特征、范围、规模以及购买力等资料、数据，能通过调研、分析及其他方式获得，便于衡量该市场的潜在价值。就是说，能够取得必需的资料和数据描述、说明各有关细分市场的轮廓，明确目标市场的概貌。

(2) 可进入性。即企业能够进入选定的细分市场，有人、财、物等与之匹配，发展出足以有效覆盖目标市场的营销组合。

(3) 可盈利性。目标市场的顾客数量、购买力与发展潜力能使企业有利可图，可以实现预期的效益。

(4) 可稳定性。选定为目标市场的各细分市场，性质、特征能保持相对稳定。变化过快的细分市场难以把握其脉络，会增大企业风险。

(二) 市场覆盖模式

企业需要决定，如何进入以及进入多少个细分市场。一般来说，有5种基本的市场覆盖模式，如图8-2所示。

(1) 单一市场集中。企业选择一个细分市场，只生产一种产品(P_1)供应一类顾客(M_1)。之所以这样选择，有的是企业充分具备了开发这个细分市场的条件；有的是资源有限，只能经营一个细分市场；还有的是因为没有竞争者。规模较小的企业经常这样选择，以一个小市场作为生存“利基”；大企业采用这一战略，通常是由于初次进入，以这个细分市场“投石问路”。

(2) 产品专门化。生产一种产品(P_1)，面向多种顾客(M_1，M_2…)。这样可以分散经营风险，发挥企业的生产、技术潜能，有利于在某个产品领域树立较高声望。但是一旦出现新技术、替代品，产品和企业会遭遇很大风险。

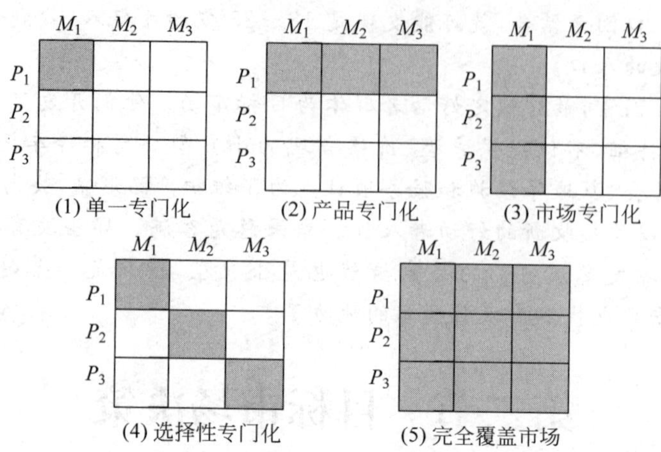

图 8-2　5 种基本的市场覆盖模式

(3) 市场专门化。面对一种顾客(M_1),生产、经营他们所需的多种产品(P_1,P_2…)。这样也可以分散经营风险,在某一类顾客中建立较高声望。但是一旦顾客购买力下降,或减少这方面的购买,企业收益就会受影响。

(4) 选择性专门化。选择若干细分市场(P_1M_1,P_2M_2,P_3M_3…)为目标市场。从产品、顾客等来看,这些细分市场之间很少或者没有内在联系;但从机会及吸引力来看,它们呈现出更高的开发价值。实际上这也是一种多角化战略,可以分散风险。

(5) 完全覆盖市场。一般是大企业,生产多种产品(P_1,P_2…),面向多种顾客(M_1,M_2…),以占据整个市场。

二、目标市场战略与选择

(一) 目标市场战略

目标市场战略有 3 种,分别与总成本领先、"别具一格"(差异化)和"聚焦"(重点集中)等经营战略的相匹配。

1. 无差异市场战略

如果各个细分市场的需求共性大于个性,企业可以考虑忽略它们之间的差异,以一种产品、一种营销组合吸引整个市场,如图 8-3 所示。

无差异市场战略聚焦于市场需求的共同点,舍去其间差异,是一种与标准化、大批量生产和销售相适应的目标市场战略。这样可以精简产品线、品种,争取规模经济。产品单一可以减少生产、储存和运输成本,单一化营销方式和促销可以减少费用,节省调研开支等。

无差异市场战略的本质,是追求事实上存在的最大的细分市场。其关注的是顾客的普遍需求,而不是他们可能希望的不同产品。因而必须注意,一种产品或营销组合要为所有顾客长期喜爱的情形毕竟少见。一旦所有的企业都这么做就可能竞争过度,市场越大反而利润越小;较小的细分市场又被大家忽视,顾客需求得不到满足,企业也就失去了机会。

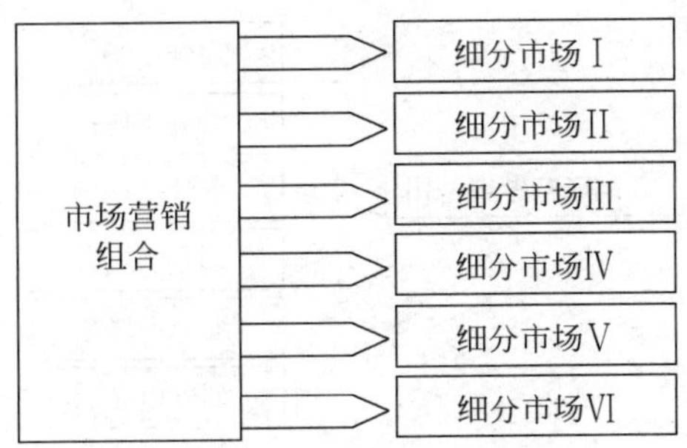

图 8-3 无差异市场战略

2. 差异化市场战略

不同细分市场之间需求个性大于共性，有能力的企业可以考虑依据细分市场的特点和差异，分别设计不同的产品、营销组合，如图 8-4 所示。

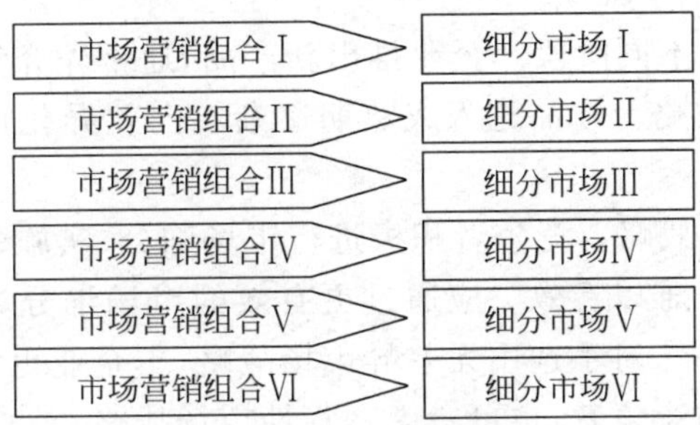

图 8-4 差异化市场战略

差异化市场战略通过多种产品、多种渠道和不同的促销战略，力图占领众多不同的细分市场组成的整体市场。由于对各个细分市场都给予了应有的关注，一般能够提升销售总量；但是多品种和小批量的操作，使得企业资源分散，产品改进成本、生产成本、储存成本及促销成本等都会增加。

3. 密集性市场战略

企业也可以集中力量于一个或少数几个细分市场，争取较高的市场份额，而不是在大市场上占有较小的市场份额，如图 8-5 所示。营销对象单一、集中，对目标市场的了解易于深入，利于深度渗透。细分市场选择得当，也可获得较高的投资回报。

由于目标市场狭窄，一般来说风险较大。一旦出现顾客偏好的转移、价格猛跌或强有力的竞争者介入等，企业也容易陷入困境。

（二）选择目标市场战略

决定采用何种目标市场战略，应考虑以下因素：

(1) 企业的资源和实力。人、物、财力及信息等资源不足、实力有限，一般不宜把整体市场作为目标市场，如中小企业多用密集性市场战略。实力雄厚的大企业，差异化市场战略与无差异市场战略均可根据需要选用。

(2) 产品的同质性。同质性产品本身差异小，如大米、钢铁、食盐等，一般适合于无差异市场战略。产品设计变化较多的如服装、食品、汽车和家用电器等，宜考虑差异化市场

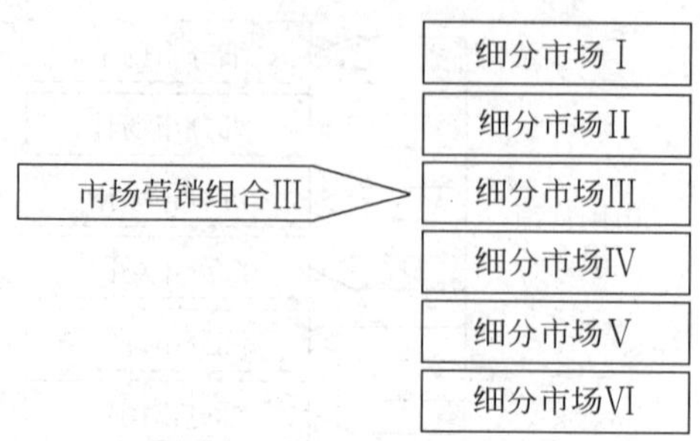

图 8-5 密集性市场战略

战略或密集性市场战略。

(3) 市场的同质性。倘若购买者爱好相似,每一时期购买数量相近,对营销刺激的反应也大致相同,可采用无差异市场战略。反之,应考虑差异化市场战略或密集性市场战略。

(4) 产品生命周期的不同阶段。企业推出新产品,通常先介绍一种款式,可用无差异市场战略或密集性市场战略。产品进入成熟期逐渐转向差异化市场战略,或用密集性市场战略开拓新市场。

(5) 对手的目标市场战略。竞争者积极进行市场细分、实施差异化市场战略,本企业采用无差异市场战略一般难以奏效。应通过更有效的市场细分寻找机会,采用差异化市场战略或密集性市场战略。对手选用无差异市场战略,本企业也实施差异化市场战略,通常可有所得。面对强大的竞争者,也可考虑密集性市场战略。

第三节 市场定位

企业要为自己或产品、品牌树立某种特色,塑造预定形象,并争取顾客认同。这种勾画形象和提供的价值,使目标市场全面理解、认识本企业有别于竞争者的行为,即定位(Positioning)。

一、市场定位的意义

艾·里斯和杰·特劳特认为,"'定位'是一种观念,它改变了广告的本质"。"定位从产品开始,可以是一种商品、一项服务、一家公司、一个机构,甚至于是一个人,也许可能是你自己。但定位并不是要你对产品做什么事。定位是你对未来的潜在顾客心智所下的功夫,也就是把产品定位在你未来潜在顾客的心中。所以,你若把这个观念叫作'产品定位'是不对的,因为你对产品本身实际上并没有做什么重要的事情"。[①]

市场定位离不开产品与竞争,因此市场定位、产品定位(Product Positioning)与竞争性定位(Competitive Positioning)等概念经常交替使用。市场定位强调企业或品牌在满足市场需求方面,与竞争者比较应当处于什么位置,使顾客产生何种的印象和认识;产品

① 艾·里斯,杰·特劳特.广告攻心战略——品牌定位[M].北京:中国友谊出版公司,1991:2.

定位主要指就产品属性而言，企业的产品与竞争者的产品应当在目标市场各自处于什么位置；竞争性定位突出在目标市场上，和竞争者相比较，企业的产品及营销组合有何种特色。三个术语实质上是从不同角度认识的同一事物。

市场定位是现代营销理论的重要概念，受到企业广泛重视，理论和实践发展很快。

(1) 有助于企业明确营销组合的目标。营销组合是企业占领市场的手段，产品、价格、分销和促销等工具的协调、运用，本质上是实现市场定位战略的具体战术。比如一家"优质定位"的企业，必须为此推出优质产品，制定较高售价，通过高档次的中间商分销以及通过高档次媒体做广告，才能树立持久而令人信服的优质形象。目标市场决定了一个企业的顾客是谁；定位则进一步界定了这个企业的竞争对手是谁。各种营销手段只有在明确市场定位的前提下，才有明确的努力方向，真正成为有意义、有效益的"营销组合"。

(2) 有利于建立企业及品牌特色。在现代社会，同一市场上出现大量同类产品的现象普遍存在，缺乏差异性使得这些产品、企业之间常常竞争惨烈。要使自己的产品获得稳定销路，避免被竞争者轻易替代，唯有从各方面为自己的品牌、产品赋予一定特色，树立独有的、目标市场确实需要和偏爱的市场形象，以期在顾客心目中形成一种特殊的感觉和体验。这也就是进行市场定位。

二、市场定位的分类

(一) 初次定位与重新定位

初次定位是新企业初入市场、新产品投入市场或产品进入新市场，面向缺乏认识的目标顾客进行的定位；重新定位是企业改变市场对其原有印象，使目标顾客对其建立新的认识的过程。

一家企业即使初次定位恰当，一旦竞争者定位于本企业附近，侵占了本企业的市场；或消费者及用户偏好变化、转移到竞争者方面，就要考虑重新定位。是否一定要重新定位，需要慎重考虑：

(1) 重新定位的成本——改变一种定位、重新建立某种形象必须投入的费用；

(2) 重新定位的收益——新定位能带来的经济效益，它取决于新定位吸引的顾客数量及其购买力，对手的数量、实力，平均购买率及价格承受能力等。

(二) 针对式定位与创新式定位

针对式定位是选择靠近竞争者或与其重合处，以相同、相近的特色争夺目标顾客，彼此产品、价格、分销及促销等少有不同。一般来说，企业要考虑：(1)能否生产比竞争者质量更优或成本更低的产品；(2)该市场能否容纳两个或两个以上相互竞争的企业；(3)自己是否拥有比竞争者更多的资源；(4)这个位置与本企业的声誉和能力是否相符。

创新式定位则是避开与竞争者的直接对抗，定位于某处"空隙"，发展目前市场上没有的某种特色。企业必须明确创新式定位所需的产品特色等技术上、经济上是否可行，尤其是有无足够顾客偏好这种定位。

三、市场定位的步骤

定位的主要任务是通过集中若干竞争优势，使企业在目标市场与竞争者区别开来。定位一般包括以下步骤：

(1) 调研。竞争者做了什么、做得如何，包括对其成本和经营情况等做出评判。

(2) 分析。目标市场上足够数量的顾客确实需要什么，欲望满足得如何。必须找到、认定目标顾客认为能满足其需要的最重要的特征。定位成功的关键在于能否比竞争者更好地了解顾客，对市场需求与其服务(包括产品、价格、渠道与促销各个方面)之间的关系有更深刻和独到的解析。

(3) 决定。本企业能做什么，同样要从成本和经营等方面考察。

(4) 展示。定位应当可以准确描述、有效传播。要借助于一定的载体与目标市场沟通，使定位不仅进入，而且留存于顾客大脑中。

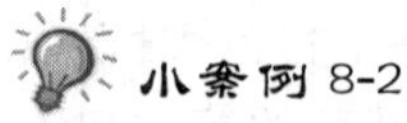

展示定位的载体

代名词

- 沃尔沃(富豪)汽车：安全
- 奔驰汽车：物有所值
- 联邦快递：隔夜送达
- 科达公司：胶卷

口号

- Google(谷歌)：完美的(互联网)搜索引擎
- 飞利浦电器：让我们做得更好
- 诺基亚(手机)：科技以人为本
- 艾维斯租车公司：我们比别人更努力
- 碧桂园集团(房地产)：给您一个五星级的家
- 麦当劳：Q(质量)、S(服务)、C(清洁)和 V(价值)

标准色

- 科达胶卷：金黄
- IBM："蓝色巨人"
- ThinkPad(笔记本电脑)：黑色("小黑")

象征与标志

- 耐克(运动鞋)：迈克尔·乔丹
- 麦当劳：金拱门

故事

- 肯德基：桑德士上校
- "褚橙"：褚时健

尤其重要的是，定位必须与企业的优势相匹配，与竞争者有明显不同；能为目标市场、顾客正面接受，得到他们喜欢、信任；能持续相当长时间。定位是企业向社会和公众、顾客的承诺，企业应当具备履行承诺的决心和能力。

碧桂园：给您一个五星级的家①

人性化的星级"服务"是碧桂园品牌最大的魅力所在。对消费者来讲，一个五星级的家不仅包括五星级的硬件设施，还包括五星级的服务。五星级的服务就是不管何时何地，不管客人是哪种类型，只要是合理的需求就应尽可能满足。

碧桂园的五星级服务首先体现在根据社会和人居发展的趋势，前瞻性地满足客户需求。从配套先行，入住即能享受会所、学校、医院等高尚社区服务；到免费看楼车、节假日开售等营销举措，无一不是从客户角度出发。在客户还没有想到的时候，就已经解决了客户的深层次需求。

不管何种类型的客户，均能在碧桂园找到适合自己的生活天空。碧桂园的产品从洋房到连体别墅、独立别墅乃至超豪华别墅，配套设施从免费阅览室、免费钓鱼场到 36 洞高尔夫球场，从儿童游乐场到夕阳红老年人活动中心……多元化的产品、个性化的装修、丰富多样的娱乐设施，照顾到了不同年龄、不同消费层次、不同兴趣爱好的客户。

五星级服务还包括将生活中的小事也做到极致，做到完美。服务不仅仅停留在保安的敬礼致意、服务人员的微笑，更主要的是体现在急客人所急、想客人所想，认真对待客人的合理要求，将每一个客人的要求或抱怨转换为满意的微笑和赞赏。近年来，碧桂园营销系统的每一个环节都在执行 AA 标准，即 Any time to anyone。公司要求，不管何时何地，对任何人都要提供高水平的五星级服务。AA 标准细致、严格规定了售前、售中、售后每个环节向客人提供服务的标准。公司还采用"神秘顾客"、"检查团"等多种方式，检查 AA 标准的贯彻执行情况，并制定了严格的奖惩制度。

本章小结

市场细分的基础，是导致需求的异质性、差异化的各种因素。因此在消费者市场，既可运用地理、人口和心理等消费者特征因素，也常常依据消费者反应的不同如各种行为因素，对潜在顾客进行分类。这些因素的大多数，也同样可用于细分生产者市场。

目标市场是分析、比较和选择以后，企业决定为其服务的潜在顾客。目标市场必须具备可识别、可进入、可盈利以及可稳定等特性。进入目标市场有 5 种基本的市场覆盖模式，即单一市场集中、产品专门化、市场专门化、选择性专门化和完全覆盖市场。与竞争战略相适应，目标市场战略也有 3 种，即无差异、差异化和密集性市场战略。

市场定位是现代营销理论的重要概念。企业要向目标市场说明与竞争者有什么不

① 资料来源：参阅百度百科："碧桂园". http://baike.baidu.com/view/617820.htm.

同，为自己或产品、品牌在树立某种特色，塑造预定形象，并争取目标顾客认同。市场定位分初次定位与重新定位，针对式定位与创新式定位等。定位过程包括调研、分析、决定和展示等步骤。市场定位是对社会和公众、顾客的承诺，企业首先必须具备履行承诺的决心和能力。

1. 什么是市场细分？为什么需要市场细分？
2. 市场细分的基础或依据本质是什么，具体有哪些？
3. 如何使用各种市场细分方法？
4. 目标市场战略的类型与特点是什么？
5. 目标市场与定位的区别是什么？
6. 试举例说明如何进行定位。

王老吉、加多宝“红罐”之争升级

2014年12月19日，广东省高级人民法院对红罐凉茶包装装潢纠纷案做出一审判决：广东加多宝饮料食品有限公司(以下简称加多宝)构成侵权，立即停止生产并销售与王老吉红罐凉茶包装装潢相似或相同包装的产品；赔偿广药集团(以下简称广药)1.5亿元以及合理维权费用26万余元。加多宝当庭表示不服判决，将上诉最高法院。

战火仍未浇熄

红罐包装一案结果，将直接决定两个品牌凉茶最直观外包装使用权的得失，也意味着在这个两三百亿规模市场上已经取得的市场进退。“我们对这个结果很震惊，认为这个判决严重背离事实，将坚决向最高院上诉。”针对广东高院1.5亿元赔偿判决，加多宝集团董事长办公室总监冯志敏向《第一财经日报》表示。

“红罐之争”的争议焦点归结为四个：(1)涉案商品是什么，知名商品包装装潢是什么；(2)涉案商品特有包装装潢归谁所有；(3)涉案商品特有包装装潢能否与王老吉商标或加多宝公司分离，到底谁构成侵权；(4)经济损失如何计算。

此前双方证据交换时王老吉方面提出，根据《反不正当竞争法》规定知名商品拥有特有装潢权，该装潢属于知名商品的合法经营者，并可随商品在不同的合法经营者之间转移。因此收回红罐王老吉的生产经营权后，特有装潢权也应随之一并收回。

加多宝方面认为，早在1995年3月28日双方签订第一份商标许可合同时，加多宝就设计了以红黄两色为主色调的金属易拉罐“王老吉”凉茶包装，还向国家知识产权局提交了外观设计专利申请并于1997年获得专利，因此拥有对红罐包装毫无争议的所有权。

广东高院一审指出，“王老吉”商标被许可给鸿道集团使用前，已是中华老字号和广东省著名商标，在公众中享有相当高的知名度。尽管加多宝公司后来为王老吉红罐凉茶知名度提高做出了贡献，但由此产生的商誉仍然附属于王老吉凉茶。加多宝公司生产、销售的红罐凉茶,与王老吉红罐凉茶包装装潢的各种构成要素在整体视觉效果上无实质性差异,足以使公众对商品来源产生误认,属于相近似的包装装潢,因此加多宝公司已构成不正当竞争。

法学界对这一争议也看法不一。

市场 vs 营销

官司的背后是双方市场上的激烈争抢。2013 年 5 月,红罐装潢案一审开庭,广药和加多宝分别向对方提出 1.5 亿元和 3 096 万元的赔偿要求,这一数字被普遍认为是各自竞争对手上一年度凉茶的净利润金额。

广州药业年报显示,2012 年度广州王老吉大健康产业有限公司的净利润为人民币 3 096.2 万元。广药代理律师在庭上曾解释,加多宝 2012 年销售 200 亿元是其计算索赔金额的依据基础。

加多宝、王老吉分家当年,加多宝方面曾援引一份第三方统计数据,称 2012 年 7~12 月更名后,加多宝罐装凉茶占据罐装凉茶市场份额 80%。如果按照上述行业对加多宝 2012 年销量 200 亿元的估算,罐装凉茶市场规模达到 250 亿元左右。

基于目前双方的市场格局,红罐归属将决定两家下一步的生存状态。冯志敏表示,“过去 17 年我们培育这个品牌投入了 300 多亿。如果诉讼失败,对我们会是一个巨大打击,我们还是会上诉到最高法院。”另一边,王老吉母公司广药方面也提出,“王老吉”商标收回之后,在红罐凉茶上付出了诸多心血。

随着双方诉讼不断升级,加多宝认为广药选择官司的时点与其销售节奏不无关系。

2013 年 1 月 31 日在广药诉讼下,广州市中院裁定加多宝实施了虚假宣传,误导了消费者行为,对其“王老吉改名为加多宝”、“全国销量领先的红罐凉茶改名加多宝”等广告宣传下达诉中禁令。半年后的 8 月 6 日广药再次以同样理由,向广州市中院申请对加多宝执行诉讼禁令,并立即停止其“中国每卖 10 罐凉茶 7 罐加多宝”等广告宣传。来自广州市中院的消息显示,第一次诉中禁令后至 2013 年 3 月 1 日的 2 个月,全国有 43 家电视台停播加多宝相关广告。

王老吉最近频频发力,巩固前期战果。记者了解到近日王老吉就对凉茶秘方启动了秘方封存,将传承多年的凉茶秘方存入中国银行广东省分行,此前还获得“全球历史悠久的凉茶品牌”吉尼斯世界纪录和“凉茶品牌标杆”认证……红罐归属成为强化“凉茶正宗王老吉”的重要一环,也是对现有品牌的不断巩固。另外,广药也加快了将王老吉注入上市公司的步伐。本月白云山公告称,白云山收到广药集团来函,修改了将“王老吉”系列等商标转让给白云山的履行时间,从之前要求“待‘王老吉’商标全部法律纠纷解决,自可转让之日起两年内”变更为“待‘红罐装潢纠纷案’判决生效之日起两年内”。

冯志敏坦承,该审判结果确实会给加多宝带来一定的打击,但并不会构成太大的冲击,他们会采取办法应对。事实上该案结果宣布前,加多宝刚刚对外公布已提前两个月完成公司全年销售任务。

由于广药王老吉此前优势渠道主要在广东,全国范围渠道建设明显慢于对手,这一趋势在下沉至三四线城市后尤为明显。

2014 年 7 月,加多宝宣布与顺丰旗下“顺丰嘿客”品牌合作,借助后者 800 家店面的线下资源和顺丰速运的物流体系，进一步打通其三四线市场；凭借中国好声音等节目冠名形式及旗下昆仑山水等多渠道营销，加多宝品牌整体传播范围进一步得到扩大。

尽管加多宝一直未公开回应其全国市场份额，但2013年国家统计局发布的全国凉茶数据显示，在7～12月期间更名后的加多宝罐装凉茶，占据罐装凉茶市场份额80%之多，继续稳居凉茶行业老大的位置——这一数据比上年加多宝全国73%的份额又有7个百分点的上升。王老吉当年份额仅为8.9%，二者份额悬殊。

资料来源：王蔚佳，陆琨倩."红罐"之争升级　加多宝王老吉暗战渠道[N].第一财经日报，2014-12-22.

讨论题

1. 加多宝、王老吉目前实施的是何种类型的目标市场战略？有什么特点？
2. 你认为国内凉茶市场可以怎样进行市场细分？
3. 王老吉或加多宝的凉茶产品可以怎样定位？应该突出什么特色？

1. 目的

(1) 认识市场细分、目标市场和市场定位的联系和区别。

(2) 能够提出市场细分、目标市场选择和市场定位的依据。

2. 内容和要求

(1) 选择一家行业进行调研，了解行业背景。

(2) 从该行业选择若干典型企业，分小组了解该企业背景。

(3) 分小组分析选定企业是否及如何进行市场细分，如何选择目标市场和目标市场战略，怎样进行市场定位，对其成功与不足，提出改进建议。

3. 步骤

(1) 任课教师与学生共同商定一个行业，选择若干企业，并说明实践目的、任务、进度和要求。

(2) 全班学生分别选择企业，按企业分成小组进行准备工作。包括复习相关教学内容、补充阅读参考文献；收集行业、选定企业的相关资料。

(3) 组长负责组织小组课外讨论，重点是选定企业是否及如何进行市场细分，如何选择目标市场和目标市场战略，怎样进行市场定位。

(4) 分小组提交研究报告或进行课堂讨论，由任课教师批阅或点评、总结。

第九章　产品策略

本章提要

任何企业在制订战略计划时，首先要回答的便是用什么产品来满足目标市场。产品决策是营销组合中的第一个、也是最基本的决策，是整个营销组合战略的基石与核心，直接影响和决定其他营销组合因素的管理。通过本章学习，需要明确产品整体概念的内涵以及对企业营销的重要意义；掌握产品组合的含义及管理产品组合的方法；区分产品生命周期不同阶段的特征及营销策略；了解新产品的概念及开发方式，熟悉新产品开发的程序，掌握制定和实施产品品牌、商标与包装策略的原理与方法。

本章知识结构图

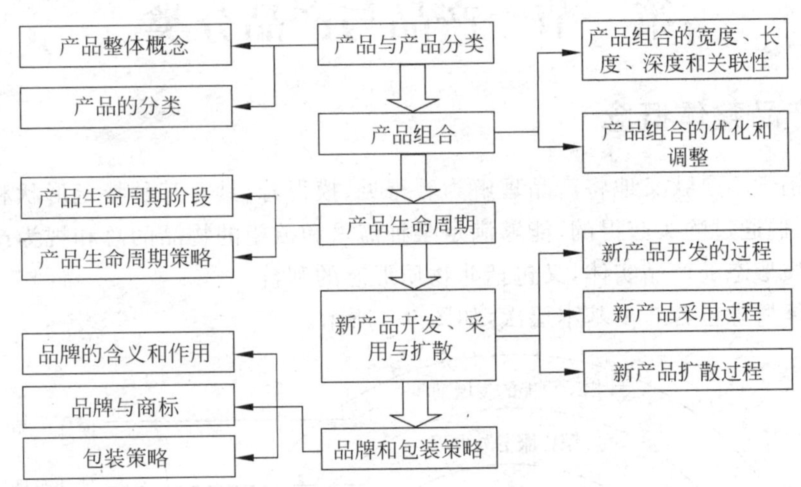

重要概念

产品；产品线；产品组合；产品生命周期；品牌；商标；包装。

"创新·蜕变"

2015年1月15日，以"创新·蜕变"为主题的浙江正理生能科技有限公司2015营销会议隆重举行。作为空气能行业领军品牌，生能空气能一直走在技术创新的尖端，独创冷盾技术解决了空气能压缩机频频被烧的难题。在本次营销会议上，生能公司发布4款新品，分别为壁挂一体机、高温壁挂分体机、冷盾系列高温方形一体机、空调地暖机以及10P的金霸系列产品。为了适应市场多元化的需求，生能公司秉承客户至上、市场为先的理念，在不断推出新产品的同时更注重产品质量和品牌形象。这4款产品具有噪声小、便于安装、节能高效等优点，在原来的基础上再度创新升级，以便赢得更完美的客户体验和营销口碑，全面融入现代化家居。

营销启示：

在产品同质化严重、价格竞争激烈的背景下，新产品开发成为企业突破瓶颈的重要手段。只有打造出高品质的创新产品，才能满足客户的多样化需求，在激烈的竞争中获得长远发展。

从社会经济发展看，产品的交换是社会分工的必要前提。企业生产与社会需要的统一是通过产品来实现的，企业与市场的关系，也主要是通过产品或服务来联系的。因此产品策略是企业市场营销活动的支柱和基石。产品策略是企业为了在激烈的市场竞争中获得优势，在生产、销售产品时所运用的一系列措施和手段，包括产品定位、产品组合策略、产品差异化策略、新产品开发策略、产品生命周期策略以及品牌与商标策略、包装策略的运用。

第一节　产品与产品分类

一、产品整体概念

市场营销学不是狭义地将产品理解为看得见、摸得着、具有某种特定形状和用途的物品，而是将人们通过购买获得的、能够满足某种需求和欲望的物品的总和视为产品。它既包括具有物质形态的产品实体，又包括非物质形态的利益。

产品整体概念包含 5 个基本层次，如图 9-1 所示。

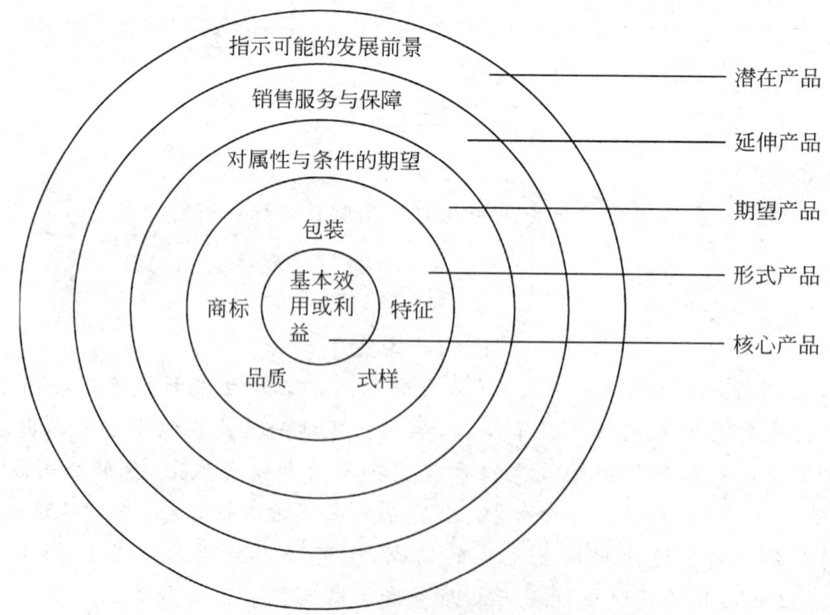

图 9-1　产品整体概念的 5 个层次

(一) 核心产品

是指向顾客提供的产品的基本效用或利益。从根本上说,每一种产品实质都是为解决问题而提供的服务。比如人们购买空调,不是为了获取装有某些电器零部件的物体,而是为了在炎热的夏季满足凉爽舒适的需求。任何产品都必须具有反映顾客核心需求的基本效用或利益。

(二) 形式产品

指核心产品借以实现的形式,即向市场提供的实体和服务的形象。由品质、式样、特征、商标及包装5个特征构成。即使是纯粹的服务,也具有类似的形式上的特点。

(三) 期望产品

是指购买者在购买时,期望得到的与产品密切相关的一组产品属性和条件。通常顾客在购买某种产品时,会根据以往的消费经验和企业的营销宣传,对所要购买的产品形成一种期望。比如旅馆的客人期望得到安全和相对安静的环境、洁净的床位、饮用水和洗浴热水等服务。

(四) 延伸产品

是顾客购买形式产品和期望产品时,获得附带的各种利益的总和,包括产品说明书、保证、安装、维修、送货、技术培训等。延伸产品也称附加产品,菲利普·科特勒曾指出在第四个层次,营销者将准备一个超过顾客期望的附加产品(augmented product)。[①]

(五) 潜在产品

指现有产品包括所有延伸产品在内的,可能发展成为未来最终产品的潜在状态的产品。潜在产品要求企业不断寻求满足顾客的新方法,不断将潜在产品变成现实的产品,这样才能使顾客得到更多的意外惊喜,更好地满足顾客的需要。

产品整体概念的5个层次,清晰地体现了以顾客为中心的现代营销观念。这一概念的内涵和外延都是以消费者需求为标准的,由消费者的需求来决定的。可以说,产品整体概念是建立在“需求=产品”这样一个等式基础上的。没有产品整体概念,就不可能真正贯彻现代营销观念。

二、产品的分类

在产品导向观念的支配下,企业根据产品特征对产品分类。在现代营销观念引领下,产品分类的思维方式是每一个产品类型都有与之相适应的营销组合策略。

(一) 非耐用品、耐用品和服务

产品可以根据其耐用性和是否有形,分为:

(1) 非耐用品。一般是有一种或多种消费用途的低值易耗品,例如啤酒、肥皂和盐等。售价中的加成要低,还应加强广告以吸引顾客试用并形成偏好。

(2) 耐用品。一般指使用年限较长、价值较高的有形产品,通常有多种用途,例如冰箱、彩电、机械设备等。耐用品倾向于较多的人员推销和服务等。

---

① 菲利普·科特勒,凯文·莱恩·凯勒著.营销原理[M].第14版·全球版.王永贵,等译.北京:中国人民大学出版社,2012:355.

(3) 服务。为出售而提供的活动、利益或满足，例如理发和修理。服务的特点是无形、不可分、易变和不可储存。一般来说，它需要更多的质量控制、供应商信用以及适用性。

(二) 消费品分类

根据人们的消费习惯和的购买特点，消费品一般区分为 4 种：

(1) 便利品。顾客频繁购买或需要随时购买的产品，例如香烟、肥皂和报纸等。便利品可以进一步分为常用品、冲动品及救急品。常用品是顾客经常需要购买的便利品；救急品是当顾客的需求十分紧迫时购买的产品，其地点效用很重要，即一旦顾客需要能够迅速实现购买。

(2) 选购品。指顾客在选购过程中，对其适用性、质量、价格和式样等需要认真权衡、比较的产品。例如家具、服装、旧汽车和大型器械等。选购品可以划分为同质品和异质品。购买者认为同质性选购品的质量相似，但价格明显不同，所以有选购的必要。对顾客来说，选购异质品时，产品特色通常比价格更重要。

(3) 特殊品。指具备独有特征或品牌标记的产品，相当多的购买者一般愿意做出特殊的购买努力。例如特殊品牌和特殊式样的汽车、音响、摄影器材及高档服装。

(4) 非渴求品。指消费者不了解，或即便了解也不会积极、主动购买的产品。传统的非渴求品有人寿保险、墓地、墓碑以及百科全书等。对非渴求品，需要付出诸如广告和人员推销等大量营销努力。

(三) 产业用品分类

产业组织也需要购买各种产品和服务。一般把产业用品分成 3 类：

(1) 材料和部件。指完全转化为制造商产成品的一类产品，包括原材料、半制成品和部件。如农产品、构成材料(铁、棉纱)和构成部件(马达、轮胎)。

(2) 资本项目。指部分进入产成品中的商品，包括装备和附属设备。装备又包括建筑物(如厂房)与固定设备(如发电机、电梯)。

(3) 供应品和服务。指不构成最终产品的那类项目，比如打字纸、铅笔等。供应品相当于工业领域内的便利品，顾客众多、区域分散且产品单价较低，一般都是通过中间商分销。商业服务包括维修或修理服务以及商业咨询服务，维修或修理服务通常以签订合同的形式提供。

第二节 产品组合

一、产品组合的宽度、长度、深度和关联性

产品组合，是指企业提供给市场的全部产品线和产品项目的组合或结构，即企业的业务经营范围。

产品组合包括 4 个衡量变量，即宽度、长度、深度和关联性。产品项目是衡量产品组合各种变量的一个基本单位，指产品线内的不同品种及同一品种的不同品牌，同一品种如有 3 个品牌，即为 3 个产品项目。产品组合的宽度，是指产品组合中所拥有的产品线数

目。表 9-1 所显示的产品组合的宽度为 4。产品组合的长度，是指产品组合中产品项目的总数，以产品项目总数除以产品线数目即可得到产品线的平均长度。表 9-1 所显示的产品组合总长度为 18，每条产品线的平均长度为 18÷4=4.5。假如表 9-1 内各种产品平均有 3 个品牌，则公司的产品组合总长度为 54，平均长度为 54÷4=13.5。产品组合的深度，指产品项目中每一品牌所含不同花色、规格、质量产品数目的多少，如“佳洁士牌牙膏有三种规格和两种配方，其深度就是 6”[①]。通过统计，每一品牌的不同花色、规格、质量产品的总数目，除以品牌总数，即为企业产品组合的平均深度。

实际上，一般公司的产品组合总长度要长得多，深度也要深得多，例如，童帽作为一个品种，可以有几个、几十个品牌。其中一个品牌不同花色、规格、质量的产品可以有几十个甚至几百个。因此，有的公司经营的产品如按花色、规格、质量统计可达几万种以至几十万种。产品组合的关联性，是指各条产品线在最终用途、生产条件、分销渠道或其他方面相互关联的程度。例如，某家用电器公司拥有电视机、收录机等多条产品线，但每条产品线都与电有关，这一产品组合具有较强的相关性。相反，实行多元化特别是非相关多元化经营的企业，其产品组合的相关性则可能较小或无相关性。

表 9-1　产品组合的宽度

	服　装	皮　鞋	帽　子	针织品
产品线的长度	男士西装	男士凉鞋	毛线帽	羊毛衣裤
	女士西装	女士凉鞋	布帽	棉毛衣裤
	男休闲装	男士皮鞋	礼帽	袜子
	女休闲装	女士皮鞋	淑女帽	
	风雨衣		童帽	
	儿童服装			

根据产品组合的 4 种尺度，企业可以采取 4 种方法发展业务：

(1) 加大产品组合的宽度，扩展企业的经营领域，实行多样化经营，分散企业投资风险。

(2) 增加产品组合的长度，使产品线丰满充裕，成为更全面的产品线公司。

(3) 加强产品组合的深度，占领同类产品的更多细分市场，满足更广泛的市场需求，增强行业竞争力。

(4) 加强产品组合的一致性，使企业在某特定市场领域内加强竞争和赢得良好的声誉。产品组合决策就是企业根据市场需求、竞争形势和企业自身能力对产品组合的宽度、长度、深度和相关性方面做出的决策。

二、产品组合的优化和调整

企业在调整和优化产品组合时，依据情况的不同可选择如下策略：

(一) 扩大产品组合

包括拓展产品组合的宽度，增强产品组合的深度。前者是在原产品组合增加一条或

① 菲利普·科特勒. 营销管理[M]. 新千年版. 梅汝和，等译. 北京：中国人民大学出版社，2001：480.

几条产品大类，扩大经营产品范围；后者是在原有产品大类内增加新的产品项目。

（二）缩减产品组合

当市场繁荣时，较长、较宽的产品组合会为许多企业带来较多的赢利机会；但市场不景气或原料、能源供应紧张时，缩减产品反而可能使总利润上升。因为从产品组合剔除那些获利很小甚至不盈利的产品大类或产品项目，企业可集中力量发展获利多的产品大类和产品项目。通常情况下，企业的产品大类有不断延长的趋势。但随着产品大类的延长，设计、工程、仓储、运输、促销等市场营销费用也随之增加，最终将会减少企业的利润。在这种情况下，需要对产品大类的发展进行相应的遏制，删除那些得不偿失的产品项目使产品大类缩短，提高经济效益。

（三）产品延伸

1. 产品延伸的主要方式

每一企业的产品都有其特定的市场定位。产品延伸策略指全部或部分地改变公司原有产品的市场定位，具体做法有向下延伸、向上延伸和双向延伸 3 种。向下延伸是指企业原来生产高档产品，后来决定增加低档产品；向上延伸是指企业原来生产低档产品，后来决定增加高档产品；双向延伸是原定位于中档产品市场的企业掌握了市场优势以后，决定向产品大类的上下两个方向延伸。

2. 产品延伸的利益

一般来说，产品延伸能迎合顾客求异求变的心理，有利于满足更多的消费者需求。

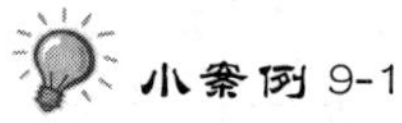

它们怎样延伸产品线[①]

20 世纪 70 年代以来，市场竞争的激烈程度不断加剧，使得推出新产品的风险急剧增加，为了降低风险，获取规模经济效益，众多知名企业选择了品牌的产品线延伸。

(1) 向上延伸。例如，20 世纪 60 年代率先打入美国摩托机车市场的本田公司，将其产品系列从低于 125CC 延伸到 1000CC 的摩托车。雅马哈则紧跟本田，陆续推出了 125CC、600CC、700CC 的摩托车，还推出一种三缸四冲程轴驱动摩托车，从而在大型旅行摩托车市场上与其展开了有力的竞争。

(2) 向下延伸。如宝洁公司在经过多年的中国市场培育和品牌形象打造之后，已经在中国市场深入人心，飘柔、潘婷、海飞丝等品牌，分别以区隔精准的功能定位和“高档”的品牌形象赢得良好的知名度和美誉度。随着中国洗涤日化行业竞争的不断加剧，当越来越多的国产品牌以更具优势的价位和铺天盖地的广告宣传纷纷抢占市场时，宝洁不得不改变策略，推出一系列“低价位”的产品。如 9.9 元的飘柔日常护理洗发液、1.9 元的汰渍净白洗衣粉等，给竞争对手以有力的打击，给消费者“更具亲和力”的感觉。

(3) 双向延伸。20 世纪 70 年代后期，正逐渐形成高精度、低价格的数字式手表的需求市场。日本“精工”以“脉冲星”为品牌推出了一系列低价表，从而向下渗透进入这一低

① 汲剑磊. 品牌延伸三大策略[EB/OL]. 全球品牌网，2009-4-1.

档产品市场。同时，它亦向上渗透高价和豪华型手表市场，例如，精工收购了一家瑞士公司，连续推出了一系列高档表，其中一种售价高达5 000美元的超薄型手表进入最高档手表市场。

第三节　产品生命周期

一、产品生命周期阶段

产品在市场上的销售情况及其获利能力，会随时间的推移而变化。这种变化的规律就同人和其他生物的生命一样，从诞生、成长到成熟，最终将走向衰亡。产品的生命周期或称产品市场生命周期是指产品从研制成功投入市场开始，经过导入期、成长期、成熟期和衰退期，最终被市场淘汰的过程。

产品生命周期特指产品的市场寿命，而不是产品的自然生命或使用寿命。产品经过研究开发、试销，然后进入市场，其市场生命周期就开始了。产品被消费者拒绝或淘汰，退出市场，则标志着产品生命周期的结束。

典型的产品生命周期一般可分为4个阶段，即导入期(或引入期)、成长期、成熟期和衰退期，如图9-2所示。

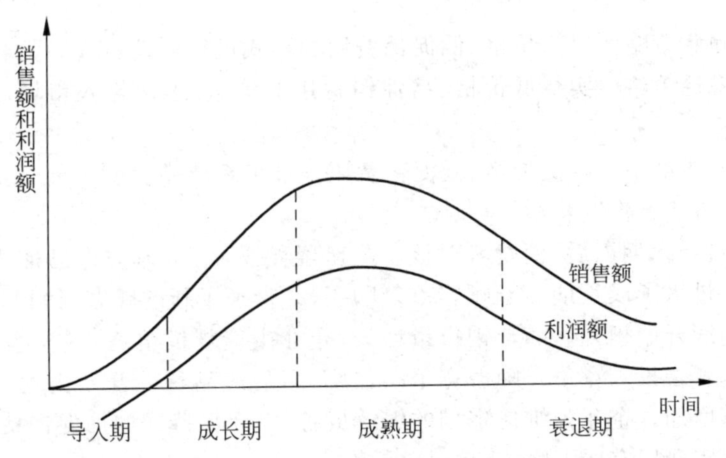

图9-2　典型的产品生命周期

(一) 导入期

新产品投入市场，便进入导入期。此时顾客对产品还不了解，只有少数追求新奇的顾客可能购买，销售量很低。为了扩展销路，需要大量的促销费用，对产品进行宣传。在这一阶段，由于技术方面的原因，产品不能大批量生产，因而成本高，销售额增长缓慢，企业不但得不到利润，反而可能亏损。

(二) 成长期

当产品在导入期的销售取得成功以后，便进入成长期。这时顾客对产品已经熟悉，大量的新顾客开始购买，市场逐步扩大。产品已具备大批量生产的条件，生产成本相对降低，企业的销售额迅速上升，利润也迅速增长。在这一阶段，竞争者看到有利可图，将纷纷进入市场参与竞争，使同类产品供给量增加，价格随之下降，企业利润增长速度逐步减慢，最后达到生命周期利润的最高点。

（三）成熟期

经过成长期以后，市场需求趋向饱和。潜在的顾客已经很少，销售额增长缓慢直至转而下降，标志着产品进入了成熟期。在这一阶段竞争逐渐加剧，产品售价降低，促销费用增加，企业利润下降。

（四）衰退期

随着科学技术的发展，新产品或新的替代品出现，将使顾客的消费习惯发生改变，转向其他产品，从而使原来产品的销售额和利润额迅速下降。于是产品进入了衰退期。

二、产品生命周期策略

（一）导入期市场营销策略

导入期始于新产品首次在市场上普遍销售之时。在产品导入期，一般可由价格、促销、地点等因素，组合成各种不同的市场营销策略。若仅考察促销和价格两个因素，则至少有以下 4 种策略：

(1) 快速撇脂策略。采用高价格、高促销费用，以求迅速扩大销售量，取得较高的市场占有率。

(2) 缓慢撇脂策略。以高价格、低促销费用的形式进行经营，以求得到更多的利润。

(3) 快速渗透策略。实行低价格、高促销费用的策略，迅速打入市场，取得尽可能高的市场占有率。

(4) 缓慢渗透策略。以低价格、低促销费用来推出新产品。

（二）成长期市场营销策略

新产品经过导入期以后，消费者对该产品已经熟悉，消费习惯也已形成，销售量迅速增长，新产品就进入了成长期。老顾客重复购买，并带来了新的顾客，销售量激增，企业利润迅速增长，利润开始攀升。随着销售量增大，企业生产规模也逐步扩大，产品成本逐步降低，新的竞争者会投入竞争。随着竞争的加剧，新的产品特性开始出现，产品市场开始细分，分销渠道增加。企业为维持市场的继续成长，需要保持或增加促销费用。但由于销量增加，平均促销费用有所下降。

针对成长期的特点，企业为维持其市场增长率，使获取最大利润的时间得以延长，可以采取的策略有：

(1) 改善产品品质，如增加新的功能，改变产品款式等。

(2) 寻找并进入新的尚未满足的子市场。

(3) 把广告宣传的重心从介绍产品转到建立产品形象上来。

(4) 在适当的时机，可以采取降价策略。

（三）成熟期市场营销策略

产品经过成长期的一段时间以后，销售量的增长会缓慢下降，利润也开始缓慢下降，表明产品已开始走向成熟期。产品的销售量增长缓慢，逐步达到最高峰然后缓慢下降，该产品的利润也从最高点开始下降；市场竞争非常激烈，各种品牌、各种款式的同类产品不断出现。

对成熟期的产品，采取主动出击的策略，使成熟期延长，或使产品生命周期出现再循环。例如：

(1) 调整市场。发现产品的新用途或改变推销方式等，扩大产品销售量。

(2) 调整产品。整体产品概念的任何一层次的调整都可视为产品再推出。

(3) 调整市场营销组合，即通过对产品、定价、渠道、促销 4 个市场营销组合因素加以综合调整，刺激销售量的回升。

(四) 衰退期市场营销策略

在成熟期，产品销售量从缓慢增加达到顶峰后，会发展为缓慢下降。在一般情况下，如果销售量的下降速度开始加剧，利润水平很低，就可认为这种产品已进入生命周期的衰退期。衰退期的主要特点是产品销售量急剧下降，企业从这种产品中获得的利润很低甚至为零，大量的竞争者退出市场，消费者的消费习惯已发生转变等。

面对处于衰退期的产品，通常有以下策略可供选择：

(1) 继续策略。沿用过去的策略，仍按照原来的子市场、使用相同的分销渠道、定价及促销方式，直到这种产品完全退出市场为止。

(2) 集中策略。把企业能力和资源集中在最有利的子市场和分销渠道上，缩短产品退出市场的时间。

(3) 收缩策略。大幅度降低促销水平，尽量降低促销费用以增加目前的利润。

(4) 放弃策略。对于衰落比较迅速的产品，应该当机立断，放弃经营。

第四节　新产品开发、采用与扩散

市场营销学中使用的新产品概念，不是从纯技术的角度理解。只要在功能或形态上得到改进或与原有产品产生差异，并为顾客带来新的利益，即可视为新产品。

新产品分为 6 种基本类型：(1)全新产品，即运用新一代科学技术革命创造的整体更新产品；(2)新产品线，使企业首次进入一个新市场的产品；(3)现有产品线的增补产品；(4)现有产品的改进或更新，对现有产品性能进行改进或注入较多的新价值；(5)再定位，进入新的目标市场或改变原有产品市场定位推出新产品；(6)成本减少，以较低成本推出同样性能的新产品。企业新产品开发的实质，是推出上述不同内涵与外延的新产品。对大多数公司来说，是改进现有产品而非创造全新产品。

一、新产品开发的过程

新产品开发过程由 8 个阶段构成，即寻求创意、甄别创意、形成产品概念、制定市场营销策略、营业分析、产品开发、市场试销、批量上市。

(一) 寻求创意

所谓创意，就是开发新产品的设想。虽然不是所有的设想或创意都可变成产品，但寻求尽可能多的创意却可为开发新产品提供较多的机会。

新产品创意的主要来源有顾客、科研机构、竞争对手、企业推销人员和经销商、企业高层管理人员、市场研究公司、广告代理商等。除了以上几种来源，企业还可以从大学、咨询公司、同行业的团体协会、有关的报刊媒介那里寻求有用的新产品创意。一般说来，企业应当主要靠激发内部人员的热情来寻求创意。

（二）甄别创意

取得足够创意之后，要对这些创意加以评估，研究其可行性，并挑选出可行性较强的创意。甄别创意时一般要考虑两个因素：一是该创意是否与企业的战略目标相适应，表现为利润目标、销售目标、销售增长目标、形象目标等几个方面；二是企业有无足够的能力开发这种创意。这些能力表现为资金能力、技术能力、人力资源、销售能力等。

（三）形成产品概念

经过甄别保留下来的产品创意，还要进一步发展成为产品概念。在这里，首先应当明确产品创意、产品概念和产品形象之间的区别。所谓产品创意，是指企业从自身的角度考虑能够向市场提供的可能产品的构想；所谓产品概念，是指企业从消费者的角度对这种创意所作的详尽描述；而产品形象，则是消费者对某种现实产品或潜在产品所形成的特定形象。企业必须根据消费者在上述几个方面的要求，把产品创意发展为产品概念。

确定最佳产品概念，进行产品和品牌的市场定位后，应当对产品概念进行试验。所谓产品概念试验，就是用文字、图画描述或者用实物等，将产品概念展示于一群目标顾客面前，观察他们的反应。

（四）制定市场营销策略

形成产品概念之后需要制定市场营销策略，企业要拟定一个将新产品投放市场的初步的市场营销策略报告书。它由 3 个部分组成：

(1) 描述目标市场的规模、结构、行为、新产品在目标市场上的定位、头几年的销售额、市场占有率、利润目标等。

(2) 略述新产品的计划价格、分销策略以及第一年的市场营销预算。

(3) 阐述计划长期销售额和目标利润以及不同时间的市场营销组合。

（五）营业分析

新产品开发过程的第 5 个阶段，是进行营业分析。在这一阶段，企业要复查新产品将来的销售额、成本和利润的估计，看看它们是否符合企业的目标。如果符合，就可以进行新产品开发。

（六）产品开发

如果产品概念通过了营业分析，研究与开发部门及工程技术部门就可以把这种产品概念转变成为产品，进入试制阶段。只有在这一阶段，文字、图表及模型等描述的产品设计才变为实体产品。

这一阶段应当清楚的问题是，产品概念能否变为技术上、商业上可行的产品。如果不能，除在全过程中取得一些有用的副产品即信息情报外，所耗费的资金则全部付诸东流。

（七）市场试验

如果企业高层对某种新产品开发试验的结果感到满意，就着手用品牌名称、包装和初步市场营销方案，把新产品装扮起来，把产品推上真正的消费者舞台进行实验。

（八）批量上市

在这一阶段，企业高层应当作以下决策：

（1）何时推出新产品，要决定在什么时间将新产品投放市场最适宜。

（2）何地推出新产品，要决定在什么地方（某一地区、某些地区、全国市场或国际市场）推出新产品最适宜。

（3）向谁推出新产品，要把分销和促销目标面向最优秀的顾客群。

（4）如何推出新产品，要制定开始投放市场的市场营销策略。

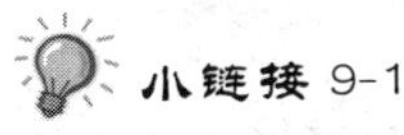

苹果产品开发流程[①]

长期以来，苹果产品开发流程很多方面都笼罩着神秘的面纱。Adam Lashinsky 发行的 *Inside Apple: How America's Most Admired—and Secretive—Company Really Works* 一书，对这些流程有所涉及。始终坚持同一开发流程，是苹果魅力多年不减的原因所在。

以下为任何苹果产品开发时都需遵从的框架：

设计驱动产品。在苹果设计师就是上帝，所有产品都需符合他们的要求。设计师单纯只管设计，无须与财务部门打交道考虑成本问题，也不用考虑设计所用材料生产时怎样使用。

构建公司内部的 start-up。新产品得到确认，会组织起来签订保密协议，有时甚至隔离。在内部建立仅由执行团队负责的 start-up，并从整个组织结构中独立出来。

执行苹果新产品进程（ANPP，Apple New Product Process）。这是一个详细描述新产品开发进程中每一步的执行文档。详细筹划了开发的各个阶段，例如谁负责完成；各自在每个阶段负责什么内容，以及在什么时候完成等。

每周一次产品评估。公司高层每周一仔细检查进入开发流程的产品。苹果任何时候都只有少数产品在生产，产品的关键性决定没有一个会超过两周时间做出。

EPM 绝对控制生产。产品生产时一个工程项目经理（Engineering Program Manager，EPM）和一个全球采购经理（Global Supply Manager，GSM）负责管理，直至完成。前者在生产过程拥有绝对的控制权。权力很大，所以也被称为“EPM 黑帮”。这两个职位一般由公司高层担任，且其大部分时间都是在监督中国工厂的生产流程。采购经理和项目经理相互合作，也经常因抉择“什么最适合产品”备感压力。

反复设计、生产和测试。制作产品原型后将再次设计，然后再投入生产。这个过程大概会持续 4～6 周。

独立的包装设计区域。在营销大楼还有一片完全专注于设备包装设计的区域，安全性与专注新产品和设计的专用区域相当。某新款 iPod 发布前的一段时间，曾有一员工在

① 佚名．苹果产品开发绝密流程 项目经理有控制权[EB/OL]．腾讯游戏（http://games.qq.com/a/20120131/000242.htm），2012-01-31．

数月里每天数小时打开数百个包装原型，以此提炼打开包装这一过程的用户体验。

绝密的产品发布计划。产品发布行动计划被称作“the Rules of the Road”，是一个高度机密的文档。列出了产品从开发到最终发布过程所有的重大阶段目标，每一阶段目标都注有该目标的直接负责人(DRI，Directly Responsible Individual)。丢失或泄露文件的人将立即解雇。

苹果为了追求产品卓越，经常会做一些增加成本和降低效率的决定。尽管如此，苹果的责任制方案仍可简单归纳为：致力于好的产品才是第一位。

二、新产品采用过程

所谓新产品采用过程，是指消费者个人由接受创新产品到成为重复购买者的各个心理阶段。美国著名学者埃弗雷特·罗杰斯(Everett M. Rogers)把采用过程看作创新决策过程，包括以下5个阶段：

（一）认识阶段

在认识阶段，消费者要受个人因素(如个人的性格特征、社会地位、经济收入、性别年龄、文化水平等)、社会因素(如文化、经济、社会、政治、科技等)和沟通行为因素的影响。他们逐步认识到创新产品，并学会使用这种产品，掌握其新的功能。

（二）说服阶段

消费者一旦产生喜爱和占有该种产品的愿望，决策行为就进入了说服阶段。在说服阶段消费者常常亲自操作新产品，以避免购买风险。不过即使如此，也并不能促使消费者立即购买，除非营销部门能让消费者充分认识到新产品的特性。包括：

(1) 相对优越性。即创新产品被认为比原有产品好。

(2) 适用性。即创新产品与消费者行为及观念的吻合程度。

(3) 复杂性。在新产品设计、整体结构、使用维修和保养方法等方面与目标市场的认知程度相接近，尽可能设计出简单易懂、方便使用的产品。

(4) 可试性。即创新产品在一定条件下可以试用。

(5) 明确性。指创新产品在使用时，是否容易被人们观察和描述，是否容易被说明和示范。

（三）决策阶段

通过对产品特性的分析和认识，消费者开始决策，即采用还是拒绝采用该种创新产品。

（四）实施阶段

当消费者开始使用创新产品，就进入了实施阶段。决策阶段消费者只是心里盘算究竟是使用该产品还是仅仅试用一下，并没有完全确定。实施阶段，消费者就考虑“我怎样使用该产品”和“我如何解决操作难题”。这时，企业营销人员要积极主动地向消费者介绍和示范，并提出自己的建议。

（五）证实阶段

人类行为的一个显著特征是，人们做出某项重要决策之后，总是要寻找额外的信息来证明自己决策的明智和果断。消费者购买决策也不例外。消费者往往会告诉朋友自己采用创新产品的好处，倘若无法说明采用决策是正确的，那么就可能中断采用。

三、新产品扩散过程

所谓新产品扩散，是指新产品上市后随着时间的推移，不断地被越来越多的消费者所采用的过程。也就是说，新产品上市后逐渐扩张到其潜在市场的各个部分。扩散与采用的区别，仅仅在于看问题的角度不同。采用过程是从微观角度，考察消费者个人由接受创新产品到成为重复购买者的各个心理阶段；扩散过程则是从宏观角度，分析创新产品如何在市场上传播并被市场所采用的更为广泛的问题。

（一）新产品采用者的类型

在新产品的市场扩散过程中，由于性格、文化背景、受教育程度和社会地位等的影响，不同消费者对新产品接受的快慢不同。罗杰斯根据这种差异，把采用者划分成5种类型，即创新采用者（可简称创用者）、早期采用者、早期大众、晚期大众和落后采用者，如图9-3所示。从新产品上市算起，采用者的采用时间大体服从正态分布，约68%的采用者（早期大众和晚期大众）落入平均采用时间加减一个标准差的区域内，其他采用者情况以此类推。尽管这种划分并非精确，但对于研究扩散过程有重要意义。

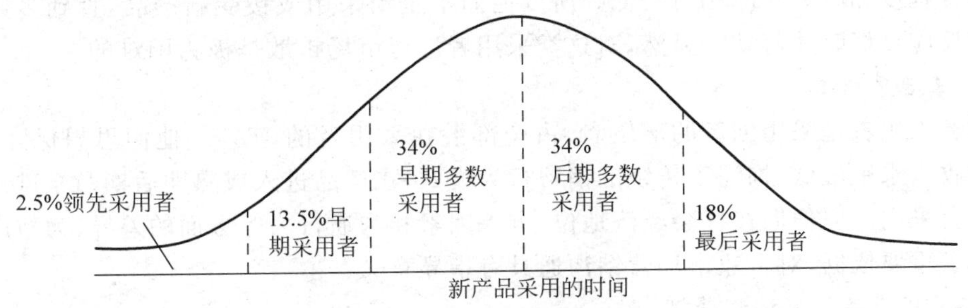

图9-3　新产品采用者的类型

1. 创新采用者

该类采用者处于距离平均采用时间两个标准差以左的区域，占全部潜在采用者的2.5%。任何新产品都是由少数创新采用者率先使用。因此，他们具备如下特征：

（1）极富冒险精神。

（2）收入水平、社会地位和受教育程度较高。

（3）一般是年轻人，交际广泛且信息灵通。

市场营销人员在向市场推出新产品时，应把促销手段和传播工具集中于创新采用者。如果他们采用效果较好，就会大肆宣传，影响到后面的使用者。不过，找出创新采用者并非易事，因为很多创新采用者在某些方面倾向于创新，而在别的方面可能是落后采用者。

2. 早期采用者

早期采用者是第二类采用创新的群体，占全部潜在采用者的13.5%。他们大多是某个群体中具有很高威信的人，受到周围朋友的拥护和爱戴。正因如此，他们常常去收集有关新产品的各种信息资料，成为某些领域里的舆论领袖。这类采用者多在产品的导入期和成长期采用新产品，并对后面的采用者影响较大，所以，他们对创新扩散有着决定性影响。

3. 早期大众

这类采用者的采用时间较平均采用时间要早，占全部潜在采用者的34%。其特征是：

(1) 深思熟虑，态度谨慎。

(2) 决策时间较长。

(3) 受过一定教育。

(4) 有较好的工作环境和固定收入。

(5) 对舆论领袖的消费行为有较强的模仿心理。

他们虽然也希望在一般人之前接受新产品，但却是在经过早期采用者认可后才购买，从而成为赶时髦者。由于该类采用者同晚期大众占全部潜在采用者的64%，因而研究其消费心理和消费习惯对于加速创新产品扩散有着重要意义。

4. 晚期大众

这类采用者的采用时间较平均采用时间稍晚，占全部潜在采用者的34%。其基本特征是多疑。他们的信息多来自周围的同事或朋友，很少借助宣传媒体收集所需要的信息，其受教育程度和收入状况相对较低。所以他们不主动采用或接受新产品，直到多数人都采用且反应良好时才行动。显然，对这类采用者进行市场扩散是极为困难的。

5. 落后采用者

这类采用者是采用创新的落伍者，占全部潜在采用者的16%。他们思想保守，社会地位和收入水平最低，拘泥于传统的消费行为模式，在产品进入成熟期后期乃至进入衰退期时才会采用。但他们在社会经济地位、个人因素和沟通行为等方面的差异，为新产品扩散提供了重要依据，对企业市场营销沟通具有指导意义。

（二）新产品扩散过程管理

新产品扩散过程管理是指企业通过采取措施，使新产品扩散过程符合既定营销目标的一系列活动。企业之所以能对扩散过程进行管理，是因为扩散过程除了受到外部不可控制因素（如竞争者行为、消费者行为、经济形势等）的影响，还要受到企业营销活动（产品质量、人员推销、广告水平、价格策略等）的制约。

新产品扩散管理的主要目标，包括导入期销售额迅速起飞，成长期销售额快速增长，成熟期产品渗透最大化，以及尽可能维持一定水平的销售额，等等。然而新产品扩散的实际过程却不是这样。根据产品生命周期曲线，典型的产品扩散模式通常是导入期的销售额增长缓慢，成长期的增长率也较低，而且产品进入成熟期不长一段时间销售额就开始下降。为了使产品扩散过程达到其管理目标，要求市场营销管理部门采取以下措施和策略：

(1) 实现迅速起飞，需要：派出销售队伍，主动加强推销；开展广告攻势使目标市场很快熟悉创新产品；开展促销活动，鼓励消费者试用新产品。

(2) 实现快速增长，需要：保证产品质量，促进口头沟通；继续加强广告攻势影响后期采用者；推销人员向中间商提供各种支持；创造性地运用促销手段使消费者重复购买。

(3) 实现渗透最大化,需要：继续采用快速增长的各种策略；更新产品设计和广告策略,以适应后期采用者的需要。

(4) 要想长时间维持一定水平的销售额,需要：使处于衰退期的产品继续满足市场需要；扩展分销渠道；加强广告推销。

(三) 舆论领袖和口头传播对扩散的影响

扩散过程就是创新产品不断地被更多消费者所采用的过程。对于企业而言,总是希望产品扩散越快越好,消费者接受得越快越好。因此缩短消费者由不熟悉新产品到采用新产品所花费的时间,就成为企业营销目标之一。前面对采用和扩散过程的分析,不同程度地解决了这个问题。这里再从信息沟通角度进行研究。

1. 信息沟通与新产品扩散

在新产品扩散过程中,有关信息和影响是怎样从营销人员传递到目标市场的？最初,人们认为信息和影响是借助于媒体的力量直接传递到消费者,这就是一级流动过程,即从媒体到消费者。后来研究者发现,信息流动并非经过一级,而是两级。他们认为,新产品常常是从媒体传递到能够非正式地影响别人的态度,或者一定程度上改变别人行为的舆论领袖,再从舆论领袖流向追随者；追随者受舆论领袖的影响,远远超过媒体的影响。这叫两级流动模型。在这里,媒体是主要的信息源,追随者是信息受众,而舆论领袖则对受众接受信息有着重要作用,他们凭借自身的威信和所处位置加速了信息的流动。

2. 舆论领袖的作用

在新产品扩散过程中,舆论领袖具有以下作用：

(1) 告知他人(追随者)有关新产品的信息。

(2) 提供建议以减轻别人的购买风险。

(3) 向购买者提供积极的反馈或证实其决策。

所以,舆论领袖是一个告知者、说服者和证实者。不过,舆论领袖只是一个或几个消费领域的领袖。仅仅在这一个或几个领域能施加自身影响,离开这些领域,他们就不再是领袖,也就没有影响了。

3. 舆论领袖与其追随者

每一个社会阶层都有舆论领袖。大多数情况下,信息是在一个阶层内水平流动,而不是在阶层之间垂直流动。舆论领袖同其追随者有着显著不同的特征：

(1) 舆论领袖交际广泛,同媒体和各种交易中间商联系紧密。

(2) 舆论领袖能够容易被接触,并有机会、有能力影响他人。

(3) 具有高于其追随者的社会经济地位,但不能高出太多,否则二者难以沟通。

(4) 乐于创新,尤其当整个社会倡导革新时。

第五节　品牌和包装策略

当今时代产品日趋同质化,品牌成为差异化的重要价值资产和来源,品牌战略在营销战略中扮演着愈发重要的角色。产品需要包装进入流通领域,实现其价值和使用价值。设计良好的包装能为消费者创造方便价值,为生产者创造促销价值。

一、品牌的含义和作用

（一）品牌的整体含义

品牌实质上代表卖者对交付给买者的产品特征、利益和服务的一贯性的承诺。品牌的整体含义，可分6个层次：

（1）属性。品牌首先使人们想到某种属性。例如“奔驰”意味着昂贵、工艺精湛、马力强大、高贵、转卖价值高、速度快等。

（2）利益。品牌不只意味着一整套属性，属性需要转化为功能性或情感性的利益，顾客买的正是利益而不是属性。耐久的属性体现了功能性的利益：“多年内我不需要再买车”；昂贵的属性体现了情感性利益：“这辆车让我感觉到受人尊重”。

（3）价值。品牌也说明一些生产者价值。因此，“奔驰”代表着高绩效、安全、声望及其他东西。品牌的营销人员必须分辨出对这些价值感兴趣的消费者群体。

（4）文化。品牌也可能代表一种文化。“奔驰”汽车代表着德国文化：组织严密、高效率和高质量。

（5）个性。品牌也反映一定的个性。如果品牌是一个人、动物或物体的名字，会使人们想到什么呢？“奔驰”可能会让人想到严谨的老板、凶猛的狮子或庄严的建筑。

（6）用户。品牌暗示着购买或使用产品的消费者类型。如果我们看到一位20来岁的秘书开着一辆“奔驰”时会感到很吃惊。我们更愿意看到开车的是一位55岁的高级经理。

品牌最持久的含义是其价值、文化和个性，它们构成了品牌的实质。

（二）品牌的作用

1. 品牌对消费者的作用

（1）有助于消费者识别产品的来源或制造厂家，更有效地选择和购买商品。

（2）借助品牌消费者可以得到相应的便利服务，如更换零部件、维修服务等。

（3）品牌有利于消费者权益的保护，如选购时避免上当受骗，出现问题时便于索赔和更换等。

（4）有助于消费者避免购买风险，降低购买成本，从而更有利于消费者选购商品。

（5）好的品牌对消费者具有很强的吸引力，有利于消费者形成品牌偏好，满足消费者的精神需求。

2. 品牌对生产者的作用

（1）有助于产品的销售和占领市场。

（2）有助于稳定产品的价格，减少价格弹性，增强对动态市场的适应性，减少未来的经营风险。

（3）有助于市场细分，进而进行市场定位。

（4）有助于新产品开发，节约新产品市场投入成本。

（5）有助于企业抵御竞争者的攻击，保持竞争优势。

二、品牌与商标

（一）品牌设计

一个好的品牌名称，是品牌被消费者认知、接受、满意乃至忠诚的前提。品牌名称在很大程度上影响品牌联想，并对产品销售产生直接影响，是品牌的核心要素。

品牌命名除应符合法律规定，还应遵循以下基本原则：易读易记，识别性强；新颖独特，显著性强；内涵丰富，象征性强；暗示产品属性，传达商品信息；与企业视觉形象战略配套，加强视觉冲击力；适应市场环境，“避忌求吉”。

（二）品牌策略

科学合理地制定品牌策略，是企业品牌运营的核心内容。根据企业品牌运营的程序与环节，品牌策略主要包括：

1. 品牌化策略

决定是否给产品起名字、设计标志的活动就是企业的品牌化决策。

2. 品牌归属策略

有 3 种可供选择的品牌归属策略，即：

(1) 企业可以决定使用自己的品牌。这种品牌叫作企业品牌、生产者品牌、全国性品牌。

(2) 企业也可以决定，将其产品大批量地卖给中间商，中间商再用自己的品牌将物品转卖出去。这种品牌叫作中间商品牌、私人品牌、自有品牌。

(3) 企业还可以决定有些产品用自己的品牌，有些产品用中间商品牌。

3. 品牌统分策略

品牌无论其归属如何都必须考虑，所有产品是分别使用不同品牌，还是统一使用一个或几个品牌。在这方面，有 4 种可供选择的策略：

(1) 个别品牌。指企业各种不同的产品，分别使用不同的品牌。

(2) 统一品牌。指企业所有的产品，统一使用一个品牌名称。

(3) 分类品牌。即企业对不同类别的产品采用不同品牌，使不同品牌代表不同的品质水准。

(4) 企业名称加个别品牌。指企业对不同产品分别使用不同品牌，各种产品的品牌前面冠以企业名称。

4. 品牌扩展策略

品牌扩展策略有 5 种选择：

(1) 产品线扩展策略。产品线扩展指企业现有的产品线使用同一品牌，当增加该产品线的产品时，仍沿用原有的品牌。

(2) 品牌延伸策略。是指将现有成功的品牌，用于新产品或修正过的产品上的一种策略。

(3) 多品牌策略。是指在相同产品类别中引进多个品牌的策略。

(4) 新品牌策略。是一种为新产品设计新品牌的策略。

(5) 合作品牌策略。也称为双重品牌策略，是两个或更多的品牌在一个产品上联合起来。形式有多种。一种是中间产品合作品牌，如沃尔沃汽车的广告说，它使用米其林轮胎；另一种是同一企业合作品牌，如摩托罗拉的一款手机使用“摩托罗拉掌中宝”，掌中宝也是公司注册的一个商标；还有一种是合资合作品牌，如日立的一种灯泡使用“日立”和GE联合品牌。

5. 品牌更新策略

品牌更新策略主要涉及形象更新、定位修正、产品更新和管理创新等几个方面。

(1) 形象更新。就是品牌不断创新形象，适应消费者心理的变化，从而在消费者心目中形成新印象的过程。

(2) 定位修正。从企业的角度，不存在一劳永逸的品牌，从时代发展的角度，要求品牌的内涵和形式不断变化。品牌在某种意义上就是从商业、经济和社会文化的角度对这种变化的认识和把握。所以企业在建立品牌之后，会因竞争形势而修正自己的目标市场。如竞争者可能继企业品牌之后推出其他品牌，并削减企业的市场份额；顾客偏好也会转移，对企业品牌的需求减少；或者公司决定进入新的细分市场。因此，企业有时会因时代特征、社会文化的变化而引起品牌修正定位或再定位。

(3) 产品更新换代

现代社会科学技术作为第一生产力、第一竞争要素，也是品牌竞争的实力基础。企业的品牌想要在竞争中处于不败之地，就必须重视技术创新，不断地进行产品的更新换代。

(4) 管理创新

企业与品牌是紧密结合在一起的，企业的兴盛发展必将推动品牌的成长与成熟。品牌的维系，从根本上说是企业管理的一项重要内容。管理创新是指从企业生存的核心内容来指导品牌的维系与培养，它含有多项内容，诸如与品牌有关的观念创新、技术创新、制度创新以及管理过程创新等。

(三) 商标防御策略

商标是企业的无形资产，驰名商标更是企业的巨大财富。曾有一段时间，商标抢先注册、抢占他人无形资产的行为愈演愈烈，许多企业因此损失严重。然而企业在警惕商标抢注的同时却忽视了另一种倾向，这就是“类似商标注册”。

可见，如何防止其他厂商的商标借企业的知名度和美誉度，以及企业投入的广告宣传费而出名、“搭便车”，分享企业的无形资产，是企业高层必须关注的问题。防止他人“搭便车”的有效手段，就是防御性商标注册。

所谓防御性商标注册，即注册与使用相同或相似的一系列商标。具体来说就是注册一系列文字、读音、图案相同或相似的商标，保护正在使用的商标或以后备用。例如，红豆集团的商标策略是把与“红豆”中文发音相同的、含义相近的文字注册，如“虹豆”、“相思豆”。同时红豆集团还在世界上54个国家和地区申请了商标注册。又如，“娃哈哈”注册了“哈哈娃”、“哈娃娃”等一系列保护性商标。

防御性商标注册的另一种方法，是将同一商标运用于完全不同种类的产品或不同行业，防止他人在不同产品或产业上使用。因为同一商标使用的商品类别有一定的限制，企业跨行业、跨种类时必须分别注册。

三、包装策略

包装是商品生产的继续。产品只有经过包装，才能进入流通领域，实现其价值和使用价值。设计良好的包装，能为消费者创造方便价值，为生产者创造促销价值。因而许多营销人员把包装化(Packaging)称为4PS之后的第5个P。

（一）包装的含义

包装是对某一品牌商品设计并制作容器或外部包扎物的一系列活动。也可以说，包装有两个方面的含义：一是指为产品设计、制作包装物的活动过程；二是指包装物。

包装有多种类型，按产品包装的不同层次可分为：首要包装，即产品的直接包装，如牙膏皮、啤酒瓶；次要包装，即保护首要包装的包装物，如纸盒或纸板箱；运输包装，即为了便于储运、识别某些产品的外包装，也叫大包装。按产品包装在流通过程的不同作用划分，可分为：运输包装，主要用于保护产品品质安全和数量完整；销售包装，又称小包装，它随同产品进入零售环节和消费者直接见面，实际上是零售包装。

包装在营销过程中，可以发挥以下积极作用：保护产品，保证产品在生产过程结束后，转移到消费者手中，直至被消费掉以前，产品实体不致损坏、散失和变质；促进销售，独特、优良的包装，可使产品与竞争品产生区别，不易被仿制、假冒，引起消费者的注目，激发购买欲望；增加利润，完美的包装还有增值的功能。

（二）包装策略

符合设计要求的包装固然是良好的包装，良好的包装只有同包装策略结合才能发挥应有的作用。可供选择的包装策略有：

(1) 相似包装策略。即企业生产的各种产品，在包装上采用相似的图案、颜色，体现共同的特征。优点在于能节约设计和印刷成本，树立企业形象，有利于新产品促销。但有时也会因为个别产品质量差，影响到其他产品的销路。

(2) 差异包装策略。即企业的各种产品都有自己独特的包装，设计上采用不同的风格、色调和材料。这种策略能够避免由于某一商品失败而影响其他商品的声誉，但也相应会增加包装设计费用和新产品促销费用。

(3) 相关包装策略。即将多种相关的产品配套放在同一包装物内出售，如系列化妆品包装。这可以方便顾客购买和使用，有利于新产品的销售。

(4) 复用包装策略或多用途包装策略。即包装内产品用过之后，包装物本身还可作其他用途使用，如奶粉包装铁盒。这种策略的目的是通过给消费者额外利益而扩大产品销售。

(5) 分等级包装策略。即对同一种商品采用不同等级的包装，以适应不同的购买力水平。如送礼商品和自用商品采用不同档次的包装。

(6) 附赠品包装策略。即在包装上或包装内附赠奖券或实物，以吸引消费者购买。

(7) 改变包装策略。当某种产品销路不畅或长期使用同一种包装时，企业可以改变包装设计、包装材料，使用新的包装。这可以使顾客产生新鲜感，从而扩大产品销售。

本章小结

产品是市场营销组合中最重要、最基本的因素，是指人们通过购买而获得的，能够满足某种需求和欲望的物品的总和。既包括具有物质形态的产品实体，又包括非物质形态的利益。产品整体概念包含核心产品、有形产品、期望产品、延伸产品和潜在产品 5 个层次。

产品分类的方法多种多样，可根据是否耐用和是否有形，分为非耐用品、耐用品和服务；根据消费者的购物习惯，分为便利品、选购品、特殊品和非渴求物品；根据产品参加生产过程的方式和产品价值进入新产品的情况，分为完全进入产品的产业用品、部分进入产品的产业用品和不进入产品的产业用品。

产品组合是指某一企业所生产或销售的全部产品大类、产品项目的组合。产品组合有一定的宽度、长度、深度和关联性。企业在调整和优化产品组合时，依据情况的不同，可选择扩大产品组合、缩减产品组合及产品延伸策略。

产品的生命周期是指产品从研制成功投入市场开始，经过导入期、成长期、成熟期和衰退期，最终被市场淘汰的过程。在产品生命周期的不同阶段企业可选择的策略各异。

新产品采用过程包括 5 个阶段，即认识阶段、说服阶段、决策阶段、实施阶段和证实阶段。新产品的采用者可分成 5 种类型，即创新采用者、早期采用者、早期大众、晚期大众和落后采用者。企业应注意新产品扩散过程管理。

品牌、商标与包装策略等相关内容。品牌的整体含义包括属性、利益、价值、文化、个性、用户 6 个层次。从消费者、生产者等不同的角度看，品牌都有其独特的作用。品牌资产包括品牌知名度、品牌美誉度、品质认知、品牌联想、品牌忠诚度等。商标有注册与非注册商标之分。品牌策略选择，涉及品牌化策略、品牌归属策略、品牌统分策略、品牌扩展策略和品牌更新策略等。商标策略包括企业商标防御策略等内容。包装策略涉及包装的含义，以及包装的具体策略。

思考题

1. 何谓产品整体概念？产品整体概念的营销意义是什么？
2. 产品组合的含义是什么？企业如何根据产品组合的 4 种尺度发展业务？
3. 产品生命周期理论对企业市场营销有何重要启示？
4. 根据产品成熟期的市场特点，企业有哪些营销策略可选择？
5. 新产品开发的程序是怎样的？开发的途径有哪几种？
6. 品牌的内涵是什么？品牌策略都有哪些？
7. 产品包装策略有哪些？应如何选择采用？

中国汽车行业的产品策略规划

进入 2015 年以来，中国汽车行业纷纷制订全面周密的产品组合计划和品牌创新规划。力求借助产品组合、品牌价值、产品生命周期、新产品开发与创新等现代市场营销理论，在新常态营销环境下企业的成长发展有新的突破，在赢得客户、增强核心能力、提高营销效益等方面取得新的成就。

江淮汽车：丰富产品线为高增长率打气

2015 年，江淮汽车将自身的目标定在了 30 万辆，增长率高达 53.8%。一直以来，江淮汽车的主要利润都来自其商用车以及 SUV 业务。2014 年，江淮瑞风 S3 上市仅 3 个月就成为同类车型月度销量冠军，在以瑞风 S3 为主力的 SUV 销量迅速增长的带动下，江淮汽车积极调高了 2015 年的销量目标。

展望未来，江淮汽车将依靠经营理念的转变、技术创新、营销机制的变革以及媒体舆论的引领来实现这个目标。公司将致力于新产品的开发和在线产品的持续改善，最大限度地满足用户多元化、个性化的需求；同时也期望借着营销机制变革，进一步地激发活力、释放潜力，持续提升销售和服务满意度。

2015 年，江淮乘用车的产品线将得到极大丰富：小型 MPV 瑞风 M3、小型 SUV 瑞风 S2 以及瑞风 S5 都将亮相。除产品线外，2015 年江淮还将在体育营销赛事上继续发力，未来在重点市场区域，比如山东、江苏、安徽、河北、河南等。江淮汽车还会继续加强渠道建设，强化轿车产品的竞争力。此外，新能源汽车业务也被江淮认为是其 2015 年的工作要点以及利润来源之一。2015 年江淮汽车将推出的纯电动车型 iEV5，可为消费者提供更多选择。

广汽传祺：加速布局 SUV 市场

广汽传祺 2015 年营销目标为 16 万辆，相比 2014 年的 11.68 万辆，增长率达到 37%。2014 年 12 月份，自主品牌纷纷开始了新一轮的高端化尝试，广汽传祺的产品品质和性价比已经逐渐得到了市场认可。2014 年广汽传祺共实现销售 11.68 万辆，同比增长 41%。其中，SUV 车型传祺 GS5 是销售业绩高走的“功臣”。2014 年这款车共销售 7.61 万辆，同比增长 15.8%，在传祺品牌销量中占比达到 65%。从广汽乘用车的销售结构和利润来看，加速布局 SUV 市场是其获得销量和利润的重要途径。而在 2015 年，广汽传祺也把“宝”押在了 SUV 上。

2015 年 3 月初，广汽集团发布公告称，同意 A5H 项目方案，投资总额 5.23 亿元。这部分投资将用于支持传祺品牌 A0 级 SUV 的研发和生产，未来广汽传祺将推出各个级别的多款 SUV。

2015 年，在其主力车型 GS5 速博和被寄予高期望值的 GA6 的带动下，广汽传祺的市场表现预期将比较强劲。但作为一个新兴自主品牌的中高端系列，品牌认知度会成为其销量增长的掣肘，来自合资品牌的下探压力也依然存在。

奇瑞：传统汽车与智能汽车共舞

奇瑞将 2015 年国内市场的目标定为 40 万辆以上，相比 2014 年 35 万辆的实际销量增长14.3%。在2014年乘用车总销量中，奇瑞的国内销量为35.8万余辆，同比增长15.9%，高于2014年国内乘用车整体9.89%的增长率，更远高于自主品牌乘用车4.10%的同比增长率。在车型销量方面，2014年，奇瑞SUV销量为近21万辆，成为其最大亮点，SUV车型全年销量同比增长116.6%，成为带动奇瑞全年销量增长的主要力量。2015年，奇瑞的全新车型投放计划已经相对2013年和2014年有所放缓，其将推出一款7座MPV车型，产品定位于年轻家庭用车，艾瑞泽5也有望在年内上市。

除通过车型取胜外，2014年奇瑞在车改领域的销售上也下足了工夫。自2014年下半年开始，奇瑞就针对艾瑞泽7和瑞虎5两款车型推出了公务员专属的3 000元优惠，而且还有专项的金融购车政策。2015年，奇瑞汽车新公务员专项购车方案正在设计中，新的公务员专项购车方案将让奇瑞走进更多的公务员家庭，成为真正的国民车。

2015年一开年，奇瑞汽车就放出重磅消息，联手智能用车服务平台易到用车、中国最大的车联网解决方案提供商博泰，在北京签署战略合作协议成立合资公司——“易奇泰行”，启动互联网智能共享汽车计划，准备打造全球第一款真正“为共享而生”、只租不卖的智能互联纯电动汽车——“易奇汽车 by iVokaOS”。

长安汽车：增量是主旋律

中国长安汽车集团2015年将冲击290万～300万辆整车销售目标，约比2014年的254万辆增长14%～18%。该增速远超过年初中汽协所预测的2015年汽车行业增长7%的整体水平。

长安汽车自主乘用车新一年销量目标为80万辆，比2014年的55万辆提升约45%。长安CS75、CS35、悦翔V7进一步释放产能，加上年内将上市的小型SUV CS15，有望为长安自主乘用车带来销量飞跃。另一重要自主业务——长安微车2015年目标销量为50万～55万辆。

在金牛座、锐界、福睿斯等新车型的帮助下，长安福特2015年有望冲击110万辆；长安马自达制定了15万辆的目标，这比2014年增长50%；长安铃木则希望突破20万辆大关；长安PSA也有望保持快速增长。

在最受关注的自主品牌板块，2015年长安汽车将在新能源车和SUV两大领域发力：不但将正式发布其面向未来10年的新能源汽车发展战略，还将先后推出逸动EV纯电动车、混动CS75等新能源车型。

尽管新能源车是长安汽车发力重点，不过其销量增长仍将主要依靠传统燃油车。2015年长安汽车将继续提高产品产能，尤其是SUV产能。按计划，长安将推出逸动、悦翔等系列的2015款车型，CS35也将迎来中期改款，此外，备受关注的CS75四驱版、旗舰SUV CS95量产版也将于2015年正式推出。

资料来源：根据吴敏，“2015国内主流汽车品牌战略规划一览”，《中国政府采购报》2015年2月27日整理。

讨论题

1. 分析相关汽车企业的产品组合策略的利弊得失，谈一谈你对某一品牌汽车产品组合策略的切身感受。

2. 各汽车企业在产品组合、品牌策略、新产品开发等营销实践方面有什么共同点和鲜明特色?

3. 你认为中国汽车业新产品创新的成功要素有哪些?

课后实践

1. 目的

(1) 了解新产品开发的流程。

(2) 指导新产品开发的关键步骤。

2. 内容和要求

(1) 选择一家企业进行调研,了解企业背景。

(2) 了解该企业的新产品开发流程。

(3) 分析该企业新产品开发的流程以及关键步骤,分析其经验与不足,并提出建议。

3. 步骤

(1) 任课教师与学生共同商定一个企业,说明实践目的和任务,以及进度、要求。

(2) 全班学生分别进行准备工作。包括复习相关教学内容,补充阅读参考文献;收集企业以及所在行业的相关资料。

(3) 深入企业,展开调研。

(4) 可分组进行课外讨论,就该企业新产品开发的经验、问题和建议,形成调研报告。

(5) 进行课堂讨论,由任课教师批阅或点评、总结。

第十章　分销策略

本章提要

产品和服务必须通过一定的渠道才能完成交换并实现其价值。现代科技特别是互联网的普及、发展和社会环境的快速变化，使得企业的分销渠道决策面临严峻挑战。作为营销组合的一个重要因素，分销渠道策略不仅直接决定营销效益，而且关系着其能否充分整合应用网上网下广泛的渠道资源，形成“结合竞争力”，在战略层面上影响企业生存与长期发展。本章讨论分销渠道的相关知识及其决策与管理问题。

本章知识结构图

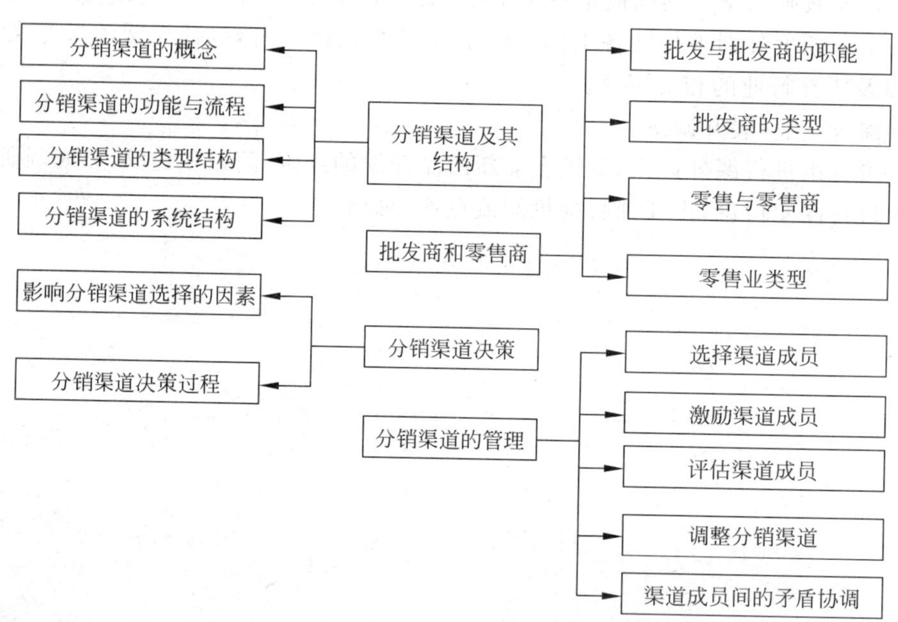

重要概念

分销渠道；渠道功能；渠道结构；渠道冲突；批发商；零售商；渠道管理。

引例

土鸡蛋生意的O2O渠道

某商人从事土鸡蛋生意，所在地为二线城市。前期经营以批发加盟为主，在农贸批发市场有固定的店铺，做批发不做零售。面临的状况是资金紧张，地段不好，线上线下广告做了不少，但都没有达到较好的效果。不过总算建立了土鸡蛋收购渠道，并积累了一批固定用户，勉强可以维持店铺运转。

通过一个月的市场调查，商人了解到土鸡蛋行业为小众行业，竞争不大，客户群体也不大，但有发展潜力；目前市场上真正的土鸡蛋数量很少，以饲料鸡蛋、半放养鸡蛋冒充土鸡蛋的较多；土鸡蛋的销售下线主要为小杂货店、蔬菜粮油店和小超市，这些店铺总是将土鸡蛋堆放在饲料鸡蛋旁边卖，消费者往往都不那么相信是真的土鸡蛋；土鸡蛋的需求用户群体主要是孕妇、婴儿、儿童、老人，还有一些注重养生的中年人，他们通常都是当地生活稳定的居民；土鸡蛋的直接购买者多为家庭妇女和送礼的年轻人。

他想尝试通过互联网渠道打开局面。决定将经营策略改为：线上批发加盟＋线下零售，注意品牌塑造。继续经营批发的同时，先建设一个示范性质的门店，形成小区域品牌，然后一个区域一个区域地覆盖，将加盟范围扩展到全省、全国。具体做法是：

(1) 暂时关掉农贸市场的店铺，只保留仓库，以节约资金。

(2) 在繁华人口密集的居民区开设比较小的示范门店，装修高档些；墙上张贴提供土鸡蛋的农户照片和联系方式；用土鸡蛋和饲料鸡蛋现场对比，打消客户的疑虑；贮备土鸡蛋的设备采用保鲜柜；提供礼品盒及零售服务。

(3) 以门店周边区域为重点进行微信推广。微信推广配合线下推广方法同步进行。在周边小区和商业区进行促销活动，平价销售，现场对比说明土鸡蛋的好处，并用微信推广，凡关注微信者即可获得相应的优惠；通过附近的人、打招呼、散发宣传单等方法积累门店周边居民尤其是家庭主妇的微信粉丝；提供微信下单订货、送货上门的服务。

(4) 微信建设采取“1＋1＋N”的策略：1个公众号，1个个人化的主号，多个个人化的账户。公众号的主要任务是接受订单，发布促销信息。个人化主号的任务是使所有促销活动关注该个人化的账户，并与粉丝互动，转发公众号的信息，接受订单；平时以养生保健、居家生活、笑话笑料、八卦资讯为主题建设自媒体，策划系列以养生保健为主和不健康食品对老年人、婴幼儿以及成人身体危害为主题的微信活动。多个个人化小号的任务是转发个人化主号和公众平台的资讯，积累粉丝。

(5) 选择培养对微信和养生感兴趣的微信营销平台的主持者。

(6) 在淘宝等电商平台进行营销，扩大营销范围。

(7) 在业务稳定之后，整合线下的零售经销商，进一步与大型商超合作。

经过3个月的努力，积累了近1.5万的超级精准用户，累计成交2764单。

资料来源：一个很有价值的微信O2O营销案例分析，www.naogua.net，2014.10.31.

营销启示：

在日益复杂多变的市场环境中，个人和组织必须不断创新分销系统的设计与管理，将传统渠道策略不断改造更新，保证产品“货畅其流”，在竞争中立足于不败之地。

第一节　分销渠道及其结构

一、分销渠道的概念

分销渠道是指产品（服务）从生产者向消费者（用户）转移所经过的路径，这种路径通常是由交换过程中的一整套相互依存的组织所构成。在市场经济中，产品价值是通过交换过程实现的。这个交换过程一般会形成一系列相互衔接的购销活动和购销组织，分销渠道就是这种购销组织系列的载体。

分销渠道的主要特征是：分销渠道反映某一特定产品（服务）价值实现的全过程；分销渠道的成员包括各类营销中介机构（中间商）和分别处于渠道两端的生产者、消费者（用户）；与商品所有权转移直接或间接相关的，还有一系列流通辅助形式，如物流、信息流、货币流、促销流等；分销渠道是一个多功能系统，它不仅要发挥日常购销、调研、融资、储运等功能，而且要实现促销与市场开拓功能。因此，分销渠道本质上是产品（服务）以一定方式，经由或多或少的购销环节转移至消费者（用户）的整个市场营销结构与过程。

二、分销渠道的功能与流程

（一）分销渠道的功能

分销渠道具有下述功能：

（1）调研。收集和传递有关顾客、行情、竞争者及其他市场营销环境信息。

（2）寻求。解决买者与卖者"双寻"过程中的矛盾，既要为供应品寻找潜在顾客，也要为不同细分市场客户提供其方便寻找的营销服务。

（3）分类。协调厂商产品（服务）种类与消费者需要之间的矛盾，按买方要求整理供应品。如按产品相关性分类组合，改变包装大小，分级分等。

（4）促销。向市场传递与供应品相关的各类信息，与顾客充分沟通并吸引顾客。

（5）洽谈。在供销双方达成产品价格和其他条件的协议，实现所有权或持有权转移。

（6）物流。组织供应品的运输和储存，保证正常供货。

（7）财务。融资、收付货款，将信用延至消费者。

（8）风险。在执行分销任务过程中承担相关风险。

为完成产品分销，上述功能必须全部执行，不可或缺。达致更高渠道效益的焦点是，在特定的市场环境下，由谁来执行这些功能会更有效率和更低成本。制造商可以承担全部功能，也可以将其中-部分甚至全部功能转给中间商执行，由此形成效益不同、形态各异的渠道类型。

（二）分销渠道的基本业务流程

渠道流程是描述各成员的活动或业务的概念。在现实中，这些流程的效率及其整合程度决定着分销渠道的效率和效益。图 10-1 列示了 9 种广义的渠道流程。

图 10-1 中，实物流亦称物流，其主要部分是产品运输和储存；所有权流亦称商流，是指产品所有权或持有权从一个渠道成员转到另一成员手中的流转过程；促销流是渠道成员的促销活动流程；洽谈流贯穿于整个渠道，产品实体和所有权在各成员间转移，通常都要进行一次或多次洽谈；融资流是渠道成员之间融通资金的过程；风险流是分销渠道成员之间分担或转移风险的流程；订货流指渠道成员定期或不定期向供货机构发出的订货决定流程；支付流是指货款在渠道各成员间的流动；市场信息流是各成员相互传递信息的流程，它发生在渠道的每一环节。上述渠道流程包括前向流程、后向流程和双向流程。一般来说，分销渠道的物流、商流、促销流属于前向流程；订货流、支付流为后向流程；而洽谈流、融资流、市场信息流则是双向流程。

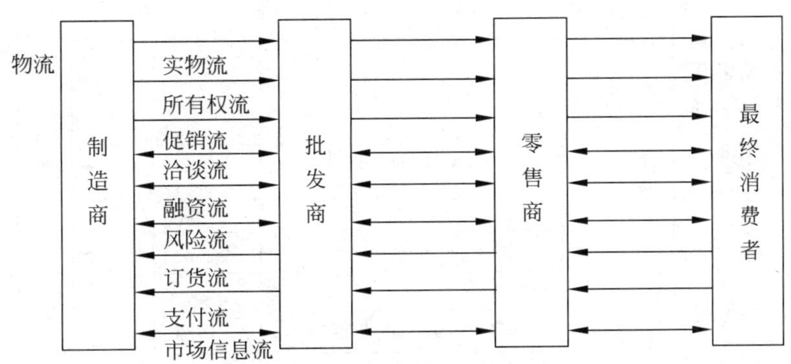

图 10-1　分销渠道系统流程

三、分销渠道的类型结构

按流通(购销)环节的多少,可以将分销渠道划分为直接渠道和间接渠道;按参与各环节中间商数目的多少,分销渠道又可划分为宽渠道和窄渠道两大类型。

(一) 直接渠道和间接渠道

1. **直接渠道**

又称零阶渠道,指没有中间商参与,产品由生产者(制造商)直接售给消费者(用户)的渠道类型。图 10-2 列出了分销渠道的基本类型,(a)、(b)的零阶渠道均为直接渠道类型。

直接渠道是工业品分销的主要方式。大型设备、专用工具以及技术复杂、需要提供专门服务的产品,几乎都采用直接渠道分销。在消费品市场,直接渠道也有扩大的趋势。鲜活商品和部分手工业制品、特制品,有着长期传统的直销习惯。新技术在流通领域的广泛应用,正在使邮购、电话电视直销和互联网销售等直销方式迅速发展。

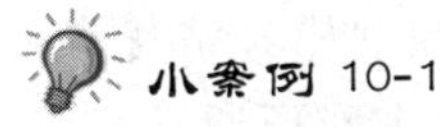

广州摩卡巴卡公司的 F2F 渠道

广州有一家名为摩卡巴卡的公司,通过自建网络展示平台,将家电与家居产品直接从生产厂家供给家庭。摩卡巴卡作为国内首家 F2F(Factory to Family)家电及家居品牌,降低了代理商和家电卖场等渠道费用,能让消费者以平价购买到高档家电和家居产品。

与其他家电家居卖家有所不同的是,消费者需要在摩卡巴卡官网上下单订购,而后才能享受到线下的上门定制服务。当然,消费者也可以先到该公司设在天河的体验店,接受导购提供的“量身”建议与设计后,再行在线支付。成功的在线商店驱动了离线的商务,从某种程度而言,这对商家衡量产能降低库存亦有一定的帮助。

2. **间接渠道**

指有一级或多级中间商参与,产品经由一个或多个商业环节售给消费者(用户)的渠道类型。如图 10-2 标示的一阶、二阶和三阶渠道。

间接渠道是消费品分销的主要方式,一些工业品也采用间接渠道分销。采用间接渠

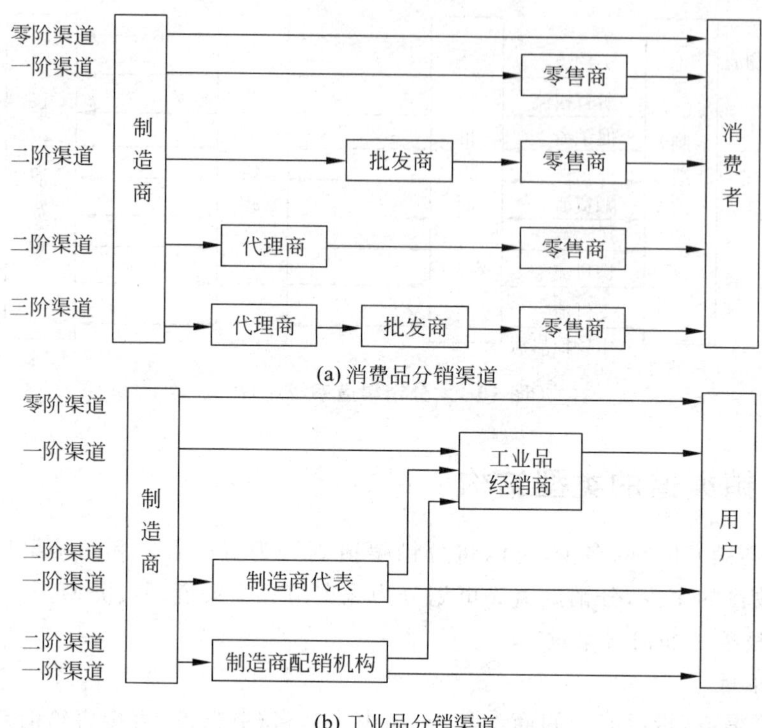

图 10-2　分销渠道的基本类型

道意味着，制造商在某种程度上放弃对如何销售产品和售给谁等方面的控制，增大了市场风险。然而，制造商之所以做出这种选择，是因为通过有专业化职能的中间商分销产品，能获得更大的比较利益。大多数制造商缺乏直接组织市场销售的财力和经验，采用间接渠道能发挥中间商在广泛提供产品和进入目标市场方面的最高效率，可集中企业资源拓展其主营业务；利用中间商的销售网络、商务关系与经验、专业化水准和规模经济优势，费用总水平通常会比生产者自营销售更为节约，可获得更高利润；另外，中间商通常能更好地协调制造商提供的产品组合与消费者所需组合之间的矛盾，包括处理由产品差异、时间差异、地点差异和所有权差异等带来的一系列矛盾，这是制造商难以承担的。

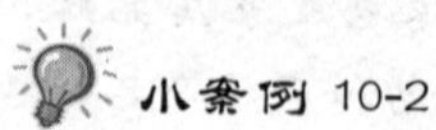

惠普的渠道理念：从不自己做

"'不自己去做'是中国惠普(CHP)信息产品事业部的销售渠道管理原则。惠普公司与代理商之间是共存亡的，只有代理商成功，惠普才能成功。"公司总经理李汉生说。CHP 信息产品事业部在几年的时间里，建立了比较完善的销售渠道，在中国已经拥有了一批业务成绩突出、技术力量过硬的经销商合作伙伴。惠普在中国地区业务的迅速增长，却从来不做直销，即使再大的客户，惠普也是通过代理商去做的。惠普认为"从不自己做"是对自己负责，甚至认为"自己做直销是危险的"。李汉生说："那样的话，代理商就会产生动摇——到底惠普什么时候会不和我做买卖呢？自然也就不会尽心尽力了，而这一点至关重要。”

当然，惠普并非不关心销售渠道的运作状况。惠普设立有专门部门，对代理商进行培训、提供广告及市场策划等支持。惠普公司采取的是二级代理制，公司直接面对一级代理，不介入二级代理，也不会与二级代理做生意。但近年来，由于二级代理渠道直接关系到惠普业务能否持续发展，中国惠普添设了一个新部门，加强对二级代理商的支持和管理。

（二）长渠道与短渠道

分销渠道长度通常按经过的流通环节或层次的多少来划分。显然，其长短只是相对的。为了分析和决策方便，可以将上述零阶渠道称为直接渠道，把一阶渠道定义为短渠道，而把二、三阶及以上渠道划为长渠道。这种划分有利于营销者集中考虑其对某些环节（如代理商、批发商）的取舍，形成自己或长或短，甚至长短结合的多种渠道策略。

（三）宽渠道与窄渠道

渠道宽度取决于渠道的每一个层次参与中间商的数量。若制造商选择较多的同类型中间商（如多家批发商或多家零售商）经销产品，则这种产品的分销渠道谓之宽渠道；反之，则为窄渠道。图 10-3 显示了某食品制造商的分销系统。其一级批发商 A、B 各自负责某些市场。每一分销层次都有若干分销商参与，但其各有自己的任务，这是一个较宽的分销渠道模式。

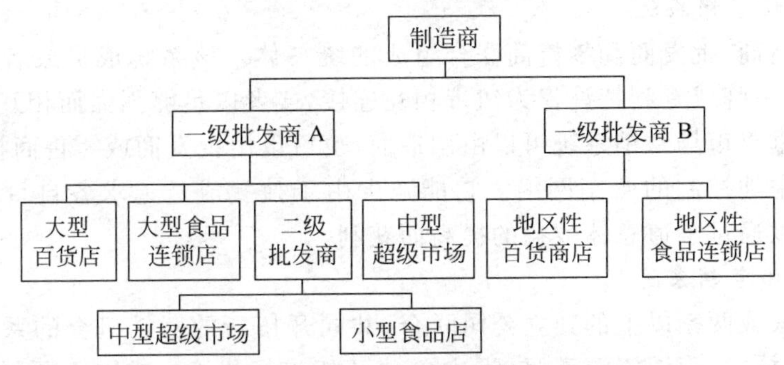

图 10-3　某食品制造商的分销渠道系统

分销渠道宽度选择与制造商的分销战略息息相关。分销战略通常有下列 3 种：

1. 密集式分销

即尽可能通过许多批发商、零售商销售其产品。其策略重心是扩大市场覆盖或快速进入一个新市场，使众多的消费者能随时随地买到这种产品。

2. 选择性分销

即从所有愿意经销本企业产品的中间商中挑选若干最合适者销售其产品。这一策略的重心是维护本企业产品的良好信誉，建立稳固的市场竞争地位。

选择性分销可以使公司避免与无利可图的中间商周旋，而致力于与少数中间商形成良好的协作关系，以期得到高于平均水平的推销努力、较广的市场覆盖范围和较低的分销成本。

3. 独家分销

即在某一地区仅选择一家最合适的中间商专门销售公司产品。当制造商希望严格控制分销流程及经销商的服务水准时，常常采用这一策略。这时，双方通常要协商签订独家分销合同，规定经销商不得经营竞争者的同类产品；制造商则承诺在该地区市场范围内只对该经销商独家供货。独家分销在许多情况下是由产品和市场的特异性（如专门技术、品牌优势、专门用户等）所引发的。这种方式需要制造商和经销商的紧密合作。

四、分销渠道的系统结构

按渠道成员相互联系的紧密程度，分销渠道亦可分类为传统渠道和渠道系统两大类型。

（一）传统渠道

传统渠道是指由独立的生产者、批发商、零售商和消费者组成的分销渠道。这种渠道的每一成员均是独立的，没有一个成员能控制其他成员。他们各自为政，各行其是，都为自身利益最大化而与其他成员短期合作或展开激烈竞争，即使为此牺牲整个渠道系统的全面、长远利益也在所不惜。传统渠道在当代面临严峻挑战，正在逐步发生变化。

（二）渠道系统

渠道系统是指在传统渠道中，渠道成员采取不同程度的联合经营步骤或一体化经营而形成的分销渠道。渠道系统主要包括：

1. 垂直市场营销系统

这是由制造商、批发商和零售商联合组成的统一体。该系统成员或者属于同一家公司，或者以某一品牌或专利特许权为纽带相互连接，或者以足够强大而相互认可的管理方式相互合作。垂直市场营销系统可以由制造商，也可以由批发商或零售商控制，是实行专业化管理与集中性控制的营销网络。它能减少由于独立成员追求各自目标而引起的冲突。各成员可以通过渠道总体效益的提高而获利。

2. 水平市场营销系统

这是由两家或两家以上的独立公司联合，共同开拓新的营销机会的系统。这些公司或因资本、生产技术、营销资源不足，无力单独开拓市场机会；或因不愿冒风险；或因看到与其他公司合作可以带来巨大的协同效益等，横向联合组成水平营销系统。他们可以暂时或永久合作，也可以组成一家新公司。如在日本，许多小公司从一种叫“友好社”的水平营销系统中受益。友好社将不同行业中的公司合并起来，共同使用和管理资源，通过互相了解，互相帮助和共同创造，彼此获得效益。

3. 多渠道市场营销系统

即同一公司针对同一或不同的细分市场，采用多条渠道进入的营销系统。随着细分市场和潜在渠道的增多，越来越多的公司采用多渠道分销方式。如通用电气公司不但经由独立的零售商（百货公司、折扣商店、邮购商店），而且还直接向建筑承包商销售大型家电产品。多渠道营销系统大致有两种形式。一种是制造商通过两条以上的竞争性分销渠道，销售同一品牌（商标）的产品。这通常会导致不同渠道之间的激烈竞争。另一种是制造商通过多条分销渠道销售公司不同商标的差异性产品。如美国一家酿酒商通过各种类型的零售商店（超级市场、独立食品店、廉价商店、方便店等）销售同一种威士忌酒，但这些酒分别使用不同商标。

近年来，不少企业将互联网渠道融入多渠道模式，即建立独立的网络渠道系统，或者将网络线上销售与线下渠道经营结合起来，整合为O2O模式。

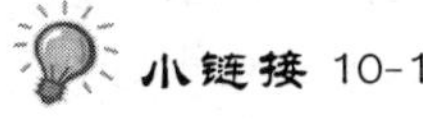

什么是O2O营销模式

O2O营销模式又称离线商务模式，是指以线上营销、线上购买带动线下经营和线下消费。O2O通过打折、提供信息、服务预订等方式，把线下商店的消息推送给互联网用户，从而将他们转换为自己的线下客户，这就特别适合必须到店消费的商品和服务，比如餐饮、健身、看电影和演出、美容美发等。

O2O营销模式，对用户而言，可使其获取更丰富、全面的商家及其服务信息，更加便捷地向商家在线咨询、预购，并获得相比线下直接消费较为便宜的价格。对商家而言，能够获得更多的宣传、展示机会吸引更多新客户到店消费，推广效果可查、每笔交易可跟踪，掌握用户数据，大大提升对老客户的维护与营销效果；通过与用户的沟通、释疑，能更好地了解用户心理；通过在线有效预订等方式、合理安排经营节约成本；对拉动新品、新店的消费更加快捷；降低线下实体对黄金地段旺铺的依赖，大大减少租金支出。对O2O平台本身而言，与用户日常生活息息相关，并能给用户带来便捷、优惠、消费保障，吸引大量高黏性用户；对商家有强大的推广作用及其可衡量的推广效果，可吸引大量线下生活服务商家加入；可获得数倍于C2C、B2C的现金流；可获得巨大的广告收入空间及形成规模后更多的盈利模式。

第二节　批发商和零售商

一、批发与批发商的职能

批发是指将商品销售给为了转售、进一步生产加工或其他商业用途的机构和个人的各种活动。专门从事批发交易的单位或个人称之为批发商。在分销渠道结构中，批发商扮演了重要角色。

批发商的一些独特功能是生产者或零售商无法代替的。这些功能主要包括：

(1) 批购批销。批发商一方面扮演零售商或用户购买代理人的角色，从生产单位大量购进产品；另一方面又以生产企业销售代理人的“身份”向零售商或用户批销产品。对于许多消费面宽、量大、品种多的产品来说，通过批发商的购销服务，可以节约产销(消)双方的时间、精力和费用。

(2) 分装搭配。生产者基于专业化大规模生产和运输的经济性要求，往往更愿意提供大包装商品和集件运输。为适应零售商方便销售和用户的消费要求，批发商能发挥其重组产品功能，即汇集不同生产者的多种类型产品，按购买者要求重新归类分配；将集件装配为成品；将大包拆开分装；将不同式样花色合理搭配等。

(3) 储运服务。批发商通常有较完善的运输设备和储存设备，可以为生产者和零售商适时、适地、适量购销提供最佳产品储运服务。批发商的特殊地位，决定了其大规模调运、储存商品能更节约费用，减轻用户储运成本负担的特点，为购销双方带来更高效益。

(4) 信息咨询。批发商"眼宽腿长"、"点多面广"，熟悉市场行情，掌握大量供求信息，能向购销双方提供有关竞争动态、产品技术变化、供求趋势、价格行情以及人员培训、改善经营管理等方面的咨询服务。

(5) 承担风险。批发商持有商品所有权，承担商品在运输、储存过程中的破损、失窃，以及市场销售风险。

(6) 财务融通。批发商一方面可向顾客提供信贷，为其融通资金；另一方面顾客也可通过提前订货、准时付账，为供应商融通资金。

二、批发商的类型

批发商可以按不同的标准分类。如按经销商品分类，可分为一般商品批发商和专业商品批发商；按服务地域分类，可分为地方性批发商、区域性批发商和全国批发商。下面，我们依据经营中是否拥有商品所有权及其他标准，讨论批发商的 4 种主要类型。

(一) 商业批发商

商业批发商亦称独立批发商。他们对其经营的商品有所有权，即买下所经营的商品，后再转售出去。商业批发商依据其发挥功能及专业化程度，又可分类为全面服务批发商和有限服务批发商。

1. 全面服务批发商

这种批发商提供几乎所有的批发服务功能：持有存货、有固定销售人员、提供信贷、送货、协助管理等服务。依其服务范围或经营的产品线宽窄不同，又可分为 4 种：

(1) 综合批发商。其经销产品范围非常广泛，涉及不同行业互不关联的产品。经常向人口分散的边远地区零售商提供日用百货、五金交电、文化用品、医疗保健用品、农业生产资料等商品购销服务。

(2) 专业批发商。其经销的产品是行业专业化的，完全属于某一行业大类。如五金批发商经销的商品，包括了五金零售商所需要的所有商品；杂货批发商，经销各类罐装食品、谷类、茶叶、咖啡、香料、面粉、糖、清洁剂等，有些还供应冷冻食品、肉类、水果等，只要是一般杂货店所出售的商品，他们都组织供应。

(3) 专用品批发商。以很大深度专门经销某条产品线上的部分产品，如杂货业中的冷冻食品批发商、服装业中的纽扣批发商等。他们为客户提供更充分的花色品种、更迅速的交货服务和更专门的产品信息。

(4) 产品配销商。这是专门为生产商服务的批发商。一般均能提供存货、信贷、交货服务。经营的商品范围可能相当广泛(如工业品供应公司)，也可能经营几条产品线或专门产品线，如机电设备供应公司、保养维修用品公司等。

2. 有限服务批发商

即向其供应商和顾客提供较少服务的批发商。这类批发商主要有如下几种：

(1) 现购自运批发商。该类批发商经销有限的、周转快的产品线，主要为小型零售商服务；一般不提供送货服务，顾客必须登门购货；无赊销功能，交易时人货两讫；很少使用推销员与客户接触，亦不大做广告，因而销售费用较低。

(2) 承销批发商。此类批发商通常经营木材、建材、煤炭、重型设备等体粗量重商品。他们并不持有存货，亦不实际负责产品运输，仅负责接单，并联系生产商，商定交货条件，取得这批货物的所有权，然后将订货单交给生产商，由后者负责将货物直接发运给用户，批发商承担全部风险。由于承销批发商不持存货，仅组织厂家将产品直接运送到零售商或用户，可以减少产品的储运、编配和损耗成本。

(3) 货运批发商。这是将销售与货运功能结合在一起的中间商类型。他们通常经营易腐易耗商品(如牛奶、面包和点心等一般批发商不愿经营的产品)，将这些商品装载于货车上，将之送到超级市场、小杂货店、医院、餐馆、工厂自助餐厅等巡回销售，收取现金，但有时也会采用赊销方式。

(4) 邮购批发商。主要经营汽车用品、化妆品、专用食品和其他小品种商品。其一般经营方式是将产品目录寄给零售店、企业及机关团体客户，在接到邮寄或电话订单后，再通过邮局、卡车或其他高效运输工具按订单要求交送订货。

(5) 生产者合作社。这主要是农民(农场)组建的负责组织农产品到当地市场销售的批发商类型。

(6) 寄售批发商。一种专为杂货和药品零售商服务的中间商类型。主要经营零售商不愿订购的玩具、简装书、小五金、保健美容用品等非食品。寄售批发商将这些商品运送到零售商店，并负责上架陈列，自行定价，不断更新陈列商品，待商品销售出去后才向零售商收款。

(二) 居间经纪商

与商业批发商不同，居间经纪商对经营的商品没有所有权，只在买卖双方之间提供交易服务，收取一定佣金。其主要类型有：

(1) 制造商代理商。这种代理商为互不竞争的制造商销售类似产品，并从中获取佣金。他们扮演的角色类似企业内销售人员，但他们却是独立的经销商，而且在销售之前就拥有一些顾客群，并可以在相对低廉的成本下增加经营的产品线。那些无力聘用外勤销售人员的小公司，希望开拓特定新市场的公司，或在一些难以雇用专职销售人员的地区，常常可以通过制造商代理商进行销售工作，以节约费用，提高效率。

(2) 经纪人。其主要作用是为买卖双方牵线搭桥，协助谈判。他们向雇主一方收取费用，不参与融资或承担风险。经纪人较多活跃在食品、不动产、保险和证券市场。

(3) 委托商。其功能是在收到寄售品后，提供储存设备，为制造商(货主)寻找买主、议价、送货、信用、收款，并在扣除佣金之后将货款余额汇给寄售商。委托商在农产品销售市场最为普遍。随着大规模零售商店和连锁商店的发展，委托商的地位逐渐下降。

(4) 拍卖公司。其功能在于提供一个买卖双方可聚集并完成交易的场所。拍卖公司可拍卖的商品种类很多，包括家禽、皮毛、房屋及旧车等。成交价格由买卖双方自行决定，拍卖公司并不参与定价。

(5) 销售代理商。销售代理商依据合同代理生产商的整个销售业务，并有权决定货品价格及销售方式。其扮演的角色俨然是生产商的销售经理。一般而言，生产商使用销售代理商，主要是因为后者能提供营运资金及财务支援。

(6) 采购代理商。一种与购买方有长期关系，代其采购的代理商类型。他们消息灵通，可向客户提供有用的市场信息，并接受委托，负责为客户收货、验货、储运，将货物运送给买主。

(三) 自营批发机构

这是由卖方(制造商)或买方(零售商)自设机构经营批发业务的批发商。主要有两种类型：

(1) 制造商销售机构。这是制造商为改进其存货控制、销售和促销工作而设立的销售分支机构或办事处。其中，销售分支机构(如制造商销售公司)持有存货，较全面地提供本公司产品的批发业务服务；销售办事处则不持存货，提供较少的服务。

(2) 采购办事处。这是零售商在一些中心市场设立的采购批发机构。主要办理本公司的采购业务，也兼做批发业务。其功能与经纪人和代理商相似，但它是买方组织中的一个组成部分。

(四) 其他批发商

主要指存在于某些特殊经济部门、行业的专业批发商。如为农产品集散服务的农产品收购调运商，为石油集散服务的中转油库，为某些特殊购销方式服务的拍卖公司等。

三、零售与零售商

零售是指所有将产品和服务直接销售给最终消费者，以供其用作个人消费或非营利用途的各种活动。凡从事这类活动，不论何种机构(生产商、批发商或零售商)，怎样销售(经由个人、邮寄、电话或自动售货机)，在何处销售(在商店、马路上或消费者家中)，都属于零售范围。零售商是指那些以零售活动为其主营业务的商业企业、机构或个人。

零售处于分销渠道的终端，是联系生产者、批发商和消费者的桥梁，是企业产品价值实现过程中“惊险一跃”的关键。正因为如此，近年来许多企业提出了“决胜终端”的口号，把零售网络布局、发展与零售商的合作关系，作为分销渠道决策与管理的重点。

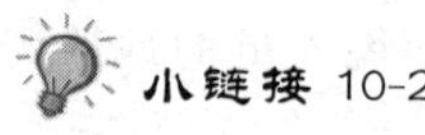

终端：企业的第二大脑

终端是个巨大“针眼”，企业布置的每一条线最后都要汇聚在这里。做好了，终端是个巨型“磁场”：千条线，万条线，条条都是“磁力线”。对于一个企业来说，它的第一层面的决策线是从开端到终端，第二层面的决策线是从终端到开端。如果开端是“第一大脑”，终端就是“第二大脑”。终端如何扮演好“第二大脑”的角色呢？

一方面，要做“思考型终端”。当终端思考着的时候，它是活的，当它迷失时则是死的。终端应当做到两组“三思”：思危、思变、思善，让自己思考，让顾客思考，让媒体思考。1999 年，蒙牛初入深圳市场时，大商场水泼不进，小商场拒人千里。怎么办？我们就在小区试卖点写了句充满“挑衅”味的广告语：“提起深圳，你会想到高楼大厦、高科技，提到内蒙古，你会想到蓝天、白云、小羊，还有那从遥远年代飘过来的牛奶的醇香……几千里路来到这里，不尝，是你的错；尝了不买，是我们的错。好牛奶自然会说话。”结果，引起了大家的思考，吊起了人们的胃口。尝出了质量和魅力，牛奶由地摊而小店，由小店而商超，一路绿灯。这就是一个思考型终端。

另一方面，终端要影响开端。终端是信息最集中的地方，无论是顾客分析、竞争队友分析，还是环境分析，都有“一滴水折射太阳”的功效，是企业“再决策”的基础。

摘编自：牛根生.终端：企业的第二大脑[J].销售与市场，2007(5).

四、零售业类型

为了适应快速变化和剧烈竞争的市场环境，世界各国的零售经营形态(亦称零售业态)层出不穷，极其复杂多样。营销人员可以根据不同标准对零售业进行分类，以便研究其不同的营销方式和经营特点，据此做出取舍。

(一) 商店零售

商店零售又称有店铺零售，特点是在门市店内零售商品与服务。形式主要有：

1. **传统综合商店**

又称传统杂货店，是以经营日常基本生活品为主的商店，多设在农村乡镇基层、城市小社区。如供销社基层店，乡镇、街道个体商店、小士多等。其经营的产品线较宽，但产品项目有限，通常仅限于必需品种，经营方式较为粗放。

2. **专业商店**

其经营的产品线较窄，但其中包含很多产品项目，在本业范围内花色品种齐全。如服装店、鞋帽店、文具商店、花店、书店、儿童用品商店、妇女用品商店、美容店、特色餐馆等。专业商店或以单一产品线甚至单一品牌经营而成为专营店；或以某一群顾客为服务对象经营有限产品线而成为专门店；甚至可以定制各种产品(如量体定制衬衫)成为超级专业商店。专业商店适应了不同细分市场的需要，近年来得到快速发展。

3. **百货商店**

百货商店是以综合经营多条产品线，如服装、家电、文具、化妆品等，同时对每一条产品线均设置商品部，实行专业化经营的零售形式。百货商店一般规模较大，经营范围广，商品花色品种齐全，多设在城市交通中心和商业区中心。

4. **超级市场**

超级市场是规模大、成本低、毛利低、销量大的顾客自我服务的零售经营机构，其特点是商品分类上架，顾客自取自选，集中结算付款。超级市场一般以经营食品、洗涤品和家庭日用品为主，满足顾客特别是家庭主妇对上述物品的全部需要。为增强竞争能力，超级市场正朝着店面越来越大，经营范围越来越广，设施越来越齐全的方向发展。许多超级市场经营范围已扩大到成药、家电、唱片、运动器材、小五金、园艺用品，甚至照相机。在店面外观和内部装修、扩大停车场面积、延长营业时间、促销等方面，也下了不少工夫。今天，超级市场的营销方式，已扩展到其他业态，货架自选成为许多其他零售类型的重要方式。

5. **方便商店**

这是设在居民区附近的小型商店。经营品种范围有限、周转率高的便利品，营业时间长，方便顾客作临时想到的“补充式”购买。

6. 折扣商店

这是一种以较低价格销售标准商品的商店。与一般商店偶尔打折扣和特卖不同，折扣商店以低价销售为正常业务，其商品大都是全国品牌而不是次品。折扣商店一般是通过低租金店铺、简易货仓式设备来减低成本，经营较宽产品线和较深产品项目，以毛利低、销量大来保证其低价销售。

7. 减价商店

这是以低价和大量销售为特征的另一种零售商店。折扣商店一般以正常价格从批发商进货，以较低利润率出售来实现低价。减价商店则通过非正常渠道低价进货，集中经营那些行情变化较大、质量较高的商品组合，如服装、附属品和鞋类产品等。

减价商店主要有3种类型：

(1) 工厂代销店。由制造商拥有和经营，通常经销制造商不再生产的产品和不合格产品。这类代销店常以低于零售价50%的价格销售范围广泛的品种，是制造商产品直销的一种形式。

(2) 独立减价零售店。它通常由个人拥有、经营，或作为大零售公司的分支机构出现。直接从工厂进货，或从批发环节以优惠价进货，低价售出。

(3) 货仓式商店。是一种集仓储、批发、零售为一体的自选商场。以多功能、大批量和简易装修降低成本，低价销售。货仓式商店多采用会员制(仓储俱乐部)，销售品牌范围有限的食品、杂货、服装、生活用品，向交付会费的会员提供购物折扣，向小企业、政府机关、团体成员、非营利组织提供服务。其商品销售价格通常比超级市场和折扣商店低20%～40%。

8. 购物中心

这是由众多大小商店组成的商场。欧美大型购物中心一般设在市区，占地面积大，以1～2家著名大店为主，有数十上百家不同行业的中小型店铺加盟。小型购物中心则主要设于居民住宅中心或附近。购物中心通常提供购物、餐饮和娱乐多种服务，满足顾客的综合消费需求。

9. 服务店

分别提供包括住宿、就餐、修护、美容、照相、干洗、殡葬等服务的机构。随着经济的发展规律，服务业的商业机构及其业务正在以比商品零售业更快的速度发展。

(二) 无店铺零售

指不经过店铺销售商品或服务的零售形式。主要形式有：

1. 直销

指生产者自己或通过推销人员(直销员)向消费者销售产品。包括集市摆卖、上门推销、举办家庭销售会等。

2. 直复营销

直复营销是指营销商使用直接反应的广告媒体来进行销售的方式。主要包括：

(1) 售货目录营销。即销售商按照选好的顾客名单邮寄内容详尽的售货目录和订单，顾客收到并做出购买决定后，可通过公司设立的免费电话选购所需商品，然后公司送货上门。

(2) 直接邮购营销。即向特定潜在顾客寄送信函、折叠广告、宣传品及其他“长翅膀的推销员”,甚至是录像带、计算机软盘,列出提供进一步信息的免费电话号码。顾客据此决定购买的商品,由公司派人送货上门。

(3) 电话营销。包括接受电话购货和电话推销。前者是由电视、广播及邮寄广告、目录等带来的顾客订货;后者用电话直接向顾客推销商品。在一些国家,电话自动传输系统已成为直复营销的重要工具。通过系统的自动拨号,用活泼语言播出广告信息、自动应答顾客询问,或自动将电话转接给操作人员,接受询问和订单。

(4) 电视营销。用电视作为直接媒体,其一是作直接反应广告,对产品进行有说服力的描述,然后给消费者一个免费电话号码;其二是通过闭路电视频道,全频道、整个节目都用于宣传介绍产品,提供销售服务。前者较多用于直销书刊杂志、小型家电、音像制品、收藏品;后者较常用于服务、音响、健身器材、家用电器。

(5) 网络营销。这是应用计算机网络的最新直复营销方式。目前使用的网上营销主要有两种。第一种是公司通过互联网提供网上营销信息和服务项目,供签约会员选择使用,会员必须按月交付一定的服务费用。第二种是通过国际互联网实现网上直接对话沟通,完成交易程序。顾客通过计算机终端订购互联网网站显示的商品,指示银行账户划付订金货款,公司接获信息后即可送货上门。从亚马逊到阿里巴巴网上商城,近年来网上商店(城)的崛起,预示着互联网渠道将成为现代营销渠道变革的主流和发展方向。

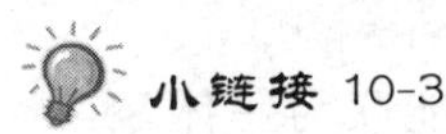

移动电子商务

移动电子商务是指通过手机、PDA、掌上电脑等手持移动终端从事的商务活动,实现随时随地、线上线下的购物与交易。据工业与信息化部数据显示,截至 2012 年 10 月 20 日,中国手机用户总户数为 71 983.8 万户;移动宽带用户数已将超越固定宽带用户数。因此,它具有更为广阔的市场前景。有人预言,移动商务将决定 21 世纪新企业的风貌,也将改变生活与旧商业的地形地貌。目前,移动电子商务主要提供银行业务、交易、订票、购物、娱乐、无线医疗等服务。

3. **自动售货**

即通过自动售货机购买商品和服务。主要用于一些具有高度方便价值的冲动购买品(如饮料、香烟、糖果、报纸等)和其他产品、服务,如自动柜员机提供存款、取款、转账等服务。自动售货是一条相当昂贵的渠道。

4. **购买服务社**

是以会员制方式为某些特定顾客(如学校、医院、政府机关等大型组织的雇员)提供服务的不设店铺的零售形式。这些会员可以通过购买服务社从一批经过挑选、愿以折扣价售货的零售商那里购物。

(三) 零售组织

这是结合式零售类型。主要有:

1. **总体连锁店**

它是由两家以上同类商店组成的联合经营组织。其成员经营类似的产品线,实行集中采购、统一销售活动,店面装潢风格一致。总体连锁店是连锁店中结合紧密、规模较大的一种类型。它的特点是共同的所有权及共同控制。各连锁店经营的产品种类由总部控制,总部集中采购商品并配送到各分店,并决定价格、促销及其他主要销售政策。

2. 自愿连锁店和零售合作社

自愿连锁店是由批发企业牵头组织的独立零售商店集团,它们依托批发企业从事大量采购和共同销售业务。零售商合作社是由一群独立零售商店组成的联合组织,其合作内容主要是集中采购和联合促销。这些组织以合作的方式来达到经济节约的目的,能有效地面对公司连锁店的价格挑战。

3. 消费合作社

这是由消费者出资并拥有的零售商店。社区居民不满当地零售商店的服务,或大型团体为其成员购物方便、实惠,自愿组成消费团体,出资开设商店。团体成员民主推选一些人对合作社进行管理,实行低价或正常价销售政策,根据每人购物多寡给予惠顾红利。

4. 特许经营组织

这是由拥有特许权的特许人(生产商、批发商或服务机构)与被特许人(购买某种特许权而营业的独立商人)之间的契约式联合。一些独特的产品、服务、专利、商标或管理模式,常可采用特许经营组织方式经营。快餐、计算机软件、保健中心、汽车租赁等服务业,主要使用这一方式。麦当劳快餐在全球的发展就是特许经营组织的成功范例。

5. 销售联合大企业

这是一种自由形式的公司,它把不同类型的商品、商店和不同的功能联为一体,实行统一的分销和管理。例如,奶品农场公司除了在香港和台湾经营惠康超市连锁店外,还在香港、深圳经营曼宁药店和7-11便利店,形成多样化零售业。它与连锁店相似,又有区别:其经营的商品属于不同类型,所属商店有不同的风格。

第三节　分销渠道决策

一、影响分销渠道选择的因素

每一个企业都要根据特定的目标和现实条件,选择或创新分销渠道,作出渠道决策。这种决策在企业创办之初,面对较窄的和有限的当地经销商,可能不成问题。但随着规模扩大,开发新市场甚至进入国际市场,分销渠道决策与渠道伙伴的选择就会面临困难。这里,我们首先讨论制造商选择分销渠道的一般制约因素。

(一) 产品因素

(1) 产品的理化性质。对一些易腐易损商品、危险品,应尽量避免多次转手、反复搬运,宜选用较短渠道或专用渠道。一些体积大的笨重商品,如大型设备、煤炭、木材、水泥构件等,也应努力减少中间环节,尽量采用直接渠道。

(2) 产品单价。一般而言,价格昂贵的工业品、耐用消费品、享受品均应减少流通环节,采用直接渠道或短渠道;单价较低的日用品、一般选购品,则可采用较长较宽的分销渠道。

(3) 产品式样。式样花色多变、时尚程度较高的产品，如时装、高档玩具、家具等，宜以较短渠道分销；款式不易变化的产品，分销渠道可长些。一些非标准品及特殊规格、式样的产品通常要由企业销售部门直接向用户销售。

(4) 产品技术的复杂程度。产品技术越复杂，用户对其安装、调试和维修服务要求越高，采用直接渠道或短渠道的要求越迫切。

(二) 市场因素

(1) 目标市场范围。市场范围越大，分销渠道相应越长；相反，则可短些。

(2) 顾客的集中程度。如顾客集中在某一地区，甚至某一地点(如工厂用户)，则可采用短渠道或直接渠道；如果顾客分散在广大地区，则需要更多地发挥中间商作用，采用长而宽的渠道。

(3) 消费者购买习惯。如消费者对产品购买方便程度的要求、每次购买的数量、购买地点及购买方式的选择等，都会影响企业选择不同的分销渠道。

(4) 销售的季节性。销售季节性较强的产品，一般应充分发挥中间商的调节作用，以便均衡生产，不失销售时机，所以较多采用较长的分销渠道。

(5) 竞争状况。通常，同类产品应与竞争者采取相同或相似的分销渠道。在竞争特别激烈时，则应伺机寻求有独到之处的销售渠道。

(三) 企业自身因素

(1) 企业的财力、信誉。财力雄厚，信誉良好的企业，有能力选择较固定的中间商经销产品，甚至建立自己的控制分销系统，或采取短渠道；反之，就要更为依靠中间商。

(2) 企业的管理能力。有较强的市场营销能力和经验的企业，可以自行销售产品，采用短渠道或组合渠道营销系统。

(3) 企业控制渠道的愿望。有些企业为了有效控制分销渠道，宁愿花费较高的渠道成本，建立短而宽的渠道。也有一些企业并不希望控制渠道，会根据成本等因素采取较长且宽的分销渠道。

(四) 经济形势及有关法规

(1) 经济形势。经济景气，发展快，企业选择分销渠道的余地较大；当出现经济萧条、衰退时，市场需求下降，企业就必须减少一些中间环节，使用较短的渠道。

(2) 有关法规。国家法律、政策，如专卖制度、反垄断法规、进出口规定、税法等，也会影响分销渠道选择。在一些实施医药、烟草和酒类专营或专卖制度的国家，这些产品的分销渠道选择，就会受到很大的限制。

二、分销渠道决策过程

企业在设计分销渠道时，必须在理想的渠道和实际可能利用或新建渠道之间作出选择。这一决策过程一般要经过下述几个阶段：

(一) 分析目标市场消费者对渠道服务提出的要求

设计市场营销渠道的第一步，是要了解目标市场上的消费者购买什么，在哪里购买和怎样购买，分析消费者的这些购买特点对分销渠道服务水准的要求。这些要求通常表现在：一次购买批量的大小；交货时间的长短；空间便利性，即分销渠道对消费者购买商品的方便程度；商品多样化，如是否需要商家提供多样化产品组合，以方便其挑选；服务支持。

（二）确定渠道目标和限制条件

渠道目标是在企业营销目标的总体要求下，所选择的分销渠道应达到的服务产出水平。它一般要求分销渠道既要达到总体营销规定的服务水平，又要使整个渠道费用达至合理程度。企业可以根据目标消费者不同的服务要求，进一步细分市场，并为之设计选择最佳渠道。

一般情况下，每个制造商都会根据影响分销渠道选择的因素来确定其渠道目标。即根据产品因素、中间商的优缺点以及宏观经济形势来设定渠道框架和目标。

（三）制订可供选择的渠道方案

企业在确定了目标市场和期望的服务目标后，必须设计几个渠道方案。这些渠道方案需要明确包含 3 个要素：

（1）是否需要中间商，中间商类型。不需要中间商的方案是直销方案。如使用中间商，则首先要明确可以完成其渠道任务的中间商类型。根据目标市场及现有中间商的状况，可以参考同类产品经营者的现有经验，来选择中间商类型。

（2）使用中间商数目。要规定在每一渠道层次利用中间商的数目。由此形成该分销渠道的宽度类型，即密集式分销、选择性分销，抑或独家经销。

（3）各渠道成员的条件与责任。各方案必须明确渠道成员的参与条件和应负责任。在交易关系组合中，这种责任条件主要包括：价格政策；销售条件，如付款条件和制造商承诺；经销商的区域权利，如分销商的地区特许经营权；应承担的责任，即通过相互制定服务与责任条款，来明确各方责任。

（四）评估主要渠道方案

在这一阶段，需要对几种初拟方案进行评估并选出能满足企业长期目标要求的最佳方案。评估方案可以从经济性、可控性和适应性等几个方面进行。

1. 经济性标准评估

主要是比较每个方案可能达到的销售额及费用水平。如在评估使用本公司销售人员和通过代理商销售两种方案时，首先考虑哪一种做法会带来较高的销售额。其次，要考察每一渠道的销售费用。一般来说，使用销售代理商的费用一开始低于公司设立销售机构所需费用，但随着销售额的增加，其费用上升速度也较快，因为它收取的佣金较公司推销员要高。如图 10-4 所示，在销售额达到 S_B 时，设立公司销售部直接销售产品是最佳选择；当低于这一销售额时，最好选用销售代理商渠道。正因为如此，销售代理商多为小公司或大公司在较小的细分市场中销售产品时所采用。

2. 可控性标准评估

利用独立的中间商或代理商可控程度较低。渠道越长，控制问题就越突出。对此需要进行多方面的利弊比较和综合分析。

3. 适应性评估

即评估各方案对市场环境变化的适应能力。一般应考察渠道主要成员承担义务与经营灵活性之间的关系，包括承担义务的程度和期限。对一种涉及长期承担义务的渠道的

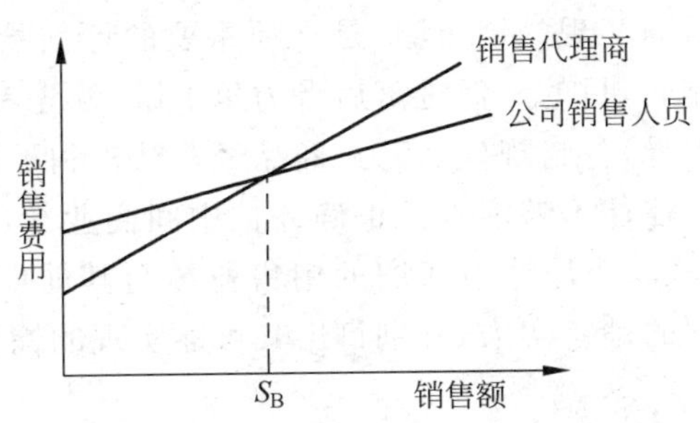

图 10-4　两种渠道费用支出水平比较

选择，应在经济或控制方面有非常优越的条件时，才能予以考虑。

第四节　分销渠道管理

选定分销渠道方案后，企业还需要完成一系列管理工作。包括各类中间商的具体选择、激励和评估，以及根据情况变化调整渠道方案和协调渠道成员间的矛盾。

一、选择渠道成员

为选定的渠道招募合适的中间商，必须明确适用的中间商应具备的条件和特点。企业可以综合考评它们的开业年限、经营产品范围、盈利及发展状况、财务支付能力、协作愿望与能力和信誉等级等。如果是销售代理商，还要进一步考核其经营的其他产品种类、性质，以及售货员的规模和素质。对于要求独家经销的大型零售商，如百货公司，则需要侧重评估其销售地点的位置、布局、将来发展的潜力和顾客类型。

二、激励渠道成员

欲使中间商的分销工作达到最佳状态，制造商应对其进行持续不断的激励。激励中间商的基本点是了解中间商的需要与愿望，并据此采取有效的激励手段。

企业在处理与分销商的关系时，通常可采取 3 种方式：合作、合伙与经销规划。制造商一方面使用积极的激励手段；另一方面采用制裁措施，力求处理好与中间商的合作关系。有些制造商还与经销商或代理商建立长期的伙伴关系。经销规划是更先进的激励方式，主要内容是建立一个有计划的、实行专业化管理的垂直市场营销系统，把制造商与经销商双方的需要结合起来。对渠道成员的激励是协调、管理分销渠道使之有效运作的重要一环。激励方式多种多样，且在不断创新。

三、评估渠道成员

对中间商的工作绩效要定期评估。评估标准一般包括销售定额完成情况、平均存货水平、送货时间、对次品和丢失品的处理情况、促销和培训计划的合作情况、货款返回状况，以及对顾客提供的服务等。

一定时期内各位经销商实现的销售额，是一项重要的评估指标。制造商可将各中间商的销售业绩分期列表排名，目的是促进落后者力争上游，领先者努力保持绩效。由于中间商面临的环境有很大差异，各自规模、实力、商品经营结构和不同时期的策略重点不同，有时销售额列表排名评估往往不够客观。正确评估中间商业绩，应在作上述横向比较的同时，辅之以另外两种比较：一是将中间商的销售业绩与其前期比较；二是根据每一中间商所处的市场环境和它的销售实力，分别订出其可能实现的销售定额，再将其销售实绩与定额进行比较。

正确评估渠道成员的目的，是及时了解情况，发现存在问题，以便更有针对性地对不同类型的中间商实施激励和推动工作。企业要建立一定的制度，对完成协议任务者支付一定的奖励报酬；对长期表现不佳，实在不能有效工作者，果断中止关系。

四、调整分销渠道

为了适应市场环境变化，现有分销渠道经过一段时间运作后，往往需要加以修改和调整。促使企业调整分销渠道的主要原因，是消费者购买方式的变化、市场扩大或缩小、新的分销渠道出现等。另外，现有渠道结构通常不可能总是在既定的成本下带来最高效的服务产出，随着渠道成本的递增，需要根据理想的渠道结构加以调整。

生产企业调整分销渠道，主要有 3 种方式：

（一）增减某一渠道成员

这种调整需要进行经济增量分析。即分析增加或减少某个中间商，将会对企业利润带来何种影响，影响程度如何。企业如果决定在某目标市场增加一家特许商或批发商，不仅要考虑这样做后，通过增加的渠道将带来多大的直接利益(销售量的增加额)，而且要考虑对其他经销商的需求、成本和情绪会产生什么影响(导致销售量的增减)等问题。

（二）增减某一分销渠道

当在同一渠道增减个别中间商不能解决主要问题时，企业就会考虑采取增减某一条分销渠道。如某化妆品公司发现其经销商只注意经营成人市场而忽视儿童市场，导致其儿童护肤品销售不畅。为了促进儿童护肤品市场的开发，就需要增加一条新的分销渠道。作这样的决定，也需要广泛地对可能带来的直接、间接反应及效益作系统分析。

（三）调整改进整个渠道

这是对企业现有分销体系作通盘调整。这类调整难度最大，因为它不是对原有渠道的修修补补，而是要全面改变企业的渠道决策。如计算机公司改变原来批发商代理渠道而采用直销渠道；饮料制造商考虑以集中装瓶和直接销售取代地区特许装瓶厂。这种决策，要求改变大多数市场营销组合策略，通常要由企业最高管理层作出。

上述调整方法，前一种属于结构性调整，立足于增加或减少原有渠道的某些中间层次；后两种属于功能性调整，立足于将一条或多条渠道工作在渠道成员中重新分配。企业的现有分销渠道是否需要调整，调整到什么程度，取决于分销渠道是否处于平衡和理想状态。

五、渠道成员间的矛盾协调

不管渠道设计如何精良、管理如何优秀，渠道成员之间总会出现冲突和竞争，需要加以协调和解决。

（一）渠道冲突的类型和原因

渠道冲突主要有3种类型：

（1）垂直渠道冲突。即同一条渠道中不同层次之间的冲突。如制造商与批发商、经销商之间，批发商与零售商之间，可能就购销服务、价格和促销策略等方面发生矛盾和冲突。

（2）水平渠道冲突。即某渠道内同一层次成员之间的冲突。如特许经销商之间的区域市场冲突、零售商之间对同一品牌的价格战等。

（3）多渠道冲突。即同一制造商建立的两条以上渠道向同一市场出售产品引起的冲突。如里维斯牛仔服在同一地区通过几家百货店销售，就可能引起其当地专业商店的严重不满；服装制造商自己开设商店，会引起经营其服装的百货商店的不满等。

导致上述渠道冲突的原因，一是目标不同，如制造商希望以低价政策获得高速成长，而零售商则希望获取短期高利润；二是没有明确的授权，如销售区域的划分、权限和责任界线不明确；三是预期不同，如对经济形势的看法，制造商看好，希望经销商经营高档产品，但经销商看淡；四是中间商对制造商过分依赖，如特许经销商（汽车经销商等）的经营状况往往决定于制造商的产品设计和定价政策，由此会产生一系列冲突。

（二）渠道冲突的管理与控制

渠道冲突是有些结构性的，需要通过调整渠道方法解决；有些则是功能性的，可以通过管理手段来加以控制。

（1）确立和强化共同目标。不管职能有何差异，渠道成员都要有其共同目标，如生存目标及市场份额、高品质、消费者满意度等目标。特别是在受到外部竞争威胁时，渠道成员会更深刻地体会到实现这些共同目标的重要性。管理者要有意识地激发成员的共同目标意识，引导他们紧密合作，战胜威胁，追求共同的最终目标价值。

（2）在两个或两个以上渠道成员之间交换人员。办法是互相派人员到对方相关部门工作一段时间，使彼此之间更为了解，更好地从对方角度考虑问题。

（3）合作。这是指一个组织为赢得另一组织的支持所做的努力，包括邀请对方参加咨询会议、董事会等，使他们感到其建议受到重视。表示合作诚意及根据对方意见合理修订本方政策，以有效减少冲突。

（4）发挥行业组织的作用。加强渠道成员之间的业务沟通，如通过商会、工商联合会，组织专题研讨会，对商贸工作中的一些热点问题广泛交换意见，促进各方做好工作。

当冲突经常发生或冲突激烈时，有关各方可以采取谈判、调解和仲裁等办法，根据法律程序解决冲突，以保证继续合作，避免冲突升级。

本章小结

分销渠道是实现产品从生产者到达消费者(用户)的通道。围绕产品价值的实现,分销渠道必须完成调研、寻求、分类、促销、洽谈、物流、财务和风险承担8大功能。企业可以通过对分销渠道的正确决策(适应市场环境,特别是互联网快速普及的要求和企业自身条件,正确选择渠道模式,优化整合渠道功能)和有效的管理(努力做好渠道组织与运行管理),来提高渠道效益,增强竞争力。

批发商和零售商是分销渠道的重要成员,各自有其复杂的类型结构。了解它们的经营特征,对分销渠道决策与管理具有重要意义。

在分销渠道决策中,营销者首先要分析企业面对的、影响其构建分销系统的各种因素,如产品特性、市场特征、企业自身状况、竞争状况、经济与法律环境要求等,确定渠道类型;然后根据目标市场的相关要求和限制条件拟定若干渠道方案;最后主要依据经济性、控制性和承诺义务3项标准,评价和比较上述各方案,从中选定分销方案。在分销渠道管理中,管理者要重点做好对渠道成员的甄选、职能分工、工作激励、绩效评估等工作,在某些情况下,也要做好渠道冲突管理工作,以及对分销渠道的局部或通盘调整工作。

思考题

1. 什么是分销渠道?它具有哪些功能?
2. 什么是分销渠道的类型结构和系统结构?结合实际谈谈你对这两种结构的理解。
3. 影响分销渠道设计的主要因素有哪些?
4. 分销渠道管理的主要内容是什么?如何协调渠道成员间的矛盾?
5. 为你熟悉的一家企业制订一个合理的分销渠道方案。

案例

娃哈哈:渠道的成功与困惑

娃哈哈集团是中国最大的食品饮料生产企业,在全国建有60多家合资控股、参股公司,在各省市均设有销售机构,员工近2万名,总资产66亿元。娃哈哈公司主要从事食品饮料的开发、生产和销售,生产含乳饮料、瓶装水、碳酸饮料、茶饮料、果汁饮料、包装食品、医药保健品7大类50多个品种的产品。2003年,公司营业收入突破100亿元大关,成为全球第五大饮料生产企业,仅次于可口可乐、百事可乐、吉百利、柯特4家跨国公司。自1998年以来,资产规模、产量、销售收入、利润、利税等指标上一直位居中国饮料行业首位。

娃哈哈的产品并没有很高的技术含量,其市场业绩的取得和它对渠道的有效管理密不可分。娃哈哈在全国31个省市选择了1 000多家能控制一方的经销商,组成了几乎覆盖中国每一个乡镇的联合销售体系,形成了强大的销售网络。娃哈哈非常注重对经销商的促销努力，公司会根据一定阶段内的市场变动、竞争对手的行为以及自身产品的配备而推出各种各样的促销政策。针对经销商的促销政策，既可以激发其积极性，又保证了各层销售商的利润，因而可以做到促进销售而不扰乱整个市场的价格体系。娃哈哈对经销商的激励采取的是返利激励和间接激励相结合的全面激励制度。娃哈哈通过帮助经销商进行销售管理，提高销售效率来激发经销商的积极性。娃哈哈各区域分公司都有专业人员指导经销商，参与具体销售工作；各分公司派人帮助经销商管理铺货、理货以及广告促销等业务。

娃哈哈采取保证金的形式，对分布在全国各省市的经销商行为实行有效控制。它要求经销商预先交付一笔保证金，并对那些按时结清货款的经销商，及时偿还保证金并支付高于银行同期存款利率的利息。娃哈哈总裁宗庆后认为："经销商先交预付款的意义是次要的，更重要的是维护一种厂商之间独特的信用关系。我们要经销商先付款再发货，但我给他利息，让他的利益不受损失，每年还返利给他们。这样，我的流动资金十分充裕，没有坏账，双方都得了利，实现了双赢。娃哈哈的联销体以资金实力、经营能力为保证，以互信互助为前提，以共同受益为目标指向，具有持久的市场渗透力和控制力，并能大大激发经销商的积极性和责任感。"

为了从价格体系上控制窜货，娃哈哈实行级差价格体系管理制度。根据区域的不同情况，制定总经销价、一批价、二批价、三批价和零售价，使每一层次、每一环节的渠道成员都取得相应的利润，保证了有序的利益分配。同时，娃哈哈与经销商签订的合同中严格限定了销售区域，将经销商的销售活动限制在自己的市场区域范围之内。娃哈哈发往每个区域的产品都在包装上打上编号，编号和出厂日期印在一起，根本不能被撕掉或更改，借以准确监控产品去向。娃哈哈专门成立了一个反窜货机构，巡回全国严厉稽查，保护各地经销商的利益。娃哈哈的反窜货人员经常巡察各地市场，一旦发现问题马上会同企业相关部门及时解决。总裁宗庆后及各地的营销经理也时常到市场检查，一旦发现产品编号与地区不符，便严令彻底追查，按合同条款严肃处理。娃哈哈奖罚制度严明，一旦发现经销商跨区销售行为，将扣除其保证金以支付违约损失，情节严重的将取消其经销资格。

娃哈哈全面激励和奖惩严明的渠道政策，有效地约束了上千家经销商的销售行为，为庞大渠道网络的正常运转提供了保证。凭借其"蛛网"般的渠道网络，娃哈哈将其含乳饮料、瓶装水、茶饮料等产品顺利销售到全国的各个角落。例如，2004 年 2 月公司新产品"激活"诞生，3 月初铺货上架，从大卖场、超市到娱乐场所、交通渠道、学校和其他的一些传统的批发零售渠道，"激活"很快出现在它能够出现的一切地方。娃哈哈将其渠道网络优势运用得淋漓尽致，确保了"激活"在迅速推出的同时尽快形成规模优势。

面对可口可乐、百事可乐和康师傅、统一的全面进攻，娃哈哈大胆创新，尝试大力开展销售终端的启动工作，从农村走入城市。总裁宗庆后认为，现在饮料企业的渠道思路主要有 3 种：一是可口可乐、百事可乐的直营思路，主要做终端；二是健力宝的批发市场模式；三就是娃哈哈的联销体思路。娃哈哈在品牌、资金方面不占优势，关键就要扬长避短，尽可能地发挥自己的优势，而抑制对方的长处。娃哈哈推出非常可乐，从上市之初就没有正面与可口可乐、百事可乐展开竞争，而是瞄准了中西部市场和广大农村市场，通过错位竞争，借助于强大的营销网络布局，把自己的可乐输送到中国的每一个乡村与角落地带，利用“农村包围城市”的战略在中国碳酸饮料市场占据了一席之地。

有学者将娃哈哈的成功模式归结为“三个一”，即“一点，一网，一力”。一点指的是它的广告促销点，一网指的是娃哈哈精心打造的销售网，一力指的则是经营经销商的能力。“三个一”的运作流程是：先通过强力广告推新产品，以广告轰炸把市场冲开，形成销售的预期；接着通过严格的价差体系做销售网，通过明确的价差使经销商获得第一层利润；最后常年推出各种各样的促销政策，将企业的一部分利润通过日常促销与年终返利让渡给经营经销商。但这种模式也存在着问题：当广告越来越强调促销的时候，产品就会变成“没有文化”的功能产品，而不是像可口可乐那样成为“文化产品”，结果会造成广告与产品之间的刚性循环：广告要越来越精确地找到“卖点”，产品要越来越多地突出功能，结果必然是广告的量要越来越大，或者是产品的功能要出新意，才能保证销量。

资料来源：http://www.cy666.cn/news/blog/post/185.html,2015-10-25.

讨论题

1. 评述娃哈哈渠道构建以及管理特征，分析其控制经销商的策略要点及其利弊。

2. 娃哈哈是否需要引入电子网络渠道系统？如是，它应当如何处理线上销售与其庞大的线下渠道的矛盾？

1. 目的

(1) 认识现实中的分销渠道及其成员的状态。

(2) 讨论互联网渠道的发展前景。

2. 内容和要求

(1) 选择并观察某城市一条街，列出所有商业店铺、机构和经营组织名称，并做出粗略分类，如零售店、批发商、物流商等。

(2) 在每类机构中各选择 1～2 家进行访问调查，了解其服务内容、上下游服务对象和业务关系、使用互联网状况。

(3) 了解网络商店、电子商务及其近几年来的发展状况，讨论分析它们对企业分销渠道建设的影响。

(4) 汇总调研资料和讨论结果完成小组报告。

3. 步骤

(1) 任课教师说明实践目的、任务，进度和要求。

(2) 将全班学生分组，每小组 5～8 人。各小组分别进行准备，包括复习相关教学内容、通过互联网收集拟调研与讨论的相关资料、统一工作思路，形成本小组的调查与研讨计划。

(3) 在组长带领下，按计划分工进行调研，完成一手资料的收集、整理。

(4) 组长组织小组课外讨论，形成小组报告。

(5) 分小组课堂展示报告，进行讨论，由任课教师做出点评、总结。

第十一章 定价策略

本章提要

价格是营销组合中最重要的因素之一。价格作为产品内在价值的货币表现形式，直接关系到产品能否为消费者接受、市场占有率的高低、需求量的变化和利润的多少，是整个营销管理的核心。学习本章应深入了解定价的基本知识，了解定价策略在营销组合中的地位和作用，掌握市场营销中定价的理论依据，深刻认识制约定价的各种因素，合理制定企业的定价目标，在日益剧烈的市场竞争中灵活运用基本的定价策略和方法。

本章知识结构图

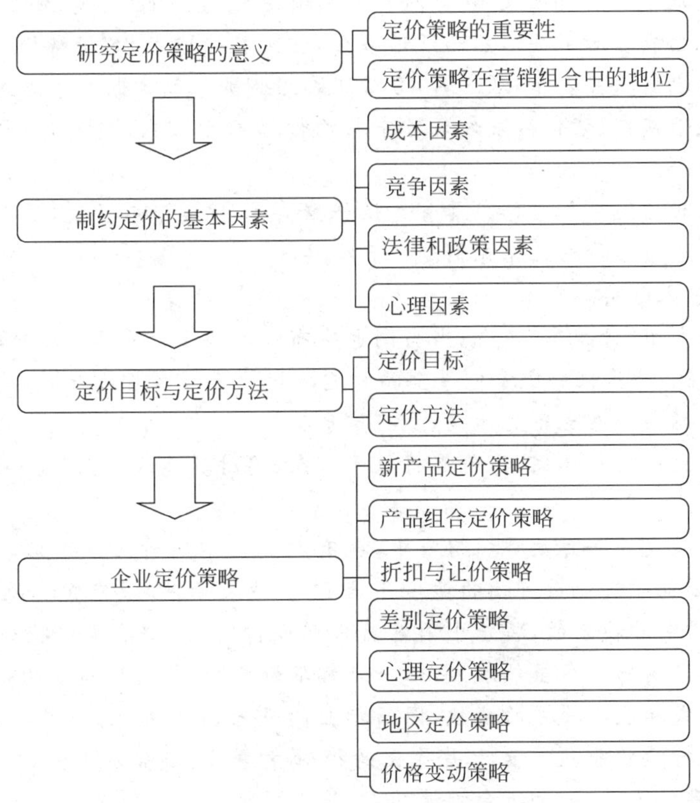

重要概念

成本导向定价；需求导向定价；竞争导向定价；产品线定价；撇脂定价；渗透定价；投标定价。

电商三巨头“价格战”

由京东针对国美、苏宁发起的新一轮电商大战随着当当、易讯等企业的加入，正演变为整个国内电商行业的混战。而诸多网民在等着闹剧上演的同时，也半开玩笑半认真地呼吁国内的地产商也能加入这场价格大战，让房价也能实实在在地降下来。

京东大家电“三年零毛利”挑战国美苏宁，“美苏”宣布迎战

8月14日上午10时许，京东商城董事局主席兼CEO在其认证微博上发布消息称，京东大家电3年内零毛利！如果3年内，任何采销人员在大家电加上哪怕1元的毛利，都将立即遭到辞退！他同时表示，从当日起，京东所有大家电保证比国美、苏宁连锁店便宜至少10%以上。随后刘强东又发一条微博，称即日起京东以每月不低于3 000元月薪的价格在全国招收5 000名“美苏”价格情报员，每店派驻2名。任何客户到国美、苏宁购买大家电时候，拿出手机用京东客户端比价，如果便宜不足10%，价格情报员现场核实属实，京东立即降价或者现场发券，确保便宜10%。立刻在业内引发轩然大波。苏宁易购执行副总裁李斌先是在微博上表示“只有那些没有底气的企业才会在嘴上炒作低价，亏本赚吆喝先考虑自己能否活下去”，然而没过多久，其又在微博上称“保持价格优势是我们对消费者最基本的承诺”，并表示“从8月15日上午9时起，苏宁易购包括家电在内的所有产品价格必然低于京东，任何网友发现苏宁易购价格高于京东，我们都会即时调价，并给予已经购买反馈者两倍差价赔付”。

国美电器的回应则更加直接。其官方认证微博称：“废话不多说，明天9:00起，国美电器电子商城全线商品价格比京东商城低5%。”

当当、易讯加入战斗

就在刘强东发出“挑战书”不久，当当网也宣布加入战斗。当当CEO李国庆在其微博上称：当当网手机、计算机和小家电等全品种迎战！欢迎顾客货比三家！

另一电商网站易讯网也不甘示弱，发布信息称“京东敢不敢和易迅比比价”，该网站将从9月开始掀起大规模整体促销，价格将低于京东，同时其建议京东“要和线上企业比价，而不要和线下企业比”。

在电商大战引发的一片欢呼叫好声中，也有人提出不同看法。知名学者马光远在其微博上认为“中国电器行业最可怕的竞争开始了”。他表示，如果京东真的能撑3年，3年之后，苏宁的累累白骨换来的，将是中国电器告别廉价时代。“消费者将为京东的疯狂买单”，马光远认为，“这场战争虽然激烈，但一点都不好看”！价格战掩饰的是中国电子商务这么多年商业模式和盈利模式的残缺，因而行业的进入门槛极低，为了扩大地盘，就只能用低价这种不可持续的手段。至于差异化的核心竞争力、服务水准等，对中国的电商而言，实在有点高难度了。“一个不会游泳的人，除了狗刨还能做什么呢？”

资料来源：中国新闻网. 作者：王槊，2012-08-15.

营销启示：

降价策略是一把锋利的“双刃剑”，既可迅速开拓市场，又容易反弹回来伤了自己。定价策略在营销中与其他各因素相互依存、相互制约。选择定价策略，既要考虑其他营销组合因素对价格的影响,也要考虑价格对其他因素的制约。

第一节　研究定价策略的意义

一、定价策略的重要性

定价策略是市场营销组合的重要组成部分,即4P′s之一。在生产者向市场提供的商品主要是原料、食品和生活必需品的时代,商品在质量、性能、外观等方面有较多的相似性,加之消费者购买力水平十分有限,购买力的投向主要放在生活必需品上,价格变动对消费者的购买行为影响较大,市场竞争主要倾向于价格竞争。第二次世界大战后,市场规模扩大,新科技革命推动了生产力的高速发展,产品可以较多的从性能、式样、品牌等方面进行个性化生产,同时随着经济的发展,消费水平逐步提高,选购品和奢侈品的需求增长迅速,这些商品的价格可比性降低。因此20世纪50年代至70年代初期,市场竞争往往在非价格因素方面展开。但在这一时期中,价格仍然是营销活动中最重要的营销函数之一。70年代以后,随营销理论研究的深入和竞争的实践,特别是价格的心理作用和行为理论为人们所认识以后,定价策略在营销中又回归核心位置,并重新被企业高度重视。

定价策略之所以在营销活动中居于十分重要的地位,主要有以下几方面原因:

(1) 价格直接影响企业盈利目标实现。在市场经济条件下,企业的直接目的是追求利润的最大化,而利润又与企业的销售收入密切相关,销售收入的多寡又受价格变化的影响,价格在企业的经营活动中作为一个可控变量决定着企业的盈亏。

(2) 价格是市场竞争的重要手段。购买作为一种经济行为,价格是购买行为能够发生最具影响力的因素之一。价格又是同行业内最常用、最易仿效的竞争手段,高价厚利的定价策略必然引来众多的竞争者,薄利多销则可能将新的竞争者拒之门外。

(3) 市场营销环境急剧变化,特别是互联网时代的电商革命,迫使市场经济条件下的企业日益重视定价策略。科学技术发展的步伐日益加快,定价不当会导致产品在市场竞争中失败。经济全球化迅速发展,国际竞争压力增大,在经济发展和通货膨胀过程中,消费者的需求迅速变化。

二、定价策略在营销组合中的地位

价格是营销因素组合中最关键、最活跃的因素,它随市场变化而上下波动,协调着买卖双方的利益关系。在市场经济条件下,如果能在定价决策过程中正确把握价格变动的幅度、时间和区域,就能在瞬息万变的市场竞争中,居于十分有利的地位。价格的灵活性还表现在,通过价格的变动和在市场营销活动中采用不同的定价策略,有助于弥补市场营销其他因素的缺陷。

(一) 产品策略与定价策略的关系

由于产品的性能、生命周期、品牌与商标、包装、新旧等特殊性,需要制定不同的产品策略,而不同的产品策略必然需要相应的定价策略给予支持。

1. 产品性能与定价的内在联系

如商品根据其使用价值上的特性，分为非耐用品、耐用品和劳务，经营者必须根据其不同的特性采用不同的定价策略进入市场。非耐用品，具有消费周期短、多次重复购买的特性，开拓市场就需要低价策略的支持；而耐用品和劳务进入市场之初则需要高价策略的支持。又如，根据商品的消费者购买特性，分为便利品、选购品和特殊品等，其需求价格弹性的差异，也要求在市场营销中采用不同的定价策略。

2. 新、老产品及产品生命周期与定价的内在联系

新产品的经营规模小，成本较高，定价是一个十分关键的因素。定价过高则难以进入市场，定价过低则不能弥补成本。在产品生命周期的不同阶段，需要采取不同的价格策略。如成熟期的产品需要稳定的价格支持；而进入衰退期的产品就不得不以低价策略来寻求最大边际收益。

3. 定价与产品质量的内在联系

产品的质量不同，投入的人力和物力也不同，生产成本的差异必然反映到市场上来。不同质量的产品有着不同的价格，优质高价，低档廉价；时髦商品高价，过季商品廉价；等等。价格的灵活性和可调整性，可以弥补产品质量的市场不可控性和多变性。

4. 定价与其他产品策略的关系

在产品组合中，如果其中一种产品的价格策略变动，必然会影响同一产品组合中的其他产品。不同的商标和品牌需要不同的价格策略支持，如名牌需要高价策略支持，非名牌需要低价策略的支持。包装策略的变化也需要不同的定价策略相配合，精致的包装增加了成本，价格相对要提高，反之则降低。

（二）定价与渠道策略的关系

在市场营销中由于采用不同的渠道策略，必然会影响分销渠道的长短和宽窄，以及分销环节的多少。不同的渠道策略要求相应的定价策略支持。长渠道策略要求较低的出厂价格，让利于各类中间商、代理商、批发商，刺激他们积极去为产品开拓更广阔的市场；短渠道策略则由于生产者自己承担着开拓市场的任务，必然产生相应的费用，于是要求价格相应提高。不同的渠道环节又要求具有各自不同特点的定价策略。生产者在制定出厂价时，较多地以产品的生产成本和预期投资回报率为依据；而批发商和零售商则主要以消费者愿意接受的价格为出发点，来确定产品的进价和销售价。如果某一产品直接渠道和间接渠道并存，生产者应以让中间商都能取得合理的利润为原则，采用差异性的定价策略。差价大，中间商积极性就高，分销渠道就会增长；差价较小，就只能采用直接分销渠道，减少不必要的中间商环节。定价制约着分销渠道策略的选择。

（三）定价与促销策略的关系

开展广告、人员推销、公共关系及营业推广等促销活动，都需要支付相应的费用。不同的商品在不同的市场条件下，促销费用高低不一。如选购品就必须花较高的促销费用才可能顺利地进入市场，成本上升，价格必然定得较高；生活必需品促销费用低，价格相应就定得低一些，让利于民。因此，促销策略的选择既要适应市场拓展的需要，也要考虑能否有相应的定价策略支持以及消费者对价格的心理和经济的承受能力。定价和促销策略具有相互制约、相互依存的关系。

由于定价策略在营销过程中与其他各因素存在着相互依存、相互制约的联系，因此在选择定价策略时，既要考虑其他营销组合因素对价格的影响，也要考虑价格对其他因素的制约。

第二节　制约定价的基本因素

一、成本因素

成本是商品价格的最低限度。一般说来，商品价格必须能够补偿产品生产及市场营销的所有支出，并补偿商品的经营者为其所承担的风险支出。成本的高低是影响定价策略的一个重要因素。研究成本因素，应区别以下成本概念：

(1) 固定成本。即企业在一定规模内生产经营某一商品支出的固定费用，即不随产量的变动而发生变动的成本。如固定资产折旧、房地租、办公费用、管理人员的工资等，不论产量多少，都必须支出。

(2) 变动成本。即企业在同一范围内支付变动因素的费用，即随产量的增减变化而发生变化的成本。如原材料、生产工人工资、销售佣金及直接营销费用。

(3) 总成本。即固定成本与变动成本之和。当产量为零时，总成本等于固定成本。

(4) 平均固定成本。即固定成本除以产量的商。固定成本不随产量的变动而变动，但是平均固定成本必然随产量的增加而减少。

(5) 平均变动成本。即总变动成本除以产量的商。当生产发展到一定的规模，工人熟练程度提高，批量采购原材料价格优惠，平均变动成本呈递减趋势；如果超过某一极限，则平均变动成本又可能上升。

(6) 平均成本。即总成本除以产量的商。因为固定成本和变动成本随生产效率提高、规模经济效益的逐步形成而下降，所以单位产品平均成本呈递减趋势。

(7) 边际成本。即每增加或减少 1 单位产品而引起总成本变动的数值。在一定产量上，最后增加的那个产品需要花费一定的成本，从而引起总成本的增量，这个增量即边际成本。企业可根据边际成本等于边际收益的原则，以寻求最大利润的均衡产量。同时，按边际成本制定产品价格，使全社会的资源得到合理利用。

(8) 长期成本。即企业能够调整全部生产要素时，生产一定数量的产品所消耗的成本。所谓长期，是指足以使企业能够根据它所要达到的产量来调整一切生产要素的时间量。在长时期内，一切生产要素都可以变动。所以，长期成本中没有固定成本和可变成本之分，只有总成本、边际成本与平均成本之别。

(9) 机会成本。即企业为从事某项经营活动而放弃另一项经营活动的机会，或利用一定资源获得某种收入时所放弃的另一种收入。另一项经营活动所应取得的收益或另一种收入即为正在从事的经营活动的机会成本。机会成本的分析，要求企业在经营中正确选择经营项目，其依据是实际收益必须大于机会成本，从而使有限的资源得到最佳配置。

二、竞争因素

市场价格是在市场竞争中形成的。不同竞争状况对市场营销者制定商品价格产生不同的影响。

（一）完全竞争对制定价格的影响

完全竞争是指没有任何垄断因素的市场状况，商品价格在多次市场交换中自然形成，买卖双方都是价格的接受者。完全竞争市场能保证消费者以较低的价格获得较多的商品；同时，企业追求利润最大化的努力，能使资源得到最佳配置。因为任何产品都存在一定的差异，而且现代市场经济不可能避开国家宏观政策的干预，完全竞争在多数情况下只是一种理论现象。如出现完全竞争市场，企业可以采取随行就市定价策略。

（二）完全垄断对制定价格的影响

完全垄断市场企业没有竞争对手，主要通过调节市场供给量来控制市场价格。完全垄断只有在特定的条件下才能形成，如拥有资源垄断或拥有专卖权的企业，就可能处于垄断地位。完全垄断市场使企业缺乏降低成本的外在压力，导致较高的销售价格、较低的产量和垄断超额利润，结果是生产效率低下，社会资源配置不佳。在此情况下，非垄断性企业定价必须十分谨慎，以防垄断者的价格报复。

（三）不完全竞争对制定价格的影响

不完全竞争是现代市场经济中普遍存在的典型竞争状况，它介乎于完全竞争与完全垄断之间，现代市场经济的发展已经离不开国家干预，宏观经济学的不断完善，使得这种干预日趋理性化，并逐步向国际化发展。在这种状态下，多数经营者都能积极主动地影响市场价格；同时，又必须在国家干预的范围内作为价格的接受者。企业制定价格时，应当认真分析各种竞争力量和垄断力量的强弱，制定适宜自身发展的价格和价格策略。

三、法律和政策因素

市场经济的发展，价值规律、供求规律和竞争的自发作用，会产生某些无法自我完善的弊端。在我国市场经济中，政府制定了一系列的政策和法规，对市场价格进行管理，并采取各种改革措施建立市场经济所需要的价格管理体制。这些政策、法规和改革措施，有监督性的，有保护性的，也有限制性的。它们在市场经济活动中制约着市场价格的形成，是各类企业制定商品价格的重要依据。企业在制定价格策略时都不能违背。

四、心理因素

消费者的心理行为因其随机性较大，是营销者制定价格时最不易考察的一个因素，但又是企业定价必须考虑的重要因素之一。消费者一般根据某种商品能为自己提供的效用大小来判定该商品的价格，他们对商品一般都有客观的估价，即在消费者心目中，该商品值多少钱，这种估价被称为期望价格。期望值一般不是一个固定的具体金额，而是一个价格范围。如果企业定价高于消费者心理期望值，就很难被消费者接受；反之，低于期望值，又会使消费者对商品的品质产生误解，甚至拒绝购买。消费者的心理行为存在着“便宜无好货，好货不便宜”的价值判断与追求价廉物美商品的最大利益的矛盾，既想购买价廉物美的商品，又担心吃亏上当。企业定价时，应充分把握这一购买心理的矛盾，制定适宜的定价策略。当商品的品质难以直观判断时，消费者常以价格高低评判商品的品质，在炫耀性消费心理的驱使下，某些消费者为获得优质产品而不介意价格的高低，企业应充分利用这一心理来制定某些产品的价格。

随着市场经济的发展，收入结构的多层次化，使购买心理行为日趋复杂，如低收入阶层的求实、求廉心理，中等收入阶层的求美、求安全心理，高收入阶层的求新、求名心理，暴发户的炫耀性消费心理。随社会经济的发展，消费水平的不断提高和竞争日趋激烈，心理因素对定价的影响将越来越大。研究消费心理，正确制定商品价格，有利于产品进入市场和增加利润。

第三节　定价目标与定价方法

一、定价目标

由于受到资源的约束，企业的规模和企业所采用的管理方法的差异，企业可能从不同的角度选择自己的定价目标。不同行业的企业有不同的定价目标，同一行业的不同企业可能有不同的定价目标，同一企业在不同的时期、不同的市场条件下也可能有不同的定价目标。企业应根据自身的性质和特点，权衡各种定价目标的利弊而加以取舍。

（一）以利润为定价目标

利润是企业从事经营活动的主要目标，也是企业生存和发展的源泉。在市场营销中不少企业就直接以获取利润作为制定价格的目标。

1. 以获取投资收益(return on investment，ROI)为定价目标

所谓投资收益定价目标，是指企业以获取一定的投资收益为定价基点，按总成本加合理利润作为商品销售价格的一种定价目标。投资收益率的高低取决于投资回收年限，计算公式为：

$$投资收益率 = \frac{I/Y}{I} \times 100\%$$

式中，I 为总投资，Y 为投资回收年限。

投资收益率一般必须高于同期银行利息率。以投资收益为定价目标时，还必须考虑商品的质量与功能、产品生命周期、消费者的需求价格弹性以及市场竞争的状况等。适度的投资收益率，使企业能获得长期稳定的收益。一般采用投资收益定价目标的企业，应具备较大的实力。如美国的杜邦(DuPont)和埃克森(Exxon)等大公司就采用这一定价目标。

2. 以获取最大利润为定价目标

获取最大利润是市场经济中企业从事经营活动的最高展望。但获取最大利润不一定就是给单位产品制定最高的价格，有时单位产品的低价，也可通过扩大市场占有率，争取规模经济效益，使企业在一定时期内获得最大的利润。企业在追求最大利润时，一般都必

须遵循边际收益(marginal revenue)等于边际成本的原则。市场营销中以获取最大利润为定价目标,是指企业综合分析市场竞争、产品专利、消费需求量、各种费用开支等后,以总收入减去总成本的差额最大化为定价基点,确定单位商品价格,争取最大利润。

3. **以获取合理利润为定价目标**

它是指企业在激烈的市场竞争压力下,为了保全自己,减少风险,以及限于力量不足,只能在补偿正常情况下的社会平均成本的基础上,加上适度利润作为商品价格,称为合理利润定价目标。按照这一定价目标,不仅价格适中,消费者愿意接受,还能避免不必要的竞争,有利于获得长期利润,并且符合政府的价格指导方针。这是一种兼顾企业利益和社会利益的定价目标。

(二) 以销售数量为定价目标

以销售数量为定价目标,是指企业以巩固和提高市场占有率,维持或扩大市场销售量为制定商品价格的目标。提高市场占有率,维持一定的销售额,是企业得以生存的基础。以销售额为企业定价目标的主要风险是利润率具有不确定性。但是研究表明,市场占有率与利润率之间存在着很高的内在关联度。市场营销战略影响利润系统(PIMS)的分析指出:当市场占有率在10%以下时,投资收益率(ROI)大约为8%;市场占有率在10%~20%之间时,投资收益率在14%以上;市场占有率在20%~30%之间,投资收益率约为22%;市场占有率在30%~40%之间,投资收益率约为24%;市场占有率在40%以上时,投资收益率约为29%。因此,以销售额为定价目标具有获取长期较好利润的可能性。例如美国西尔斯(Sears)、印第安纳标准石油(Standard oil of Indiana)等大公司都采用销售额作为定价目标。

(三) 以对付竞争者为定价目标

大多数企业对于竞争者价格十分敏感,在分析企业的产品竞争能力和市场竞争位置后,以对付竞争者作为企业的定价目标。当企业具有较强的实力,在该行业中居于价格领袖(Price Leader)地位时,其定价目标主要是对付竞争者或阻止竞争对手,首先变动价格。具有一定竞争力量,居于市场竞争的挑战者位置时,定价目标是攻击竞争对手,侵蚀竞争对手的市场占有率,价格定得相对低一些。而市场竞争力较弱的中小企业,在竞争中为了防止竞争对手的报复,一般不首先变动价格,主要跟随市场领袖价格。

(四) 以社会责任为定价目标

以社会责任为定价目标,是指企业由于认识到自己的行业或产品对消费者和社会承担着某种义务,而放弃追求高额利润,遵行以消费者和社会的最大效益为企业的定价目标。主要有3种类型的企业采用这一定价目标。

1. **政府代理机构**

这一类型的企业为社会提供有偿服务,不以营利为其经营目标。它们提供的产品和劳务在定价时,一般都以社会责任为其定价目标,追求社会效益的最大化。如美国的联邦储备银行、出口信贷机构、养老院和就业培训机构等。我国这一类型企业以往比较多,定价有时低于其成本。

2. **公共事业型企业**

这一类型企业虽然有盈利要求,但由于政府的某些价格管制,必须以向社会提供最大化的社会效益为主要目标。如各国的公共交通系统、自来水供应企业、电力供应公司、水利设施等，都以社会责任为定价目标。

3. *以社会市场营销为经营观念的现代型企业*

这类企业的市场营销战略，不仅要满足消费者的需要并由此获得企业利润，而且要符合消费者和社会的长远利益以及有利于社会的发展和进步。它们在制定价格时，多以社会责任为定价目标，但是这种高素质的企业还不多。如美国麦得托尼克公司(Medtronies)发明了世界上第一台心脏起搏器，公司从人类的最大福利出发，本着救死扶伤的原则，坚持以社会责任为该产品的定价目标，将产品的价格定得较低。

二、定价方法

(一) 成本导向定价法

成本导向定价法是以产品的总成本为中心，分别从不同的角度制定对企业最有利的价格。成本导向定价法由于较为简便，是企业最基本、最普遍和最常见的定价方法。它可以分为以下几种：

(1) 单位成本定价法。指以商品的单位成本为基础，加上预期利润，作为商品的销售价格。预期单位商品获取利润，可以由企业根据市场环境及企业营销实力决定。

(2) 变动成本定价法。指在商品的固定成本不大或商品的市场生命周期较长而且又能占领市场的前提下，以变动成本为基础，加上预期利润来制定商品的销售价格。其计算公式如下：

$$\text{单位商品价格}=\frac{\text{变动成本总额}+\text{预期利润总额}}{\text{商品数量}}.$$

(3) 边际成本定价法。指企业在市场竞争十分激烈的情况下，撇开固定成本，只计算变动成本的定价方法。固定成本则由预期边际收益来补偿。边际收益是指企业每多出售一单位商品而使总收益增加的数量。当边际成本等于边际收益时，企业获得利润最大。如果增加的边际收益大于边际成本，表明利润增长，应扩大生产。一旦边际成本大于边际收益，表明利润下降，企业应减少产量，直至边际成本等于边际收益。其价格公式为：

$$\text{价格}=\text{变动成本}+\text{边际收益}$$

采用边际成本定价，一般是在卖主竞争激烈时，企业为迅速开拓市场，采用较灵活的方法。必须注意的是售价必须高于变动成本，否则生产越多，亏损越大。

(4) 临界点(Break-Even Point)定价法。临界点定价法是指在预测商品销售量和已知固定成本、变动成本的前提下，通过求解商品盈亏临界点来制定商品价格的方法。盈亏临界点计算公式如下：

$$Q=\frac{F}{P-V}\text{ 或者 }P=\frac{F}{Q}+V$$

式中，Q 为盈亏临界点的销售量；F 为固定成本；P 为单位商品的价格；V 为单位商品的变动成本。

但是，企业从事生产经营活动的目的不仅仅是为了保本，而是要获得目标利润。因此，制定价格时还必须加上目标利润。其公式为：

$$P=\frac{F}{Q}+V+E$$

式中,E 为目标利润。

（二）需求导向定价法

需求导向定价法是指企业在制定商品价格时,主要根据市场需求的大小和消费者反应的不同,分别确定商品价格。其特点是灵活有效地运用价格差异,对平均成本相同的同一产品,价格随市场需求的变化而变化。

1. 理解价值定价法(perceived-value pricing)

所谓"理解价值"是指消费者对某种商品的价值的主观评判,它与产品的实际价值常常发生背离。理解价值定价法是指企业以消费者对商品价值的理解度为定价依据,运用各种营销策略和手段,影响消费者对商品价值的认知,形成对企业有利的价值观念,再根据商品在消费者心目中的价值来制定价格。

2. 需求差异定价法(demand differential pricing)

即企业根据市场需求的时间差、数量差、地区差、消费水平及心理差异等来制定商品价格。如在市场需求大的时期和消费水平高的地区高定价,反之,则低定价;对购买数量大的消费者低定价,反之,则高定价。

3. 逆向定价法(backword pricing)

即企业依据消费者能接受的最终销售价格,计算自己从事经营的成本和利润后,逆向推算出商品的批发价和出厂价。这种定价方法不以实际成本为主要依据,而是以市场需求为定价出发点,力求价格为消费者接受。市场营销渠道中的批发商和零售商较多地采用此定价方法。

（三）竞争导向定价法

竞争导向定价法是指通过研究竞争对手的商品价格、生产条件、服务状况等,以竞争对手的价格为基础,确定同类商品的价格。这种定价方法的特点是:价格与商品的成本和市场需求不发生直接关系。商品成本或市场需求变动了,但竞争者的价格未变,就应维持原价;反之,虽然成本或需求都没有变动,但竞争者的价格变动了,也应随着调整商品价格。

1. 随行就市定价法(going-rate pricing)

以本行业的主要竞争者的价格为企业定价的基础。由于商品的行业平均成本不易测算,该商品的需求价格弹性及供给弹性也很难准确预测,同时,也为了避免在同行业内挑起价格竞争,就采用这一定价方法。中小企业采用此定价法较为普遍。随行就市定价,既充分利用行业的集体智慧和反映市场供求情况,又能保证适当的收益,还有利于协调同行业的关系。

2. 投标定价法(sealed bid pricing)

即买方引导卖方通过竞争取得最低商品价格的定价方法。一般用于建筑工程、大型设备制造、政府的大宗采购等。买方密封递价(又称标的),公开招标,卖方则竞争投标。买方按物美价廉的原则择优选取,到期公布"中标"名单。中标的企业与买方签约成交。投标递价主要以竞争者可能的递价为转移。递价低于竞争者可增加中标机会,但不能低于边际成本，否则难以保证合理的收益。

3. 拍卖定价法(auction pricing)

即卖方预先展示所出售的商品，在一定的时间和地点，按照一定的规则，由买主公开叫价竞购的定价方法。一般卖方规定一个较低的起价，买主不断抬高价格，一直到没有竞争对手回应的最后一个价格，即最高价格时，卖主把现货售给出价最高的买主。在艺术品、古董、房地产的交易中常采用此定价方法。

第四节 企业定价策略

一、新产品定价策略

新产品定价是市场营销策略中十分棘手的问题。产品上市之初，定价没有借鉴。定价高了，难以被消费者接受；定价低了，则将影响企业的效益。新产品定价依据有专利保护和仿制的新产品各有不同的定价策略。

(一) 有专利保护的新产品的定价策略

有专利保护的新产品较普遍地采用撇脂定价策略、渗透定价策略或满意定价策略。

1. 撇脂定价(skimming pricing)

新产品上市之初，将新产品的价格定得较高，在短期内获取高额利润，尽快收回投资。这一定价法，就像从牛奶中撇取其中所含的奶油一样，取其精华，所以称为“撇脂定价”策略。高收入阶层对价格的敏感度低，新产品一般从高收入阶层导入市场。只要高价不会引起消费者的反感和抵制，又可维持一段时间，便能获得较丰厚的利润。

采用撇脂定价的优点是：(1)新产品的独特性和优越性，使其高价也能为部分消费者接受。在“理解价值”的范围内，利用求新心理、炫耀性心理，高价刺激需求，辅之以高质量，有利于树立名牌产品的形象。(2)价格在上市初期定高一点，留有调整价格策略的余地，使企业在市场竞争中居主动地位。(3)高价格高利润，有利于企业筹集资金，扩大生产规模。

撇脂定价的缺陷是：(1)定价较高，对消费者不利，也不利于企业的长期发展。(2)新产品的市场形象未树立之前，定价过高，可能影响市场开拓。(3)如果高价投放而销路旺盛，厚利引来激烈的竞争，仿制品大量出现，会使价格惨跌。

2. 渗透定价(penetration pricing)

新产品上市之初将价格定得较低，吸引大量的消费者，利用价廉物美迅速占领市场，取得较高的市场占有率，薄利多销，既能获得较大的利润，又能防止潜在竞争者入市。采用这一定价方法的前提条件是：(1)新产品的需求价格弹性较大；(2)新产品存在着规模经济效益。渗透定价的缺点是：入市初期，定价较低，投资回收期长；企业在市场竞争中价格回旋余地不大。

3. 满意定价(satisfactory pricing)

又称温和定价策略或君子定价策略。在新产品上市之初，采用买卖双方都有利的温和策略。由于撇脂定价策略定价较高对顾客不利，既容易引起消费者的不满和抵制，又容易引起市场竞争，具有一定的风险；渗透定价策略定价过低，虽然对消费者有利，但企业在新产品上市初期收入甚微，投资回收期长。满意定价策略居于两者之间，既可避免撇脂定价策略因价高而具有的市场风险，又可以避免渗透定价策略因价低带来的困难，因而既有利于企业自身的利益，又有利于消费者。

（二）仿制品定价策略

新产品中有一类是仿制品，是企业合法模仿国内外市场上某种畅销产品而制造的新产品。仿制品的上市也面临着定价的问题。在仿制品定价过程中，较多的企业采用降档定价策略，即优质中价、中档低价、低档廉价的定价策略。中外合资企业生产的仿制品较普遍采用此定价策略，其产品定价与同类同型号进口商品始终保持一定的价差，产品在市场上广泛受到欢迎。

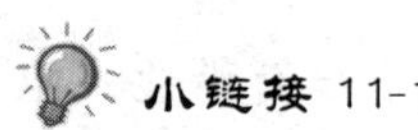
小链接 11-1

比较定价策略

在制定商品价格的过程中，营销者都认识到高价未必就能获得高利润，低价未必就一定少获利。低价、薄利多销，营销者主动以低价刺激需求，扩大销售量，增加总利润；高价、厚利精销，高价虽限制了部分需求，但单位商品盈利率提高，也能实现最大化利润。两种定价策略各有利弊，究竟采用低价还是高价策略，一般应考虑下列制约因素的影响（见表 11-1）：

表 11-1　比较定价表

制约因素	高　价	低　价
1. 促销手段	很多	很少
2. 产品特性	特殊品	便利品
3. 生产方式	定制	标准化
4. 市场规模	小	大
5. 技术变迁性	创新速度快	相对稳定
6. 生产要素	技术密集	劳动密集
7. 市场占有率	小	大
8. 市场开发程度	导入	成长
9. 投资回收期	短	长
10. 商品用途	多方向	单一化
11. 需求价格弹性	小	大
12. 售后服务	多	少
13. 产品生命周期	短	长
14. 生产周期	长	短
15. 商品差异化	大	小
16. 产品声誉	优良	一般
17. 质量	优	一般
18. 供给量	小	大

二、产品组合定价策略

当某种产品只是产品组合中的一个部分时，企业需制定一系列的价格，从而使整个产品组合取得整体的最大利润。分别采用以下产品组合定价策略：

(一) 产品线定价(pricing the product line)

当企业生产的系列产品存在需求和成本的内在关联性时，为了充分发挥这种内在关联性的积极效应，采用产品线定价策略。在定价时，首先，确定某种产品的最低价格，它在产品线中充当领袖价格，吸引消费者购买产品线中的其他产品；其次，确定产品线中某种商品的最高价格，它在产品线中充当品牌质量和收回投资的角色；最后，产品线中的其他产品也分别依据其在产品线中的角色不同而制定不同的价格。美国柯达(Kodak)公司生产了一种110型的照相机，必须使用小型号的专用胶卷。根据产品线定价策略，他们把这种110型的照相机价格定得十分低而胶卷的价格则定得较高，如果购买了廉价的照相机，就必须购买该公司生产的高价专用胶卷。

(二) 单一价格定价(single-price pricing)

企业销售品种较多而成本悬殊不大的商品时，为了方便顾客挑选和内部管理的需要，企业所销售的全部产品实行单一的价格。美国有一种连锁经营的小杂货店，人们称它为99美分商店，商店内所销售的几千种商品一律定价为99美分。国内的自助餐饭店也引进了这种定价策略，每位顾客进店用餐，不管你吃多少，只有一个价格。

三、折扣与让价策略

折扣(discount)和让价(allowance)都是以减少一部分价格来争取顾客的定价策略。在市场营销中，常用的折扣定价策略有以下几种：

(一) 现金折扣(cash discount)

指对当时或按约定日期付款的顾客给予一定比例的折扣，鼓励提前偿还欠款，加速资金周转，利息是其来源。

(二) 数量折扣(quantity discount)

指按购买数量的多少，分别给予不同的折扣，购买数量越多，折扣越大。鼓励大量购买，或集中向本企业购买。数量折扣实质上是将大量购买时所节约费用的一部分返回给购买者。数量折扣分为累计折扣和非累计折扣。

(1) 非累计数量折扣，指规定一次购买某种产品达到一定数量或购买多种产品达到一定金额，给予折扣优惠。

(2) 累计数量折扣，指规定顾客在一定时间内，购买商品达到一定数量或金额时，按总量的大小给予不同的折扣。这可以鼓励顾客经常向本企业购买，成为可信赖的长期客户。

(三) 功能折扣(functional discount)

又称交易折扣，指根据各类中间商在市场营销中的作用和功能差异，分别给予不同的折扣。折扣的大小，主要依据中间商所承担的工作量的风险而定。如果中间商承担运输、促销、资金等功能，给予的折扣较大，反之亦反。一般给予批发商的折扣较大，零售商的折扣较小。

（四）季节性折扣（seasonal discount）

指经营季节性商品的企业，对淡季来采购的买主，给予折扣优惠，鼓励中间商及用户提早购买，减轻企业的仓储压力，加速资金流转，调节淡旺季之间的销售不均衡。

（五）复合折扣（multiple discount）

指企业在市场销售过程中，由于竞争加剧而采取将多种折扣同时给予某种商品或某一时期销售的商品。如在销售淡季可以同时使用功能折扣、现金折扣和数量折扣的组合，以较低的实际价格鼓励客户进货。每当碰到市场萧条的情况，不少企业采用复合折扣度过危机。

（六）让价策略（allowance discount）

指让价也是市场营销中常用的定价策略。实质上它也是一种折扣形式。让价策略主要有以下几种：

(1) 促销让价（promotional allowance）。当中间商为产品提供各种促销活动时，如刊登地方性广告、设置样品陈列窗等，生产者乐意给予津贴，或降低价格作为补偿，有人称为销售津贴。

(2) 以旧换新让价（trade-in allowance）。进入成熟期的耐用品，部分企业采用以旧换新的让价策略，刺激消费需求，促进产品的更新换代，扩大新一代产品的销售。国内市场采用以旧换新让价策略的是部分家电产品，国外市场主要用于汽车的市场销售。

四、差别定价策略

差别定价（discrimination pricing）是指市场营销者根据不同的顾客群、不同的时间和地点对市场进行细分，在分市场之间需求强度差异较大，商品不存在由低价市场流向高价市场的可能性时，对同一产品或劳务采用不同的销售价格。这种差价不反映生产和经营成本的变化。差别定价主要有以下形式：

(1) 对不同的顾客群规定不同的价格。例如同一种商品对一般顾客按商品的全价销售，而对消费者俱乐部成员的长期顾客给予优惠价。

(2) 不同式样、颜色规定不同价格。例如同一成本和质量的服装，因花色和式样差异销售价格不同，当年流行色价格要高一些，消费者喜欢的式样定价较高。

(3) 不同部位不同的定价。同一只猪的肉，不同部位不同价格；同一个剧场，前排与后排票价不同。

(4) 成本相同时间不同定价不同。主要是服务业采用的定价策略。为了调节需求在24小时之内的均衡，采用不同的定价，如长途电话昼夜之间定价不同，电影票价在同一天内因不同时点而有别等。

五、心理定价策略

心理定价策略是指企业在定价时，利用消费者心理因素或心理障碍，有意识地将产品价格定得高些或低些，以扩大市场销售。其主要的策略有：

（一）声望定价(prestige pricing)

是指企业利用消费者仰慕名牌商品或名店的声望所产生的某种心理来制定商品的价格。故意把价格定成整数或高价。质量不易鉴别的商品最适宜采用此法，因为消费者有崇尚名牌的心理，往往以价格判断质量，认为高价代表高质量。有的名牌商品和时装，降价或低价反而无人购买。此外，艺术品、礼品或某些"炫耀性"商品的定价也必须保持一定的高价，定价太低反而卖不出去。但也不能高得离谱，使这一消费群不能接受。

（二）尾数定价(mantissa pricing)

又称奇数定价，即利用消费者对数字认识的某种心理制定尾数价格。中外零售商常用 9 作为价格尾数，宁定 99 元不定 100 元，宁可定 0.99 元，而不定 1 元。这是根据消费者心理，尽可能在价格上不进位，从而产生价格较廉的感觉。近年来国内市场上常采用 8 作为尾数定价。由于 8 与广东话发财的"发"同音，定价时多用 888 元、168 元、88 元等，在定价心理上，讨个发财吉利，希望共同富裕。尾数定价还能使消费者认为是经过认真的成本核算才制定的价格，因而对定价产生信任感。

（三）招徕定价(lose leader pricing)

是指零售商利用部分顾客求廉的心理，特意将某几种商品的价格定得较低以吸引顾客。某些商店随机推出降价商品，每天、每时都有一至二种商品降价出售，吸引顾客经常来采购廉价商品，同时也选购了其他正常价格的商品。有的零售商则利用节假日或换季时机举行"换季大减价"、"节日大酬宾"等活动，把部分商品降价出售以吸引顾客。

六、地区定价策略

企业在制定价格策略时，针对不同地区的顾客，采用不同的价格策略。特别是运费在变动成本中占较大的比例时，更不可忽视。主要的地区定价策略有：

(1) F. O. B 原产地定价(FOB Origin Pricing)。F. O. B 即 Free On Board，意为在某一运输工具上交货。F. O. B 定价又称为离岸价，即卖主负责将产品送到某一运输工具上交货，并承担此前的风险和费用。交货后的一切风险和运费由买方承担。此定价方法，适用于所有地区，并且简便。但有失去远途顾客的危险，特别是易损品的远方客户。

(2) CIF 定价(cost insurance and freight pricing)，又称到岸价定价策略。即由卖方承担商品的出厂价、运费和运输保险费的定价策略。卖主承担交货前的运输风险和费用，易损商品多采用此法。这个定价策略对远途顾客有一定的吸引力。

(3) 基点定价(basing-point pricing)，指卖方选定一些中心城市为定价基点，按基点到客户所在地的距离收取运费。采用这一定价策略对中小客户具有很大的吸引力，能够迅速提高市场占有率，扩大销售。

(4) 区域定价(zone pricing)，指卖方把销售市场划分为多个区域，不同的区域实行不同的价格，同区域内实行同一价格。一般较远的区域，定价低一些。

七、价格变动策略

营销者在定价之后，由于宏观环境变化和市场供求发生波动，企业必须主动地调整价格，以适应激烈的市场竞争。

（1）降价策略。当市场营销环境发生变化，如生产过剩、库存积压严重、其他营销策略无效，或者在激烈的价格竞争中，市场占有率下降等，企业为了扩大销售或稳住市场占有率，只有降低销售价格。在降价之前，卖方应向自己的代理商、经销商保证，降价后对他们原先进货的存货，按新价退补降价损失。使长期客户以及该商品分销渠道的各个环节的利益得到保证，也保住企业的市场。

（2）提价策略。由于资源约束而产生严重的供不应求或发生通货膨胀时，企业不得不采用提高价格的办法来弥补成本的上升。提价必然会引起顾客和中间商的不满，市场营销中应采用不同的提价策略，来平抑提价引起的不满。主要策略有：①限时提价；②在供货合同中载明随时调价的条款；③对商品的附加服务收费或取消附加服务；④减少或取消折扣和津贴；⑤改动产品的型号或增加某种功能等。并配合其他营销手段，消除提价的负面影响。

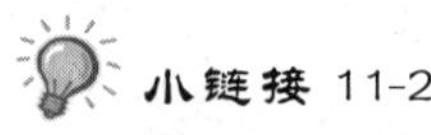

远期交易定价策略与再销售价格保证策略

远期交易定价策略

是企业为了有计划地组织生产和经营，预先由买主与卖主签订商品销售契约，并规定交货的具体时间、数量和商品的价格。如在交货期间发生价格变动，不管涨价或跌价，仍按契约价成交。买卖双方共同承担市场的风险和分享市场利益。

再销售价格保证策略

对知名度较高的产品、名牌优质的高档产品，生产者担心中间商和零售商削价竞销，损害企业的形象或产品形象。在供货时就明确规定，中间商和零售商必须按商品目录规定的价格浮动范围出售该商品。这一定价策略，既维护了企业形象和产品形象，又创造一种相对公平的竞争环境，保护了中小零售商的利益。

价格是市场营销组合中最重要的因素之一，它直接关系到产品能否为消费者接受，市场占有率的高低，需求量的变化和利润的多少。定价策略在市场营销活动中地位十分重要，主要是由于：价格直接影响企业盈利目标实现；价格是市场竞争的重要手段；当代企业市场营销环境急剧变化。

定价策略在营销过程中与其他各因素存在着相互依存、相互制约的联系，在选择定价策略时，既要考虑其他营销组合因素对价格的影响，也要考虑价格对其他因素的制约。成本是商品价格的最低限度，成本的高低又是影响定价策略的一个重要因素。市场价格是在市场竞争中形成的，不同竞争状况对市场营销者制定商品价格产生不同的影响。消费者的心理行为因其随机性较大，是营销者制定价格时最不易考察的一个因素，但又是企业定价必须考虑的重要因素之一。

由于受到资源的约束,企业的规模和企业所采用的管理方法的差异,企业可能从不同的角度选择自己的定价目标。不同行业的企业有不同的定价目标,同一行业的不同企业可能有不同的定价目标,同一企业在不同的时期、不同的市场条件下也可能有不同的定价目标。企业应根据自身的性质和特点,权衡各种定价目标的利弊而加以取舍。

定价方法主要有:成本导向定价法;需求导向定价法;竞争导向定价法。

定价策略大体上有十大类:新产品定价策略;产品组合定价策略;折扣与让价策略;差别定价策略;心理定价策略;地区定价策略;比较定价策略;远期交易定价策略;价格变动策略;再销售价格保证策略。

1. 定价策略在市场营销活动中为什么具有十分重要的意义?
2. 制约定价的因素有哪些?
3. 影响企业定价的主要因素有哪些?
4. 企业可选择定价目标有哪些?应如何选择定价目标?
5. 导致企业变动价格的主要原因有哪些?

O2O成价格战利器　苏宁双线“万人抢”连番出击

比武之时,怕就怕对手连环出击,招招凶狠,直击命门,“斗志”极顽强,“拼劲”不泯灭。进入2013年后,苏宁就扮演了这样一个“终极对手”的角色,从5月下旬到现在,先后推出“万人空巷/在线抢空调、冰洗、3C、彩电”四波超大力度促销活动,而当前“万人抢彩电”正如火如荼地进行,有望在8月这个彩电销售传统淡季掀起大波澜。

在“万人抢”活动中,苏宁凭借自身线上线下融合优势,以“同价”双线联动展现出O2O运营实力,接连释放令市场惊羡的经营实力,事实上进一步稳固了其在家电零售市场的绝对领先地位,线上其他电商与线下传统零售企业都因此受到极大冲击。值得注意的是,传统线下零售企业或因“上有电商企业价格‘屠刀’、下有苏宁门店价格‘逼宫’”而身心俱疲,它们“转型同价”的日程表看来应该要提前了。

“万人抢”不是传统促销　O2O模式成主力

表面看来,“万人抢”是零售商换了个名号的传统促销手段而已。对此,苏宁云商总裁金明笑言:“这话既对,也不对。‘对’是因为这是苏宁集合自身家电品类资源实力,与各大品牌厂家精心沟通、筹备的‘促销’,以优惠公道价格吸引顾客;‘不对’是因为‘万人抢’是苏宁首次双线联动的‘促销’,在‘同价’的基础上,让消费者能够享受随时随地选购、支付方式任选的消费新方式。”

近年来,苏宁在推进线上线下融合方面下了不少心思,进入2013年后更在组织架构、业务经营、品牌形象等方面采取了的一系列重大动作,为的就是推进O2O模式的顺畅运行。在“万人抢”活动中,苏宁O2O优势就得到了集中爆发。据悉,在整个活动中,苏宁采购部门确保商品货源、促销资源，实体门店与苏宁易购同步推进销售，双线同时发力，物流、售后等各部门协同配合。在活动推广方面，除了通过电视、报纸等传统渠道告知给消费者外，还发挥了“人”的优势，发动员工在线下入小区、进单位、走街口宣传，在线上利用微博、微信、QQ等社交媒体进行传播，实现精准营销，完全有别于传统粗放式营销。

作为中国家电零售第一渠道的苏宁，在电器领域拥有绝对领先优势，“万人抢”的连续出击，就是建立苏宁出色的供应链管理基础之上。以2013年8月这次“万人抢彩电”为例，在过去2个月中，苏宁就与国内外创维、夏普等十几家彩电厂商密集互访洽谈，争取到了大量货源优势，而一般商家很难争取到这样的支持。

“万人抢”活动是苏宁同价战略实施之后非常成功的营销产品，销售取得了超常规的迅猛增长，可以说是屡试不爽。苏宁在激烈的市场竞争中有胆量，也有实力在家电零售市场牢牢占据第一，有能力为消费者提供优质低价的商品与服务。

一石二鸟　打破低价假象抢份额

对于“万人抢”活动，细心的人稍稍留意就会发现，下至门店员工，上至公司总裁，苏宁人嘴边总离不开“同价”二字。有业内人士一针见血地指出，实施“同价”标志了苏宁O2O模式全面运营，这样双线联动的“万人抢”便得以顺畅实施。

自2013年6月8日起正式实施以来，社会舆论对苏宁“线上线下同价”一直保持着高度关注。苏宁实施“同价”可谓是“一石二鸟”，一是打破纯电商一直以来所塑造的“网上更低价”的假象，让利于消费者，杜绝门店客户流失；二是以“同价”进一步推动线上线下融合发展，提升整体服务能力，进一步扩大苏宁线上线下的总体市场份额。目前，苏宁门店自提、门店支付、门店快递、融合展示等一系列双线融合服务都在陆续浮出水面，越来越多消费者开始享受到苏宁的便利服务，苏宁整体竞争力得到了大幅提升。

在苏宁“一石二鸟”的政策面前，除了纯电商感到打击之外，线下零售企业同样压力不小。诸多线下零售企业由于没有建立类似苏宁高度信息化的集成管理系统，对价格统一控制能力还不健全，加之因想保住利润而左顾右盼等因素，所以尚没有第二家企业宣布同价，不过从长远来看，如果他们如果不转型同价，自己的市场份额肯定会逐步丢失，在激烈竞争中地位岌岌可危。由此看来，线下零售企业转型同价的日程表不得不提前。其实，这样线下企业一同“联手”，便能彻底颠覆“电商低价”这一假象。

资料来源：太平洋电脑网(www. pcon line. com. cn/sskx_pic/341/3418711_pic. html). 2013-08-08.

讨论题

1. 从本案例中你得到什么启示？
2. 从上述案例分析如何正确运用价格策略？

课后实践

1. 目的

(1) 认识企业定价策略的依据和影响因素、企业定价的主要方法和策略。

(2) 在营销活动中能够正确应用企业定价策略。

2. **内容和要求**

(1) 选择一家企业进行调研,了解其定价的实践,总结该企业的定价特点。

(2) 尝试对该企业的定价实践提出建设性意见。

(3) 完成包括以上内容的小组报告。

3. **步骤**

(1) 任课教师说明实践目的、任务、进度和要求。

(2) 全班分若干小组,每组 8 人左右。各小组分别进行准备,包括复习相关教学内容,补充阅读参考文献;通过互联网收集拟调研企业相关资料,形成初步认识;统一工作思路,完成调查提纲。

(3) 在组长带领下,在拟调研企业完成访谈、讨论,完成一手资料的收集、整理。

(4) 组长组织小组课外讨论,形成小组报告。

(5) 分小组展示与报告,进行课堂讨论,由任课教师点评、总结。

第十二章　促销策略

本章提要

通过本章学习，明确促销组合中各种促销方式的含义和内容，掌握运用各种促销方式和技巧，从而有效运用促销组合策略。

本章知识结构图

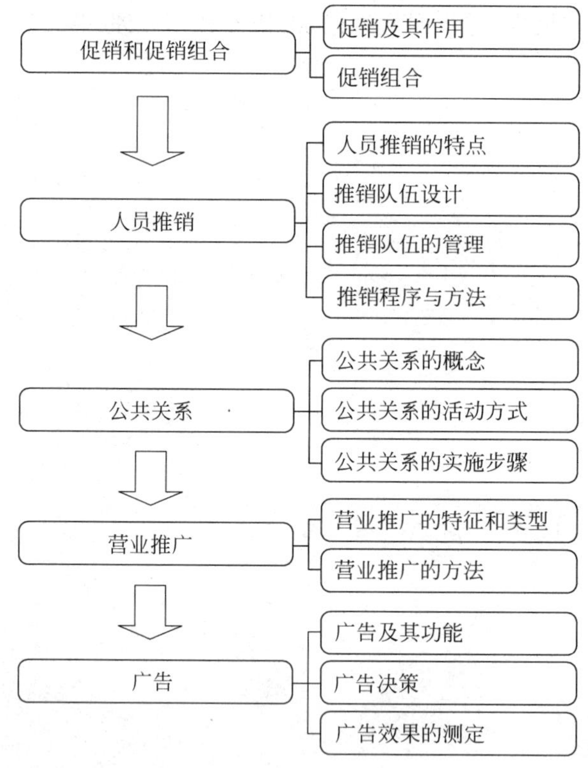

重要概念

促销；促销组合；人员推销；广告；广告媒体；公共关系；营业推广。

星巴克的高科技促销方式

星巴克(Starbucks)是美国一家连锁咖啡公司的名称，1971 年成立，为全球最大的咖啡连锁店，其总部坐落美国华盛顿州西雅图市。除咖啡外，星巴克亦有茶、馅皮饼及蛋糕等商品。星巴克在全球范围内已有近 12 000 间分店遍布北美、南美洲、欧洲、中东及太平洋区。

2012年8月，星巴克顺应了微信营销的大潮，开通了微信公众账号，用户通过搜索或扫描二维码就能把它加为好友，其实这并非什么新鲜事，但有趣的是接下来的互动，用户只需选择一个表情符号发给星巴克，就会即刻收到星巴克的回馈惊喜——收听到代表不同心情的音乐。星巴克利用音乐这一世界共通的语言，成功地拉近了用户，缩短了品牌与用户之间的距离感，使其产品大卖。

之后，星巴克又推出一款别具匠心的APP——early bird，用户在设定的起床时间闹钟响起后，只需按提示点击起床按钮，就可以得到一颗星，如果能够一小时内走进任一星巴克店，就能买到一杯打折咖啡，迟到作废。Early bird不露痕迹地扮演了品牌推广与产品促销的双重角色，清晨的一杯咖啡，让用户从睁开眼睛的那刻便与星巴克进行了沟通。

资料来源：星巴克APP营销案例.中国行业移动应用联盟.http://tech.meadin.com/eyx/91511_1.shtml 2013-9-6.

营销启示：

在移动互联网时代，我们的营销促销方式应该有新的思考。星巴克的高科技促销方式不仅顺应了时代发展的潮流，而且贯彻了该公司多年来的价值主张，即"星巴克出售给顾客的不仅仅是咖啡，还有人们对咖啡的独特体验。"

促销是市场营销组合的一个重要因素，有着极其丰富的内容和极为重要的作用，其实质是卖方与买方之间的信息沟通。整个促销过程，本质上就是营销传播的过程。促销方式主要包括人员推销、公共关系、营业推广和广告4个方面。由于它们具有不同的特点，需要在实际促销活动中组合运用。不同的促销组合形成不同的促销策略，从促销活动运作的方向来看，主要有推动策略和拉引策略大类。

第一节　促销和促销组合

一、促销及其作用

促销或促进销售(promotion)，是企业通过人员和非人员的方式，引发和刺激消费者需求，从而促进消费者购买的活动。

促销方式一般分为两大类：人员促销和非人员促销。非人员促销具体又包括广告、公共关系和营业推广3个方面。促销方式的选择运用，是促销策略中需要认真考虑的重要问题。促销策略的实施，事实上也是各种促销方式的组合编配和具体运作。

促销的实质是达成企业与消费者买卖双方的信息沟通。一方面，企业作为产品的供应者或卖方，需要把有关企业自身及所生产的产品的信息广泛传递给消费者。这种由卖方向买方传递的信息，是买方借以作出购买决策的基本前提。另一方面，作为买方的消费者，也需要把对产品、服务的认识和需求动向反馈到卖方，促使卖方根据消费需求进行生产。这种由买方向卖方的信息传递，是卖方借以作出营销决策的重要前提。可见，促销的实质是交易双方(卖方与买方)的信息沟通，这种沟通是一种由卖方到买方和由买方到卖方的不断循环的双向式沟通，如图12-1所示。

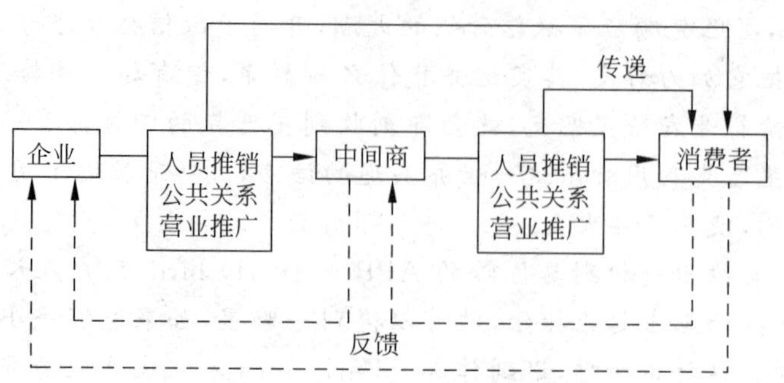

图 12-1　交易双方信息沟通

促销的最终目的是引发和刺激消费者产生购买行为。促销的重要作用具体表现为：

(1) 传递信息。企业通过促销手段及时向中间商和消费者提供信息，引起社会公众的广泛注意，吸引他们注意这些产品和服务的存在。

(2) 唤起需求。通过介绍产品，展示某种生活方式，唤起消费者的购买欲望，创造出新的消费需求。

(3) 突出特点。通过促销活动，可以显示产品的突出性能和特点，或者显示产品消费给顾客带来的利益，引发消费者对特定产品的偏好，强化购买意愿。

(4) 促进销售。企业针对反馈的市场信息，加强促销的目的性，使更多的消费者对企业及品牌由熟悉到偏爱，形成惠顾动机，从而稳定产品销售。

二、促销组合

促销组合是指企业有计划、有目的地把人员推销、广告、公共关系、营业推广等促销方式进行适当配合和综合运用，形成一个完整的促销策略系统。

确定促销组合策略，主要应考虑以下因素：

(一) 促销目标

促进销售的总目标是通过营销传播实现产品由生产领域向消费领域的转移。但在总目标的前提下，在特定时期对于特定产品，企业又有具体的促销目标。要根据具体的营销目标对不同的促销方式进行适当选择，组合使用。

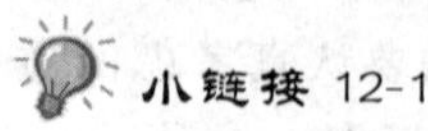

传播效果与促销目标

如何影响目标市场与公众认知，理论上有许多解释。这是一个渐进和累积的过程，可以根据阶段性选择预期的效果，决定具体目标。例如，参考“爱达”模式或效果层次模式。

“爱达”(AIDA)模式

“爱达”是英文字母 AIDA 的译音，也是 4 个英文单词的首字母，即：A(attention)，引起注意；I(interest)，唤起兴趣；D(desire)，激发欲望；A(action)，促成行动。

该模式认为目标对象受到影响，其反应会依次经过注意、兴趣、欲望和行动 4 个阶段顺序发展，是一种循序渐进的变化过程。例如，首先必须吸引他们的注意力，然后才可能帮助他们建立兴趣，产生欲望，最后导致行动。

效果层次模式

该模式把目标对象的反应，依次区分为以下层次：

(1) 知晓。如果大多数的目标对象还不知道，任务就是帮助、促使具体公众知晓。比如，可重复传播组织或品牌标识等简单信息达到效果。一般需要较长时间。

(2) 了解。目标对象知道，但认识不多、不全面，要引导他们进一步认识和熟悉情况。

(3) 喜欢。目标对象了解之后，有什么感受和评价？可能喜欢，也可能不喜欢，还可能无所谓。如果是负面看法，要查明前因后果再行沟通。如果不良评价来源于组织自身行为失误，仅靠传播就不能解决问题。公共关系要"做好自己，告诉别人"，才能使目标对象对事实产生正面、积极的情绪。

(4) 偏爱。重在强化目标对象的情绪，在双方之间建立特别的感情。

(5) 信念。是人们认为可以肯定或确认的观念、看法。公共关系活动要巩固目标对象心目中的良好印象，避免负面感受的长期驻留。

(6) 购买。促使目标对象采取组织希望的作为。例如顾客已有信念，但也未必购买。他们可能暂时没有购买的意愿，或购买条件不成熟，也可能在等待时机……需要引导他们迈出最后一步，刺激其行为。

(二) 产品性质

不同性质的产品，消费者状况以及购买要求不同，因而采取的促销组合策略也有不同。一般来说，具有广泛的消费者，价值比较小、技术难度较低的消费品，主要采取广告的方式，而有较集中的消费者，价值较大、技术难度较高的工业品，主要采取人员推销的方式。公共关系、营业推广两种方式，在促销活动中对不同性质的产品的反应相对较均衡，应根据具体情况而定。如图 12-2 所示。

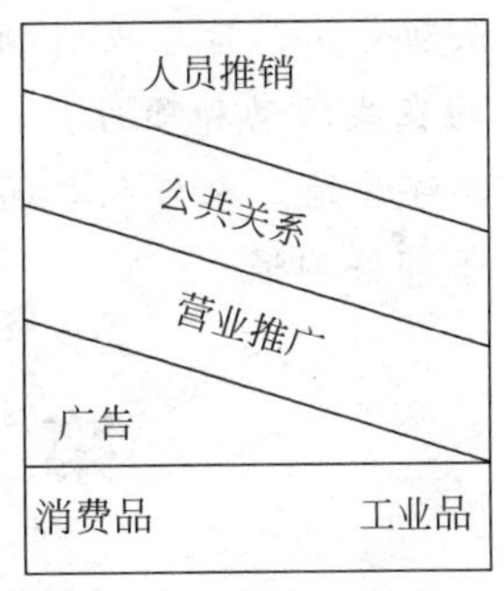

图 12-2 不同性质产品的促销方式选择

(三) 产品生命周期

产品生命周期的不同阶段，企业促销的重点和目标不同，要相应制定不同的促销组合。

表 12-1 产品生命周期各阶段的促销方式

产品市场生命周期	促销重点目标	促销主要方式
导入期	认识了解产品	各种广告
成长期	增进兴趣与偏爱	改变广告形式
成熟期		
衰退期	促成信任购买	营业推广为主，辅以广告减价等
市场生命周期各阶段	消除不满意感	改变广告内容，利用公共关系

（四）市场性质

市场地理范围、市场类型和潜在顾客的数量等因素，决定了不同的市场性质；不同的市场性质，又决定了不同的促销组合策略。一般来说，目标市场的空间大，属于消费品市场，潜在顾客数量较多，促销组合以广告为主；反之，目标市场的空间小，属于工业品市场，潜在顾客的数量有限，促销组合以推销为主。

（五）促销预算

促销预算因不同的竞争格局、企业和产品而有所不同。促销预算往往采取按营业额确定一个比例的方法，或者采取针对竞争者预算来确定预算额度的方法。不同的预算额度，从根本上决定了企业可选择的促销方式。

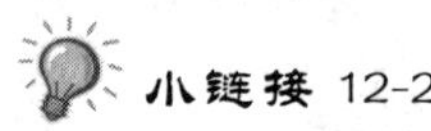

促销新方式

菲利普·科特勒和凯文·莱恩·凯勒在《营销管理》（第14版）中，将促销组合提炼为营销传播组合，其主要方式除原有的广告、人员推销、营业推广、公共关系外，还总结营销现实提出了4种新的方式：

（1）实践和体验。由公司赞助的项目，目的在于建立与品牌相关的互动。

（2）直销。利用信件、电话、传真、电子邮件或互联网直接与特定的顾客或潜在顾客沟通，或者引发其反馈或对话。

（3）互动营销。旨在吸引顾客或潜在顾客并直接或间接地提高知名度、改善形象或促进销售的在线活动和项目。

（4）口碑营销。人与人之间关于购买和使用某种产品和服务的好处或体验的口头、书面或电子邮件沟通。

第二节 人员推销

一、人员推销的特点

人员推销（personal selling）是指通过推销人员深入制造商、中间商或消费者进行直接的宣传推介活动，使其采取购买行为的促销方式。

与非人员推销（non-personal selling）相比，人员推销的最大特点是具有直接性。人员推销的优点主要表现在以下几个方面：

（1）作业弹性大。推销人员在促销过程中可以直接展示商品，进行操作表演，帮助安装调试，并且根据顾客反映出来的欲望、需求、动机和行为，灵活地采取必要的协调措施。

（2）针对性强。人员推销在作业之前往往要事先对顾客进行调查研究，选择潜在顾客，直接针对潜在顾客进行促销活动，具有较强的针对性，促销绩效也比较明显。

（3）及时促成购买。通过推销人员面对面的讲解、说服帮助下，可以促进顾客立即采取购买行为。

(4) 巩固营业关系。推销人员在与顾客长期反复的交往过程中,往往培养出亲切友好的关系。

人员推销最主要的缺点是:当市场广阔而又分散时,推销成本较高;推销人员的管理比较困难;理想的推销人员也不容易获得。

二、推销队伍设计

推销人员是企业与消费者之间的纽带。一方面,推销人员代表着企业,是企业的代表,对推销人员一种流行的称谓是销售代表(sales representative);另一方面,推销人员又与消费者紧密联系,反映着市场需求状况。

(一) 推销人员的职责

(1) 探寻。不仅了解和熟悉现有顾客的需求动向,而且尽力寻找新的目标市场,发现潜在顾客,从事市场开拓工作。

(2) 沟通。与现实的和潜在顾客保持联系,及时把企业的产品介绍给顾客,同时注意了解他们的需求,沟通产销信息。

(3) 销售。通过与消费者的直接接触,运用推销的艺术,分析解答顾客的疑虑,达成交易的目的。

(4) 服务。除了直接的销售业务,推销人员尚需提供各类服务,诸如业务咨询、技术性协助、融资安排、准时交货。

(5) 调研。推销人员可以利用直接接触市场和消费者的便利,进行市场调研和情报工作,并且将访问的情况作出报告,为开拓市场和有效推销提供依据。

(6) 分配。在产品稀缺时,将稀缺产品分配给最急需的顾客并指导客户合理利用资源。

(二) 推销队伍的结构

推销队伍的结构主要有以下几种设计:

1. 地区式结构

即按区域设置销售代表。几个销售代表或销售小组负责一个区域的商品销售。这种结构的优点是:推销人员的责任明确;促进推销人员与当地客户的联系;因推销人员固定在一个区域活动而减少费用开支。

2. 产品式结构

即按产品设置销售代表。随着产品技术日益复杂、产品种类的增加以及产品间关联度的下降,推销人员要掌握全部产品的知识日益困难,按产品专门化组成销售队伍就有利于推销人员熟悉产品性能,有效组织销售。

3. 市场式结构

即按顾客的特点设置销售代表。企业可针对不同行业设置销售代表,便于推销人员长期了解该行业的需求特点;企业也可针对客户规模设置销售代表,便于对大客户和小客户分别促销。市场式结构的好处在于每个推销人员对特定顾客的需求可进行深入了解;市场式结构缺点是,如果各类顾客较为分散,则推销人员的费用开支较大。

4. **复合式结构**

即将地区、产品、市场几种结构混合起来设置销售代表。这一类结构可以按地区—产品、地区—顾客、产品—客户进行分工，也可以按地区—产品—客户进行分工。复合式结构适应于复杂多变的市场情况，增强了企业营销能力，但由于形式复杂，也给管理带来一定的难度。

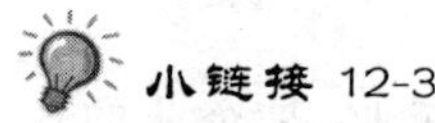

确定推销队伍规模

推销队伍是最具生产力和最昂贵的资产之一。高质量的推销队伍可以创造巨大的财富；推销人员的增加又会增加企业成本。因此，需要将推销队伍的规模确定在适当的水平。

企业通常采用工作量法来确定推销队伍的规模。这个方法主要包括5个步骤：

(1) 将顾客按年销售量分成大小类别。

(2) 确定每类顾客所需的访问次数。

(3) 各类顾客所需的访问次数即是整个地区的访问工作量，即每年的销量访问次数。

(4) 确定一个推销代表每年可进行的平均访问次数。

(5) 将总的年访问次数除以每个销售代表的平均访问次数即得所需的销售代表数。

(三) 推销人员的报酬

销售代表的报酬一般采取3种方式：

(1) 纯薪金制。推销人员获得固定的薪金，开展业务所需的费用由企业支付。这种方式的优点是给推销人员很高的安全感，易于管理；缺点是缺少有效的物质激励，难以激发推销人员的进取心。

(2) 纯佣金制。推销人员的报酬完全与其销售额或利润挂钩。在纯佣金制中，推销人员的各项费用开支，已计入所获的报酬中，费用开支大小完全由推销人员自己负责。纯佣金制的优点是给推销人员巨大的激励，鼓励推销人员尽最大的努力工作；缺点是推销人员缺乏安全感，不愿意做推销工作以外其他工作。

(3) 薪金佣金混合制。企业把推销人员的报酬分成两大部分：一部分是相对固定的薪金，另一部分是佣金。这种方式力求保留薪金制和佣金制的优点，又尽量避免各自的缺点。薪金与佣金的比例要根据企业的实际情况确定。

三、推销队伍的管理

(一) 推销人员的招聘

推销人员的招聘方式一般包括以下几个方面：

(1) 表格遴选。通常由应征人员先填写应征表格，包括年龄、性别、教育程度、健康状况、工作经历等基本项目，据以判别是否符合候选人的基本条件。

(2) 卷面测验。设计有关推销知识、商品知识、市场知识的试卷，用以考核备选人员的知识水平。这是招聘推销人员的一种基本方式。

（3）个别交谈。个别交谈或面试是一项广泛运用的甄选方式。经过表格遴选出来基本符合条件的人员，企业销售主管和人事主管要对其进行面谈。这种方式可以比较满意地评定一个人的语言能力、仪表风度、推销态度、面临窘境的处置方法以及知识的深度、广度等。

（4）心理测验。心理测验的主要类型及内容有：①能力测验。主要是测知一个人全心全力做一项工作成果如何，也称最佳工作表现测验，包括智力测验、特殊资质测验；②性向测验。主要是测知可能的推销人员将如何做他每天的工作，也称典型工作表现测验，包括态度测验、个性测验、兴趣测验；③成就测验。主要是测知一个人对某一项工作或某个问题所知的多寡。

（二）推销人员的培训

应根据推销人员的任务，推销人员的建议以及推销工作中出现的问题，确定培训项目。推销训练的内容一般包括产品知识、企业知识、市场知识、推销技巧。具体要结合推销目标、推销职务所需的条件、推销人员的现有素质、企业的市场策略等因素来确定。

推销训练的方法可分集体训练和个别训练两种。集体训练的方法有专题讲演与示范教学、按学习纲要进行考试与品评、分组研讨、职位演练等。个别训练的方法有在职训练、个别谈话、函授课程、采用手册或其他书面资料、利用视听教辅器材等。

四、推销程序与方法

人员推销是一门科学，也是一门艺术。推销要遵循一定的程序和方法，但同时又要灵活运用，只有结合推销人员自身条件以及市场环境，融会贯通，巧妙运筹，才能取得良好的推销效果。整个推销过程包括了以下 6 个相互联系的步骤，如图 12-3 所示。

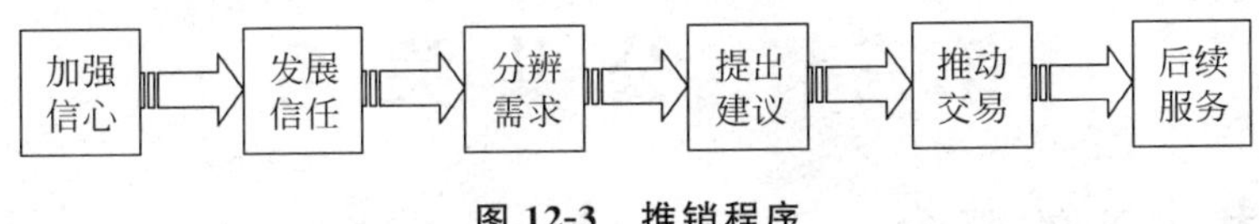

图 12-3 推销程序

（一）加强信心

推销人员具有成功的信心，在推销活动中语言、资料就能运用自如，在推销产品的同时也把成功的信心和感觉传递给顾客。这种顽强精神和毋庸置疑的态度，往往使顾客对推销人员和产品产生信任，从而促进交易的进行。

加强信心的主要方法是：深入了解企业及产品的资料，认识并发挥自己的长处，总结成功的经验加强成就感，放松自己并热忱地开展推销。

（二）发展信任

顾客往往愿意与他们信任的推销人员做生意，推销人员推销的首先是自己。顾客先买你，然后才买你的产品。企业的产品同竞争对手的差异越少，推销人员推销自己的成分就越大。

发展信任的主要方法是：设身处地地为顾客当参谋，帮助顾客选择产品，突出产品的特点。

（三）分辨需求

要达成有效的推销，必须了解顾客的需求。推销人员需要探测顾客，分辨出消费者需求的真正指向。

分辨需求的主要方法是：通过对拟定问题的提问，筛选出顾客感兴趣的项目，深入讨论并明确顾客的指向以及推销重点。

（四）提出建议

提出建议是实现交易目标的前提。在提出建议阶段，推销人员作为顾客的参谋、顾问的角色表现得淋漓尽致。了解了消费需求后，要懂得提出针对性的建议。提出建议的过程是推销人员的目标与顾客的目标协调一致的过程，推销目标与需求目标的交叉点是达成交易的关节点。如果顾客对推销人员的建议没有疑问，距达成交易的目的就不远了。

提出建议的主要方法是：适时提出建议，充分展示购买带来的利益，有效运用交易辅助品。

（五）推动交易

推销的有效性是由顾客的行动来衡量的。所有的交易在最后时刻都面临 3 种结果：拒绝、拖延、成交。推销人员要力求避免前两种情况的出现，一鼓作气推动交易完成。

推动交易的主要方法是：选择适时成交，说服顾客现在采取行动，重申购买的效益。

（六）后续服务

后续服务是指在推动交易完成之后，尚需进行持久的追踪调研和持续访问。后续服务的方法主要是进行追踪访问。在大部分交易中，追踪访问比多次访问新顾客的投入少，效果好。追踪访问应从调查产品使用效果或保持良好的人际关系入手，做到未雨绸缪；如果一味急于扩大销售或询问顾客的决策，往往不受顾客的欢迎。

第三节　公 共 关 系

一、公共关系的概念

公共关系（public relations）是指企业为改善与社会公众的联系状况，增进公众对组织的认识、理解与支持，树立良好的企业形象而进行的一系列活动。

（1）企业公共关系是指企业与其相关的社会公众的相互关系。这些社会公众主要包括供应商、中间商、消费者、竞争者、信贷机构、保险机构、政府部门、新闻传媒等。企业作为相互联系的社会组织的一分子，每时每刻都与相关的社会公众发生着频繁广泛的经济联系和社会联系。所谓企业公关，就是指要同这些社会公众建立良好的关系。

（2）企业形象是企业公共关系的核心。企业公共关系的一切措施，都是围绕着建立良好的企业形象来进行的。企业形象一般是指社会公众对企业的综合评价，表明企业在社会公众心目中的印象和价值。在激烈的市场竞争中，一旦企业建立了良好的形象，就拥有良好的商业信誉，从而使企业在竞争中占据有利地位。

（3）企业公共关系的最终目的，是促进产品销售，提高市场竞争力。营利性是企业的基本准则。公共关系的最终目的，无疑仍然是促进商品销售。正因为如此，公共关系才成为一种隐性的促销方式。

二、公共关系的活动方式

公共关系的活动方式主要是指企业在公共关系活动中，将公关媒介与公关方法结合起来所形成的特定公共关系方式。按照公共关系活动所要达到的目的来看，公共关系活动方式可以分为以下几种：

(1) 宣传性公关。运用各种媒介，组织编印宣传性的文字、图像材料，拍摄宣传影像带以及组织展览，向社会各界传播企业的有关信息，从而形成有利于企业发展的社会舆论导向。新闻媒介宣传是一种免费广告，具有客观性或真实感，消费者在心理上往往不设防，媒介的客观性所带来的影响往往高于单纯的商业广告。

(2) 征询性公关。通过各种征询热线、问卷调查、民意测验等形式，吸引社会各界参与企业发展的讨论。征询型公关既可以了解社会各界对企业形象的认识程度，以利于进一步改善形象，又可以在征询的过程中达到与社会各界密切联系，沟通信息的目的。

(3) 交际性公关。通过招待会、宴会、电话、信函、互联网等形式与社会各界保持联系，广交朋友，增进友谊，亲善人际关系，提高企业的知名度和美誉度。

(4) 服务性公关。通过消费咨询、免费维修等形式，使社会有关人员获得服务性的实惠，增加社会各界对企业信誉的深刻体验，从而提升企业形象。

(5) 赞助性公关。通过赞助和参与文体娱乐活动以及办学、扶贫、救灾等活动，充分表达企业对社会的一份责任和一片爱心，展示企业良好的精神风貌，以企业对社会的关心换来社会对企业的关心。

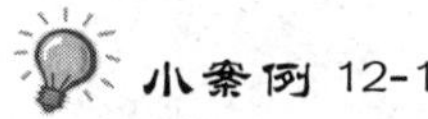

可口可乐馆"快乐工坊"[①]

顾名思义，"工坊"就是生产的地方。上海世博园的可口可乐"快乐工坊"，又是如何生产快乐的呢？

一看，感受来自企业文化的快乐。还未入馆，两个可爱的吉祥物就蹦蹦跳跳地出来迎接。以吉祥物为主人公的4D影片，把一瓶可口可乐历经千辛万苦生产的过程，描述得生动活泼。影片不仅吸引小朋友，许多成年人同样被吸引。影院里不时地发出阵阵开怀的笑声。

二尝，感受来自企业产品的快乐。每位来到"快乐工坊"的游客，都能得到一小瓶可口可乐，品尝可口可乐产品中的快乐因子，体会公司"健康快乐、冰爽活力"的产品理念。

三体验，感受来自企业创新的快乐。亲手制作"可乐冰昔"的环节，是"快乐工坊"的亮点。一拧、一关、一摇，一瓶普通的可乐就变成了冰冻的"可乐冰昔"，很多游客大呼有趣、神奇。"环保轻量瓶"的"魔力"，是比普通塑料瓶轻30%。空瓶一拧再放进垃圾桶，减少

① 李瑶．世博游可口可乐馆"快乐工坊"：生产快乐的地方[EB/OL]．中国网・旅游频道(http://www.china.com.cn/travel/txt/2010－08/18/content_20735930.htm)，2010-08-18.

所占空间。

可口可乐大中华区副总裁李小筠告诉记者，可口可乐公司作为上海世博会唯一饮料赞助商，倾注全力和热情打造"可口可乐快乐工坊"，就是为了展示企业文化和社会责任感，向所有参观世博的游客传递快乐生活、健康低碳的理念和企业不断开拓创新的品质。

三、公共关系的实施步骤

公共关系的主要职能是围绕企业形象进行信息搜集、传播沟通、咨询建议和协调引导。作为一个完整的工作过程，应包括 4 个相互衔接的步骤：

(1) 公关调研。调查研究是做好公共关系工作的基础。公关调研的主要内容包括企业现状、公众意见以及社会环境 3 个方面。

(2) 公关计划。企业公共关系的具体目标分为传播信息、转变态度、唤起需求。企业应根据不同时期的公关目标，综合公众对企业认识、信赖的实际状况，制订具体的公关计划。

(3) 公关实施。公关计划的实施是整合攻关计划与公关方式的具体操作过程，实施过程中要充分考虑企业发展阶段、公关目标及重点、公关预算、公关媒介等各种因素，实现有效的传播和交流，从而达到良好的公关效果。

(4) 公关评价。公关工作的成效，可从定性与定量两方面评价。传播成效的取得，是一个潜移默化的过程，在一定时期内很难用统计数据衡量。有些公关活动的成效，可以进行数量统计，如理解程度、抱怨者数量、传媒宣传次数、赞助规模与次数等。

第四节　营 业 推 广

一、营业推广的特征和类型

(一) 营业推广的特征

营业推广(sales promotion)是指为刺激需求而采取的能够迅速激励购买行为的促销方式。

营业推广主要是一种战术性的营销工具，而非战略性的营销工具。作为一种短期的促销方式，营业推广一般具有 2 个相互矛盾的特征：

(1) 强烈呈现。营业推广的许多方法，往往是把产品的选择机遇强烈地呈现在消费者面前，造成"机不可失，时不再来"的状况。通过这种强烈的刺激，力求迅速消除顾客疑虑、观望的心理，打破顾客的购买情性，促其迅速购买。

(2) 产品贬低。由于营业推广的很多方法都呈现强烈的吸引氛围，有些做法难免显出企业急于出售产品的意图，如果使用不当，反而可能使消费者产生逆反心理，怀疑产品的品质。

营业推广这种刺激迅速购买的方式，暗含了一个基本的假设前提：消费者的购买欲望，是可以通过强烈刺激而释放或提前释放的。因此，企业在以其他方式促销的同时，短期内需要给予消费者一剂“兴奋剂”来消除其惰性，增加商品购买。当然，这种方式的副作用就是可能造成产品贬值，因而要适可而止，因地因商品适度展开。

（二）营业推广的类型

根据市场和产品等不同特点，营业推广主要有 3 种类型：

(1) 针对消费者的推广。通过对消费者的强烈刺激，以求其迅速采取购买行为。

(2) 针对中间商的推广。通过刺激中间商，促使中间商迅速采取购买行为。

(3) 针对推销人员的推广。针对本企业推销人员展开的推广，目的是鼓励推销人员积极开展推销活动，导致更大的销售量。

二、营业推广的方法

营业推广的方法多种多样、数不胜数，但围绕着对消费者进行短期利益诱导这个基本点，可以对各种各样的方法进行分门别类的整理，形成几大系列，以利于有效利用并加以不断创新。

（一）免费赠送

免费赠送是使消费者免费获得企业赠送的物品或利益的推广方法。采用这一类方法，对消费者的刺激度和吸引力最大。

免费赠送主要包括样品、附赠品、赠品印花。免费样品是将产品免费赠送给预期消费者试用和消费的促销方式。在开拓新市场和新产品导入过程中，免费样品的促销方式消除顾客接受时的种种障碍，激发消费者的购买欲望。附赠品是消费者在购买时获赠本产品或其他物品的促销方式。免费赠品可以采用加送整单位的本产品以及在原价基础上加大包装量的方式，也可以采用附赠本企业其他产品的方式。免费赠品对于强化顾客购买欲望以及新产品导入和市场开拓都有积极的作用。赠品印花是通过消费者收集赠券、标签、购买凭证等印花获赠有关物品的促销方式。采用赠品印花的方式可以促使消费者持续购买，培养顾客的忠诚度。

（二）折扣优惠

折扣优惠是企业对消费者折扣让利的促销方法。通过折扣优惠，使消费者在购买过程中以较低的价格获得更多的产品和利益。

折扣优惠的方法主要包括折价券、折扣、自助获赠、还款优惠、合作广告。折价券是向潜在顾客发送小面额有价证券，持券人凭券购买商品时享受优惠的促销方式。折扣是通过调低商品售给消费者的价格的促销方式。自助获赠是指顾客将购买某种商品的凭证附上少量货币换取赠品的促销方式。还款优惠是指顾客通过提供购买商品的凭证以获取购物的全款或部分款项的促销方式。合作广告是制造商为强化合作伙伴关系，与经销商合作开展广告宣传活动的促销方式。通常制造商提供给经销商的优惠是提供详细的产品技术宣传资料、协助零售商进行店面设计、合作进行广告活动等。

（三）促销竞赛

促销竞赛是利用人们的竞争心理，通过组织相关的竞赛活动以达成促销目的的促销方式。

促销竞赛包括消费者竞赛、经销商竞赛、销售人员竞赛。消费者竞赛是通过组织消费者参与多种形式的竞赛活动，强化产品的顾客扩散，以达到促销的目的。经销商竞赛一方面可以激发经销商的合作兴趣，加大进货和分销力度；另一方面可以密切制造商与经销商的关系，加强彼此的协作。销售人员的竞赛有利于提高销售人员个人或团体的销售量，同时也有利于销售人员之间的相互学习和共同提高。

（四）组合推广

通过一些综合性的手段，进行商品促销的方式。它主要包括示范推介、财务激励、联合促销、连锁促销、会员制促销。示范推介是通过对产品的操作示范或组织产品推介活动等形式来进行促销；财务激励是通过消费信贷方式开展的促销活动；联合促销是两个以上的厂商共同开展的促销活动，如航空业与旅游业的联合促销活动；连锁促销是通过连锁方式进行的促销活动，比之单个企业的促销活动，显然具有整体促销的效益；会员制促销是通过会员制或俱乐部的方式，对会员在一定时期进行折扣促销，这有助于吸引顾客入会以享受较长时期的优惠。

第五节　广　　告

一、广告及其功能

广告(advertisement)具有悠久的历史，广告的定义随着时代的发展而变迁。在营销活动中，广告是指由特定的广告主，有偿使用一定的媒体，传播产品和服务信息给目标顾客的促销行为。

在市场营销活动中，广告的功能主要包括以下几方面：

(1) 认识的功能。通过广告的介绍可帮助消费者认识新产品的质量、性能、用途、保养、使用方法和购买地点、手续以及各种售后服务情况。

(2) 心理的功能。广告可使消费者对企业和产品具有良好印象，诱发消费者的感情，引起购买欲望，促进消费者采取购买行为。

(3) 美学的功能。广告也是一种艺术，好的广告能给人以美的享受，能使店容店貌更加宜人，能美化市容环境。

(4) 教育的功能。优秀的广告也能起到帮助消费者树立新的道德观、人生观和良好道德风尚的作用。

二、广告决策

（一）广告目标的确定

决定广告策略，首先要考虑的因素是广告欲达成的目标。依据对增加销售和利润的重要程度，广告目标可有以下 4 种：

(1) 显现。目标在于透过广告把商标、企业名称传送给社会，要让大家知道企业和产品的存在。

(2) 认识。企业在目标顾客已看到或听到其广告后，进一步要通过广告让顾客充分认识企业和产品，记住产品的性能、品质特点。

(3) 态度。目标在于增进目标顾客对企业和产品的喜爱程度,希望通过广告改变人们的态度和思考方式,更倾向于本企业的品牌。

(4) 销售。一切广告的最终目标都在于增加销售,但广告本身很可能并不会达成某一交易。以销售为目标的广告,重点是宣传现在就买的理由。

企业究竟选择什么样的广告目标,需要具体分析以下一些重要因素:①企业的市场发展总策略,广告目标必须与之相协调;②产品的市场生命周期,处于不同阶段的产品,广告目标也必然不同;③消费者特征及所处的行为程序阶段。消费者对不同的产品有不同的购买特点,在购买过程中也有不同阶段的行为特征,广告必然要针对具体的情况和要求选择相应的目标。

(二) 广告预算的安排

广告预算从财务上决定了企业广告宣传的规模和类型。影响广告预算的因素主要有产品新颖程度、产品差别的可能性、产品竞争能力、目标市场的大小、竞争对手的强弱等。

广告预算的主要方法有:

(1) 倾力投掷法。在企业实力雄厚的情况下,广告预算采取广告费用能支付多少,就定多少的办法。这种方法的优点在于有利于大力宣传企业的产品,易于迅速扩大知名度。缺点是广告费用支出不一定符合市场开发的需要,可能出现浪费。

(2) 销售百分比法。按销售额的一定百分比确定预算。其中因销售额的选择不同,如可选上年的销售额,本年计划的销售额,以及前几年平均的销售额等,可能有不同的销售百分比。这种方法的优点是:广告费与销售额挂钩,使企业的每一笔广告费支出都与企业盈亏息息相关。缺点是因果倒置,把销售额的变动作为广告费变动的原因而不是结果,由于不区分市场情况,常依过去的经验采用同一百分比,缺乏机动性。

(3) 竞争对等法。以竞争对手的广告支出作为参照来确定企业的广告预算。其基本假定是竞争对手的支出行为在本行业中有一定代表性,同时本企业有能力赶上竞争对手的广告努力。这种方法的优点是有利于企业竞争,缺点是竞争对手的广告费用不易确定,并且在很多方面难于模仿。

(4) 目标任务法。在确定广告预算时主要考虑企业广告所要达到的目标。首先,尽可能地明确广告的目标;其次,确定这些目标所要从事的工作;最后,估计每项工作所需的成本,各项成本相加即广告预算。这种方法的优点是逻辑上合理,使企业的特定目标与广告努力联系起来。缺点是广告目标不易确定,预算也就不易控制。

(三) 广告媒体选择

广告所发出的各种信息,必须通过一定的媒介载体才能传达到消费者。广告媒体是在广告主与广告接受者之间起媒介作用的物体。广告所运用的媒体,有报纸、杂志、广播、电视、网络、电影、幻灯片、户外张贴、广告牌、霓虹灯、样本、传单、书刊和包装纸等。其中传统 4 大媒体是报纸、杂志、广播、电视。

网络广告是通过网络传递到互联网用户的一种高科技广告运作方式,具有传播迅速、费用低廉的优势,发挥的效用越来越显得重要,已成为传统 4 大媒体之后的第 5 大媒体。

随着移动互联网时代的到来,移动广告逐渐成为网络广告的新宠。移动广告是指通过移动设备访问移动应用或移动网页时显示的广告,主要包括图片、文字、插播广告、信息流广告等。移动广告的形式分为 Admob 和 Iad 两种。Admob 主要是在应用中嵌入 banner（横幅），点击广告后会通过浏览器打开网页；而 Iad 不用打开浏览器，直接在应用中展示炫酷的广告。

由于不同的广告媒体有不同的特点，起不同的作用，各有其优缺点，在广告活动中应根据实际情况择善而行。

根据各种媒体客观上存在的优缺点，在选择时应着重考虑以下因素：

(1) 产品的性质。工业品和消费品，高技术性能产品和一般性产品，应分别选用不同的媒体。

(2) 消费者的媒体习性。不同的消费者对杂志、报纸、广播、电视等媒体有不同阅读、收视习惯和偏好。广告媒体的选择要适应消费者的这些习惯和偏好才能成功。

(3) 媒体的流通性。市场的地理范围关系到媒体的选择。目标市场面向全国的产品，宜在全国性报纸杂志和广播、电视上做广告；局部地区销售的产品，则可选用地方性的广告媒体。

(4) 媒体的影响力。报纸杂志的发行量，广播电视的收视率，是媒体影响力的标志。媒体的影响深入到市场的每一个角落，但越出目标市场则浪费发行，需要一定频率才能加深消费者印象，消费者接触少就不易收效。

(5) 媒体的成本。应考虑企业的经济负担能力，力求在一定预算条件下，达成一定的触及、频率、冲击与持续效果。

三、广告效果的测定

广告应讲求经济效果。要提高广告宣传的经济效果，首先应对广告效果进行测定和分析，找出广告活动中存在的问题，改进广告设计及制作，避免有形损失与无形损失，发现提高广告效果的准则。

测定广告效果，可以从广告引起的销售效果和广告自身的效果两个方面来进行。

销售效果是把广告费用与销售额的增加率作比较。计算公式为：

$$\text{广告效果比率}=\frac{\text{销售增加率}}{\text{广告费增加率}}\times 100\%$$

采用此法测算广告效果，只能作衡量广告效果的参数。因为商品销售的增减及增长的快慢，是由多种因素决定的，广告的影响只是诸因素之一。而在诸因素中要把广告因素单独抽出来，又是难以办到的。并且广告作用的发生，不一定有即时效应，常常附有延迟性的影响。所以，广告效果测定还应主要从广告本身的效果来测定。

广告本身效果是以广告的收视率、收听率、产品知名度等间接促进销售的因素为根据的。广告本身效果的测定，主要包括以下项目：

(1) 注意度测定。对种种媒体广告的读者率、收听率、收视率的测定。

(2) 记忆度测定。对广告重点内容的记忆，如企业名称、商品名称、商标、商品性能等，其中主要是知名度的测定。目的是了解消费者对广告印象的深刻程度。

(3) 理解度测定。对广告所表达的内容和信息的理解程度的测定。测定理解度，对改进广告创作技术有重要参考价值。

(4) 购买动机形成测定。目的是测定广告对顾客的购买动机形成究竟起多大作用。

广告自身效果测定的方法，可采取市场调查、实验以及专家评价等形式。

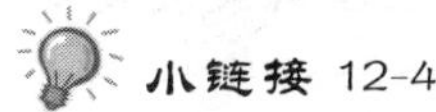

小链接 12-4

社会化营销已经历和正在经历的三个阶段①

目前，社会化营销已经历和正在经历的三个阶段。每个阶段都是一种进步，也是互相交织的。也许有些公司直接到了"3.0 阶段"，却对"社会化营销"的"1.0 阶段"一筹莫展。

1.0 阶段：企业被赋予媒体属性

2009 年，当新浪微博崭露头角，很多企业都有的感受是"我们终于有了自己的发声渠道"。企业拥有自媒体平台，促使对外传播由"第三方话语权垄断"走向了"自我开放性的表述"。信息的自由度与流动率有了质变。于是，很多企业都试图充分运用新浪微博等社会化媒体，对外传播企业的各种正面信息。

这个阶段，社会化营销聚焦于发挥企业的"媒体属性"。正如 *Here comes everybody* 一书所言，公司的所有业务都是媒体业务，因为无论公司做什么，其业务都依赖于对两个受众群体的信息管理：公司雇员和整个世界。企业的"媒体属性"被激发，它们也逐渐意识到要用讲故事的方法塑造品牌。借助社会化媒体，讲故事的方式也不再仅仅是"文字＋配图"，微电影、短视频……只要是能想到的方式，都能在社会化媒体上充分展现。

这个阶段优秀的企业案例有宝洁的官方社交媒体平台及各子品牌的社交媒体平台；杜蕾斯的微博或微信。如今，杜蕾斯微信就是一个涵盖了文字、音频、视频及有较强互动性的全媒体平台，是一个富媒体。

2.0 阶段：互动进阶至社群

当社会化媒体引致信息爆炸，信息的"保鲜度"分秒必争时，不少企业开始意识到社会化营销的核心是"social(社会化)"。它们开始注重 social listening(社会化聆听)，进行社会化媒体的声量、舆情监测，或运用社会化媒体平台做客服等。它们越发注重和粉丝的互动，并把社会化媒体交给粉丝，为粉丝打造 social 的平台，和粉丝建立一种"社会化关系"。

企业开始意识到，社会化媒体的最大魅力不仅仅在信息的自主发布。"新大陆"是和用户进行零距离、全方位的接触。通过互动，产生了很多红利。比如更有效地洞察目标消费群(洞察不再是过去传统市场调查的地理、人口特征，而是细化到具体的行为、心理特征)。"口碑传播"成了很多企业竞相追求的传播方式(尽管"口碑传播"不是社会化媒体时代的产物)。品牌主们发现通过社交媒体聚集的粉丝，可以成为企业的传播大使。当然，也可以成为企业的负能量引爆源。

和粉丝建立一种不同于以往的"社会化关系"，让粉丝之间彼此相连，最终形成社群。这个社群一方面因企业的品牌理念融合；另一方面又"去品牌化"，让粉丝们自发地可以在这个社群里做着基于自己共同兴趣点的事。如雷贯耳的案例就是小米手机。

---

① 佚名. 社会化营销已经历和正在经历的三个阶段[EB/OL]. 原载中国经营报，转自网易财经(http://money.163.com/15/0306/14/AK1HQUP000253G87.html)，2015-03-06.

3.0 阶段：销售转换、财物价值

移动互联网大行其道，让企业感受到社会化媒体已不仅仅只有“媒体”和“社群”的属性，它可以和业务融合，改变传统的业务模式。比如，目前微信是移动互联网最轻便的入口。

优秀的“社会化营销战役(campaign)”不再是创意让人 wow，不再是业内人士的“颁奖盛典”，而是是否有效到达目标消费群，从而实现销售转换；它的财务价值在哪里；怎么用移动互联网的技术，整合用户和企业在线上、线下的各个接触点，形成全方位的用户体验……这需要社会化营销团队和其他业务部门紧密合作。

这也把一个过去很难推进的现实问题，再一次地摆上了桌面。市场营销(包括社会化营销)只是孤立于具体业务部门之外，负责推广产品的吗？企业如何实现整合营销？

此外，虽然这几年把“大数据”喊得妇孺皆知，但还是很少看到企业案例。通过分析社交媒体的数据，进行产品开发，进行有效的 SCRM(社会化客户关系管理)。

以上三个阶段不是互相取代，是融会贯通。比如，如果某品牌的营销创意总让大众眼前一亮，但人们只是惊叹“创意真是不错”却没有实现销售转换，这样的营销创意是徒劳的。比如在微信等社会化媒体上运营各种促销活动，实现了一定销量。但并没有获得长期的品牌效应，没有获得有凝聚力的用户，这是只看重眼前利益。

本章小结

促销是企业通过人员和非人员的方式，沟通企业与消费者之间信息，引发和刺激消费者需求，从而促进消费者购买的活动。其实质与核心就是营销传播。促销方式一般分为人员促销和非人员促销，非人员促销具体又包括广告、公共关系和营业推广等。

人员推销的最大特点是具有直接性。主要优点表现在：作业弹性大；针对性强；及时促成购买；巩固营业关系。缺点是：当市场广阔而又分散时，推销成本较高；推销人员的管理比较困难；理想的推销人员也不容易获得。

公共关系是指一个组织为改善与社会公众的联系状况，增进公众对组织的认识、理解与支持，树立良好的组织形象而进行的一系列活动。企业公共关系作为一种特殊的促销形式，是指企业与其相关的社会公众的相互关系，企业形象是企业公共关系的核心，最终目的是促进商品销售，提高市场竞争力。

营业推广是指为刺激需求而采取的能够迅速激励购买行为的促销方式。营业推广一般具有两个相互矛盾的特征：往往把销售的产品在消费者的选择机遇前强烈地呈现出来，使其迅速购买；很多方法都呈现强烈的吸引氛围，难免显出企业急于出售产品的意图，可能使消费者怀疑产品的品质，产生逆反心理。

广告是指由特定的广告主，有偿使用一定的媒体，传播产品和服务信息给目标顾客的促销行为。在市场营销活动中，广告的功能主要包括以下几个方面：认识的功能；心理的功能；美学的功能；教育的功能。广告决策包括：目标确定；预算安排；媒体选择。

1. 何谓促销？促销组合有哪些内容？
2. 制定促销组合策略应考虑哪些因素？
3. 促销有哪些主要作用？
4. 人员推销的任务、特点、步骤和方法是什么？
5. 什么是公共关系？主要有哪些活动方式？
6. 什么是营业推广？其主要方法有哪些？
7. 广告有哪些功能？怎样进行广告决策和测定广告效果？

云南白药牙膏的终端促销

2008 年，新年的 1 月，央视播出了云南白药牙膏最新的广告宣传片。

云南白药牙膏全新代言人濮存昕，带着中年人特有的坚定与智慧，从容淡定地谈道："人到中年，名利看淡了，健康看重了，口腔健康，关乎全身健康，选一支好牙膏，给自己加一份健康保障，云南白药牙膏，让健康的口腔享受生活的快乐，别忘了，给父母、爱人、亲友带去口腔健康的关怀。"

回首 4 年历程，此时的云南白药牙膏以单支 22 元的高价，用激情与智慧，打造了云南白药牙膏从 3 000 万元到 10.8 亿元的营销奇迹！

2005 年，云南白药牙膏以超凡的胆识和魄力、势如破竹的姿态，在中国牙膏市场掀起了一场史无前例的风暴，2006 年年底，其市场销售额累计已飙升至 3 个亿，成功开拓了功能性牙膏高端市场的新大陆，确立了中国功能性牙膏的品牌地位。2008 年年底，云南白药牙膏的销售额累计已冲破 10 亿元，一举成为医药产品进军日化领域的成功典范。

不少来自财经报媒和网络的市场专家，纷纷表现出对这支牙膏前景的关注和担忧，其中也不乏各种质疑的评论。代表性的论点有：医药企业做牙膏——"门外汉"；与洋牙膏抗争——拿鸡蛋碰石头；云南白药做高价牙膏——必死无疑。

2005 年，央视投放的首支牙膏广告《出血篇》，犹如一支"锥子"迅速插入市场，获得市场较高的关注度。2005 年 7 月 1 日，通过多次深度沟通，凯纳策划机构与云南白药集团进行全程、长线深度战略合作。

2005 年 7～8 月的夏天，凯纳白药专案组成员奔波于每个超市，进行市场走访，了解牙膏动态，并和消费者做了一对一的深度访谈，得到两大市场发现：中国 90%的成年人都有不同程度的口腔问题；传统牙膏解决的大多是牙齿的问题，是防蛀和清洁的问题。这些传统牙膏所不能解决的，消费群体又存在巨大潜在需求的"空白点"，恰恰是云南白药牙膏能填补的优势点。

为了迅速实现云南白药牙膏的销售目标，制定出"锁定商超，布局全国"的营销策略。

(1) 集中优势资源，聚焦商超，尤其是重点 KA 卖场，将渠道重心从原来的药房渠道进行转移，因为消费者购买常规日化品主要还是在商超，极少人会特意去药房买牙膏。

(2) 梯度布局。在全国各省级市场进行渠道建设，选择部分省级市场作为重点市场，从省会城市开始，实现中心突破，而后向二类地级市场推进。

从云南白药牙膏产品本身挖掘出不同的新闻素材，以新闻的标题、新闻的行文方式、新闻化的排版，将产品呈现给消费者。如《百年药企做牙膏·小题大做》、《云南白药牙膏里的国家机密》、《这是一支无法抄袭的牙膏》、《这是一支 2015 年的牙膏》……挖掘产品诞生的背景，提升产品的附加价值。

在牙膏领域的促销上，将云南白药牙膏的终端营销，定位"终端传播"。即将促销活动当成一种传播活动，以富有新意和冲击力的终端活动，与消费者进行互动，在互动的过程中，推出赠品促销，最大化地实现终端购买。

2005 年 7 月，请 10 万市民作证，把简单的免费赠送变成有策略的"主题活动"。同时，增加了电视的投放力度，拍摄了多条片子，从各个角度广开证言，进一步强化消费者的购买选择。从企业角度证言——《证言篇》，从消费者角度证言——《牢笼篇》，从功效角度证言——《接龙篇》，从牙膏选择角度证言——《适用篇》。

经过 4 年的奋战，云南白药牙膏从 3 000 万元到 10 个亿的崛起，赢得了业界的瞩目。

资料来源：云南白药集团股份有限公司健康产品事业部，上海凯纳营销策划机构云南白药牙膏专案组. 云南白药牙膏，4 年从 3 000 万元到 10 个亿营销大案纪实. 中国营销传播网，2009-03-27.

讨论题

1. 从白药牙膏的促销中可以得到什么启示？
2. 白药牙膏组可以采取哪些促销组合策略？

课后实践

1. 目的

(1) 认识企业销售管理的实际情况。

(2) 了解企业人员推销的组织形式、管理方法以及相应的决策背景。

2. 内容和要求

(1) 选择一家企业进行调研，了解其人员推销的组织形式和管理方法。

(2) 尝试对该企业人员推销的组织形式、管理方法以及合理性进行评价。

(3) 讨论有关的改进措施和建议。

3. 步骤

(1) 任课教师说明实践的目的、任务，以及进度和要求。

(2) 分别开展准备工作。包括复习相关教学内容，补充阅读参考文献；通过互联网等收集拟调研企业的背景资料；统一工作思路，完成调查提纲。

(3) 在进行调研的企业完成访谈、讨论。

(4) 在一手资料收集、整理的基础上，分小组组织小组课外讨论，形成小组报告。

(5) 进行课堂讨论，分小组展示报告，任课教师点评、总结。

第十三章　国际市场营销

本章提要

国际市场营销是跨越本国国境进行的营销活动。通过本章学习，要了解当代国际营销的一般知识，了解国际营销决策应具备的全球化观念和意识。国际市场营销与国内营销一样，需要市场调研、分析、市场细分和选择目标市场。在确定市场定位以后，需要制订适当的市场营销组合方案，以满足国际市场需求，实现企业利润。国际市场营销既要适应国内环境，又要适应国际环境。国际市场营销相比国内市场营销，具有更大、更多的差异性、复杂性和风险性。

本章知识结构图

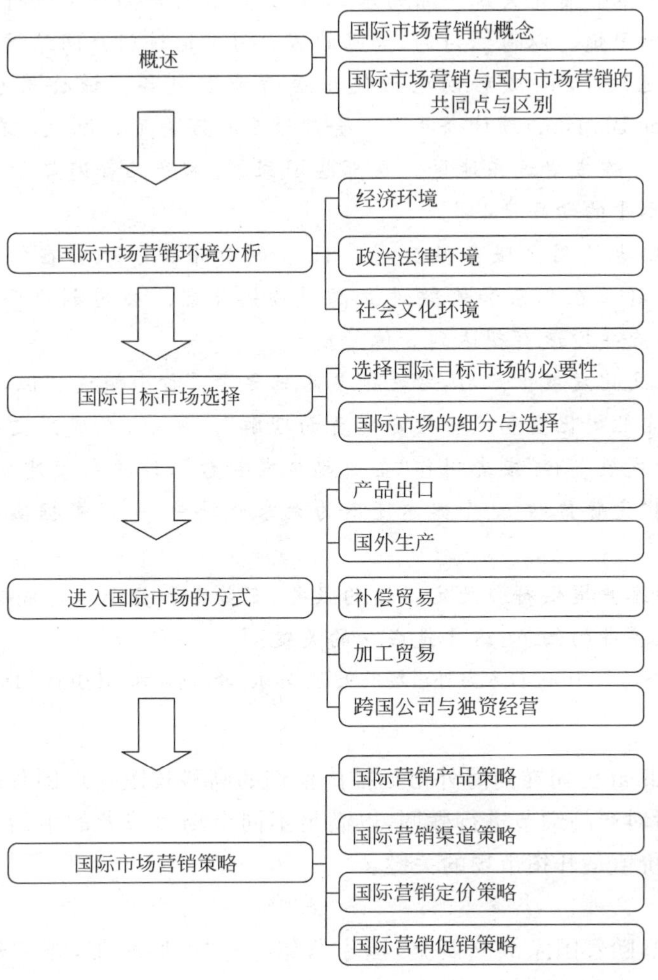

重要概念

贸易壁垒；许可证贸易；市场准入；补偿贸易；加工贸易；国际转移定价。

打入海外市场的关键

创新与信息生产力研究所推出的“2007 年创新信心指数”显示，在巴西、印度和阿联酋，人们更容易接受新生事物，“新”这个词几乎是美好生活的代名词。但在芬兰、荷兰和斯洛文尼亚则截然不同，当地居民更愿意保持现有的生活状态，不愿接受新事物带来的改变。因此，能了解当地市场及其对所售产品的反应，并根据他们长久以来的生活习惯逐渐调整产品，是一个企业能否打开海外市场的关键。

Enterprise Group 公司的总裁兼 CEO 约翰·马里奥蒂(John Mariotti)指出：“在一个成熟、发展速度减缓的市场中，充分了解当地文化和真正的市场需求，创新者很容易取得成功。但关键是要集中精力，不要试图提供更多的选择，这可能会让问题变得复杂。”

总部位于休斯敦的 Blausen Medical 公司在向海外市场推广他们的高科技医疗地图集时就牢记这个要点。首先关注产品的基本功能，之后对产品细节进行微调，以满足不同市场消费者的生活习惯。以荷兰为例，那里的客户习惯通过门户网站访问医疗地图集，而亚洲客户更喜欢通过 PDA 或移动电话使用医疗地图服务。该公司总裁兼 CEO 布鲁斯·布劳森(Bruce Blausen)预计今年收入会超过 230 万美元。他说，“在美国推广的产品绝不适用于欧洲、中东或者远东地区。在那些国家，技术产品普遍昂贵且不普及，因此人们买不起这种高水平的动画产品”。

这种销售策略也适用于服务性公司。31 岁的黄耀辉小姐曾在纽约创建 GigaPixel Creative 公司，最近正在北京和伦敦设立高科技孵化器。公司创办 5 年来以每年超过 80%的速度发展，今年增速有望达到 3 位数。

“中国的商业文化发展很落后，缺乏很多基础要素。”黄小姐说，“但我认为更加严重的障碍可能是对于企业孵化器和风险投资的负面理解”。所以，在建立之初，她就把自己的公司定位为“企业发展平台”或者叫作“企业起步发射台”，目的在于建立起一个创业者社区。“因为在中国‘免费帮助’这个概念还不为大家所接受，所以根据实际情况，我们放弃了这个说法。”

因地制宜，为客户提供符合既定习惯的服务，布劳森和黄小姐都成功地将业务发展至全球。“关注产生差异的细节，这才是成功的关键。”

资料来源：Gail Dutton. 打入海外市场的关键. 郭敏，译. 创业邦，转引自：网易财经，2008-10-07.

营销启示：

Blausen Medical 公司在向海外市场推广他们的高科技医疗地图集时，首先关注产品的基本功能，之后对产品细节进行微调，以满足不同市场消费者的生活习惯，充分显示了市场需求与顾客价值是开拓市场的关键。

进入 21 世纪，随着国家战略调整，国家营销——“一路一带，海上丝绸之路”迅速实施,民营资本也积极跟进经济全球化大潮(特别值得注意的是,进入21世纪后的华人经济全球化的趋势),国内市场早已融入国际市场,市场营销不再囿于国家的边界之内。国际市场对中国企业的开放,要求营销管理站在全球化高度,以新的理念寻求多元价值体系创造的价格差异,并获得全球市场营销的丰厚回报,全球化营销观念指导的战略成为中国企业开拓国际市场的重要手段。

第一节　概　　述

一、国际市场营销的概念

国际市场营销是指企业在两个或两个以上的国家,从事跨国界的生产经营活动,以全球性资源优化配置为手段,以目标市场的国际化发展为战略方针,在世界范围经营企业产品、技术、服务和信誉的营销活动。在开放性的全球经济中,企业的营销活动理论上讲不存在国界,哪儿有市场、有利可图,企业在利润最大化和发展长远化的目标驱使下,就会到哪儿去从事市场营销。简言之,国际市场营销是企业利用全球性资源,通过满足国际市场的需要以实现企业经营战略目标,进行的多国性市场营销。

只要跨出国门,企业首先就面临着与本国文化传统、政治制度、法律体系、经济发展水平、经营习惯以及历史积淀下来的物质文化生活方式等差异的挑战。国际市场营销能否成功为企业开拓广泛的国际市场,取决于多种因素的影响,如市场需求、产品、技术、营销战略和策略等。但是,国际市场营销的关键性因素是能否跨越异国的文化障碍,把企业文化融入所在国的文化中。因此,国际市场营销本质上是跨文化的营销活动。

二、国际市场营销与国内市场营销的共同点与区别

一般来说,国际市场营销与国内市场营销只是处于两个不同领域的营销,而营销的基本原则是相同的。但是,因为国际市场营销有超越国界、异国性、多国性的特点,所以国际市场营销的复杂性、决策的风险性、手段的繁复性和策略的多样性与国内市场营销相比都大大地增加了。国际市场营销与国内市场营销的具体区别如下:

(1) 国际市场营销的困难大于国内市场营销。主要表现在语言不通,法律、风俗习惯不同,贸易障碍多,市场调查不易,了解贸易伙伴的资信情况困难,交易技术困难多,交易接洽不便。

(2) 国际市场营销比国内市场营销复杂。主要表现在货币与度量各国不同,商业习惯复杂,海关制度及其他贸易法规不同,国际汇兑、运输困难,保险及索赔技术不易把握。

(3) 国际市场营销的风险大。在国际市场上可能产生的风险很多,比较显著的有信用风险、汇兑风险、运输风险、价格风险、政治风险、商业风险。

(4) 国际市场营销的手段及参与者多于国内市场营销。在国际市场上,市场营销的手段除4大营销因素之外,还有政治力量、公共关系以及其他超经济手段等。营销的参与者除常规参加者外,立法人员、政治代理人、政党、有关团体等也会涉及营销活动之中。

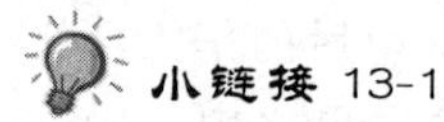

国际市场营销的理论基础与基本特征

从美国市场营销实践及理论的发展过程来看，国际市场营销理论是从“出口营销理论”蜕变而来的。这一演变的结果是企业由国内企业发展成了国际企业。

“出口营销理论”主要以皮莱特教授在1966年发表《出口营销学》为标志。依据他的观点，出口营销是出口企业针对本国以外的各国特有条件，将本国的商品化政策及营销方式进行有秩序、有组织的技术性交易过程。由于美国跨国公司的大发展，1964年马西教授出版了《国际企业论》一书，就跨国公司的经营管理、组织以及对社会的影响进行了系统的研究，在此基础上国际营销理论最终形成。

因此，国际营销具有下述4个方面的基本特征：

(1) 市场营销活动从以往的对外发展手段，变成了以企业的管理功能为主，并赋予其世界性营销管理的概念。

(2) 国际营销的研究对象不仅是商品的输出，而且还包括资本的输出和国际间的经济技术合作。

(3) 本国的商品输出和在其他国家生产的产品输出，都应包括在国际营销的研究范围内。

(4) 将海上运输和海外进出口、配销商的各个功能系统化，改变仅将他们视为出口机构的看法。

第二节 国际市场营销环境分析

市场营销的基本概念、原理，在国际市场依然适用，但是国内与国外、国家与国家、民族与民族之间毕竟有着差异。因此，从事国际市场营销必须深入了解各种特殊的环境因素。

一、经济环境

研究外销市场首先必须对国际经济状况有所了解。一个国家经济状况好坏，会影响该国人民对产品和劳务的需求量。因此，应对各国经济制度、经济发展水平、经济特征(人口、收入)、自然资源、经济基础结构、外汇汇率等进行认真研究。

(一) 经济制度

目前世界上大体有两种经济制度，资本主义经济制度和社会主义经济制度。资本主义经济制度以私有制为基础；我国社会主义经济制度以公有制为主体、多种所有制经济共同发展，从事国际贸易的人要清楚了解各国特别是伙伴及东道国的经济制度，以便顺利而有效地开展营销活动。

(二) 经济发展水平

各国的国民经济情况按其发展水平，大致分为原始农业型、原料输出型、工业发展中型和工业发达型。这4类国家各自的出口项目与货物很不相同,对进口货物的需求也各不相同。所以,用什么样的商品,进入哪个国家的市场,就需要了解它们的国民经济发展情况。例如工业发达国家一般均凭借其技术经济优势,着重于开发高技术产品(比如精密机械、数控、导航设备、计算机等)进入国际市场;工业发展中国家可依据其廉价劳动力优势,开发劳动密集型产品进入国际市场。一般说来,高技术产品进入工业发达国家与劳动密集型产品进入工业发展中国家均须谨慎。

(三)经济特征

(1)人口因素。一般地说,市场大小取决于人口的多少。尽管人口不是构成市场的唯一因素,却是一个极为重要的因素,因为总需求量同人口数量成正比。

分析人口因素,要有针对性的考虑以下指标:总人口、人口增长率、人口的区域分布、人口的年龄结构、人口的性别结构及家庭数目等。

(2)收入因素。收入是一个非常重要的经济概念。国家的收入如GDP,标志着国家的经济实力和水平;个人的收入则构成了消费的基础。一些重要的收入概念有人均总收入、家庭收入、可任意支配收入、绝对收入、相对收入、实际收入、名义收入和预期收入等。

从不同的角度所取得的收入指标,对于企业制定营销战略、评估需求与销售潜力都有重要意义。在上述收入指标中,消费者个人收入的变化是影响消费的直接因素,社会上的消费数量、质量、结构以及消费方式的变化,往往与消费者的收入变化有直接的关系。

(四)自然资源

自然资源的分布对国际市场营销的影响也是一个不可忽视的问题。资源分布不均对消费结构和对外贸易中的进出口商品结构都有重大影响。所以,企业利用当地资源优势去发展生产并占领相对应的市场是非常明智的。

(五)经济基础结构

指的是一国的设施、机构、资源供应、交通运输和通信设施、商店、金融机构、经销商组织等作为国民经济基础的结构状况。其数量越多,业务量越大,业务水平越高,整个经济运行就越顺利有效。它和国际营销活动有着极其密切的关系,若不了解一国的经济基础结构,可以说是无法顺利开展国际营销活动。

(六)汇率

货币兑换率或者说一个国家对另一个国家货币的价格,是由政府根据供求关系和当时的经济状况决定的。一个国家对另一个国家货币的比率定得很低,那么该国必须为进口支付更多的本国货币,这对于一些依赖进口原料和生产零件的国家会造成很大的困难。反过来,货币升值通常也会给出口带来困难,因为这会使它的商品在进口国市场上价格上升,从而直接影响该商品在国际市场上的竞争力。

货币兑换率也是一种国际经济因素,企业必须掌握汇率波动特点,全面衡量货币对出口销售所产生的影响,从而做好出口销售工作。

二、政治法律环境

世界各国的政治、法律环境，对于进口和商业投资的影响程度差异甚大。因此，国际市场营销人员在研究是否进入某国市场时，必须了解以下情况：

（1）政治的稳定性。政局的稳定与政策的连续性，是增强投资者信心与信任的重要因素。我们时常可以看到某一国的财产被另一国冻结或没收的情况；有时，还会遇上进口配额的限制或新的义务；有时甚至不能正常履行合同，使贸易双方蒙受损失，甚至形成某种黑市，造成大量货币外流和投机机会。这一切都与政权变更、政局动荡及战争有直接的关系。所以开展国际市场营销不仅要考虑国际间或贸易国目前的政治气候，还必须要考虑其将来的稳定性。

（2）对国际贸易和国际投资的态度。有些国家对国际贸易感兴趣，愿意提供鼓励经济往来的宽松环境；而有些国家相反，就对外贸易领域的事情处处小心谨慎，许多规定极为严格，没有任何弹性。其原因很多，有的可能是为了发展经济，利用外资；有的可能是出于政治敌视，保护民族工业或是意识形态的差异。目前，我国的政策与态度对发展国际经济联系和鼓励外商投资都是十分积极的，经济特区与经济开发区及许多地方都建立了行之有效的外事制度，以协助外商投资建厂。

（3）贸易壁垒。为了保持国家的贸易平衡，各国往往对其进出口货物采取各种直接或间接限制的措施，一般称为贸易壁垒或非关税壁垒。其中最常用的手段，是进口许可证制和进口配额制。

（4）专利与商标保护。专利权是国家依法予以保护的一种排他性权利，是一项发明创造的首创者所拥有的独享权益，旨在保护技术发明者的利益。商标是一种工业产权，在国内和各有关国家享有专门的法律保护。

（5）价格控制。价格控制是指某些国家对进口商品实行最低限价的规定。目的是降低进口商品在本国市场的竞争力和减少进口商品的利益，以限制商品进口。

（6）反垄断法和防止不公平竞争法。指以美国为代表的西方国家反对垄断及不公平竞争的一系列法律，它们本质上是一致的，例如美国的谢尔曼反托拉斯法和罗伯特—帕特曼法。主要内容有 4 点：禁止企业之间或强制他人签订限制竞争的垄断协议；反对大企业公开形成垄断同盟；反对一个企业在市场上占据控制地位；设置反垄断执行机构。

（7）行政效率。指当地政府是否建立了行之有效的外事制度来协助外商投资建厂，包括是否简化海关手续、提供市场咨询以及其他有助于共同发展的措施。

（8）关税政策。国家为保护本国贸易，通过各种关税来鼓励出口和限制进口，如减少或豁免本国产品的出口税，提高进口商品的关税，以减弱其竞争力，保持本国产品的竞争力。有时为了外交政策的需要，按国别实行税率，如特别税率、最惠国税率、差别税率等来影响进口。这类名目繁多的税率，称为“关税壁垒”。

（9）国有化政策。是指各国对外国投资是否收归国有，什么情况下收归国有等。

三、社会文化环境

由于社会文化环境的影响，各国消费者往往会有其独特的购买方式与消费嗜好。这也是国际市场营销中最棘手的问题之一。

(1) 教育水平。社会教育水平与一个国家及其经济发展密切相关，并且决定人民的文化程度。由于各国经济水平不同，教育发展也不一样，文化水平也就存在差异。文化水平对促销引导、接受新产品、新技术有很大影响。在教育水平低的国家，复杂程度高、技术性能强的产品往往没有市场；在文盲率高的国家和地区，文字广告难以成功，而现场示范和电视等媒体更有效。

(2) 语言。各国、各民族一般都有自己的语言文字。市场营销人员对潜在顾客的语言不精通，不仅无法进行销售和消费引导，而且容易产生误解，带来困难。

(3) 社会生态环境。各个国家和地区都有自己独特的生活习俗和文化价值取向。进行国际营销前应认真进行社会生态环境评估，控制社会生态环境风险。

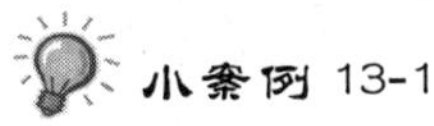

文化的影响[①]

无论哪个民族都有我们必须了解的独特性。比如阿拉伯人对期限反感，一旦受其约束便会产生一种受人威胁而陷入困境的感觉。相反，大多数美国人常常规定期限，以掌握事情的节奏。所以在中东的修理店，数百台美国人的收音机躺在那里“久病不愈”的原委便一清二楚了。美国人不懂，他们曾要求店方在期限内完成修理。

美国的管理者在其他文化圈的国家，也因过分看重时间价值有过同样遭遇。一家美国公司在希腊错失一笔大生意，原因在于他们将美国人的习惯强加于希腊的谈判者。在希腊人看来这些美国人谈吐欠客气，措辞少含蓄，并且总想对会谈时间加以限制。他们认为限制时间既有失礼貌，又容易被人认为自己缺乏圆满处理事务的能力。美国人还希望希腊人在大原则确立后，其余细节由下属去解决。这被希腊人认为是美国人玩弄的欺骗性手腕，他们喜欢将问题当场解决，哪怕花更多的时间也在所不惜。

缺乏对文化差异的充分了解，有时会导致深重的灾难。一个赴南太平洋某岛国任职的美国经理，事先没有对当地传统的社会结构进行任何了解，过多地雇用了某一阶层的当地人。岛上居民为协调这种难以接受的状况，自发聚集一起共计替代方案，商量完毕已是凌晨3点。在他们的文化意识中，时间概念并不十分重要，因此认为没有理由等到天亮再向这位美国人提交自己的方案。他们极自然地聚集到美国人的住宅前。美国人对这种不合时机的造访深感恐惧，无论如何也想不到会有人凌晨3点来谈公事。他确信是发生了骚乱或更糟糕的事情，最后竟向美国海军求援……公司为恢复那里的“正常业务”，很是费了时间。

了解当地文化，知道该干什么和知道不该干什么一样重要。比如印度，人们把在家里及社交场合谈论工作，看作是对热情待客这一神圣社会风尚的亵渎。同时，一个印度商人对你说“请随时光临”，那是出于真心，这在美国或许纯属礼节用语，在印度却表示诚心相邀。印度人即便邀请对方，也会礼貌地给予客人决定会晤时间的权利，如果没有得到时间

---

① [美]戴维·A. 利克斯. 商业大失败[M]. 裴学钊，高晓刚，等译. 成都：四川人民出版社，1989：6-8.

上的答复，他们会认为客人拒绝了邀请。

有时事情会因仅仅拒绝一杯咖啡变得复杂。一家美国公司的经理商谈一笔大有赚头的生意，由于毫无恶意地回绝了热情的沙特阿拉伯人一起喝杯咖啡的邀请，从而生意告吹。虽然这位美国人只是急于签订合同，但这种草率的行为却使人感到屈辱。在后来的谈判中这位沙特人越发态度冷淡，使原本大有希望的洽谈陷入僵局。

赠送礼品也有可能因为礼品不妥，把事情弄糟。比如在中东，如果客人将食物或饮料带到东道主家里，则意味着主人无力款待客人，等于侮辱东道主(酒类是伊斯兰教的禁物，当然更是危险的赠品)。在拉丁美洲许多地方，送刀具之类甚至送手绢意味着断绝关系或将有悲剧发生。向中国人送钟也是一项失策，因为中国话“送钟”与“送终”谐音。

第三节　国际目标市场选择

一、选择国际目标市场的必要性

进行国际市场营销活动同样必须选定目标市场。在国际市场上，并非所有的机会都有同等的吸引力，并不是每个细分市场都值得企业进入和能够进入。一个企业总是无法提供国际市场所有买主需要的商品与劳务。由于资源有限，也为了保持效率，企业的活动必须局限在一定的范围内。制定国际市场营销战略，企业首先碰到的问题是何处是市场？企业必须在纷繁复杂的国际市场，寻找何处适合销售自己的产品，购买者是哪些人，购买者的地域分布、爱好及其他购买行为的特征。就是说，企业进行国际营销决策之前要确定其具体的服务对象，即选择国际目标市场。

(1) 选择国际目标市场，意味着企业要重视未被满足的市场需求，寻求潜在的国际购买者，开辟新市场，确定发展方向。

(2) 选择国际目标市场，可以采取扬长避短的方针，显示自己的优点，更好地满足购买者的需求，这也是赢得竞争的最有效的途径。

(3) 选择国际目标市场，是为了把营销资源集中在对自己、产品更有利的市场，使营销更精准、有效。市场不是越多越好，应按主客观条件审慎地选择。世界上有 200 多个国家、地区，如果以多为荣，不是自觉地选择目标市场，商品任其自流，一个市场被打跑就转到另一个市场，到处不能扎根，那么贸易面广的有利条件就会转向不利的一面。要充分利用可供选择的目标市场较多的有利条件，从不同的产品、不同的需求对象出发，选择适当的目标市场。

二、国际市场的细分与选择

(一) 国际市场的分类和细分

国际市场是一个庞大的、多变的市场，其环境又各具特点，当然也存在着一些共同的或相似的因素。为了便于辨别属于本企业的市场，进而拓展国际市场，就必须对国际市场进行细分。所谓国际市场细分，就是根据各国顾客的不同需要和不同的购买行为，用一定的标准将其划分为不同的消费者群。

国际市场可按多种不同的标准进行分类，如图 13-1 所示。

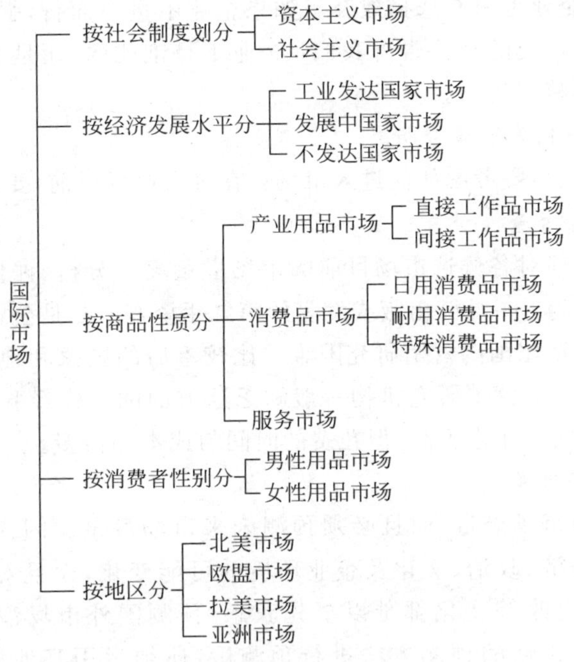

图 13-1 国际市场分类

与国内市场开展营销活动相似，细分国际市场也要考虑在市场分类的基础上，有选择地依据收入水平、家庭规模、气候条件、职业、文化程度、宗教、种族、社会阶层、爱好程度、个性、生活方式等因素作进一步区分，使其成为一个个具体的、有特性的市场。

（二）选择目标市场的标准

1. **市场规模**

没有规模的市场，就不存在规模经济；没有市场规模，市场的发展便非常有限。考察市场规模，一是看人口，二是看收入水平，三是利用某些国家间市场分割的缺口和自己的价格优势，将制成品打入该国。

2. **风险程度**

在国际贸易中“风险”是一个突出的问题。自然灾害、意外事故、外来风险、战争、政局不稳定、两国关系不正常以及原料供求变化、货币贬值、通货冻结等，都会造成合同废除、货物丢失、交货不到、受歧视以及没收财产等事实。所以，风险小的国家显然为国际市场营销提供了有利条件。当然，是在安全的目标市场国家发掘机会，还是在一些有很大风险但可获得较高收益的国家发掘机会，要视具体情况而定。

3. **市场的可持续发展**

有一些国家或地区的市场，初期进入时企业可以获得较高的回报，但由于该国或地区经济社会发生较大的变动，企业无法获得长期的市场利益。因此，企业在选择目标市场时应考虑可持续发展问题。

4. 企业自身资源的约束

若某目标市场具有巨大的近期和远期高回报率，但由于企业的人、财、物资源无法支持进入该目标市场，企业也只有选择放弃。如果企业不量力而行，强行进入，将把企业拖入高速扩张的陷阱。历史的经验告诉我们：企业不是饿死的，而是胀死的。这一点在国际市场营销中表现得特别突出。

（三）市场潜量与销售潜量分析

选定目标市场以后，要考虑如何进入市场。在进入市场以前，要研究5个问题：

1. 估计目前市场潜量

营销研究人员必须对各候选市场目前的市场潜量逐一分析、评估。营销研究所需的资料可从两个来源获得：一是已出版或发表的第二手资料；二是公司进行调查的第一手资料。国际营销研究远比国内营销研究困难。比较落后的国家和地区，出版资料往往很少，而且不齐全、不可靠；营销研究机构一般缺乏这方面的工作经验，或根本没有这样的机构；国外访问调查的合作率不高，但花费的时间与成本却很多。

2. 预测未来市场潜量

不仅要估计目前市场潜量，而且必须预测未来市场潜量。因为市场调查研究人员一般不熟悉外国的经济、政治、文化及企业环境的可能变化，而且对外国政权的稳定与否、货币政策及法律更改等变化都难以事先获悉，预测国外市场潜量比预测国内市场困难。所以在用比较粗略的预测方法进行预测后，还须运用其他调整因素，加以综合判断。

3. 预测市场占有率

在国内市场，估计各竞争者的市场占有率已相当困难。在国外市场上估计市场占有率时，所需考虑的因素更多、更困难。企业所遇到的压力不仅来自东道国竞争者，同时也来自其他外来竞争者。营销研究人员不仅要估计当地消费者对产品及市场营销方法的感觉，还要探究他们对“外国”品牌的印象与态度。有时东道国购买者持公正不偏的态度，但其政府可能会设置种种障碍，如配额限制、进口关税、内地租税、规格限制以及直接管理等。

4. 预测成本及利润

以上所预测的都是未来年度的可能销售收入，下一步应预测各相应年度的成本。成本高低与进入战略密切相关。如果采取直接出口或技术授权方式，那么成本应在合同中写明；如果采取投资设厂产销方式，那么成本还包括折旧、利息、职工工资、税款、管理人才及技术人才的雇用等。在估计未来成本之后，可以通过未来收入减去未来成本的办法，获得未来不同年度的利润及现金流量。

5. 估计投资收益率与分析风险

企业还必须将某一产品在某国外市场的预测利润流量与投资流量进行比较，估计投资收益率。估计的投资收益必须高于公司正常的投资收益率或贷款率，并能抵消在国外市场遭遇的各种风险。这样计算出的投资收益率叫作“风险附加收益率”，它必须能够规避商业风险、政治风险、货币风险及其他各种风险。

第四节　进入国际市场的方式

进入国际市场的方式主要有如下5种：

一、产品出口

产品出口是企业走向国外市场的第一种方式。现有产品的一部分运到国外销售，生产设施仍然在国内，不用增加多少投资，所以风险不大。销售到国外市场的产品可以不加任何修改，也可以做部分修改以增强适应性。不论是否修改产品，采取产品出口的方式对企业的产品结构、投资以及企业总体经营目标等所带来的变动都是最小的。

（一）间接出口

指企业利用独立中间商进行产品出口。这是企业开始走向国际市场最常用的方法，它不需要大量投资，也不必发展自己的国外营销人员，所以承担的成本风险较小。有经验丰富的中间商负责营销，企业可避免犯大的错误。

间接出口包括国内出口商、国内出口代理商和合作组织3种形式。

（二）直接出口

指企业建立自己的国外分支机构负责国外市场营销。如果企业的产品由外国买主前来洽谈，则常常采取直接出口方式，不再经过他人（即中间商），从而节约佣金或劳务费。如果企业的外销数额达到相当水平，或外销市场正在快速增长，就可以考虑直接出口方式，自己进行各种市场营销活动。在这种情况下，大量投资所面临的风险也较大，但是可能赚得的利润也较高。

直接出口包括建立出口外销部门、建立海外市场营销分公司、派遣巡回推销员、建立海外经销商或代理商机构。

二、国外生产

（一）国外装配

由本国提供零部件、元器件和装置配用的工具、设备，外国企业进行装配。产品全部或部分返回本国销售，外国企业收取加工费。

（二）签订许可证协议

许可证贸易又叫技术授权，是一种简单的走向国外市场的方法。借助合作协议，发证人（即许可方）一般不必大量投资即可进入国外市场，风险甚小。同样，受证人或被许可方一般不必从头做起，即可使用发证人的制造程序、商标、专利以及其他有价值的东西，迅速获得生产知识和信誉，在市场上销售产品。受证人（即被许可方）必须付给发证人特许酬金。特许酬金可以一次性支付，也可以以销售收入的一定百分比或利润的一定百分比形式分次支付。

许可证协议根据不同的标准，可以得出不同的协议分类名称。目前普遍为人们接受的，是根据被许可方取得使用、制造、销售的权限来加以划分的方法。

(1) 根据被许可方取得的权限大小,可划分为独立许可证协议、排他许可证协议和普遍许可证协议。

(2) 根据协议的对象划分,有专利许可证协议、商标许可证协议、专用技术许可证协议。

(3) 根据被许可方是否有对技术的再转让权,划分为可转让许可证协议和不可转让许可证协议。

(4) 一些特殊的许可证协议,如交叉(交换)许可证协议、一揽子许可证协议。

(三) 合资经营

即两个或两个以上的国家或地区的经济组织或个人,按一定资金比例联合投资,共同兴建企业的一种生产组织形式。

三、补偿贸易

国际补偿贸易的基本原则是买方以贷款形式购进进口设备、技术和专利等,进行原有生产规模的改建和扩建,或者直接建设一个新厂,以便尽快提高劳动生产率,保证产品质量,加强产品在国际市场上的竞争实力。其贷款可不用现汇支付给卖方,而是有待项目竣工投产后,以该项目的产品或其他产品清偿贷款。

(一) 产品返销

就是进口机器设备和专利技术的一方,在签订贷款合约时明确规定,在协议期内,用该设备和技术生产出来的产品偿付所贷之价款,或称之为产品回购。产品回购也是出口机械设备和专利技术一方所应承担的义务,但有一定的限制。它首先要求生产出来的直接产品,在性能和质量方面必须符合对方的需要,或是在国际市场上是可销的,否则就不能为对方所接受。这是当前国际补偿贸易的基本形式,进口方一般都愿意用直接产品偿付全部设备价款。

(二) 互购

即出口机器设备和专利技术的一方,在签约贷款时,必须承诺在协议期内,向对方购买一定数量的产品。这些产品不一定是由上述出口的设备或技术生产出来的直接产品,而是可用其他产品进行偿付,或称之为产品互购。

(三) 补偿部分

对引进的技术设备,部分用产品偿还,部分以货币偿还。偿还的产品可以是直接产品,也可以是间接产品,偿还的货币可以是现汇,也可以用贷款后期偿还等方法。

(四) 第三国补偿贸易

就是在国际补偿贸易活动中,进出口双方不直接发生联系,而是由国际中间代理商在中间联系。增加这一个环节,能够使谈判双方减少冲突或僵持的局面,更便于讨价还价,各抒己见。贷款的渠道和偿还的方式灵活多样,这种方式虽然要多付佣金,但是能够尽快地促使双方达成协议,还可以进一步扩大补偿的范围。

四、加工贸易

近年来，由于经济国际化趋势日益明显，大大促进了对外贸易的发展。在各种方式的运用上，也越来越灵活多样。比如，在以劳务为主的领域内，不论是实行进料加工、来料加工或来样定制，都是行之有效的国际经济合作的重要方式。

（一）进料加工

是指一个国家或地区的厂商（承接方）接受国外厂商（委托方）提供的元器件、零部件和专用检测设备等，按照委托方的设计和工艺要求进行组装。检试合格的成品交由委托方自行销售，承接方只收取按约规定的工缴费，不负经营亏损的责任。

（二）来料加工与来件装配

是由国外委托方提供的原料、材料和辅料，必要时也提供某些设备，按照委托方的品质、规格、款式等要求进行加工生产，成品按规定时间交给委托方销售。承接方对上述原料与设备有使用权，没有所有权，产品经营盈亏与承接方无关，只收取事先约定的工缴费。

（三）来样定制

是集上述两种方式之和，国外厂商实行生产全过程委托，包括产成品的包装和商标印制等。这类业务委托方要求较高，对产成品的检验也较严格，在其他条件不变的情况下，承接方必须在掌握加工和装配技术的基础上，才能顺利完成。

五、跨国公司与独资经营

（一）跨国公司

又称之为多国公司，是一种跨越本国国界，在两个或更多的国家和地区从事生产与经营活动的企业。跨国公司一般是工业发达国家使用其过剩资本，对外国进行直接投资的一种生产或经营的形式。跨国公司在经济上和组织上是一个统一的整体，通常是由本国的总公司控制设在国外的分公司或子公司。跨国公司设在国外的分公司，要经所在国政府批准注册，并具有独立的法人地位。

（二）独资经营

独资经营是指完全由外商出资并独立经营的公司。企业直接投资于许多不同国家进行经营，并有一定的灵活选择。如果不满意某个国家的条件，企业可以转移到另一个国家去。在进入另一个国家后，如果还是不满意该国家的条件，它还可以关闭企业，再转移到其他地方去。外资独资经营企业对于所在国也有许多好处，即所在国可以不必出资；不承担经营风险；当地政府通过征收各种税收、土地使用费、基础设施管理等增加收入；还可增加劳动就业。

第五节　国际市场营销策略

国际市场营销必须制定适应特定市场环境的产品策略、渠道策略、定价策略和促销策略的新组合。由于国际市场营销的复杂性、国与国之间市场营销的差异性和经营中必要的灵活性，就必须认识国际市场营销策略的特征。

一、国际营销产品策略

在制定国际营销产品策略时，必须考虑以什么样的产品形式进入国际市场，是销售与国内市场完全相同的产品，还是部分改造现有产品以适应国际市场的需要，或是制造一种全新的产品推向国际市场。

（一）产品和信息直接延伸策略

如果产品的效用和使用方式在国内外市场完全相同时，可以直接将产品出口，在国际市场上采用与国内相同的产品信息传递策略，建立相同的产品形象。例如，可口可乐和百事可乐饮料、麦当劳快餐、李维斯牛仔裤（Levis）等名牌产品就采用这一国际市场营销产品策略，并获得巨大的成功。这一策略的特点是：节约产品开发成本，树立产品的国际市场统一形象，产品的市场信誉较高。

（二）产品和信息改造策略

根据国际市场的区域性偏好或条件改造产品和产品传递信息，以适应国际市场的区域消费需求。例如，埃克森石油公司生产不同的汽油适应世界各地不同的气候条件；雀巢公司生产不同口味的咖啡来迎合各地消费者的偏好。产品和信息改造主要采用以下几种组合策略：

1. 产品直接延伸，信息传递改变策略

如果产品效用相同而用途发生差异时，产品保持不变，信息传递策略则需修改。例如自行车在发达国家主要是作为运动器材或儿童用具，在发展中国家则是大多数人的交通工具，但其提供的效用是相同的，因此自行车在进入不同国家市场时，必须采用不同的产品信息传递方式。

2. 产品修改，信息传递直接延伸策略

当产品的效用和用途一致，而使用的条件不同时，可将产品作适当的修改，而信息传递则直接延伸进国际市场。例如，由于各国的电力供应采用不同的电压，进入国际市场的家用电器则必须采用不同的电源输入系统，有 110 伏或 220 伏等，而信息传递则可以直接延伸进国际市场，以相同的产品形象来影响消费者。

3. 产品和信息传递双调整策略

当产品的效用和使用条件都不同时，应该对产品和信息传递两者都进行调整。

导致产品和信息传递改变的原因是多方面的。表 13-1 分析了改造产品设计和改造的原因。

表 13-1 国际产品改造

产品改造的原因	产品设计改造
(1) 不同的气候条件	产品的适应性调整
(2) 不同的技术水平	产品简化
(3) 不同的收入水平	质量和价格改变
(4) 维修困难	增加售后服务，增强产品的可靠性
(5) 不同的标准	增加产品的规格和型号
(6) 其他产品的可用性	增加或减少产品组合
(7) 各类物质的可用性	改造产品结构和能源输入

（三）全新产品策略

为了适应国外目标市场的需要和偏好，企业开发全新的产品占领市场。这是一种高风险和高回报的国际营销策略。例如，市场研究表明，至今仍有约6亿人在用手洗衣服，科各特—帕默公司（Colgate—palmolive）即开发了一种廉价的、全塑型、不用电的半自动洗衣机，打入发展中国家市场。

二、国际营销渠道策略

选择和建立分销渠道是国际市场营销中极其重要也是十分困难的环节之一。一般来说，分销渠道是由其所处的特定环境所形成的。由于各国的环境差异很大，所以商品分销渠道也存在差别。在不同的国度，应针对其市场特点采用不同的渠道策略。

（一）窄渠道策略

又称为独家销售特定商品或劳务的渠道策略，买卖双方的利益、权利和义务由协议明确规定。这一策略包括独家包销和独家代理两种形式。独家包销是双方在互惠的前提下，把专卖权与专买权作为交易条件加以明文规定，产品的所有权发生实质性转移，即产品买断，包销商自负盈亏。独家代理则是卖方把产品交给代理商代销，双方是委托与被委托的关系，代理商只收取佣金而不承担国际风险。窄渠道策略有利于鼓励中间商开拓国际市场，并依据市场需求订货和控制销售价格，但独家经营容易使中间商垄断市场。

（二）宽渠道策略

又称广泛性分销渠道策略，指出口商在国际市场营销各个层次的环节中尽可能多地选择中间商来推销其产品的分销渠道策略。这一策略的特点是：各个中间商之间形成强有力的竞争，有利于该商品进入更广阔的国际市场。但是，中间商一般都不愿承担广告费用，而且产品的最终市场价格不易控制，如果部分中间商削价竞销，会损害该产品在国际市场上的形象。

（三）长渠道策略

又称多环节渠道策略，指出口商在国际市场营销中选用两个以上环节的中间商为其推销产品的渠道策略。国际市场营销由于受到国际政治、经济、社会文化和地理等因素的影响，其分销渠道都较国内市场营销渠道长。这一策略的特点是商品能进入更广阔的地理空间的市场和不同层次的消费群体，但容易形成该商品较大的市场存量，并增加销售成本，导致最终价格上升。

（四）短渠道策略

指出口商在国际市场上直接与零售商或消费者从事交易的渠道策略。这一策略包括两种形式：

(1) 出口商越过中间环节，直接与大物资经销商、大百货公司、超级市场、大连锁商店等从事交易，它降低了交易成本，让利于零售商和消费者。

(2) 出口商直接在世界各地建立自己的直销网络，让利于消费者，以低价策略开拓国际市场。出口商自营直销网络常常受企业的人、财、物的规模限制，只有少数跨国大企业能够采用。

三、国际营销定价策略

国际市场营销活动中，价格竞争与非价格竞争相互交错，其复杂性和多变性使制定商品价格十分困难。

（一）国际市场的商品价格构成

由于商品进入国际市场产生了商品分销渠道延长、关税、运输和保险费用、汇率差价等一系列的问题，因此同一产品的国际市场价格与国内价格有较大的差异。一般来说，国际产品价格较国内产品价格增加了以下几项构成：

(1) 关税。进出口关税及其附加是国际产品价格的重要构成。关税税率的高低、最惠国待遇、关税减免等直接影响国际产品的价格。例如现阶段的关贸总协定或1995年后的世界贸易组织成员国与非成员国，分别享受不同的关税率，决定着其国际产品的价格高低。

(2) 国际中间商成本。商品分销渠道的延长必然导致增加中间商的成本。由于分销渠道的长短和营销方式因国别或地区而异，进入国际市场可采取多种多样的方式，因此没有统一的国际中间商加成标准，这使得出口商无法控制其产品在国际市场上的最终售价。

(3) 运输和保险费。出口需要把商品运至异国，这就增加了运输成本。诸如运费、保险费、装卸等费用。而且许多国家的进口关税是按到岸价计征。

(4) 汇率变动。国际贸易合同中的计价货币是可以自由选择的，而实行自由浮动汇率的今天，谁也难以预测一种货币未来的实际价值。如果在长期合同中不考虑币种的选择和汇率的变化，企业可能会在不知不觉中遭受10%～20%的损失或获得同等的意外收入。雀巢公司因汇率变动曾在6年中损失了100万美元，而美国惠普公司因汇率变动曾获得近50万美元额外收益。

（二）正确选择计价货币

国际市场营销活动使用多种计价货币。国际交易中交易周期较长，外币汇率波动较大，正确选择计价货币时，应注意以下几方面的问题：

(1) 出口国与进口国是否签订可贸易支付协定，是否规定使用某种计价货币。

(2) 如果两国间没有签订计价货币的协议，一般选用可兑换货币(converible currency)。可兑换货币指那些可以在国际外汇市场上自由进行交易的货币，如美元、日元、英镑、德国马克等。

(3) 出收“硬”，进取“软”的计价策略。指在出口商品时宜争取用“硬货币”计价；而在进口商品时宜争取用“软货币”计价。硬货币指该国外汇收支顺差、外汇存底较大、币值呈上升趋势、对外信用好的货币。软货币指该国外汇收支逆差较大、国家外汇储备较少、在国际外汇市场是抛售对象、可能贬值的货币。

(4) 如因各种条件限制，只能以软货币计价时，可以根据该国货币币值疲软趋势加价，也可以在交易合同中订立保值条款，规定该货币贬值时，按贬值率加价。

（三）国际转移定价

国际转移定价(international transfer pricing)，是指跨国公司的母公司与各国的子公司之间，或各国的子公司之间转移产品和劳务时采用的国际定价方法。当今的国际贸易中有很大一部分是跨国公司的内部交易。跨国公司为了加强各子公司的经济核算和效益评估,制定了这一内部交易价格——国际转移价格。

但是,许多跨国公司都把国际转移价格作为国际市场营销的重要定价策略,实际上都把国际转移价格定得偏离正常的国际市场价格,以实现其利润的最大化。常用方法如下:

(1) 当产品需要从 A 国向 B 国转移时,如果 B 国采用从价税,且关税较高,若采用较低的国际转移价格,能减少应纳的关税。

(2) 高进低出的转移价格。当某国的所得税较高时,转移产品到该国应把价格定高;而将产品转出应把价格定得较低,这虽然降低跨国企业在该国的利润,但也使跨国企业在该国少纳所得税。

(3) 当某国出现较高的通货膨胀率时,如果要向该国子公司转移产品,也可采用高进低出的转移价格,避免资金在该国大量沉淀。

(4) 在实行外汇管制的国家,跨国公司转移产品进去时应采用高定价,而在转移出来时应采用低定价,降低在该国的利润,这样既可避免利润汇出的麻烦,又可少纳所得税。

跨国公司人为地操纵国际转移价格,虽然有利于其整体利益的最大化,但损害了某些国家的民族利益。

四、国际营销促销策略

(一) 广告策略

1. 广告的标准化或个性化策略

国际广告活动究竟应采取有差异的个性化广告,还是无差异的标准化广告,应根据产品或劳务的性质、国际市场的同质性、各国政府的限制和社会文化差异大小等来决定。绝对的标准化广告策略或绝对的个性化广告策略都是不正确的。标准化广告策略,是指把同样的广告信息和宣传主题传递给各国市场。这种策略要求撇开各国市场的差异性,突出基本需求的一致性。其特点是可节约广告费用,有利于保持企业和产品的统一性。随着经济国际化的发展,越来越多的广告信息趋于标准化。

个性化广告策略是指同一产品在不同的国家和地区传递不同的广告信息,突出各国市场的差异性。其依据是不同的国家和地区,在政治制度、法律、自然地理、经济发展状况等方面存在着巨大的差异,广告信息的传递应对这些差异作出调整。这一策略的特点是针对性强,广告促销效果较好。

2. 广告媒体选择策略

国际广告媒体种类繁多,如印刷媒体、电视、广播、电影广告、直邮和户外广告等,各有其特点和不同效果。国际营销应根据产品的性质和各国市场的特殊性,选择不同的广告媒体传递商品信息。

3. 国际广告控制策略

随着广告费用的增加,对国外分销商或子公司的广告活动进行评估和控制在广告促销中日趋重要。国际广告的控制策略主要采用以下 3 种方法:

(1) 高度集中管理国际广告,控制营销成本。

(2) 分散管理广告,国外分销商或子公司按销售额的一定比例提取广告费,开展个性化广告促销。

(3) 按广告职能的不同,分别采取分散或集中的国际广告管理。

(二) 人员促销策略

国际市场营销中,人员推销最易受到目标市场国家的社会、文化和语言等因素的制约。人员推销在缺乏广告媒体的目标市场或工资水平较低的发展中国家作用较大,特别是在生产资料的销售中。

1. 销售人才来源策略

首先,选择目标市场国家中能熟练使用两种特定外语的当地人,特别是那些具有销售经验的人才,既可利用他们在当地的社会关系资源,又能减弱国际企业在当地的外来形象。其次,是选择母公司所在国移居到目标市场的人才。他们懂得两国的语言和文化,只需学习推销技术和公司的政策,就可能成为优秀的销售人员。最后,是选择母公司所在国具有外语基础,并愿意到国外工作和生活的员工。他们最好能具有销售技能和懂得目标市场的社会文化、政治法律等环境因素。这类人才易与母公司沟通,忠诚度高,会在外国市场上加强公司的外来形象。

2. 销售人员培训策略

企业在招聘销售人员后,必须在母国和东道国组织人员培训,如社会文化学习和语言培训、市场营销技能培训等。

3. 销售人员激励策略

激励是促销管理的重要环节。常用的激励方法有 3 种:

(1) 固定薪金加奖励。推销人员实行固定酬金,完成任务较好则发一定的奖金。

(2) 佣金制。根据推销人员完成销售额或利润额的大小支付一定比例的报酬。国际一般规定,完成基本任务可按 5%提取佣金。

(三) 公共关系促销策略

在国际营销中,公共关系促销策略的地位越来越高。现代跨国企业为了进入目标市场国家,特别是一些封闭性的市场,需要应用各种公关策略,如与政府官员、当地名人、工会、社团、教育界等人士交往,为其产品进入市场领取钥匙。公共关系部门的活动主要有以下方式:

(1) 尊重和支持当地的政府目标,与当地政府保持良好的关系让当地政府认识到国际企业的经营活动有利于当地经济的发展。

(2) 利用各种宣传媒介,以第三者身份正面宣传企业的经营活动和社会活动,使当地人对国际企业产生好感。

(3) 听取和收集各种不同层次的公民对本企业的意见,迅速消除相互间的误解和矛盾。

(4) 要与国际企业业务活动有关的各重要部门和关键人物保持良好的关系。

(5) 积极参加东道国的各种社交活动,对当地的教育事业、文化活动、慈善机构等定期捐助,并积极组织国际教育和文化交流。

(6) 协调企业内部的劳资关系,尊重当地雇员的社会文化偏好、习惯和宗教信仰,调动员工的积极性。

（四）国际促销的形式

(1) 争取政府支持开拓国际市场。许多国家的政府都帮助本国企业在国际市场上开展促销活动。各国驻外使馆一般都为本国企业提供一般性的当地市场信息，本国企业应积极参加政府组织的贸易代表团、参加并赞助有关的国际研讨会、参与组建海外贸易中心或出口开发办事处等，积极争取政府制定有利于本国企业开拓国际市场的外交和外贸政策。

(2) 积极参加与本企业有关的综合性和专业性国际博览会。国际博览会是一种很好的促销方式，它的主要作用是：把产品介绍给国际市场，树立企业和产品的良好国际形象。

(3) 积极参加或主办国际巡回展览，向目标市场国家消费者介绍企业的情况和产品信息。

本章小结

国际市场营销是指企业在两个或两个以上的国家，从事跨国界的生产经营活动。营销的基本概念、原理在国际市场依然适用，但是国内国外、国家、民族之间的差异，使得国际营销成为一种跨文化的营销活动。积极开拓国际市场，有利于加快实现我国的现代化和提高人民的生活水平，可以充分利用我国现有的各种相对优势加速经济建设，可以促进企业不断提高产品质量、增加花色品种、改进工艺技术和提高经营管理水平。

国际市场营销必须进行市场细分和选择目标市场。企业进入国际市场有 5 种方式：产品出口——可利用独立中间商间接出口，也可建立国外分支机构直接负责国外市场；国外生产——如国外装配或签订许可证协议；合资经营；补偿贸易——买方待项目竣工投产以该项目的产品或其他产品清偿贷款，如产品返销、互购、补偿部分或第三国补偿贸易；加工贸易——如进料加工，来料加工与来件装配，来样定制等；跨国公司与独资经营。

制定国际营销产品策略必须考虑，究竟以什么样的产品形式进入国际市场；选择和建立分销渠道是国际市场营销中极其重要也是十分困难的环节之一；价格竞争与非价格竞争相互交错，同一产品的国际市场价格与国内价格有较大差异；国际广告应根据产品或劳务的性质、国际市场的同质性、各国政府的限制和社会文化差异大小等决定；公共关系在国际市场营销中的地位越来越高。

通过本章的学习希望了解当代国际市场营销的一般知识和在市场营销决策中具有全球营销的观念和意识。

思考题

1. 我们有潜力巨大的国内市场，为什么还要开发国际市场？
2. 在经济全球化浪潮的冲击下，国际市场营销环境有哪些重要大变化？

3. 国际营销有哪些基本特征？
4. 选择国际目标市场的必要性和标准是什么？
5. 企业进行国际市场营销有哪些分销渠道策略可供选择？
6. 国际转移价格的常用方法有哪些？
7. 如何理解国际广告的标准化与个性化？

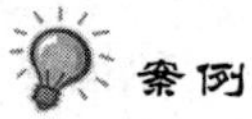
案例

华为中兴的海外血斗

华为、中兴两家正面交锋的重大战役就包括印度、尼泊尔、俄罗斯、阿尔及利亚等战场，而其他一些国家的“小单”上的对垒，更是不计其数。作为民族通信业骄傲的“巨、大、中、华”，现在只有中兴和华为的日子还相对好过一些。而如今，两家却在亚、非、拉市场进行着一场谁都输不起的消耗战。2003 年，两家在印度市场上开始了双方的第一轮较量。在印度 MTNL 公司的工程竞标中，华为科技和中兴通信分别通过印度本地合作伙伴同时参与了项目的竞争。最终华为 34.5 亿卢比的竞标价格低于中兴而中标。随后，中兴通过研究标书，发现这个价格太低了，还对此提出质疑。同年，在印度另一运营商 BSNL 的工程竞标中。吃一堑，长一智的中兴终以竞标价格 28 亿卢比低于华为，赢得了这一仗，也最终成了印度市场最大的“赢”家。

2005 年 4 月底，中兴在华为多年经营的尼泊尔市场上，成功获得尼泊尔电信 100 万线 GSM 网络建设合同。这是尼泊尔通信史上最大的 GSM 网络建设项目。而中兴举杯庆贺时，华为因对中兴的低价抢单行为不满，将中兴告到了中国驻尼泊尔使馆商务处。尼泊尔战役中，中兴的竞标价为 390 万美元，华为的开标价是 1200 万美元。华为认为中兴是低于成本价竞标，涉嫌不正当竞争。

而在俄罗斯市场，2000 年以前就开始蹲守的华为本以为可以一口独吞。可随后亦步亦趋的中兴迅速开始分享华为打下的江山。2003 年 3 月，中兴通讯 GSM 产品被俄罗斯第四大 GSM 运营商 SMARTS 采用；2004 年 2 月，中兴通信为俄罗斯运营商 KCC 承建了 CDMA450 移动网络；2005 年，中兴通信承建俄罗斯运营商 Sky link 摩尔曼斯克 450MHz CDMA2000 1x 网络。

“想不打价格战都不行。”可以说，有中兴的地方就一定有华为。而从双方首脑不同场合那充满杀机的讲话中，也能看出海外“价格战”的欲罢不能。2001 年，华为的日子不太好过，任正非为此还特意撰文“华为的冬天”。在一些华为内部的讲话中，他说：“我们准备的棉袄就是现金流。”“活下来是我们真正的出路，国际上的市场竞争法则是优胜劣汰，难做的时候，你多做一个合同，别人就少一个。兄弟公司之间竞争的时候，我们要争取更大的市场份额与合同金额，这才是我们真实的出路。宁肯卖得低一些，一定要拿到现金，亏钱卖了就是拼消耗，看谁能耗到最后，谁消耗得最慢，谁就能活到最后。”从中可以看出，任正非的竞争逻辑是“丛林哲学”。而 2004 年以后掌舵中兴的殷一民也不甘示弱。对于价格战的始作俑者，也许现在已经无从考证。而“自杀性价格战”的结果却是可以预知。华为 2005 年上半年实际净利润率大幅下降，而中兴去年的年报也差不多。双方都心知肚明，这就是“杀敌一千，自损八百”肉搏的结局。一位业内人士指出：“价格战就是抽血。等待各自把各自的血抽完了，爱立信、诺基亚就会大笑，4G、N-NGN 还是我们的。”而对于他们是否可以合并，中兴的一位高管告诉记者：“根本不可能。”中兴是一家上市公司，各方面都是透明的；而华为至今没有上市，财务根本不透明，其内部的股权结构更是最高机密。

如今，已经骑虎难下的两家还没有任何和解的迹象。靠厂商自律，靠价格同盟，靠政府干预，恐怕都没有可能。除非是任正非、侯为贵这两位大佬坐下来谈判。处于创业期的中国民营企业不宜走出去，即时机不成熟。对于处于集体领导期的中国民营企业，是否走出去完全要根据其自身的产品、服务的成熟度和其企业自身的管理成熟度来决定。对于一般处于集体领导期的中国民营企业来说，所谓走出去，也只能是在国际市场上进行相对简单的国际贸易。而要在当地国家建厂投资等，则风险巨大。而对处于正规化期的中国民营企业来讲，走出去的空间是很大的。处于正规化期的中国民营企业基本上都是 20 岁左右的企业，如海尔、联想、TCL、中兴、华为、力帆等，但这些民营企业有的已经从事国际化多年(例如，TCL 在 2002 年曾花了 820 万欧元收购了德国二流品牌企业施耐德电视生产公司。虽然这次收购最后以失败告终，但是，TCL 学到了不少国际化的经验)。有的正在国际市场上继续拓展。我认为，对于处于正规化期的中国民营企业来讲，走出去的时机是成熟的。

资料来源：郭健.英才.http://finance.sina.com.cn，2006 年 06 月 07 日 12:03.

讨论题

1. 华为与中兴在国际市场上为什么要打价格战?
2. 今后中国企业在国际竞争中应吸取哪些教训?

1. 目的

(1) 伴随经济的全球化和网络化能够认识企业的国际营销实际。

(2) 能够引导学生形成全球化营销观念。

2. 内容和要求

(1) 选择一家企业进行调研，了解其国际营销的组织结构、业务组成。

(2) 尝试对该企业的国际营销特点进行归纳总结。

(3) 分析该企业的国际营销提出建设性意见。

(4) 完成包括以上内容的小组报告。

3. 步骤

(1) 任课教师说明实践目的、任务，进度和要求。

(2) 全班分若干小组，每组 5 人左右。各小组分别进行准备，包括复习相关教学内容，补充阅读参考文献；通过互联网收集拟调研企业相关资料，形成初步认识；统一工作思路，完成调查提纲。

(3) 在组长带领下，在拟调研企业完成访谈、讨论，完成一手资料的收集、整理。

(4) 组长组织小组课外讨论，形成小组报告。

(5) 分小组展示与报告，进行课堂讨论，由任课教师点评、总结。

第十四章　市场营销的新领域与新概念

本章提要

本章介绍近几十年来市场营销学研究与实践的主要新领域与新概念，如绿色营销、整合营销、关系营销、网络营销及营销道德等。通过学习，掌握绿色营销、整合营销、关系营销、网络营销及营销道德的内涵及特点，了解新型营销的实施方法，认识营销道德的概念，了解我国营销道德的现状及构建内容。

本章知识结构图

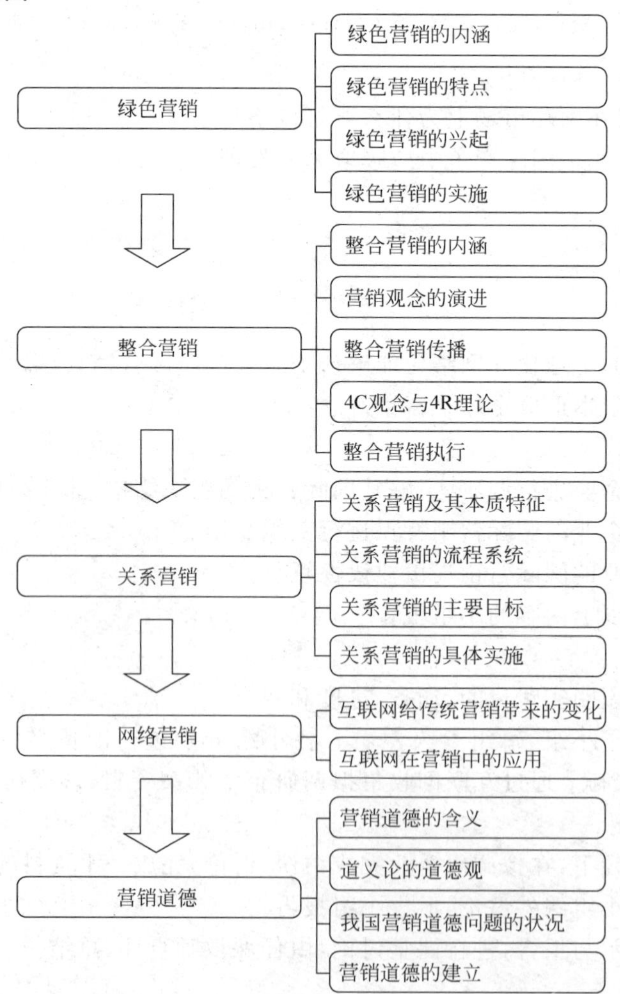

重要概念

绿色营销；整合营销；4C；4R；关系营销；网络营销；营销道德。

客服推广 9:100 万

新媒体推广如何会少了小米的身影？"9:100 万"的粉丝管理方式是指小米手机的微信账号后台客服人员有 9 名，这 9 名职工最大的作业是每天回复 100 万粉丝的留言。每天早上，当 9 名小米微信运营作业人员在电脑上翻开小米手机的微信账号后台，看到用户的留言，他们一天的作业也就开始了。

其实小米自己开发的微信后台可以主动抓取关键字回复，但小米微信的客服人员仍会进行一对一的回复，小米也是通过这样的办法大大提升了用户的品牌忠诚度。相较于在微信上开个店铺，对小米这样的品牌微信用户来说，做客服显然比卖掉一两部手机更让人期待。

当然，除了提升用户的忠诚度，微信做客服也给小米带来了实实在在的好处。黎万强表示，微信使得小米的推广、crm 开端下降，昔日小米做活动一般会群发短信，100 万条短信发出去，便是 4 万块钱的本钱，微信做客服的效果可见一斑。

资料来源：李旭. 看他们怎么做——微信营销十大成功经典案例. 第一营销网，http://www.cmmo.cn/article-175229-1.html，2014 年 3 月 21 日.

营销启示：

微信营销等网络营销形式是 21 世纪最有代表性的低成本、高效率的营销新领域，小米手机的微信账号后台客服与传统的客服有哪些形式、内容和效果的不同？

20 世纪 50 年代以来，市场营销学的新概念层出不穷，引发了争论，指导了实践。近些年我国学界一直密切关注着 21 世纪市场营销的新发展。中国高等院校市场学研究会从 1994 年起，就锲而不舍地组织学者研究跨世纪市场营销的新领域和新概念，提出了有关市场营销的新动向、新问题。不少探讨市场营销新领域、新概念的论文和著作，对我国市场营销理论的发展做出了贡献。显然，仅仅一章篇幅难以对营销新领域、新概念作充分说明，只能有选择地介绍几个方面，涉及一些基本问题。

第一节　绿色营销

一、绿色营销的内涵

较早对绿色营销做出界定的是英国威尔斯大学的肯·毕提(Kenpeattie)教授。他在所著《绿色营销——化危机为商机的经营趋势》一书中指出，绿色营销是一种能辨识、预期及符合消费的社会需求，并且可带来利润及永续经营的管理过程。关于绿色营销，广义的解释指企业营销活动中体现的社会价值观、伦理道德观。企业奉行绿色营销观念，就将在营销活动中坚持可持续发展战略，自觉维护自然生态平衡，促进经济与生态环境协调发展，以实现企业利益、消费者利益、社会利益及生态环境利益的协调统一。因此，广义的绿色营销也称伦理营销。狭义的绿色营销，也称生态营销或环境营销，主要指企业在营销活动中，谋求消费者利益、企业利益与环境利益的协调，既致力于满足绿色消费需求，履行环境保护的责任和义务，同时实现自身盈利所进行的经营活动。

绿色营销在狭义含义基础上，有3条宗旨：一是节约材料耗费，保护地球资源；二是确保产品的安全使用、卫生和方便，以利于人们的身心健康和生活品质的提升；三是引导绿色消费，培养人们的绿色意识，优化人们的生存环境。绿色营销体现了企业适应消费者利益和人类共同愿望，建立人类与大自然对立统一的协调机制，代表了企业生存发展与企业行为的未来方向。绿色营销的基础在于绿色产品和绿色产业，对企业来说，发展绿色产品和绿色产业是其发展的必然选择，因为它适应了环境与发展相协调的战略。

二、绿色营销的特点

与传统营销相比，绿色营销具有以下特征：

(1) 绿色消费是开展绿色营销的前提。消费需求由低层次向高层次发展，是不可逆转的客观规律，绿色消费是较高层次的消费观念。人们的温饱等生理需要基本满足后，便会产生提高生活综合质量的要求，产生清洁环境与绿色产品的需求。

(2) 绿色观念是绿色营销的指导思想。绿色营销以满足需求为中心，为消费者提供能有效防止资源浪费、环境污染及损害健康的产品。绿色营销所追求的是人类的长远利益与可持续发展，重视协调企业经营与自然环境的关系，力求实现人类行为与自然环境的融合发展。

(3) 绿色体制是绿色营销的法制保障。绿色营销是着眼于社会层面的新观念，所要实现的是人类社会的协调持续发展。在竞争性的市场上，必须有完善的政治与经济管理体制，制定并实施环境保护与绿色营销的方针、政策，制约各方面的短期行为，维护全社会的长远利益。

(4) 绿色科技是绿色营销的物质保证。技术进步是产业变革和进化的决定因素，新兴产业的形成必然要求技术进步，但如果技术进步背离绿色观念，其结果有可能加快环境污染的进程。只有以绿色科技促进绿色产品的发展，促进节约能源和资源可再生、无公害的绿色产品的开发，才是绿色营销的物质保证。

三、绿色营销的兴起

伴随现代工业的大规模发展，人类以空前的规模和速度毁坏着自己赖以生存的环境，给自身的生存和发展造成严重威胁。大自然的报复促使人类猛醒，绿色需求便逐步由潜在转化为现实，消费需求的满足，转向物质、精神、生态等多种需求和价值并重。有支付能力的绿色需求，是绿色营销赖以形成的推动力，并决定了绿色市场的规模与发展。

1968年，在意大利成立的罗马俱乐部指出：人类社会的进步并不等于GDP的上升。1972年6月，联合国在斯德哥尔摩首次召开了人类环境会议，通过了全球性环保行动计划和《人类环境宣言》，向全世界发出呼吁：人类只有一个地球。1992年联合国在里约热内卢召开的环境与发展会议制定了《21 世纪议程》,要求各国政府根据本国情况制定各自的可持续发展战略、计划和对策。

进入 20 世纪 90 年代,一些国家纷纷推出以环保为主题的"绿色计划"。2006 年 5 月 29 日作为我国农产品最大出口国的日本开始实施《肯定列表制度》,由于农药残留量超标,我国粮油食品出口日本严重受阻。据不完全统计,若我国不及时采取措施,我国数百个品种、100 多亿美元的出口产品将因保护臭氧层的有关国际公约而被禁止生产和销售。因此,对实施绿色营销,我们必须有紧迫感。

四、绿色营销的实施

绿色营销实施的步骤,一般包括树立绿色营销观念、收集绿色信息、分析绿色需求、制定绿色营销战略和绿色营销组合。

(一) 制定绿色营销战略

在全球绿色浪潮兴起的时代,企业基于环境和社会利益考虑,制订体现绿色营销内涵的战略计划,有利于长期发展。制订绿色营销战略应明确企业研制绿色产品的计划及必要的资源投入,具体说明环保的努力方向及措施。制定绿色营销战略应以满足绿色需求为出发点和归宿,既要满足现有与潜在绿色需求,还要促进消费者绿色消费意识和绿色需求的发展。

(二) 制定绿色营销组合

绿色营销强调营销组合中的"绿色"因素:注重绿色消费需求的调查与引导;注重在生产、消费及废弃物回收过程中降低公害、符合绿色标志的绿色产品的开发和经营;并在定价、渠道选择、促销、服务、企业形象树立等营销全过程中,都要考虑以保护生态环境为主要内容的绿色因素。

绿色产品不仅对社会或环境改善有所贡献,而且能有效地树立良好的企业形象。冲破绿色堡垒,适应"环保回归"热潮,能为企业带来长期效益。正确有效的绿色渠道是绿色营销的关键环节,不仅要慎选绿色信誉好的中间商,而且要选择和改善能避免污染、减少损耗和降低费用的储运条件。绿色价格应反映生态环境成本,包括产品所吸收的因环保及环境改善而支出的费用,确立环境与生态有价的基本观点,贯彻"污染者付款"原则,促进生态化、低污低耗绿色技术的开发和应用。绿色促销是绿色媒体传播绿色企业及产品信息的行为。要利用传媒和社会活动,为企业的绿色表现作宣传,通过赞助、捐赠等对有关环保的组织及活动,给予经济上的支持。广告要突出绿色产品的特点,突出环保靠全社会的力量、靠每个人的贡献。

第二节　整合营销

一、整合营销的内涵

整合营销(Integrated Marketing)是一种对各种营销工具和手段的系统化综合,根据环境变迁进行即时性的动态修正,以使交换双方在交互中实现价值增值的营销理念与方法。

整合营销强调以消费者为中心并把企业所有资源综合利用，实现企业的高度一体化营销。整合既包括企业营销过程、营销方式以及营销管理等方面的整合，也包括对企业内外的商流、物流及信息流的整合。整合营销发生在两个层次，一是不同的营销功能——销售力量、广告、产品管理、市场研究等——必须共同工作；二是营销部门必须和企业的其他部门相协调。整合营销要求整体配置企业所有资源，这包括企业中各层次、各部门和各岗位，以及总公司、子公司，以形成竞争优势。企业营销活动的协调性，不仅仅是企业内部各环节、各部门的协调一致，而且也强调企业与外部环境协调一致，共同努力以实现整合营销。或者说，企业所有部门为服务于顾客利益而共同工作，企业与产品供应商、经销商及所有利益相关者协调行动，其结果就是整合营销。

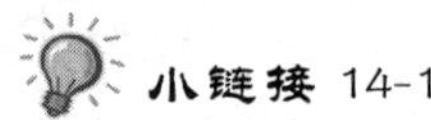

整合营销两大主题

整合营销一般包括两大主题，分别是：(1)许多不同的营销活动都能够传播和交付价值；(2)在有效协调的情况下，实现各项营销活动的综合效果的最大化。也就是说，营销者在设计和执行任何一项营销活动时都必须全盘考虑。当医院从通用电气公司(General Electric)的医疗系统部购买磁共振成像设备的时候，它期望购买后能够有良好的安装、维护和培训服务。

资料来源：菲利普·科特勒，等.营销管理[M].第 14 版·全球版.王永贵，等译.北京：中国人民大学出版社，2012.

营销组合概念强调将市场营销中各种要素组合起来的重要性，营销整合虽与之一脉相承，但更为强调各种要素之间的关联性，要求它们成为统一的有机体。在此基础上，整合营销更要求各种营销要素的作用力统一方向，形成合力，共同为企业的营销目标服务，如图 14-1 所示。

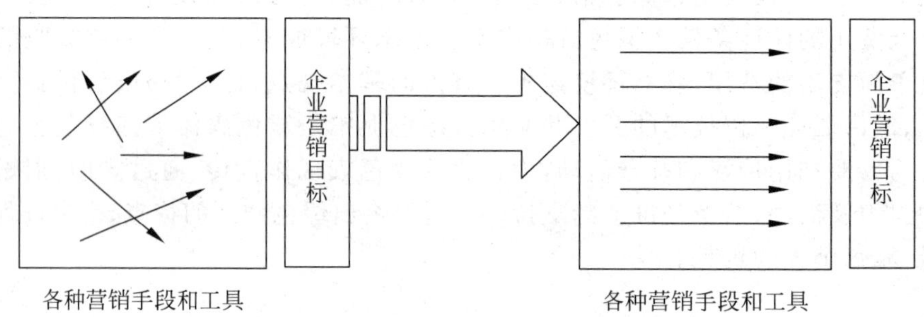

图 14-1　整合营销过程

二、营销观念的演进

传统的大众营销，是为了向同质性高、无显著差异的消费者，销售大量制造的标准化的消费品。营销管理者认为，只要不断强调企业产品质量，并不断努力降低成本和价格，消费者就会购买。然而大众取向的传媒和充斥市场的广告,并未能持续圆满地解决销售困难。以满足消费者需求为中心的服务营销,在竞争日益激烈的条件下,逐步取代了以企业生存和发展为中心的产品营销。需求导向的企业以目标市场的需求为出发点,力求比竞争者更加有效地满足消费者的需求和欲望。企业要通过真正了解消费者喜欢什么,又想要得到什么来战胜竞争对手。如果不知道顾客的需要是什么,自然就无法满足这些需要,但是,了解消费者真正的需求并非易事。企业面临的主要难题是,消费者在做出购买决定时,越来越依赖他们自以为重要、真实、正确无误的认识,而不是具体的、理性的思考。企业唯一的差异化特色,在于消费者相信什么是厂商、产品或劳务以及品牌所能提供的利益。存在于消费者心智网络(Mental network)中的价值,才是真正的营销价值。因此,要想有效地为满足顾客需求而开展营销,首先要进行有效的沟通。

整合营销观念不是把营销活动作为企业经营管理的一项职能,而是要求所有活动都整合协调起来,努力为顾客的利益服务。同时,强调企业与市场之间互动的关系和影响,努力发现潜在市场和创造新市场。以注重企业、顾客、社会三方共同利益为中心的整合营销,具有整体性与动态性特征,企业把与消费者之间的交流、对话、沟通放在特别重要的地位,是营销观念的变革和发展。

三、整合营销传播

最初,D. E. 舒尔茨等人提出了整合营销传播(integrated marketing communications, IMC)的概念,并出版了合著的《整合营销传播》一书。整合营销传播也称整合营销沟通,"是指公司把传播目标与企业目标结合起来从而能够加速回报的过程"。[①] "IMC 不是以一种表现、一种声音,而是以更多的要素构成的概念。"[②]美国西北大学新闻学院把 IMC 定义为:"IMC 把品牌等与企业的所有接触点作为信息传达渠道,以直接影响消费者的购买行为为目标,是从消费者出发,运用所有手段进行有力的传播的过程。"[③]D. E. 舒尔茨认为,20 世纪 90 年代是策略至上的传播时代,营销就是传播,在同质化的市场中,只有传播才能创造出差异化的品牌竞争优势。

四、4C 观念与 4R 理论

20 世纪 90 年代以来,新的现实改变了世界局势,改变了企业经营获利的方式,而作为社会的细胞,家庭及每个家庭成员也都在改变。人们从传统家庭价值观的压力下解放出来,有更多的生活形态可以选择。家庭组成的变化,不仅意味着基本家庭用具、生活用品需求的增加,而且由于教育程度不断提高,人们更多地通过分析选择真正适合自己的物品。市场想要掀起某种消费热潮越来越难,消费者越来越具有个性。一方面是产品的同质化日益增强;另一方面是消费者的个性化、多样化日益发展,于是日渐兴起的 4C 观念,要求"暂时忘掉"传统的 4P 理论,更新和强化以消费者需求为中心的营销组合。

---

① D. E. 舒尔茨,等. 整合营销传播[M]. 何西军,等译. 北京:中国财政经济出版社,2005:3.

② D. E. 舒尔茨语,转引自(韩)申光龙. 整合营销传播战略管理[M]. 北京:中国物资出版社,2001:6.

③ (韩)申光龙. 整合营销传播战略管理[M]. 北京:中国物资出版社,2001:6.

（一）Consumer（消费者）

指消费者的需要和欲望(the needs and wants of consumer)。企业要把重视顾客放在第一位，强调创造顾客比开发产品更重要，满足消费者的需求和欲望比产品功能更重要。不能仅仅卖企业想制造的产品，而是要能提供顾客确实想买的产品。

（二）Cost（成本）

指消费者获得满足的成本(cost and value to satisfy consumer needs and wants)，或是消费者满足自己的需要和欲望肯付出的成本价格。这里的营销价格因素延伸为生产经营过程的全部成本。包括：企业的生产成本，即生产适合消费者需要的产品成本；消费者的购物成本，不仅指购物的货币支出，还有时间耗费、体力和精力耗费以及风险承担。新的定价模式是：消费者支持的价格－适当的利润＝成本上限。企业要想在消费者支持的价格限度内增加利润，就必须努力降低成本。

（三）Convenience（便利）

指购买的方便性(convenience to buy)。比之传统的营销渠道，新的观念更重视服务环节，在销售过程中，强调为顾客提供便利，让顾客既购买到商品，也购买到便利。在各种邮购、电话订购、代购代送方式出现后，消费者不一定去到商场，在小区或坐在家里就能买到自己所需的物品。企业要深入了解不同的消费者有哪些不同的购买方式和偏好，把便利原则贯穿于营销活动的全过程：在售前及时向消费者提供充分的关于产品性能、质量、价格、使用方法和效果的准确信息；售货地点要提供自由挑选、方便停车、免费送货、咨询导购等服务；售后应重视信息反馈和追踪调查，及时处理和答复顾客意见，对有质量问题的商品主动退换，对出现故障的商品积极提供维修，大件商品甚至终身保修，为方便顾客，很多企业已开设热线电话服务。

（四）Communication（沟通）

指与用户沟通(communication with consumer)。企业可以尝试多种营销策划与营销组合，如果未能收到理想的效果，说明企业与产品尚未完全被消费者接受。这时，不能依靠加强单向劝导顾客，要着眼于加强双向沟通，增进相互的理解，实现真正的适销对路，培养忠诚的顾客。

D. E. 舒尔茨提出以4C代替4P，意图创立新的营销理论框架。后来他又进一步提出了4R理论，并以此作为IMC的基础。4R较4C更突出顾客的核心地位，营销的核心从交易走向关系。4R是：relevance（关联），与顾客建立紧密的关联，形成互助、互求、互需的关系，减少顾客的流失；reaction（反应），提高企业对市场的反应速度，倾听顾客的意见并及时做出反应；relationship（关系），建立和顾客的互动关系；reward（回报），一切营销活动必须以为顾客和公司创造价值为目的。①

营销理论界不少人认为：4P、4C、4R三者不是取代关系而是完善、发展的关系。由于企业层次不同，情况千差万别，市场、企业营销还处于发展之中，因此在一定时期内，4P还

① 晓光，等. 新营销[M]. 北京：中国纺织出版社，2004.［另据[美]艾略特·艾登伯格. 4R营销——颠覆4P的营销新论[M]. 北京：企业管理出版社，2003. 4R指：Relationship（关系）；Retrenchment（节省）；Reward（报酬）；Relevancy（关联）］

是营销的一个基础框架，4C也是很有创新精神的思路，4R是在4P、4C基础上的发展。在了解新世纪市场营销理论新发展的同时，根据企业的实际，把三者结合起来指导营销实践，可能会取得更好的效果。有位营销学者这样说："用4C来思考，用4P来行动，用4R来发展。"

五、整合营销执行

营销执行是将营销计划转化为行动和任务的部署过程，也是将纸面上的计划、任务落实以实现预定目标的过程。整合营销计划具有更大的弹性空间和动力机制，其执行可以有更多的活力和更高的效率。

（一）影响整合营销执行的技能

(1) 营销贯彻技能。为使营销计划贯彻执行快捷有效，必须运用分配、监控、组织和配合等技能。分配技能指营销各层面负责人对资源进行合理分配，使其在营销活动中优化配置的能力。监控技能指在各职能、规划和政策层面建立系统的营销计划结果的反馈系统并形成控制机制。组织技能指开发和利用可以依赖的有效的工作组织。配合技能指营销活动中各部门及成员要善于借助其他部门以致企业外部的力量有效实施预期的战略。

(2) 营销诊断技能。营销执行的结果偏离预期目标，或是执行中遇到较大阻力时，需确定问题的症结所在并寻求对策。

(3) 问题评估技能。营销执行中的问题，可能产生于营销决策，即营销政策的规定；可能产生于营销规划，即营销功能与资源的组合；也可能产生于行使营销功能方面，如广告代理、经销商。问题发现后，应评定问题所处的层面并及时解决问题。

(4) 评价执行结果技能。将营销活动整体的目标，分解成各阶段和各部门的目标，并对各分目标完成的结果和进度及时进行评价，这是对营销活动实施有效控制和调整的前提。

（二）整合营销执行过程

在整合营销执行中，涉及资源、人员、组织与管理等方面。

(1) 资源的最佳配置和再生。实现资源最佳配置，既要利用内部资源运用主体的竞争，力求实现资源使用的最佳效益；又要利用最高管理层和各职能部门，组织资源共享，避免资源浪费。

(2) 人员的选择、激励。人是实现整合营销目标的最能动、最活跃的因素，要组成有较高的合作能力和综合素质的非长期团队小组，保证圆满完成分目标，并通过激励措施不断增强人员信心，调动积极性，促使创造性变革的产生。

(3) 学习型组织。整合营销团队具有动态性特点，而组织又要求具有稳定性。要建立组织中人们所共同持有的意象或景象，即共同愿景，保持个人与团队目标和企业目标的高度一致，并强化团队学习，创造出比个人能力总和更高的团队，形成开放思维，实现自我超越。

(4) 监督管理机制。高层管理务求使各种监管目标内在化，如通过共同愿景培养各成员、各团队自觉服务精神，通过激励、培养塑造企业文化，通过团队中人员、职能设置强化团队自我管理能力。团队自身也承担了原有监管应承担的大量工作,在最高层的终端控制下,自觉为实现企业营销目标努力协调工作。

第三节 关系营销

一、关系营销及其本质特征

约翰·伊根认为,对关系营销(relationship marketing)目标最好的描述是"在适当情况下,识别和建立、维持和增进同消费者和其他利益相关者的关系,同时在必要时终止这些关系,以利于实现相关各方的目标。这要通过相互交换及各种承诺的兑现来实现"[①]。科特勒等认为,"关系营销(relationship marketing)就是要与关键的利益相关者建立起彼此满意的长期关系,以赢得和维持业务"[②]。

关系营销把建立和发展与所有利益相关者之间的良好关系,作为企业营销的关键变量,把正确处理这些关系作为企业营销的核心。关系营销奉行的黄金法则是,同等条件下,人们将和他们认识、喜欢并且信任的人做生意。[③]

关系营销是以系统论为基本思想,将企业置身于社会经济大环境中来考察企业的市场营销活动,认为企业营销乃是一个与消费者、竞争者、供应者、分销商、政府机构和社会组织发生互动作用的过程。

关系营销的本质特征:

(1) 信息沟通的双向性。社会学认为关系是信息和情感交流的有机渠道,良好的关系即是渠道畅通;恶化的关系即是渠道阻滞;中断的关系则是渠道堵塞。交流应该是双向的,既可以由企业开始,也可以由营销对象开始。广泛的信息交流和信息共享,可以使企业赢得支持与合作。

(2) 战略过程的协同性。在竞争性的市场上,明智的营销管理者应强调与利益相关者建立长期的、彼此信任的、互利的关系。这可以是关系一方自愿或主动地调整自己的行为,即按照对方要求的行为;也可以是关系双方都调整自己的行为,以实现相互适应。各具优势的关系双方,互相取长补短,联合行动,协同动作去实现对各方都有益的共同目标,可以说是协调关系的最高形态。

(3) 营销活动的互利性。关系营销的基础,在于交易双方相互之间有利益上的互补。如果没有各自利益的实现和满足,双方就不会建立良好的关系。关系建立在互利的基础上,要求互相了解对方的利益要求,寻求双方利益的共同点,并努力使双方的共同利益得到实现。真正的关系营销是达到关系双方互利互惠的境界。

(4) 信息反馈的及时性。关系营销要求建立专门的部门,用以追踪各利益相关者的态度。关系营销应具备一个反馈的循环,连接关系双方,企业由此了解到环境的动态变化,根据合作方提供的信息,以改进产品和技术。信息的及时反馈,使关系营销具有动态

---

① [英]约翰·伊根. 关系营销[M]. 林洪,等译. 北京:经济管理出版社,2005:30.

② [美]菲利普·科特勒,等. 营销管理[M]. 第14版·全球版. 王永贵,等译. 北京:中国人民大学出版社,2012:23.

③ [美]鲍勃·伯格. 关系营销[M]. 许旭,译. 北京:中国长安出版社,2008:7.

的应变性，有利于挖掘新的市场机会。

二、关系营销的流程系统

关系营销把一切内部和外部利益相关者纳入研究范围，用系统的方法考察企业的所有活动及其相互关系。表现积极的一方被称为营销者，表现不积极的一方被称作目标公众，如图 14-2 所示。

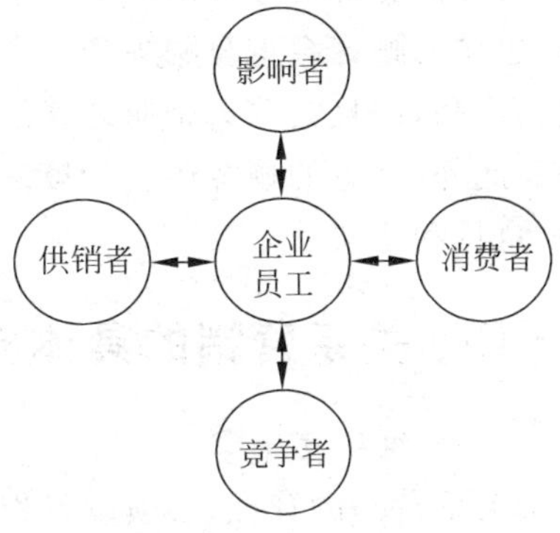

图 14-2 企业营销基本关系

企业与利益相关者结成休戚与共的关系。企业的发展要借助利益相关者的力量，而后者也要通过企业来谋求自身的利益。

(1) 企业内部关系。内部营销起源于把员工当作企业的市场。明智的企业高层领导，心中装有“两个上帝”，一个“上帝”是顾客；另一个“上帝”是员工。企业要进行有效的营销，首先要有具备营销观念的员工，能够正确理解和实施企业的战略目标和营销组合策略，并能自觉地以顾客导向的方式进行工作。企业要尽力满足员工的合理要求，提高员工的满意度和忠诚度，为关系营销奠定良好基础。

(2) 企业与竞争者关系。企业所拥有的资源条件不尽相同，往往是各有所长，各有所短，为有效地通过资源共享实现发展目标，企业要善于与竞争对手和睦共处，并和有实力、有良好营销经验的竞争者进行联合。

(3) 企业与顾客关系。顾客是“上帝”，是“财神”，企业要实现盈利目标，必须依赖顾客。企业需要通过搜集和积累大量市场信息，预测目标市场购买潜力，采取适当方式与消费者沟通，变潜在顾客为现实顾客。同时，要致力于建立数据库或其他方式，密切加强与消费者的关系。对老顾客要更多地提供产品信息，定期举行联谊活动，加深情感信任，争取成为长期顾客，其花费的成本，肯定比寻求新顾客更为经济。

(4) 企业与供销商关系。因分工而产生的渠道成员之间的关系，是由协作而形成的共同利益关系。合作伙伴虽难免也存在矛盾，但相互依赖性更为明显。企业必须广泛建立与供应商、经销商之间密切合作的伙伴关系，以便获得来自供销两个方面的有力支持。

(5) 企业与影响者关系。各种金融机构、新闻媒体、公共事业团体以及政府机构等，对企业营销活动都会产生重要的影响，企业必须以公共关系为主要手段争取它们的理解与支持。例如，社区是以地缘为纽带而连接和聚集的若干社会群体或组织之间的关系，构成企业关系营销中不可忽视的一环。企业需要社区提供完善的基础设施和有效率的工作，社区也希望企业为社区建设提供人、财、物的支持。

三、关系营销的主要目标

关系营销更为注意的是维系现有顾客，丧失老主顾无异于失去市场、失去利润的来源。关系营销的重要性也就在于争取新顾客的成本大大高于保持老顾客的成本。有的企业推行“零顾客叛离”(zero defection)计划，目标是让顾客没有离去的机会。这就要求及时掌握顾客的信息，随时与顾客保持联系，并追踪顾客动态。因此，仅仅维持较高的顾客满意度和忠诚度还不够，还必须分析顾客产生满意感和忠诚度的根本原因。由于对企业行为绩效的感知和理解不同，表示满意的顾客，原因可能不同，只有找出顾客满意的真实原因，才能有针对性地采取措施来维系顾客。满意的顾客会对产品、品牌乃至公司保持忠诚，忠诚的顾客会重复购买某一产品或服务，不为其他品牌所动摇，不仅会重复购买已买过的产品，而且会购买企业的其他产品。同时，顾客的口头宣传有助于树立企业的良好形象。此外，满意的顾客还会高度参与和介入企业的营销活动过程，为企业提供广泛的信息、意见和建议。

四、关系营销的具体实施

（一）组织设计

关系营销的管理，必须设置相应的机构。企业关系管理，对内要协调处理部门之间、员工之间的关系，对外要向公众发布消息、征求意见、搜集信息、处理纠纷等。管理机构代表企业有计划、有准备、分步骤地开展各种关系营销活动，把企业领导者从烦琐事务中解脱出来，使各职能部门和机构各司其职，协调合作。

关系管理机构是企业营销部门与其他职能部门之间、企业与外部环境之间联系沟通和协调行动的专门机构。其主要作用是：收集信息资料，充当企业的情报来源；综合评价各职能部门的决策活动，充当企业的决策参谋；协调内部关系，增强企业的凝聚力；向公众输送信息，加强企业与公众之间的理解和信任。

（二）资源配置

(1) 人力资源调配。一方面实行部门间人员轮换，以多种方式促进企业内部关系的建立；另一方面从内部提升经理，可以加强企业员工凝聚力。

(2) 信息资源共享。在采用新技术和新知识的过程中，以多种方式分享信息资源。如利用计算机网络协调企业内部各部门及企业外部拥有各种知识与技能的人才的关系；制定政策或提供帮助以削减信息超载，提高电子邮件和语言信箱系统的工作效率；建立“知识库”或“回复网络”，并入更庞大的信息系统；组成临时“虚拟小组”，以完成自己或客户的交流项目。

（三）文化整合

关系各方环境的差异会造成建立关系的困难，使工作关系难以沟通和维持。跨文化之间的人们要相互理解和沟通，必须克服不同文化规范带来的交流障碍。文化的整合，是关系各方能否真正协调运作的关键。合作伙伴的文化敏感性非常敏锐和灵活，能使合作各方共同有效地工作，并相互学习彼此的文化差异。

文化整合是企业市场营销中处理各种关系的高级形式。不同企业有不同的企业文化。推动差别化战略的企业文化可能是鼓励创新、发挥个性及承担风险；而成本领先的企业文化，则可能是节俭、纪律及注重细节。如果关系双方的文化相适应，将能强有力地巩固企业与各子市场系统的关系并建立竞争优势。

第四节　网络营销

一、互联网给传统营销带来的变化

计算机网络是将各自独立的计算机处理节点通过线路互相连接，节点之间能够彼此通信的系统。互联网(internet)将全球的计算机网络群连接，成为不为任一国家或企业所拥有的信息传递系统，使得全人类共享信息资源。随着越来越多的企业和个人网络进入互联网，网络营销在人类生活中的地位日趋重要，也必将使传统营销组合注入新的内容。

网络营销(Internet Marketing、E-Marketing、Cyber Marketing、Network Marketing)是以国际互联网络为基础，利用数字化的信息和网络媒体的交互性来辅助营销目标实现的一种营销方式。是以互联网为核心平台，以网络用户为中心，以市场需求和认知为导向，利用各种网络应用手段去实现企业营销目的经营行为。虽然网络营销以互联网为核心平台，但也可以整合其他的资源形成整合营销，比如销售渠道促销、传统媒体广告、地面活动等。

在网络环境下，时间和空间的概念、市场的性质、消费者的理念都将发生变化，以及由此而引起的营销策略、竞争形态也将发生变化。

(一) 网络销售产品的特征

目前，网络销售的海量产品已经几乎无所不包，最适合在互联网络上销售的产品，大致具有以下特征：

(1) 数字化。如图书、音乐和一些虚拟产品等。

(2) 标准化。由于消费者网购缺乏亲身体验的条件，所以，消费者对质量的要求尤其需要标准化。

(3) 隐私化。一些特殊商品有可能涉及消费者隐私，网购可使顾客避免与销售人员直接接触而带来尴尬。

(4) 无形化。如旅游线路的挑选，宾馆、演出门票、电子机票、餐饮等预定和各类咨询等服务类产品，可以方便快捷有效地满足消费者需求。

另外，一些量小、定制性强、不易设店贩卖的特殊产品和二手产品也适合在网络上销售。

(二) 网络销售的功能

经由网络所提供的产品与服务主要在于信息的提供，除将产品性能、特点、品质、价格以及顾客服务内容充分加以显示外，更重要的是能针对个别需求作一对一的营销服务。

(1) 利用电子布告栏或电子邮件提供线上售后服务或与消费者双向沟通。

(2) 提供消费者之间、消费者与企业之间的网上共同讨论区，可借此了解消费者需求、市场趋势等。

(3) 提供线上自动服务系统，依据客户需求，自动在适当时机经由线上提供产品与服务信息。

(4) 利用网络进行线上研发讨论。如将有关产品构想或雏形在网络上公告，引发进入网络的有关人员充分议论。

(5) 通过网络进行调查，借此了解消费者对产品特性、品质、包装及式样等的意见，加速产品的研发与改进。

(6) 通过网络提供与产品相关的专业知识，进一步为消费者服务，不但可增加产品价值，也可提升企业形象。

(7) 开发电子书报、电子杂志、电子资料库、电子游戏等信息化产品，经由网络提供物美价廉的全球服务。

(8) 利用网络征集消费者对产品设计的构想，提供个性化的产品与服务。

(三) 线上交易价格

网络交易的费用较低，但因交易形式多样化，价格弹性也大。企业应在充分检视所有渠道的价格结构后，设计合理的线上交易价格。线上交易能够充分互动沟通，更好地掌握消费者购买信息，比较容易以理性方式拟订价格。由于没有中间商介入，产品的线上交易价格即零售价格能在全球有效地统一，并且可根据情况变化随时调整价格。

(四) 促销的新特点

线上促销以消费者需求为导向，具有一对一的特性。线上促销基本上是被动的，企业如何提供具有价值诱因的商品信息，吸引消费者上线，对企业是一大挑战。在促销活动方面，全球信息网的即时互动功能，充分显示了网络营销的灵活性。如一些网站采用折价券促销，消费者可从网上打印下来，直接到商店抵价消费。

(五) 渠道的革命

互联网络可将商品直接展示在消费者面前，回答消费者疑问，并接受顾客订单。这种直接互动与超越时空的电子购物，无疑是营销渠道上的革命，必将成为未来市场营销最重要的渠道。

(六) 促进4C与4R的实施

网络营销的特性，符合顾客主导、成本低廉、使用方便、充分沟通的要求。

(1) 网络为企业市场调研提供了全新的通道，可随时了解全球消费者需求及其对产品的看法和要求，有利于把握需求动态，便于开发适合需要的个性化产品。

(2) 网络通信成本低廉，可以较低成本了解消费者需求和向消费者传递信息，享有低成本优势，有利于提高产品的性价比。

(3) 有了互联网络，消费者无需四处奔波劳碌，坐着就能任意挑选自己所需的产品。数字化产品，如软件、电子书报等，可经由网络输入用户的电脑；实物产品一般可按用户要求送货上门。

(4) 网络提供了全新的沟通渠道。企业与用户可通过电子邮件彼此交流，网上论坛也为企业提供了了解用户的通道。

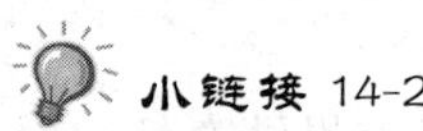

电商类型

出租型电商——阿里巴巴

阿里巴巴经营多个领先的网上及移动平台，业务覆盖零售和批发贸易及云计算等，拥有海量的商家和流量，向消费者、商家及其他参与者提供技术和服务，可在其生态系统里进行商贸活动。正如电商老兵、淘宝和当当网前高管黄若所言"国内的买卖平台实际上就是商业房地产"。以阿里为代表的开放平台模式，是通过互联网应用技术创新，以向买卖双方提供在线交易机会和条件为目标，以在线交易平台规模化收益管理为战略核心的在线零售业态。

超市型电商——京东商城

京东是中国最大的自营式电商企业，与阿里相比，京东商城更像是一个大型超市，提供 13 大类超过 4 000 万 SKUs 的丰富商品。以京东为代表的价值链整合模式，通过不断增强信息系统、产品操作和物流技术三大核心竞争力，与主要供应商、厂商建立信息交换机制，逐步建立起了完善的供应链服务优势。

生活虚拟型电商——顺丰嘿客

嘿客开创了国内零库存零售店模式。嘿客店内并不陈列实体货物，而是通过二维码、宣传海报、触摸屏等形式进行商品展示。作为顺丰旗下的网购服务社区店，除可以提供快递物流业务、虚拟购物外，还具备 ATM、冷链物流、团购预售、试衣间、洗衣、家电维修等多项便民业务，截至目前全国已有 2 000 多家门店。

资料来源：王深圳. 多彩饰家：占领"第四类电商". 销售与市场. 评论版，2015(1).

二、互联网络在营销中的应用

20 世纪 90 年代初，互联网络开始从纯教育信息管理进入商业管理领域，商业化促进了互联网络的飞速发展，互联网络也为商业提供了新的发展机会。

目前企业通过互联网络开展营销活动，主要有以下几种：

(1) 发布电子广告，传递市场信息。与传统媒体广告不同，计算机可给广告客户提供无限广阔的空间，也给中小企业提供了平等竞争的机会。

(2) 建立电子商场。将经营的商品以多媒体信息的方式，通过互联网络供全球顾客浏览、选购，是国外一些大商场正在探索的促销方式。让顾客在家中"逛商场"，通过网络浏览分布在不同商场的商品，包括商品的图像、文字介绍、技术参数指标、价格与售后服务、同类产品比较等。电子商场可以提供一些用户反馈信件、专家评述，在品种较多时，还可以设计数据库供顾客搜寻。电子商场不再受地域限制，可展销任何商品，并可在任一时间接受任一顾客的电子询价或订货，甚至设立线上收款服务。

(3) 开展市场调研。一方面是根据顾客反馈信息，了解顾客的需求及购物规律，据以调整商品结构和销售方向。另一方面，可以免费索取对营销活动非常有用的信息与商情动态。如美国商务部在互联网络上设立电子公告，提供数万份有关国际贸易的资料，其中 700 份每日更新一次，内容包括全球最新经济动态、经济发展指数、金融动态等。

(4) 开展网络服务。近年来，国外出现一批利用互联网络资源为用户服务的公司，如互联网络访问、信息检索、软件开发以及用户咨询与服务等。还有一些公司将信息作为"原料"，加工成"商品"后销售给用户，不仅解决了及时查找所需信息的困难，也可帮助排除文字上的障碍。作为销售商品的企业，可将各种技术资源推到网络上，用户有了难题，可很快从网络中获得解决，或是请在线厂家技术人员作出准确的回答。

此外，企业营销活动中，还可利用互联网络测试新产品的市场反应；强化产业环境信息的收集；加强与其他产业的联系；接触高教育水准的顾客和年轻族群，提早接触未来消费主力；寻找合作对象，加强与供销商联系；锁定特殊消费族群，开展"小众"传播等。

第五节 营销道德

一、营销道德的含义

道德是社会意识形态之一，是社会调整人们之间以及个人和社会之间关系的行为规范的总和。营销道德可以界定为调整企业与所有利益相关者之间关系的行为规范的总和，是客观经济规律及法制以外制约企业行为的另一要素。道德是由一定社会的经济基础所决定，并为一定社会经济基础服务的，任何道德都具有历史性。营销道德在不同的社会制度下和不同的历史时期，评判标准可能有所差异。在市场经济条件下，法制总是体现各个国家统治阶级的意志，法制与反映人民利益的道德标准有时也并不一致。哲人亚里士多德指出，实现法治的最基本的条件有二：拥有良法和依法而治。良法是前提，无法可依则无法制可言；有法而非良法，非但不能达到法治，反而使"法"沦为助纣为虐的工具。同样的道理，营销道德的评判标准，也应有明确的是非、善恶观念。营销道德的最根本的准则，应是维护和增进全社会和人民的长远利益。凡有悖于此者，皆属非道德的行为。

二、道义论的道德观

关于道德合理性的评价，伦理学家们提出了功利论与道义论两大理论。功利论主要以行为后果来评判行为的道德合理性，即一项行为能给大多数人带来最大幸福，则该行为就是道德的，否则就是有问题的或不道德的；道义论则从直觉或经验中归纳出某些人应当共同遵守的道德责任或义务，以是否履行这些责任或义务作为判断行为合理与否的标准。

西方道义论的道德观，主要有以下几种论点：

（一）显要义务论(the prirne facia daty framework)

英国学者罗斯(W. D. Ross)在1930年出版的《"对"与"善"》一书中，系统提出了"显要义务"或"显要责任"的观念。所谓显要义务，是在一定时间一定环境中人们自认为合适的行为。在多数场合，神志正常的人们往往不用推敲便明确自己应当做什么，并以此作为一种道德义务。罗斯提出了6条基本的显要义务：(1)诚实；(2)感恩；(3)公正；(4)行善；(5)自我完善；(6)不作恶。

2. 相称理论(the propartionality framework)

加勒特(T. Garret)于1966年提出：一项行为或一项决定是否道德，应从目的、手段和后果3个方面综合考察。目的指行为背后的动机与意图。手段指实现目的的过程及所运用的方式、方法。后果指行为引起的结果，包括行为人意欲达到的结果或虽非其所希望但预见可能产生的结果。假如预见行为将引起副作用，则必须有足够或相称的理由来放任这类副作用的发生，否则，该行为是不道德的。

无论是作为目的或是作为手段，旨在对他人造成“大恶”，都是不道德的。允许或放任一种“大恶”给他人造成重大损害，且提不出“相称理由”，是不道德的；希望、允许或放任一种对他人的“小恶”或小害发生，且提不出与之相称的理由，也是不道德的。这里“大恶”指造成某一机构或个人某些重要能力的丧失；“小恶”指造成他人物质利益方面的损失；“相称理由”指行为人所意欲的善的效果超过可能非意欲的恶的后果。

（三）社会公正理论（the social justice framework）

哈佛大学伦理哲学家罗尔斯（Rawls）于1971年提出社会公正理论，有两条基本的公正原则，即“自由原则”和“差异原则”。

（1）自由原则。指在不影响他人行使同样权利的前提下，让社会每一成员尽可能多地享受自由。不仅要求社会保障机会均等、舆论自由、财产权、选举权、人身权等基本权利，而且要在保持社会和谐、稳定的条件下，最大限度地让人们自己决定自身的命运。

（2）差异原则。指社会、经济的不平等应如此安排，一方面这种安排应适用于社会每一成员；另一方面应使社会、经济制度等方面的安排，最大限度地有利于弱者阶层，避免其境遇的日益恶化。

上述理论都只能为营销道德判断提供基本的思考线索，并不能成为解决营销道德冲突的万能钥匙。道德冲突在某种意义上反映的是利益冲突；而营销领域利益冲突的解决，很大程度上取决于企业树立什么样的营销思想。

三、我国营销道德问题的状况

据调查资料，我国营销道德问题的状况值得引起重视。

企业在市场营销工作中所进行的违背社会道德规范与国家法律的活动，即不良营销行为，具体表现在以下几个方面：

（1）市场营销调研中的不良行为。有的企业千方百计地通过不正当的手段窃取他人的成果。例如，派人打入其他企业窃取市场情报；用重金收买竞争对手的管理人员和技术人员，使之泄露重要机密等，从而严重地影响到市场调研活动的正常开展。

（2）产品营销中的不良行为。有些企业只注重眼前利益，不仅不以消费者需求为导向，反而采取不正当手段牟取非法利润。如假冒他人产品或注册商标；生产和销售劣质产品；产品出售后无售后服务保证；在产品生产及经营过程中，不注重资源的利用效率，严重污染环境，破坏生态平衡等。

（3）价格营销中的不良行为。一些企业从自身利益出发，不按市场规律从事销售活动，采取违背社会道德和法律规范的价格手段牟取暴利，如漫天要价，随意“宰客”；采用短斤少两，以次充好等手段，变相涨价；订立价格协议，实行固定价格，进行价格垄断等。

（4）渠道营销中的不良行为。有些企业在销售商品的过程中，骗买骗卖，或不讲商业道德，不讲信誉，不尊重当事人的愿望，强买强卖，或利用某种优势，限制竞争，进行垄断等。

（5）促销策略中的不良行为。有些企业只注重眼前利益，采取一系列违背道德及法律的手段来获取高利。如在广告中诋毁竞争对手的商业信誉，宣传迷信、荒诞和有损民族尊严的内容；在人员推销中，回扣行贿，吃喝玩乐，庸俗公关；在营业推广中，用“大放血”、“大降价”等欺诈手段，骗取顾客购买等。

四、营销道德的建立

营销道德问题涉及面广，要根本解决非一朝一夕之功。建立营销道德，应从以下几方面入手：

(1) 树立社会营销观念。企业不仅要以实现盈利和满足消费者直接需求为目标，而且要切实关心和维护消费者及社会的长期福利。法律、法规只是道德规范的最起码要求，合法的营销行为不一定合乎道德标准。对消费者的教育只是从客观上提高消费者认识水平，但也难以完全避免受骗、上当和不合理消费。建立营销道德最根本的还是确立并实施社会营销观念。企业在营销中要形成一套履行道德与社会责任的行为准则，自觉维护消费者的利益与社会福利。2008 年 9 月，经媒体披露和国家有关部门调查证实，石家庄三鹿集团股份有限公司生产的三鹿牌婴幼儿配方奶粉受到三聚氰胺污染，导致全国多例曾食用三鹿牌婴幼儿奶粉的婴幼儿发生泌尿系统结石病例，污染原因是不法分子向原奶中非法添加三聚氰胺。正在访问美国的温家宝总理 9 月 23 日在纽约说：“作为政府负责人，我感到十分痛心。”“企业家和经济学家的身上应该流着道德的血液，经济和企业的 DNA 应该是企业、技术、产品和管理与企业家和经济学家的理念、道德和责任的综合。”

(2) 加强法制建设，建立健全维护消费者利益的机构。进一步健全和完善法律、法规，严格依法治市，约束企业的不正当竞争行为，制裁欺骗和损害消费者权益的行为。建立有权威的保护消费者权益的监督、检查、仲裁机构，切实维护消费者利益。

(3) 认真解决信息不对称问题。不道德营销行为能够得逞，消费者利益受损，往往是由于营销者掌握的信息较多，而消费者了解的情况较少，对有关商品的知识甚为有限，在交易中处于不利地位。要加强对消费者的宣传教育，增强其自我保护意识，积极地与违法和不道德的营销行为作斗争。还要通过报刊和各种广告为消费者提供更多的商品知识，培养更多的理性消费者。

本章小结

20 世纪 50 年代以来，市场营销学的新概念层出不穷，本章择要加以介绍。

绿色营销有广义与狭义之分，广义侧重于伦理；狭义侧重于生态。绿色营销与传统营销相比，具有以下特征：绿色消费是开展绿色营销的前提；绿色观念是绿色营销的指导思想；绿色体制是绿色营销的法制保障；绿色科技是绿色营销的物质保证。实施绿色营销的企业，强调营销组合中的“绿色”因素，必须制定绿色营销战略和绿色营销组合。

整合营销：菲利普・科特勒认为，企业所有部门为服务于顾客利益而共同工作时，其结果就是整合营销。整合营销是营销观念的变革和发展，注重以企业、顾客、社会 3 方共同利益为中心，具有整体性与动态性特征。企业把与消费者之间交流、对话、沟通放在特别重要的地位。“整合营销传播之父”舒尔茨提出的 4C 代替 4P，意图创立新的营销理论框架。后来，他又进一步提出了4R理论，更突出顾客的核心地位，即营销的核心从交易走向关系。

关系营销：关系营销是以系统论为基本思想，将企业置身于社会经济大环境中来考察企业的市场营销活动，认为企业营销乃是一个与消费者、竞争者、供应者、分销商、政府机构和社会组织发生互动作用的过程。关系营销将建立与发展同所有利益相关者之间的关系作为企业营销的关键变量，把正确处理这些关系作为企业营销的核心。其本质特征在于：信息沟通的双向性；战略过程的协同性；营销活动的互利性；信息反馈的及时性。其主要目标是维系现有顾客。其具体实施包括组织设计、资源配置和文化整合。

网络营销：互联网络给传统的营销组合注入新的内容。目前企业通过互联网络开展营销活动，主要有发布电子广告，传递市场信息；建立电子商场；开展市场调研；开展网络服务。

营销道德：营销道德是调整企业与所有利益相关者之间的关系的行为规范的总和，是客观经济规律及法制以外制约企业行为的另一要素。

1. 应当如何认识绿色营销？如何实施绿色营销？
2. 试分析4C's营销策略。它能完全替代4P's营销策略吗？
3. 关系营销具有哪些本质特征？应如何实施？
4. 阻碍我国网络营销发展的难题主要是什么？企业应该采取哪些对策？
5. 应从哪些方面来构建营销道德？

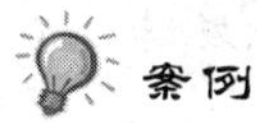

一颗橙子引发的狂欢

作为前红塔集团的领导，褚时健用18年打造出中国最大烟草帝国。75岁出狱后开始承包2 400亩的荒林种橙，直到85岁，2 400亩的果园硕果累累。而这个关于褚橙的故事在微博、微信上广泛发酵，企业界大佬纷纷致敬，更有人一次购买1 500箱，让员工们尝尝“人生”的味道，给客户们品品“励志”的滋味。

随着褚时健的传奇故事在各大网络论坛、微博及微信圈中流传，第一次进京的褚橙很快火遍京城，更引起了企业界大佬们的响应。王石感慨褚时健在低谷的反弹力，潘石屹、柳传志等也主动转发，助推起第一波传播高潮。

2014年当褚橙销售季再次到来，这次他们有了全新的目标——放眼全国性市场，将销售额提升10倍。如果说当时，褚时健的故事触动了“60后”、“70后”的偶像情结，那么这次则需要贴近更为活跃、作为消费主流的“80后”、“90后”人群。如何让更多年轻人参与进来，引起对褚橙故事的共鸣，如何将话题落脚到生活方式的传播，就成了新一轮营销推广时的最重要考量。

在线上，社交媒体是在年轻人中打开知名度、制造话题热点的一大阵地。线下推广时，选择目标群体相匹配的广告平台是投放关键。褚橙的励志路线，高品牌溢价，决定了其价格要远高于普通的冰糖橙。其目标受众也定位于有着一定生活态度、品牌追求，具有消费力的人群。放眼诸多媒体形式，都不足以精准击中这一群体。而植入白领、消费主力人群每天必经生活空间的楼宇电视，或成为突围的首选。由此，分众传媒的楼宇电视进入首选范围。其受众群年龄集中在20～45岁，对时下热点反应迅速，同时有自己的调性、生活方式和追求态度，自成一个有独特个性的社群。从线上到线下，社交化媒体对品牌的蓄势，与生活化媒体的落地植入，两者间的组合战引起极大的想象空间。

沿袭"励志橙"的主线，褚橙营销打出了一批青年人向褚时健致敬。蒋方舟、赵蕊蕊、三国杀黄凯、嘀嘀打车张博等"80后"名人相继讲述自己的励志故事，拍摄成系列视频，在优酷上点击超过百万。

有所不同的是，这一回，褚橙将幽默元素融入其中。在预售期内，售卖网站上就推出一系列个性化包装，那些上印"母后，记得一颗给阿玛"、"虽然你很努力，但你的成功，主要靠天赋"、"谢谢你，让我站着把钱挣了"、"我很好，你也保重"等诙谐温馨话语的包装箱，推出没多久就在网上显示"售罄"。

褚橙上市后，相继有名人在微博上晒出别出心裁的包装盒：雕爷牛腩的创始人雕爷秀出"即便你很有钱，我还是觉得你很帅"，《后宫·甄嬛传》作者流潋紫贴出"微橙给小主请安"，都引起了粉丝群的热烈回应和讨论。直至韩寒秀出送给他的"一个"褚橙。随后，韩寒发文"我觉得，送礼的时候不需要那么精准的"，附图是一个大纸箱，上面仅摆着一个橙子，箱子上印着一句话："在复杂的世界里，一个就够了。"微博一发出，便引来众多粉丝会意打趣，很快得到300多万人次阅读，4 000多个转发评论。褚橙这一波幽默营销的高潮可谓达到了顶点。

借由这些极具记忆点的文案，褚橙的励志故事在年轻人群中充分打开了认知，引发了病毒式的传播。人们的情绪被持续煽动，引起的高期待和购买欲也在不断积累、发酵。是时候该落地了。

随着社交平台积累的情绪蔓延到高潮，随着褚橙广告在分众楼宇电视正式上线："85年跌宕人生，75岁再次创业，结出2 400亩累累硕果。"15秒的简洁广告，打动人心的文案，配合楼宇电视屏下方3个互动屏联动，高度提炼了褚时健的励志故事。最后打出"人生总有起落，精神终可传承"的标语，以及"本来生活独家发售"的落款，则是点睛之笔。中国人喜欢的甜，是苦尽甘来的甜。当品牌故事从之前微博、微信孕育的能量，落到真实可感的生活场景的时候，数千万量的储橙被倾囊而出，转化为汹涌的销售力。楼宇电视全天高频次投放，则提供了到达率的坚实保障。广告一经播出，3周投放期内，褚橙销售额更是突破了7 000万元。

这一波购买热，又引爆了褚橙在社交媒体上的新一轮传播。配合更多具有幽默元素的意见领袖营销，褚橙在年轻人群中口碑相传，白领消费群体争相购买，一颗橙子引发了生活方式和品位的流行。传统媒体也频频报道，乃至引起了全媒体的生态发酵。

资料来源：顾春晓.一颗橙子引发的狂欢.销售与市场.评论版，2014(8).

案例讨论题

1. 褚橙的营销方式有哪些创新之处？

2. 网络营销如何运用线下资源？

课后实践

1. **目的**

(1) 能够认识网络营销的多种形式。

(2) 能够把握网络营销的发展前景。

2. **内容和要求**

(1) 对我国“双 11”购物潮的来龙去脉加以梳理。

(2) 对“双 11”购物潮中天猫、京东、易迅、当当、国美网上商城、苏宁易购等电商中的一家作出营销策略分析。

(3) 分析 2014 年“双 11”购物狂欢的特点及发展趋势。

(4) 完成包括以上内容的小组报告。

3. **步骤**

(1) 任课教师说明实践目的、任务、进度和要求。

(2) 全班分若干小组，每组 5 至 10 人。各小组分别进行准备，包括复习相关教学内容、补充阅读参考文献；通过互联网收集整理相关资料，形成初步认识；统一工作思路，完成调查报告提纲。

(3) 在组长带领下，完成网络资料的收集、整理。

(4) 组长组织小组课外讨论，形成小组报告。

(5) 分小组展示与报告，进行课堂讨论，由任课教师点评、总结。

主要参考书目

[1] [美]菲利普·科特勒,等.市场营销原理[M].亚洲版·第3版.李季,赵占波,译.北京:机械工业出版社.2014.

[2] [英]戴维·乔布尔,等.市场营销学[M].第3版.徐瑾,等译.大连:东北财经大学出版社,2013.

[3] [美]科特勒,凯文·莱恩·凯勒.营销管理[M].第14版.王永贵,等译.上海:格致出版社,上海人民出版社,2012.

[4] [美]小威廉·D.佩罗,等.市场营销学基础[M].第18版.孙谨,译.北京:中国人民大学出版社,2012.

[5] [美]威廉·M.普莱德,等.市场营销学[M].第15版.王学生,等译.北京:清华大学出版社,2012.

[6] [美]唐·亚科布奇.营销管理[M].田志龙,译.北京:机械工业出版社,2011.

[7] [美]卡尔·麦克丹尼尔,等.市场营销学案例与实践[M].时启亮,等译.上海:格致出版社,上海人民出版社,2010.

[8] [美]查尔斯·拉姆,等.市场营销学[M].第3版.徐岚,等译.北京:机械工业出版社.2010.

[9] [美]科特勒,等.市场营销原理[M].亚洲版·第2版.何志毅,等译.北京:机械工业出版社,2010.

[10] [美]科特勒,阿姆斯特朗.市场营销原理[M].第13版.楼尊,译.北京:清华大学出版社,2010.

[11] [美]戴维·乔布尔,(爱)约翰·费伊.市场营销学[M].孟韬,译.大连:东北财经大学出版社,2010.

[12] 罗真耑,等.销售学原理与应用[M].北京:中国财政经济出版社.1982.

[13] 邝鸿.现代市场学[M].北京:中国人民大学出版社.1989.

[14] 何永祺,等.市场营销学[M].第4版.大连:东北财经大学出版社.2013.

[15] 彭星闾.市场营销实用辞典[M].北京:中国商业出版社,1989.

[16] 甘碧群.国际市场营销学[M].第2版.北京:高等教育出版社,2006.

[17] 郭国庆.市场营销学通论[M].第6版.北京:中国人民大学出版社,2014.

[18] 吴健安.市场营销学[M].第5版.北京:高等教育出版社,2014.

[19] 董大海.营销管理[M].北京:清华大学出版社,2010.

[20] 庄贵军.营销管理[M].北京:中国人民大学出版社,2011.

[21] 王永贵.营销管理[M].大连:东北财经大学出版社,2011.

[22] 李先国,杨晶.市场营销学[M].北京:中国财政经济出版社,2015.

教学支持说明

尊敬的老师：

您好！为方便教学，我们为采用本书作为教材的老师提供教学辅助资源。鉴于部分资源仅提供给授课教师使用，请您填写如下信息，发电子邮件或传真给我们，我们将会及时提供给您教学资源或使用说明。

（本表电子版下载地址：http://www.tup.com.cn/sub_press/3/）

课程信息

书　　名			
作　　者		书号（ISBN）	
课程名称		学生人数	
学生类型	□本科　□研究生　□MBA/EMBA　□在职培训		
本书作为	□主要教材　□参考教材		

您的信息

学　　校			
学　　院		系/专业	
姓　　名		职称/职务	
电　　话		电子邮件	
通信地址		邮　　编	
对本教材建议			
有何出版计划			

________年____月____日

清华大学出版社

E-mail: tupfuwu@163.com

电话：8610-62770175-4903/4506

地址：北京市海淀区双清路学研大厦 B 座 506 室

网址：http://www.tup.com.cn/

传真：8610-62775511

邮编：100084